曽我教学

法蔵菩薩と宿業

水島見一 編
Kenichi Mizushima

方丈堂出版
Octave

はじめに

私は十三年前、それまでの二十五年間の高校教師生活を擲って、大谷大学に奉職した。そして、そのことが私の生涯にとって掛け替えのないものであったことが、今更ながらに思われてくる。私の脳裏にはいつも、大谷大学を「清沢満之先生の建てられた大学」として大切にしておられた松原祐善先生がおられるのである。その松原祐善先生が身を捧げておられた大谷大学への奉職は、私にとって何ものにも代えがたい深い意義を持つこととなった。私にとって大谷大学での勤務は、松原祐善先生が自己の信念を育まれたのと同じ空間に身を置くことを意味していた。現在の講堂には、あの曽我量深先生や金子大榮先生が講義をなさっていた面影は見られない。しかし私は、曽我量深先生を師として仰ぎ、清沢満之先生の宗教的信念を獅子吼される松原祐善先生のお姿を、そこに思い浮かべることができるのである。大谷大学は私にとって、松原祐善先生から賜った聴聞の場であった。

松原祐善先生には、常に清沢満之先生が生きておられた。もちろん松原祐善先生は、清沢満之先生との面授はない。しかし、自らが師として仰ぐ曽我量深先生に導かれて、清沢満之先生に出遇っておられたのである。松原祐善先生にとって清沢満之先生は、決して過去の人ではなかった。

曽我量深先生は清沢満之先生によって、親鸞聖人の体解された法蔵菩薩を自己の信念の主体として了解された。法蔵菩薩は『大無量寿経』に説かれるとおり、十方衆生の救済のために本願を建立せられた。しかし曽我量深先生が青年期を送られた明治時代は、法蔵菩薩には「触れないのが安全だ」[1]と言われるような状況にあった。つまり、当時の真宗教学においては法蔵菩薩は神話の主人公に過ぎなかったのである。その神話の法蔵菩薩を自己の信念の主体としていかに実存的に了解するのか、すなわち法蔵菩薩の「非神話化」に、曽我量深先生の教学の原点があったと思われる。

法蔵菩薩は、第十八願、第十九願、第二十願のいわゆる「機の三願」をもって「十方衆生よ」と喚びかけ、救済を誓われた。それ故、法蔵菩薩の誓願は、十方衆生によって具現化されなければならない。曽我量深先生によれば、十方衆生は、自力聖道門では救済の水平線下に置かれていたが、他力浄土門で「初めて地上に涌出」[2]した。また、「自力諸教が常に少数の偉人に依りて維持」[3]されてきたのに対して、他力の真宗はその「地上に涌出」した十方衆生と同等の信念を有する「無名の田僧に依りて維持」[4]されてきた。このように曽我量深先生は述べられて、十方衆生に共なる「無名の田僧」としての自己実存を確かめておられる。十方衆生との共感の大地に立たれる曽我量深先生は、研究者ではなく田舎僧として生涯を送られたのである。

しかし私には、そのような曽我量深先生のお姿に触れる機会は与えられていなかった。曽我量深先生との面授に恵まれなかったのである。「凡夫」として求道しておられる曽我量深先生を目の当たりにできなかったということは、曽我量深先生の書物に接しても、そこから先生の「体温」を直に感じ取ることができないということである。したがって私には、曽我量深先生を我が観念界より解き放つことは許されていないのである。

しかしながら、私には松原祐善先生がおられるではないか。松原祐善先生は曽我量深先生に昵近であった。その松原祐善先生をとおして、私は「凡夫」曽我量深先生の「体温」を感じることができるのである。また清沢満之先生の謦咳にも接することが許されるのである。さらには、私にとって親鸞聖人とは、松原祐善先生そのもののように思われてならないのである。

＊　　＊　　＊

曽我量深先生が没せられて、はや半世紀ほどの年月を経る。そして先生が開顕された親鸞思想は、一切風化していない。その一方で、曽我量深先生の教学思想があまりにも深遠かつ緻密なためか、いまだに曽我量深先生に対する研究成果は、散見するにとどまっているのではなかろうか。そういう今こそ、曽我量深先生の解明された十方衆生を救済する法蔵菩薩の自覚的了解を、私たち一人ひとりに具現化し、世に公開すべきではなかろうか。本書を上梓する意図は、そこにある。

ところで、私がひそかに尊敬する歴史学者の、故阿部謹也先生に次の言葉がある。

私には歴史学のあり方を客観的に叙述し、描写することはできないのです。私にとって歴史学はこのようなものでしたと語る以外の方法はないのです。なぜなら、私にとって歴史は自分の内面に対応する何かなのであって、自分の内奥と呼応しない歴史を私は理解することはできないからです。(5)

阿部謹也先生はご自身の歴史学を「自分の内面に対応する何か」であり、「自分の内奥と呼応」するものと述べておられる。それを「曽我量深研究」に対応させれば、それはこの私の内面に対応する研究でなければならないのである。それは阿部謹也先生の『自分のなかに歴史をよむ』との書名のとおり、「自分のなかに法蔵菩薩をよむ」という営みではなかろうか。曽我量深先生を研究するということは、とりもなおさず、私自身の中に法蔵菩薩を躍動せしめるものでなければならないのである。

曽我量深先生は生涯にわたって、法蔵菩薩の自証に身を投ぜられた。それは、自己の宿業の身における法蔵菩薩成就の自覚的了解であった。その了解を曽我量深先生は、自身の若き時代の論文「地上の救主」において「如来は我なり」[6]と表明され、頌寿記念講演では「我如来を信ずるが故に如来在ます也」[7]と題して高唱されたのである。曽我量深先生は、法蔵菩薩が自己の信念の主体であることを日々思索されていたのである。「曽我量深研究」の切り口はさまざまであろうが、それらのすべてが、宿業の身に成就する法蔵菩薩の自覚的了解ということに収斂されなければならない、と私は考える。

かつて松原祐善先生からお聞きしたことであるが、曽我量深先生の没後、藤代聡麿先生が福岡の光善寺に塔碑を建てて、そこに曽我量深先生のお骨を埋葬されたとのことである。そしてその塔碑には、

凡そ弥陀の本願は六字の名号を所行の体として　全衆生界の宿業共感の大地に建立せられたもので　此あるが故に若不生者不取正覚の誓約が虚偽ならず　現生に報土得生の正信を成就し　五濁の娑婆を破壊せずして　而も是処に安楽浄土を象徴するを得て　自利々他円満し　絶対の平安と感謝の生活を得るのである　絶対の自由と平等との双運は　只此れ宿業共感の大地に於てのみ成就するのである[8]

と刻まれてあったという。

そしてそれを受けて、松原祐善先生は、次のように述べておられる。

宿業の問題ということが曽我先生には非常に大事な問題になります。曽我先生は「宿業共感」ということを晩年に語られています。（中略）宿業の身ということに覚めなくては浄土にも遇えない、浄土というものがない、本願がそこに建っているのだという言葉です。（中略）私一人の業であり、不共の業ではありますが、業を担って立ち上がるところには「宿業共感」ということがある。

まず念仏をいただくところには、初めて絶対無限の如来と相対有限の私の出遇う場所が感応できる、それは

曽我先生がおっしゃる「感応道交」です。如来と私が感応できれば、今度は人と人との間に和合ができる、感応できるのです。それは人と人だけではない。宿業をもらい受けるところに、まず初めて人の苦しみ悩みというものがわかり通ずるようになるのです(9)。

松原祐善先生は、曽我量深先生にとって、宿業が「非常に大事な問題」であったことを明らかにしておられる。宿業の自覚とは如来との感応であり、さらに人と人との間の和合を生むものなのである。したがって「宿業共感」は、「初めて人の苦しみ悩みというものがわかり通ずるようになる」ものと述懐しておられる。「宿業共感」は、我が身の宿業と法蔵菩薩との共感である。同時に十方衆生との共感である。

かつて私が安田理深先生の主宰される相応学舎での報恩講に参列した時のことである。そのお斎の席で安田理深先生は、「おもしろいもんだね。曽我先生の話はインテリがわからない。それに対して農家の人たちがわかるんだね」と言われていた。曽我量深先生は「宿業共感」の人であった。曽我先生が、研究者でもなく学僧でもない田舎僧であられたということの証左がここにある。曽我先生は常に法蔵菩薩と共感しつつ、十方衆生の宿業の大地に立たれていたのである。「宿業共感」は、理知ではない。宿業において実験されるべきものである。「宿業共感」は、曽我量深先生の思想の神髄と言い得るのではなかろうか。

今少し、松原祐善先生からお聞きした曽我量深先生のお姿を紹介させていただきたく思う。

曽我量深先生は昭和四十六年六月二十日に九十六歳で亡くなられた。その臨終に際して曽我量深先生は、善導和讃の、

　　真宗念仏ききえつつ　一念無疑なるをこそ
　　希有最勝人とほめ　正念をうとはさだめたれ

本願相応せざるゆえ　雑縁きたりみだるなり
信心乱失するをこそ　正念うすとはのべたまえ(10)

について、「真宗念仏ききえつつ」とあるように、ひとえに専修念仏をいただくところに「正念」がある、と述べておられたという。また、「正念」とは禅宗でいう「平常心」のことで、ここに真宗の「安心」の生活があるが、「本願相応せざるゆえ　雑縁きたりみだるなり」とあるように、外からのさまざまな雑縁に引きずられて妄念妄想を掻き立てられ、内なる信心が乱されてしまうのである、と曽我量深先生は述べておられたのである。そのような曽我量深先生を受けて松原祐善先生は、

専修の人にして、「真宗念仏ききえつつ　一念無疑なるをこそ」と、信の一念のところに正念、平常心があるのです。この時、先生はもう臨終を前にしているのです。しかし臨終も平常もない。そしてこの正念は、同時にこの平常心というものは、凡夫も仏さまも平等なのだとおっしゃいました。そこに、安住正念があるのでしょう。私は今そこにいるというのです。(11)

と述懐されている。「平常心」とは、「臨終も平常も」包んだ心境である。「凡夫も仏さまも」一味の世界である。曽我量深先生の世界は、実に広大無辺である。

曽我量深先生の晩年の文章に「信に死し願に生きよ」がある。そこに、「環境はもとのとおり依然たるものであるけれども、信の一念にあらたなる心境が開ける。その心境はすなわち浄土である(12)」と述べられている。我々は「信の一念」に身を置くことで、娑婆の心にかわって浄土の心を賜るのである。このような「信の一念」について、若き頃の曽我量深先生は、次のように述べておられる。

祖聖は念々に久遠劫から流転生死せる、旧人生の最後の一念に立つて居られた。同時に尽未来際を包む所の新

人生の初一念に立つて居られたのである。即ち我祖聖は常に如来と初対面をなし、常に信の初一念に居り、常に白道の第一歩を蹈み、常に第一声の念仏を唱へ、常に新なる本願の勅命に接して御出になつた。我祖聖に在りては生涯旧人生と絶縁遊ばされなかつたのである。而して旧人生の最後の念が同時に新人生の第一歩である、随て旧人生の最後に立ち給へる祖聖は同時に他力願海の最新の一兵卒であると自観せられたであらう。⑬

曽我量深先生はこの私に、親鸞聖人が「生涯旧人生と絶縁遊ばされなかつた」ことを明示して、仏道とは、流転生死の迷いを棄てぬところにおいて如来と対面すべきものであることを説いておられる。迷いの「旧人生」における「信の一念」は、理想主義、未来主義の仏道を脱却して、「新人生の第一歩」を確実に歩み出さしめる根源力である。「旧人生」とは、我が宿業因縁の人生そのものであろう。すなわち、我々を「他力願海の最新の一兵卒」たらしめるとは、如来が自己の宿業因縁の現実を担って立ち上がる信念の主体となることでなければならない。

仏道は机上のものではないのである。常に我が宿業生活において力を発揮するものである。もし曽我量深先生がおられなかったら、私はともすれば仏道を、人間の心の問題として矮小化してしまうのではなかろうか。そうではなく、常に宿業因縁の現実を担わんとする第一歩を踏み出すところに、人類を救済する仏道が成り立つのである。曽我量深先生出現の意義はここにある。

最後に、金子大榮先生の曽我量深先生に対する次のお言葉を紹介しておきたい。

若し先生がお出でにならなかつたならば、吾々は本当に仏教と云ふものを理解することが出来たかどうか、本当に浄土真宗と云ふものを自分の身に著けることが出来たかどうかと云ふことを思つてみますと云ふと、若し今日生れ合せなかつたならば、恐らく私共は此長い間の仏教の本当の伝統の精神を唯因襲のまゝで受け取つて居るか、或はどうしても受け取ることが出来なくて迷うて居るか、どちらかに終つたであらうと思ふのであります(14)。

＊　　＊　　＊

ところで、本論文集は、私の退職記念として上梓されたものである。

私は自己の退職を機に、何としても松原祐善先生から蒙った恩義に応えたかった。松原祐善先生は、絶えず曽我量深先生に聞思し、清沢満之先生に傾倒しておられた。もし松原祐善先生がおられなかったら、私の口から吐き出される仏教は、因習的でヒューマニスティックなものでしかなかったと思われる。仏教は十方衆生のものである。全人類を救済する大乗の至極である。同時に仏教は、人間の「思い」を破って我が宿業の身を荷負するものである。そういうことを私は、清沢満之先生、曽我量深先生、松原祐善先生の伝統によって明確に教えられるのである。かくして松原祐善先生の恩義に応えるということは、この私が自己の宿業の身に立って、念仏の伝統に聞思することと以外にありえないのである。

本論文集には、「曽我量深研究」の第一人者であられる先生方から玉稿をいただくことができた。ここに謹んでお名前をご披露させていただく。

長谷正當先生（宗教学・宗教哲学）、鍵主良敬先生（仏教学・華厳教学研究）、延塚知道先生（真宗学）、村山保史先生（西洋哲学・日本哲学）、冨岡量秀先生（真宗学・真宗保育、幼児教育学）、伊東恵深先生（真宗学）。

諸先生方には深甚の謝意を表したい。

また、多くの若手研究者から、渾身の論稿をいただくことができた。今後の仏道を担わんとする彼らの、大胆で溌溂とした論稿に、大いに啓発されることである。心よりお礼を申し上げると同時に、ますますの仏道研鑽を念じてやまないことである。
最後になったが、さまざまな編集の労を煩わせた私の大学院のゼミの学生である村上良顕君（博士後期課程三回生）を初めとする多くの諸氏に感謝申し上げる。

二〇一六年三月

水島見一

【註】

（1）「法蔵菩薩」『曽我量深選集』第十二巻、彌生書房、一九七二年、一〇六頁。
（2）「田舎寺の研究生活」『曽我量深選集』第三巻、一九七〇年、五五頁。
（3）同前。
（4）同前。
（5）『自分のなかに歴史をよむ』「あとがき」『阿部謹也著作集』第九巻、筑摩書房、二〇〇〇年、二二六頁。
（6）「地上の救主—法蔵菩薩出現の意義—」『曽我量深選集』第二巻、一九七〇年、四〇八頁。
（7）『曽我量深選集』第十二巻、一四三〜一八六頁所収。
（8）『曽我量深選集』第十一巻、一九七二年、口絵。／「はじめに」『浄土と娑婆』法藏館、一九八二年、参照。
（9）「曽我量深先生に導かれて」『他力信心の確立』法藏館、二〇一三年、二五五〜二五六頁。
（10）『高僧和讃』『真宗聖典』東本願寺出版、一九七八年、四九六頁。
（11）「清沢満之先生と曽我量深先生」『他力信心の確立』一六三頁。
（12）「信に死し願に生きよ」『曽我量深選集』第十二巻、七七頁。
（13）「田舎寺の研究生活」『曽我量深選集』第三巻、五七頁。
（14）「後記」『曽我量深選集』第五巻、一九七〇年、四七六〜四七七頁。

曽我教学——法蔵菩薩と宿業——＊目次

第二章 宿業

曽我教学——法蔵菩薩と宿業——

第一章　法蔵菩薩

曽我量深の法蔵菩薩論と親鸞の回向の思想

長谷正當

一　曽我と法蔵菩薩の思索

改めていうまでもないが、曽我量深は、明治期の清沢満之の信念と思索を受け継いで、親鸞の思想を近・現代の思想界、宗教界に蘇らせた真宗の代表的な教学者であり、思想家である。曽我は、その信と思索の生涯において出くわし、拘り、追究した種々の問題を、極めて独創的で意表をつく命題の形で表している。思い浮かぶものでも、「如来は我なり。如来我となりて我を救ひ給ふ。如来我となるとは法蔵菩薩降誕のことなり」、「信が内に展開する本願」、「法蔵菩薩は阿頼耶識である」、「親鸞の仏教史観」、「分水嶺の本願」、「象徴的世界観」、「信に死して願に生きん」など、枚挙に切りがない。それらの中にあって、曽我が生涯にわたって一貫して追究した問題を挙げるなら、それは「法蔵菩薩」をめぐる思索であったことは衆目の一致するところであろう。ではなぜ、法蔵菩薩が曽我の生涯にわたる思索の中心のテーマとなったのか。いったい、曽我は法蔵菩薩について思索することで何を明らかにしようとしたのか。曽我の法蔵菩薩の思索について広く言及される割には、そのことに関して深く思いが到されていないように思われる。本論で改めて追究しようと思うのはそのことである。

結論を先取りしていうなら、曽我が法蔵菩薩について深く思索をめぐらすに至ったのは、そこに親鸞の回向の思想の要となるものを摑んだからである。そのことを曽我は、法蔵魂を見失うとき、真宗は滅亡するという謎めいた言葉で表明している。曽我は次のように述べる。「浄土真宗は法蔵魂に目覚めることであり、本当に自力無効、自力のはからひを捨て、如来の願力に乗ずるところに法蔵魂に目覚めるのである(1)」。「浄土真宗は法蔵精神を感得するものが浄土真宗である。浄土真宗に生をうけてゐるものはみな法蔵魂を感得せねばならぬ(2)」。「我々は各自々々法蔵精神に眼覚め、生きねばならぬ。正覚の弥陀如来のみではいけない。その正覚の弥陀を通して因位法蔵菩薩の精神を知らねばならぬ。でなければ真宗は滅亡する。真宗は今日まさに滅亡せんとしてゐる(3)」。では、如何なる意味で法蔵魂は浄土真宗の要であるのか。端的にいって、浄土真宗は本願の信に立脚するからである。そして、本願の信は如来の回向をその根幹に置くからである。すなわち、浄土真宗の本願の信が如来の回向の上に成立することが、浄土真宗を法蔵菩薩に結び付けるのである。

浄土真宗が阿弥陀仏の信に立つのか、それとも本願の信に立つのかに関しては議論のあるところである。しかし、曽我は浄土真宗は本願の信に立つのでなければならないとして、次のように述べる。「誠に十劫正覚てふことは已に七百年前に我親鸞聖人を驚かし奉りた。「弥陀成仏のこのかたは、いまに十劫をへたまへり、法身の光輪きはもなく、世の盲冥をてらすなり」の御和讃が云何に多くの眠れるものを醒ましたであらうか。而も此十劫正覚の大音に驚き醒めたる我親鸞聖人は徒に此に拘執して此を信仰の中心点とし給はなかつたのである。更に深く歩を進めて如来本願の生起本末に溯らせられ、此本願の上にその金剛不壊の信念を建立せられたのである(4)」。

曽我はここで、親鸞が阿弥陀如来の讃仰にとどまらず、本願の上に「金剛不壊の信念」を打ち立てたことに注目している。ではなぜ曽我は、親鸞が阿弥陀仏の讃仰よりも本願の信を重視したことに注目するのか。それは、親鸞が浄土真宗の根幹に捉えた如来の回向はまさに本願の上に成立すると、曽我は考えるからである。すなわち、曽我は親鸞の回向の要を、阿弥陀如来が自らを否定し、法蔵菩薩、つまり本願となって衆生の世界に現れたところに捉えるのである。法蔵菩薩の思索が曽我の生涯をつらぬくテーマとなった理由がそこにあると思う。曽我にとって、法蔵菩薩について思索を廻らすことは、浄土真宗のなかの一つの問題を取り上げることではなく、浄土真宗の根幹をなす回向の問題について思いを致すことであったのである。では、如何なる意味で法蔵菩薩は親鸞の回向の思想の要となるのか。ここではそのことを、曽我の法蔵菩薩の思索をめぐって追究してみたい。

二　親鸞の回向の思想とその問題点

回向の思想が浄土真宗の根幹をなすものであることを、親鸞は『教行信証』「教巻」の冒頭において次のように述べている。「浄土真宗を案ずるに、二種の回向あり。一つには往相、二つには還相なり」。しかし、親鸞は『教行信証』をいきなり、二種の回向ありと述べることで書き始めているため、親鸞の回向の思想は概して二種回向をめぐって論じられてきた。つまり、回向はいわば自明のこととして通過されてきたのである。

しかし、親鸞の回向の思想にはなお曖昧なままに残されているところがあると思う。それはどのようなことか。曽我の法蔵菩薩論はそれを明らかにしようとするのである。

親鸞において回向の思想が自明とされ、それ自体として殊更に追究されることがなかったのは、親鸞が回向を他力と捉えたということでその全容が言い尽くされていると考えられてきたからである。回向が他力であることを弁えさえすれば、回向についてはそれ以上追究する必要はないと見なされてきたのである。しかし、回向が他力であるとはどういうことか。回向の主体が衆生ではなく、如来であるとはどういうことか。そして、その他力は衆生においてどのようにはたらくのか。このことについては十分に注意深く吟味されてこなかったように思う。そこにはなお曖昧なところが残されており、そのことが延いては二種回向の理解に関しても錯綜した議論を引き起こす遠因になってきたのである。

親鸞の回向理解の独自性は、先に述べたように、回向の主体を衆生から如来に転じ、回向するのは衆生ではなく、如来であるとしたところにある。浄土仏教の祖師の世親や曇鸞や善導においては、如来は回向の増上縁であっても、回向の主体は、善男子善女人に、つまり、衆生にあると見なされてきた。ところが親鸞は、回向の主体を衆生から如来に逆転し、回向するのは如来であるとした。

衆生は如何に努力しても、自らの力によって他者を思い通りに助けることはできず、自らの菩提を証することもできない。衆生は自らの功徳を用いて、如来の世界に至ることができないばかりか、如来に思いを致すことさえも実はできないのである。人間は両足を揃え、独力で如何に空高く飛び上がっても、終には地上に落下せざるをえない。この如何んともし難い事実を親鸞は曇りなき眼で見据えた。その結果、衆生が如来の世界に生まれ、他者に助けの手を差し伸べるためには、自分を超えた如来の力によって上方に引き上げられるのでなければならない。衆生が如来を探すのではなく、如来が衆生を探すのである。親鸞はそう確信するに到って、それまで衆生の上に見られていた回向の主体を、衆生から如来に転じ、自力回向から他力回向に転じたのである。親鸞は、その新しい回向理解を漢文に破天荒な読み下しを付することで示した。親鸞の回向の思想の特色は、こうして、回向が他力であるというところにあり、そのことをはっきりと摑むところに浄土真宗の根幹があるとされてきたのである。

しかし、親鸞の回向の思想がこのように捉えられることで、問題は全て決着がついたわけではなかった。そこにはなお注意深く吟味し、追究すべき問題が残されていた。それは、他力回向とはどういうことかということである。回向の主体が如来である場合、如来はどのように衆生にはたらきかけるのか。その際の回向の構造はどうなっているのか。そのことが十分突き詰められないまま残され、各自の判断や解釈にゆだねられてきたのである。

そのことは、親鸞がその新しい回向理解を、なお従来の伝統的な回向概念を用いて説明していることに起因している。すなわち、親鸞は『教行信証』「証巻」において、曇鸞の言葉を用いて、「おおよそ回向の名義を釈せば、謂わく己が所集の一切の功徳をもって、一切衆生に施与して、共に仏道に向かえしめたまうなり(5)」と述べ、回向の主体が衆生から如来に転ぜられた場合でも、回向の主体を衆生にみる従来の伝統的な回向概念を用いて回向を説明して差し支えないと無造作に考えたのである。

そのことは取り立てていう程もない些細なことのように思われた。しかし、そこには問題があった。それは、水上にわずかな姿しか見せていない氷山が船を沈没させかねない危険性を秘めているという具合であった。その危険性とは、従来の伝統的な回向概念が親鸞の新しい回向概念を破壊しないまでも、その要となるところを見えなくするという難点を潜めていたということである。従来の伝統的な回向概念は、あたかも焦点が合わないレンズのように、親鸞の回向思想の要となるところを覆い隠したのである。

それは具体的にはどういうことか。そこでは、親鸞の他力回向が、回向の主体としての如来を自己の外に他者として置き、その他者から功徳を賜わるという具合に理解されることになったということである。曽我の言葉を借りていうなら、如来の回向を「もののやりとり」のようにしたのである。「廻向とは仏と対立して向ふから下さる、こちらは受取る、仏と我々とものゝやりとりすることだと思つてゐる。御受取りと手を差出すといふやうに解釈してゐるものがある。さうではない(6)」と曽我はいう。つまり、従来の伝統的な回向概念は、親鸞の他力回向とは、衆生が如来から功徳をもののように受け取ることであり、そう解するのでなければ自力であるという理解を生んできたのである。

しかし、そこでは、回向は、あたかも祭りの餅撒きのように、如来が高いところから衆生の上に餅をまくというごときもの、あるいは、「豆が欲しいかそらやるぞ」という具合に人間が鳩に向かって豆をばらまくかのように、如来が衆生の上に思いのままに功徳を投げかけるかのごときものとなる。そこでは、如来によって回向された功徳は「もの」のような受動的な存在となり、衆生に救済と自覚をもたらす能動的原理であることをやめるのである。

親鸞は、『教行信証』において、教・行・信・証のそれぞれに標挙となる本願を示して、それらがいずれも如来によって衆生に回施されたものであることを示している。そのうち、ここで「信」を取り上げていうなら、信が如来によって衆生に与えられたものとされるとき、信は「所信」となり、「能信」であることをやめるのである。そして、所信となった信は、親鸞のいうような、「信心の業識」として、衆生を光明土にいたらしめる能動的はたらきをもった「内因」であることをやめるということである。

では、如来によって回施された信が、衆生において、救いと覚醒をもたらす能動的原理であるためには、信はどのように捉えられなければならないか。それは、信を、如来の心が衆生の心において「形を変えて現れた」ものと捉えることである。他力回向を、如来が衆生の外から「功徳を回施する」と捉えるのではなく、如来が衆生の世界に「形を変えて現れる」と捉え直すことである。曽我の言葉でいうなら、回向を「回施する」ではなく、「表現」と捉え直すことである。そこに、曽我が回向に関して、殊に法蔵菩薩に注目するゆえんがある。曽我は親鸞の「他力回向」の要となるところを、阿弥陀仏ではなく、法蔵菩薩に注目することによって明らかにしようとするのである。

回向の要を法蔵菩薩に捉えることとは、回向を、阿弥陀如来が法蔵菩薩となって衆生の世界に現れ、はたらきかけるところに捉えることである。しかし、従来の、「功徳を振り向ける」という回向概念は、回向の核心がどこにあるかを示すことはできなかった。それは、阿弥陀如来が法蔵菩薩とならねばならない必然性を説明できなかった。それゆえ、回向の要を法蔵菩薩に捉えるとき、従来の伝統的な回向概念は別の概念によって取って変えられなければならない。曽我が回向を「表現」と捉えなければならないというのはそういう意味である。しかし、曽我の回向論に立ち入るに先立って、回向のサンスクリットの原語「パリナーマ」の意味と、それから如何にして、従来の伝統的な回向概念が成立したかについて一瞥しておきたい。

三　パリナーマとしての回向概念とその漢訳

回向とは、サンスクリットの原語ではパリナーマ（pariṇāma）であり、「変化すること」、「形を変えて現れること」を意味する。この語は日常生活でも用いられ、牛乳がヨーグルトに変じるように、あるものが熟して別のものになることを意味する。このパリナーマという語は哲学的思弁の領域においても用いられ、「唯識」においては「識の転変」のことを指す。すなわち、阿頼耶識において、種子が現行に転じ、現行がその薫習を残して種子に転じることがパリナーマといわれている。このパリナーマという語が「回向」と漢訳されて仏教に取り入れられ、大乗仏教の中心を占める概念となった。そこでは回向は「功徳を振り向けること」、あるいは「功徳の内容を別のものに振り替えること」という意味で用いられるようになったのである。

梶山雄一は、回向の概念の多様な意味を整理して、「方向転換」と「内容転換」の二つにまとめている。方向転換の回向とは、「本来ならば自分にしか返ってこないはずの自分の善行の功徳を、方向を変え、他人に廻らし、与える」ことであり、これは「衆生回向」といわれる。それに対して、内容転換の回向とは、「自分の為した善行の功徳を、自分の幸福という世間的なものに成熟させるのではなくて、質を転換し、出世間的なさとりのためのものとする」ことであり、これは「菩提回向」といわれる。簡単にいうなら、方向転換とは「振り向ける」ということであり、内容転換とは「振り替える」ということになるという。回向はこの二つのいずれか、あるいは両方を意味する。

梶山は回向という概念をより分かりやすくするために、預金通帳に譬えて説明している。預金は自分の積んだ功徳であって、自分が集めたものであるから原則として譲渡不可能である。しかし、人はそれを他者に譲渡することができる。一方、預金はそれを使って旅行したり、食事をしたり、自分を教育するために用いることができる。つまり、内容を転換することができる。

浄土仏教では回向の概念はこの二つの意味で捉えられ、その中心を占める概念になった。例えば、善導は回向を「この功徳をもって一切に平等に施し、菩提心を起こして共に安楽国に生まれようと願うこと」としている。この言葉は「回向文」と呼ばれて、回向という概念の根幹を示すものとなっている。また、親鸞は、先に述べたように、『教行信証』「証巻」において、曇鸞の『浄土論註』の文を引き、「おおよそ回向の名義を釈せば、謂わく己が所集の一切の功徳をもって、一切衆生に施与して、共に仏道に向かえしめたまうなり」と記している。浄土仏教の祖師たち、そして親鸞もまた共通して、回向を「自分の修めた善行の功徳を衆生に巡らし向けて、ともに悟りをうるように期すること」という意味で用いている。回向の意味はこのように定められ、固定されてきた。したがって、回向は今日、英語では merit tranferance という訳語が用いられている。

このような「回向」概念は、サンスクリットの原語の「パリナーマ」が「回向」と漢訳されることによって成立した。しかし、そこで注意すべきことは、パリナーマが漢訳されるに際して、意味の変質が生じているということである。パリナーマでは、「変化する」、「形を変えて現れる」という自動詞であったものが、漢訳の回向においては、「功徳と他に振り向ける、振り替える」という他動詞になっているのである。そのことは、漢訳の「功徳を振り向ける」を回向理解の基点とするのではなく、その根源のパリナーマに立ち返って回向の意味を捉えるのでなければならないということを示している。曽我が注意するよう促しているのはそのことである。

四　表現としての回向

曽我は、親鸞によって捉えられた回向の内実を示すものは回施ではなく、より適切には表現でなければならないとして、次のように述べる。

> 廻向といふことはつまり表現するといふことである。昔からして廻向といふことは施すことだ、廻施することである、己を廻して他の衆生に施すことである、浄土真宗に於ける廻向とは何ぞや、つまり如来の衆生廻向である、如来が自己の功徳を他の衆生に施すことである、かういふ工合に解釈してをりますが、それは無論それに違ひないと思ふのであります。しかし私は単にさういふ工合に解釈することだけで満足しないのであつて、私は廻向といふことは表現といふことである、浄土真宗の廻向は表現廻向であると思ふのであります。
>
> 表現廻向とは何であるか、表現廻向といふのは自身の才、智慧、自分の意志、意欲といふものを以てあゝしようかうしようといふやうに考へることではないのでありまして、たゞ水が高きより低きに流れるやうに、水

が流れるときにはそこに石があつても無闇にこれを突き飛ばして流れない、或は水の渓流になるときには随分石や岩を突き飛ばして流れることもあるでありませうけれども、普通の水といふものはさういふものでない、岩があれば岩を廻つて流れる、何所の川でもさうでせう、真直に流れてゐるのは一つもない、皆うね〳〵廻つて流れてゐる、そのうね〳〵曲つて流れてゐるといふことは何物にも逆らはず低い所を尋ねて、さうして何物にも邪魔されないやうに、つまり自分自身の本性といふものによつて何物をも邪魔しないで、さうしてあらゆるものに従順して流れてゆくといふのが水の本性である、さういふことが、私は廻向といふ意味ではなからうかと思ふのであります。(7)

曽我が「功徳を振り向ける」、つまり「回施する」という回向概念を「表現」という概念にとって替えなければならないと主張することで示すのは、この二つの回向概念における回向の主体の有り様の違いである。

回施するという回向概念においては、回向の主体は自分の意志や才覚でもってああしよう、こうしようということになり、そこでは渓流が思い通りにならない石や岩に出くわすなら、それを突き飛ばして進むように、回向の主体の自己主張が前面に出てくる。つまり、回向の主体の自己主張、勝手気儘さ、恣意性が見えてくる。そのような回向の主体の恣意性は如来にふさわしくない。それゆえ、回向の主体が衆生から如来に変えられる場合、従来の伝統的回向概念は再検討されなければならないのである。親鸞の回向思想に伴う曖昧さは実は従来の回施するという回向概念をそのまま、如来が回向の主体である場合にも適用したということに起因するといわねばならない。

では、表現という回向概念においてはどうか。そこでは、水が岩や石に沿って、それらに随順して自らを変えつつ、自らを表してゆくように、回向の主体の自己主張の代わりに、如来の自己否定が現れてくる。そのような回向の主体の自己否定性、従順性は如来が真実心、純心、大悲心であるゆえんを証するのである。そこに、回向は表現でなければならないと曽我が主張する理由がある。

したがって、回向が表現であるということは、阿弥陀如来が自己を否定して、衆生の世界に現れてはたらくということである。それは阿弥陀如来が法蔵菩薩となるということである。如来が回施するということも、ここに裏付けられて初めて意味をもつ。如来が法蔵菩薩となって衆生の世界に現れることが、如来が自らの功徳を衆生にめぐらすことになるのである。それゆえ、回向の主体が如来であるというとき、回向は単に如来が回施するということではなく、如来が法蔵菩薩となるということとして捉えられなければならない。曽我の法蔵菩薩論が回向の思想の要と深く結び付いている理由がここにあるのである。

曽我が法蔵菩薩について思索するに至った起点を、曽我は「暴風駛雨」において「如来は我也」、「如来我となりて我を救ひ給ふ」、「されど我は如来に非ず」という命題で述べている。この命題を曽我は後に「地上の救主」においてより詳しく、「如来は我なり」、「如来我となりて我を救ひ給ふ」、「如来我となるとは法蔵菩薩降誕のことなり」と説明している。ここで曽我は、阿弥陀如来が我を救うのは、阿弥陀如来が我となることによってであり、阿弥陀如来が我となるとは、阿弥陀如来が法蔵菩薩となって、我々衆生の世界に現れ、我々一人ひとりのうちに入り込むことによってであると述べている。ここで曽我はまだ「回向」という言葉を用いてはいない。しかし、親鸞が回向の核心を「法蔵菩薩は一切群生海の心なり」と述べて表明したことが、ここでは既に直観的に摑まれている。曽我が「宿業は本能なり」として、宿業本能において本願を感得するに至ってそれがはっきりしてくるのである。

五　呼びかけとしての回向

回向とは、阿弥陀如来が衆生に直接的にはたらきかけることではなく、阿弥陀如来が自らを否定して法蔵菩薩となって衆生の世界に現れ、衆生の存在の内奥にはたらきかけてくることである。それが本願である。そのとき、回向とは本願の「呼びかけ」となる。

その呼びかけについて曽我は次のように述べている。

呼びかけて救う。我々の教えには呼びかけがある。大体これは真宗の教えだけの特別なものと言うが、何ごとも本当の世界には呼びかけというものがある。人生には呼びかけがある。これがなければ人生は何も出来ぬものである。南無阿弥陀仏は人生の呼びかけである。この南無阿弥陀仏の呼びかけに遇うて始めて我々に現在が成り立つ。春になれば田や畠から呼びかけられる。野に山に花が咲く。これ全く時節到来してである。これ時なりである。（中略）しかし咲かぬ花は誰も見に行けぬ。（中略）しかし一旦時節到来して花が開く、つまり呼びかけられると勇み立って競い出かける。自分の都合など言っておれぬ。これ催促されたからである。

これは何も遊ぶことだけではないので働くこともみな催促である。我々の世界は催促がなければ何も出来ぬ。畠の野菜、田園の苗、みな我々に先立って我々を催促する。先手の呼び声である。この呼び声に遇うと、もうかまわずにはおれぬ。母親が子を育てるのも一緒である。子が呼びかける、子が呼ぶとかまわずにおれぬ。忙しいとか、たとい病気であろうと眠たかろうと、自分の都合を忘れて、むしろ悦んで呼びかけに応ずる。呼びかけがないと我々はみな自分で行かねばならぬ。（中略）そうでない。田圃に呼びかけられて、応えていそいそと出るのである。円満大行と言うが、それは大きな仕事とか、これ見よがしの仕事を言うのではない。心から満足して、その事一つでもう充分である。自分はどうなってもよい。それが円満大行というものである。(8)

こうして、我々は呼びかけられて生きていることに気付かされてくる。その呼びかけは、我々を取り巻く環境から生じる。ところで、環境は自然環境だけではない。環境には社会環境もあり、そこでは我々は人と人との間にあって、他者からの呼びかけによって生きている。環境には依報と正報、外的環境と内的環境がある。しかし、その環境からの呼びかけには、実は如来の呼びかけがはたらき、如来の呼びかけによって裏打ちされているのである。親鸞は、法蔵菩薩が「一切群生海の心」となって、微塵界に現れ、我々の心に呼びかけてくるところに「回向」を捉えた。そして、如来が我々の心の底に呼びかけてくるのを感得するところに「信」を捉え、それを「如来諸有の群生を招喚するの勅命」と捉えたのである。

絶対者、つまり如来は自己を否定して相対の世界に「呼び声」となって現れる。その仏の呼び声が名号である。したがって、名号は絶対者の回向である。名号は絶対者が自己否定して、衆生の世界に形をとって現れた、絶対者の表現である。したがって、名号の背後には「絶対者の自己否定」がある。その絶対者の自己否定の端的な表現が法蔵菩薩であり、それが本願である。本願が我々一人ひとりの奥底に呼びかけてくるものであるなら、その本願が形をとって現れたものが名号である。したがって、われわれは、名号を通してその背後に本願を感得し、名号を如来の呼び声として受け取ることで、名号において「法蔵菩薩の精神」に触れるのである。しかし、名号、つまり行だけが法蔵菩薩の回向なのではない。信もまた、そして本願のすべてが法蔵菩薩の回向なのである。

六　表現としての回向の構造—絶対者の自己否定

回向とは阿弥陀如来がその姿を変えて衆生の世界に現れることである。したがって、曽我は、回向は「功徳の回施」としてではなく、「表現」と捉えなければならないと考えた。そのことについては先に述べた通りである。

表現とは、回向の主体である絶対者、あるいは如来が、自らを否定して相対の世界に相対の相をとって現れることである。そこで注目すべきことは、絶対者は絶対者として相対の世界に姿を現すのではなく、相対の相をとって相対の世界に現れるということである。そのことは、阿弥陀如来が、阿弥陀如来としてではなく、法蔵菩薩に姿を変えて衆生の世界に現れるということである。曽我はそこに回向の要を捉えた。「本願」の意義はそこにある。

衆生は阿弥陀如来に直かに接することはできない。なぜなら、阿弥陀如来は衆生の世界を超過しているからである。衆生は、阿弥陀如来のこの世における現れとしての法蔵菩薩の本願を通して、阿弥陀如来に触れうる。そこに、衆生にとって、阿弥陀如来の讃仰ではなく、本願の信が重要な意味をもつ理由がある。というのは、衆生が阿弥陀如来に触れて、涅槃を証しうる道は、本願の信しかないからである。それゆえ、回向において注目すべきことは、阿弥陀如来が、阿弥陀如来としてではなく、法蔵菩薩として、衆生の世界の相をまとって衆生の世界に現れるということである。

このような回向の構造を示したものとして、西谷啓治が用いている比喩を見ておきたい。西谷は超越者の我々の世界における現れ、あるいは、如来の衆生の世界における出現の仕方を一枚の板で仕切られた二つの部屋の譬えで示している。そこで二つの部屋を仕切る板とは、如来の世界と衆生の世界を仕切る境目、つまり分水嶺にほかならない。

限界線は二つの部屋を仕切る一枚の板に似てゐる。板がA室に向つてゐる面χは、A室の限界を表示するものとして、B室を代表する。χ面はその「本質」において、Aに現はれたBの表現であるとも言へる。しかし同時に、Bの表現である同じχ面は、A室の一部としてA室に所属する。Aに現はれた限り、「現象」としてはAのものであり、Aの構造契機である。同様なことはその板がB室に向いてゐる面yについても言へる。y面はB室の、B室としての構造に属し、「現象的」にはBといふ現象の一部である。しかも同時にそのy面は、AからBを限界付けるものとして「本質的」にはAをBのうちで代表し、Bに現はれたAの表現である。一般に「限界」といふことには、裁断が接合でもあるといふ意味が含まれてゐる。そしてその接合は、差別されたものの間の相互投射とか相互浸透とさきに呼んだやうな連関として成り立つのである。このやうな構造を「回互的」と呼べば、回互的な連関の場合に重要なことは、一つには、本質的にAに属するものがBのうちへ自らをうつす（映す、移す）とか投射するとかして現象する時、それがBのうちでAとして現象するのではなくBの一部として現象するといふ点である。言ひ方を換へれば、A「体」がB「体」へ自らを伝達する時、それはA「相」においてではなくB「相」で伝達される。Aは自らをBへB相で分与（mitteilen）し、BもAからそれをB相で分有（teilhaben）する。これがBへの自己伝達といふAの「用」である。Bの側からのAへの伝達においても同様である。[9]

この比喩で、西谷がA室とB室との関係で捉えているのは、絶対と相対、あるいは、如来と衆生との関係である。この関係において注目すべきことは、Aが自らをBに映すとき、Aとしてではなく、B相のもとにおいてであるということである。そのことは、如来が衆生の世界に自らを映すとき、如来としてではなく、衆生の世界の相をとって現れるということである。すなわち、阿弥陀如来は、衆生の世界に阿弥陀如来としてではなく、法蔵菩薩となって現象するということである。西谷はこの関係を「回互的」と呼ぶが、それは「回向」という関係でもある。回向において見逃してはならないことは、阿弥陀如来は自己を否定し、法蔵菩薩に形を変えて現れるということである。回向の要となる点がこの比喩によって示されている。曽我が、回向を「回施する」と捉えるだけでは満足できず、「表現」として捉えるのでなければならないと主張したことの理由がここにある。

七　絶対者の自己否定としての回向

回向の要となるのは「如来の自己否定」ということであるが、それはまた哲学者の西田幾多郎がその宗教論「場所的論理と宗教的世界観」において示そうとしたことであったといいうる。

西田は浄土真宗の要を「仏の呼び声を聞く」ことに捉えて、「仏の呼び声が聞かれないのは浄土真宗ではない」と述べている。そして、絶対者をこの「仏の呼び声」として捉えることを可能にするものが「場所的論理」であるとしている。しかし、それはどのようなことをいうのか。

いうまでもなく、場所的論理は「対象的論理」との対比においていわれている。対象的論理が、神とか仏というものを我々の外に対象的に置き、我々がこれに必死に近づいて行こうとする立場であるのに対して、場所的論理とは、逆に神や仏の方が、自らを否定して、我々の方に形を変えて現れ、呼びかけてくるとする立場である。如来がいわば、絶対無の場所として、自らを衆生の相対的無の場所（衆生の世界）に映す（移す）、つまり、表現すると捉えるのが場所的論理なのである。

　このような場所論的把握について暗示する逸話があるので示しておきたい。それは西田の弟子の島谷俊三が「西田先生に叱られた話」として語っているものである。しかし、そこで叱られたのは、島谷自身ではなく、暁烏敏を師匠とし、その暁烏が師と仰いでいる清沢満之について『清沢満之先生』という書を著している西村見暁という人物である。その西村が島谷に連れられて、鎌倉くんだりまで西田を訪ねて叱られる羽目になった。


「何のために研究するんだ（西田）」

「師匠暁烏先生の中心であられるからです（西村）」

（大声一番）「お前はそんなことで学問してゐるのか。清沢さんや暁烏君にへばりついてどうするんだ。なぜ直接に如来にぶつからんか（西田）」

「師匠が如来です（西村）」

「いや違ふ。親鸞もそんなことを云つてゐるが違ふ。親鸞はもつと如来と直接してゐる（西田）」

「しかし、道元も……（西村）」

「いや道元が何と云つたつて絶対に違ふ。貴様はなぜもつと直接に如来を見ないのか。如来が貴様の首つ玉をつかんでゐるのがわからんのか（西田）」

（大喝）「どうぢや！　こりや！　わからんか！　如来に直談判をせよ。私のお前に云ふのはこの一言だ（西田）」[10]

　ここで、西田は西村の考え方のうちに「対象論理的」な如来の把握をみて、それでは駄目だと述べている。それに対して、如来と直談判しろとか、如来が貴様の首っ玉を摑んでいるのがわからんのかということで、西田がいわんとしているのは如来の「場所論的」な把握である。西田が場所論的というのは、如来を目前に対象として立て、こちらからそこへ向かってゆくのではなく、如来の方がこちらにやって来るということである。すなわち、絶対無としての如来が相対的で有限な衆生界に自らを映し、限定するということである。したがって、如来と直談判せよとか、如来が貴様の首っ玉を掴んでいるのがわからんのかということで西田がいわんとするのは、一見考えられるように、自己と如来とが直観的に一つであるとか、自他不二であるとかいうことではなく、如来が衆生の世界に形を変えて現れ、背後から呼びかけているということである。

絶対が自らを否定して、相対の世界に自らを現す、あるいは映す、と西田がいうことは、浄土真宗の言葉でいうなら、如来が自らを否定して、衆生の世界に現れ、衆生に呼びかけてくるということである。その要ともいうべきところは、絶対者の「自己否定」である。親鸞が「回向」という概念によって示そうとしたのはそのことであった。阿弥陀如来が自らを否定し、法蔵菩薩となって衆生の世界に現れて、呼びかけてくることを、親鸞は「回向」の要に捉えたのである。

場所的論理に関して、西田は次のように述べている。「神は絶対の自己否定として、逆対応的に自己自身に対し、自己自身の中に絶対的自己否定を含むものなるが故に、自己自身によつて有るものであるのであり、絶対の無なるが故に絶対の有であるのである(11)」。したがって、繰り返すなら、宗教の「場所論的把握」とは、絶対無ともいうべき神や仏が自己を否定し、自己を翻して、限定された場所、つまり相対界に現れ、相対を通して自己を表現することである。それは、超越が内在となることであり、神や仏が超絶的な天空ではなく、我々衆生の住む大地に姿を変えて現れることである。

そのことを西田は次のように述べる。

絶対は何処までも自己否定に於て自己を有つ。何処までも相対的に、自己自身を翻へす所に、真の絶対があるのである。真の全体的一は真の個物的多に於て自己自身を有つのである。神は何処までも自己否定的に此の世界に於てあるのである。此の意味に於て、神は何処までも内在的である。故に神は、此の世界に於て、何処にもないと共に何処にもあらざる所なしと云ふことができる。（中略）私は此にも大燈国師の億劫相別、而須臾不離、尽日相対、而刹那不対といふ語を思ひ起すのである。単に超越的に自己満足的なる神は真の神ではなからう。一面に又何処までもケノシス的でもなければならない。何処までも超越的なると共に何処までも内在的、何処までも内在的なると共に何処までも超越的なる神こそ、真に弁証法的なる神であらう。真に絶対と云ふことができる。神は愛から世界を創造したと云ふが、神の絶対愛とは、神の絶対的自己否定として神に本質的なものでなければならない、opus ad extra（外へ向かったはたらき）ではない。私の云ふ所は、万有神教的ではなくして、寧、万有在神論的 Panentheismus とも云ふべきであらう。併し私は何処までも対象論理的に考へるのではない[12]。

こうして、宗教の「場所論的把握」の要が「絶対者の自己否定」にあることがはっきりしてくる。「我々の個的自己、人格的自己の成立の根底には、絶対者の自己否定と云ふものがなければならない。真の絶対者とは単に自己自身の対を絶するものではない。何処までも自己自身の中に自己否定を含み、絶対的自己否定に対することによって、絶対の否定即肯定的に自己自身を限定するのである。かゝる絶対者の自己否定に於て、我々の自己の世界、人間の世界が成立するのである。かゝる絶対否定即肯定と云ふことが、神の創造と云ふことである。（中略）絶対に対する相対と云ふことは、上にも云つた如く、単に不完全といふことではなくして、否定の意義を有つてゐなければならない[13]」と西田はいう。親鸞の回向の思想において注目すべきことは、この絶対者の自己否定という側面である。

八　逆対応と呼びかけ

宗教の場所論的把握は、神や仏が天空ではなく、我々衆生の住む大地、あるいは宿業の世界に姿を変えて現れると捉えることにあった。そのことによって、絶対者と我々との関係は「逆対応」になると西田はいう。それは、絶対者、あるいは如来が自己の面前ではなく、自己の足元、あるいは背後に現れることである。そこに「呼びかけ」の関係がある。「呼びかけ」とは、見ることや観ずることではなく、聞くことである。聞くとは、見えないものを見ることである。そこにおいて絶対と相対の関係は背中合わせの関係、逆対応の関係となる。西田は西村見暁に対して、「如来が貴様の首つ玉をつかんでゐるのがわからんのか」と大喝を食らわせたとき、西田が念頭においていたのは、如来と我々とのこの逆対応の関係である。そこで西田は、如来は自己の面前ではなく、背後に現れることをいわんとしたのである。西田はそのような「逆対応」の関係を最も適切に言い表したものとして、先に述べた、大燈国師の「億劫に相別れて須臾も離れず、尽日相対して刹那も対せず」という言葉を挙げたのである。

我々は如来と離れながら接し、接しながら対面することはないということは、如来と衆生が絶対の断絶を孕みつつ接していることを示している。そのことは、「神は至るところにあって、何処にもない」ということである。これが、如来と衆生の関係である。「信」における如来と衆生との関係はそのような関係である。信とは如来を見ることではない。如来が見えないところにおいて如来の呼び声を聞くことである。それが本願の信である。

こうして、「場所的論理」と「逆対応」とは不可分に結び付いている。ということは、「逆対応」を伴わない「場所論」や、「場所論」を踏まえない「逆対応」の捉え方は、西田の「場所的論理」の半分を摑んだだけで、なお全体を摑んではいないということである。「場所的論理」は、神や仏を実体として捉えるものではないということから、神を「八不的・否定神学的」に捉えること、あるいは神を「神性」(Gottheit) と捉えることが場所論だとする見方があるが、それは宗教の場所論的把握の一面を捉えたものでしかない。それは、神や仏が対象的には捉えられないことを強調するが、そのことにおいてなお対象的見方に囚われているといわねばならない。宗教の場所論的把握とは、対象的に捉えられない絶対無としての神や仏が、我々衆生の有限な世界に形を変えて現れ、呼びかけてくるということである。そのとき、神と衆生との関係は背中合わせ、表裏の関係となるが、その関係を「逆対応」というのである。したがって、「逆対応」とは、悪人正機でいわれるような、如来は善人ではなく悪人を救うというような、プラスとマイナスの関係、逆説の関係をいうのではなく、如来が衆生の背後から出現して、衆生に呼びかけてくる関係をいうのである。親鸞が「回向」というのは、如来と衆生とのそのような逆対応の関係である。如来が自らを否定して法蔵菩薩となって衆生の世界に現れ、本願や名号となって衆生に呼びかけてくるところに回向があるのである。

九　本願の大地性

回向において注目すべきことは、如来が法蔵菩薩となるという、如来の「自己否定」である。第二に、如来が法蔵菩薩となってこの衆生の世界に現れるということである。如来が法蔵菩薩となるということは、回向のはたらく場が衆生の生きる宿業の世界であるということである。そこに本願の「大地性」ということがある。如来の自己否定性については前節において述べた。それゆえ、ここでは本願のはたらく場としての大地性についてもう少し詳しく見ておきたい。

鈴木大拙は『日本的霊性』において、日本的霊性の現れを親鸞の浄土系思想に見て、その特性を「大地性」と捉えている。大地性とは、霊性が大地を貫いてはたらいているということである。ところで、大拙がいう霊性の大地性は、また本願の大地性でもなければならない。本願が衆生において生きてはたらくためには、本願はそれが現れてはたらく場との関わりにおいて捉えられなければならない。

ところで、浄土真宗においては、本願について言われながら、それがはたらく場について深く注意されてこなかったように思う。本願について、例えば、衆生は如来に願われているとか、如来は衆生に思いをかけているといわれる。しかし、そこでは、本願は応々にして、それがはたらく場所とのかかわりを離れて捉えられているように思われる。その限り、本願は抽象的であるといわねばならない。本願は宿業の大地との結び付きにおいて捉えられることで初めて具体的になることに思いを到さねばならない。曽我の法蔵菩薩論はそのことに注意を促したものにほかならない。曽我が「法蔵菩薩は阿頼耶識である」と述べたとき、曽我が思いを到したのも、本願がはたらく場としての「宿業の大地」であった。阿頼識とは宿業の大地であるといいうる。

鈴木大拙が『日本的霊性』を書いたのは昭和二十年であるが、曽我はそれに先立つ昭和十年頃、本願のはたらく場所を「宿業の大地」に捉えて、次のように述べている。

親鸞の念仏、親鸞に於きましては真実仏教歴史の悉く総てが皆大地に関係し、皆大地を歩いた記録でなければならぬ。かう云ふ風に真の歴史に於てのみ此大地は吾等の祖先がそこに骨を埋め、吾等の祖先がそれに於て呱々（ここ）の声を挙げ、吾等の祖先がそれに於て血を流したのである。吾等の祖先の骨も血も皆大地から出たものである、大地から見出されたものである。さう云ふことを親鸞ははつきりと認める。あの大乗経典と云ふのは即ちそれを示すものであつて、唯天上の空想を書いてあるのでなしに、誠に無碍自在に天上のことを語つて居るのも、それこそ地上に深厚の関係を有つて居るからである。真実に大地に於て天の理想の血肉を観たからである。地と云ふものに関係のない天と云ふものは何の意味もないのである。(14)

曽我はこの文章を書いた一年後の昭和十一年に、宿業は本能であると感得してはじめて、宿業の何たるかが分かったとして、次のように語っている。

私はすでに数十年以前から仏教教学の中に一の疑問を持ち、問題を持つてをつたのである。それは何であるか、すなはち宿業といふことである。宿業とは何ぞや、宿業とは仏教の三世因果の解釈に要する或る重要なる教義である、教理である、こんなふうに自分は習つて来た。またさういふふうに自分は聴いて来たのである。けれども、それではどうも自分の心に済まされない。一体、そんな教義とか教理とかを以て自分の生活、自分の行動を解釈するといふことは何の意味もないものである。だから、どうしても宿業といふものは、教義とか教理ではなくて、何かの意味に於てもそれは事実でなければならないといふことについて、自分は数十年来それを問題にして来たのである。

然るに、自分は昭和十一年の十一月、或る所に於て何か話をして居ります間に、突然として自分に一の感じが生れて来た。「宿業とは本能なり」、かういふ叫び声を聞いたのである。こゝに至つて私の数十年の疑問といふものは一朝にして解決した。これは自分としては終生忘れることが出来ない。（中略）「宿業は本能なり」。しかしながら、「宿業」といふ言葉は一応は死んだ古い言葉である、「本能」といふ言葉は生きた新しい言葉である。すなはち一応死んだと思はれる仏教の専門の言葉を生きた現代語に翻訳することが出来た。と同時に生きた言葉をまたもう一遍死んだと思はれる言葉に戻してみると、何かまだ、はつきりと分からぬけれども、一応死んだと思はれる古語は実は死んで居ないのであつて、此に依つて、生きた言葉の中に何かもう一つ内面的な深い意味を持つといふことを推察することが出来た。しかしそれが如何なる意義であるかといふことは、これを明瞭にすることが出来なかつた。[15]

では、曽我が「宿業は本能なり」と言葉を感得したとき、漠然と摑みながらなおはっきりと示すことのできなかった「内面的な深い意味」とは何か。それは、宿業とは、我々が太古の昔からその中で生きてきた無限に広く深い生命の世界であるということであり、それは「感応道交」によって貫かれているということである。そのことに曽我は気づいて次のように述べている。

私は近頃、本能といふものをハツキリ知らされたやうに思ふ。つまり、感応道交する力、それが本能であると私は了解して居るのである。（中略）吾々の本能といふのは感応道交する。吾々は生れた時から感応道交の力といふものを与へられて居るんであります。（中略）宇宙の道理、人生の道理は、感応道交で明らかになつて来る。感応道交によつて過去も知り、未来も知り、現在も知る。三世を知る所のその原理はどこにあるか。（中略）感応道交こそは本能の内容である。[16]

このように述べることで、曽我は、本願が宿業の大地、つまり、本能という大生命において現れ、はたらいていることに注目している。そして、次のように述べている。「仏の本願といふものは、その本能の中にある大生命であり、大原理であり、大精神である。（中略）仏の本願は本能を貫き本能を超越してゐる」[17]。本願は本能の深いところに根をもっているという。本願は本能の世界からいわば「ハズミ」で出現してくると曽我はいう[18]。本願は宿業の世界において現れ、宿業の世界において感得されるのである。曽我が「宿業は本能である」と捉えることで念頭においているのは、本願のはたらく場としての「阿頼耶識」のことにほかならない。

本願の大地性をイメージとして捉えたものが法蔵菩薩である。それゆえ、親鸞は法蔵菩薩を「一切群生海の心」として、「この心微塵界にみちみちたまえり」と述べた。「一切群生海の心」とはまた「阿頼耶識」のことでもある。法蔵菩薩が「一切群生海の心」であるのは、本願は清浄な天上ではなく、穢悪汚染の集積する宿業の大地に現れ、その汚れの中にあって、衆生に呼びかけてくるからである。衆生は、汚れのただ中において、法蔵菩薩の清浄心に触れることで、その汚れが転ぜられるのである。

浄土真宗がこれまで、親鸞の回向をその要となるところに焦点を当てて見定めてこなかったのは、先にも述べたように、回向を「功徳をめぐらす」という概念によって捉えてきたからである。曽我の法蔵菩薩論は、そのことによって隠され、深く注目されることのなかった親鸞の回向の思想の要に明確な光を当てようとしたものであった。

回向を「功徳を振り向ける」ことと捉えるところでは、阿弥陀如来が超越者として衆生の世界の上を飛翔し、衆生より高いところに立って、衆生の上に功徳を振り撒くという感を拭い去りえない。そこには、如来の恣意性の名残りが感じられてくる。しかし、回向が、阿弥陀如来が自己を否定して法蔵菩薩となり、「一切群生海の心」として衆生に呼びかけてくることとされるところでは、法蔵菩薩は全き真実心であり、大悲心であり、回向心であることが感得されてくる。それゆえ曽我は、法蔵菩薩の心のそのような特性に深く注目した、親鸞の三心一心問答の「仏意釈」を取り上げて次のように述べている。

仏意測り難し、しかりといえども竊かにこの心（一切群生海の心＝法蔵菩薩の心）を推するに、一切の群生海（衆生）、無始よりこのかた乃至今日今時に至るまで、穢悪汚染にして清浄の心なし。虚仮諂偽にして真実の心なし。ここをもって如来、一切苦悩の衆生海を悲憫して、不可思議兆載永劫において、菩薩の行を行じたまいし時、三業の所修、一念・一刹那も清浄ならざることなし、真心ならざることなし。如来、清浄の真心をもって、円融無碍・不可思議・不可称・不可説の至徳を成就したまえり。如来の至心をもって、諸有の一切煩悩・悪業・邪智の群生海に回施したまえり。すなわちこれ利他の真心を彰す。かるがゆえに、疑蓋雑わることなし。(19)

しかるに微塵界の有情、煩悩海に流転し、生死海に漂没して、真実の回向心なし、清浄の回向心なし。このゆえに如来、一切苦悩の群生海を矜哀して、菩薩の行を行じたまいし時、三業の所修、乃至一念一刹那も、回向心を首として、大悲心を成就することを得たまえるがゆえに。利他真実の欲生心をもって諸有海に回施したまえり。欲生はすなわちこれ回向心なり。これすなわち大悲心なるがゆえに、疑蓋雑わることなし。(20)

そして、曽我は親鸞のこの「仏意釈」の文について次のように述べる。

然るに信巻の三心釈を拝読すると、その神話的法蔵菩薩が正しく歴史的現実として描き出されてゐるといふことは、まことに驚くべきことであり、又感激に堪へぬところである。実際信巻の三心釈の如きは古今独歩といふべきである。あの法蔵菩薩を、神話の如く『大経』には描かれ、伝へられてゐる法蔵菩薩を現在にお出になる仏として、現在の法蔵菩薩として聖人は感得してゐられる。そして法蔵菩薩の内面、法蔵菩薩の御心を目に見えるやうに具体的に書きしるしてをられる。あゝいふ仏の内面、仏の御心を具体的に描写したといふあの手腕は実に驚嘆に余りあるものである。これは他にないことである。(21)

以上、曽我が親鸞の回向の思想の要を法蔵菩薩の上に捉えたゆえんを探ってきた。回向とは、如来によって外から回施された功徳を有り難く頂戴するというような漠然としたことではなく、如来が法蔵菩薩、つまり、一切群生海の心となって、群生海の底から、十方衆生の一人ひとりに呼びかけてくることである。曽我はそこに法蔵魂を捉え、その法蔵魂を見失うとき真宗は滅びると述べた。そう述べることで、曽我は、回向の要がどこにあるかをはっきり見定めるよう注意を促したのである。「宿業は本能である」、や「法蔵菩薩は阿頼耶識である」という曽我の有名な命題もそのことと結び付いている。すなわち、阿弥陀如来が法蔵菩薩となって、衆生の宿業の世界の只中に現れたというところに、回向の要があり、回向が「表現」であるゆえんを明らかにしたのである。

［註］

(1)『曽我量深選集』第六巻、彌生書房、一六四頁。
(2) 同前、一六二頁。
(3) 同前、一七九頁。
(4)『曽我量深選集』第二巻、三七〇頁。
(5)『教行信証』「証巻」『真宗聖典』東本願寺出版部、二九三頁。
(6)『曽我量深選集』第十一巻、一〇三頁。
(7)『曽我量深選集』第五巻、二六二～二六三頁。
(8)『曽我量深講義集』第九巻、彌生書房、二〇九～二一〇頁。
(9)『西谷啓治著作集』第十三巻、創文社、一三三頁。
(10) 島谷俊三『西田幾多郎、その人と学』創文社、六八～六九頁。（　）は筆者。
(11)『西田幾多郎全集』第十一巻、岩波書店、三九八頁。（　）は筆者。
(12) 同前、三九八～三九九頁。（　）は筆者。
(13) 同前、四〇九頁。
(14)『曽我量深選集』第五巻、四四二～四四三頁。（　）は筆者。
(15)『曽我量深選集』第十一巻、七八～七九頁。
(16)『曽我量深講義集』第一巻、一七～一八頁。
(17)『曽我量深講義集』第四巻、一六一～一六二頁。

(18)『曽我量深講義集』第一巻、一七頁取意。
(19)『教行信証』「信巻」『真宗聖典』二二五頁。（　）は筆者。
(20)同前、二三二〜二三三頁。
(21)『曽我量深選集』第六巻、六四〜六五頁。

清沢満之と曽我量深の師資相承

――『大無量寿経』の伝統――

延塚知道

はじめに

清沢満之は肺患の身を戦場にして、親鸞の信心を勝ち取った。その凱歌を、一八九八（明治三十一）年十月二十四日の『臘扇記』に、次のように記している。

自己トハ他ナシ　絶対無限ノ妙用ニ乗托シテ（法の深信）任運ニ法爾ニ此境遇ニ落在セルモノ（機の深信）即チ是ナリ(1)

ここに「自己トハ他ナシ」と表明しているように、清沢は文久三（一八六三）年に生まれて明治の近代化の息吹の中で育ち、近代の個に立って自己を問うた人であった。彼は「自己トハ何ソヤ　是レ人世ノ根本的問題ナリ(2)」と言うように、強烈な自我を生きる近代人として、本当の自己とは何かを親鸞に問うたのである。この清沢の問いが象徴的に示すように、清沢の伝統を受け継いだ親鸞教学が、必然的に江戸の宗学とは異質な近代の教学へと展開していく端緒を見ることができよう。

さらに先の文では、清沢の問うた自己が「乗托妙用」の信念として語られている。筆者が（法の深信）（機の深信）と注記したように、清沢の信念は「乗彼願力　定得往生」[3]と表現する善導の二種深信に則って表明されている。彼を親鸞の信心にまで導いた聖典を、自ら「余が三部経」と呼んで、『阿含経』『エピクテタス氏語録』『歎異抄』を挙げることから、当然、『歎異抄』の教えに則って、信心を表明したものと思われる。『歎異抄』は、善人と悪人、如来と衆生、浄土と娑婆、宿業と大悲というように人間の相対分別に合わせて説きながら、その最後に親鸞が「善悪のふたつ総じてもって存知せざるなり」[4]と表明するように、われわれの相対分別を破った『大無量寿経』（以下『大経』）の一如の真実に導く聖典である。したがって『歎異抄』は、『観無量寿経』（以下『観経』）の経説に則った聖典と見ることができよう。それは第二条で、「弥陀の本願まことにおわしまさば、釈尊の説教、虚言なるべからず。仏説まことにおわしまさば、善導の御釈、虚言したまうべからず。善導の御釈まことならば、法然のおおせそらごとならんや。法然のおおせまことならば、親鸞がもうすむね、またもって、むなしかるべからずそうろうか」[5]と、本願の伝統が、釈尊↓善導↓法然↓親鸞と説かれていることからも、『歎異抄』が『観経』の経説に由来する聖典であることを知ることができる。したがって清沢は、親鸞の教えに帰した初一念を、『観経』、『歎異抄』に由来する二種深信として表明したことになる。

ところがその五年半後の、清沢の絶筆となった「我が信念」の冒頭には、

私の信念とは、申す迄もなく、私が如来を信ずる心の有様を申すのであるが、其に就て、信ずると云ふことと、如来と云ふことと、二つの事柄があります、此の二つの事柄は丸で別々のことの様にもありますが、私にありては、ソーではなくして、二つの事柄が全く一つのことであります、[6]

と記されるように、衆生の信心と如来とは位相が違って「丸で別々のことの様」であっても、他力の信心には「二つの事柄が全く一つのこと」と表明している。このように「信心と如来とは一如である」と表明されて、相対的な

分別に合わせて説かれた『観経』の二種深信から、一如の真実を説く『大経』の一心の信念に着地しているのである。このように『観経』から『大経』へという方向は「我が信念」に限ったことではなくて、絶唱となった「他力の救済」にも見ることができよう。そこでは、

> われ、他力の救済を念するときは、我か世に処するの道開け、われ、他力の救済を忘るゝときは、我か世に処するの道閉つ。[7]

と始まり、

> われ、他力の救済を念するときは、われ物欲の為に迷はさるゝこと少く、われ、他力の救済を忘るゝときは、われ物欲の為に迷はさるゝこと多し。[8]

と終わるのであるが、その間ずっと「我」が繰り返されて、あたかも我の歌となっている。

「我が信念」の方は、衆生の信心と如来の本願とは、位相は違っても一如であると表明して、『観経』の二種深信ではなく『大経』の一心の推究になっている。「他力の救済」の方は『大経』の信仰主体である「我」を繰り返し表明して、あたかも「世尊我一心　帰命尽十方　無碍光如来　願生安楽国」[9]と歌う、世親の「願生偈」に匹敵するような我の歌となっている。これらのことからも明白なように、清沢の最晩年の著作は『大経』の伝統、殊に「世尊我一心」という『大経』の一心に着地しているのである。

『観経』の二種深信に始まる信心の表明が、清沢の晩年には、親鸞と同じように『大経』の一心に着地しているのは何故であろうか、私の長い間の問いであった。天才的な彼の資質と、『大経』『教行信証』の聞思によるものであろうが、この論考では、その伝統の中で師資相承していった清沢満之と曽我量深との思想交渉を尋ねて、その謎に迫ってみたい。

一　親鸞の三毒五悪段の了解

清沢は明治三十六年六月六日にその一生を終えるが、その五日前に書き送った暁烏敏宛の最後の書簡の中で、『大経』下巻に説かれる、いわゆる三毒五悪段の教説について重要な提言をしている。この書簡の五日前に書き送った「我が信念」は彼の信念の真諦義を明らかにしているのに対して、明治三十六年五月発行の『精神界』に掲載された「宗教的道徳（俗諦）と普通道徳との交渉」の方は、『大経』下巻の三毒五悪段の教説に依りながら俗諦義を述べたものであると言っている。その書簡については後に尋ねるが、清沢は、『大経』の教説の中で、俗諦義の眼目をこの三毒五悪段に見定めているのである。彼の書簡を尋ねる前に、三毒段についての親鸞の了解を、前もって少し尋ねておきたい。

親鸞が『教行信証』で引用している憬興は、『大経』上下二巻について次のように言っている。

> 如来の広説に二あり。初めには広く如来浄土の因果、すなわち所行・所成を説きたまえるなり。後には広く衆生往生の因果、すなわち所摂・所益を顕したまえるなり(10)。

上巻の方は、法蔵菩薩の五劫思惟と四十八願が建てられ、その成就である浄土の荘厳功徳が説かれるために「如来浄土の因果」を説くと言っている。それに対して、下巻はその浄土にどうすれば衆生が往生することができるのかという「衆生往生の因果」が課題となっていると言う。その下巻の最初に、三つの本願成就文が掲げられていて、発起序で説かれる釈尊と阿難との出遇いが三つの本願成就文によって確かめられている。この本願成就文に依って、阿難が初めて本願の仏道に立ったことを教えているのである。

それは仏道との出遇いといっても、われわれにとっては個人的な体験や経験としてしか実現しない。しかしどこまでも体験や経験に止まるのなら、世間の一般的な出遇いとなんら違いはない。それが仏道との出遇いであるなら、必ず出世間の真実に触れていなくてはならない。その真実との出遇いを、釈尊が本願の成就文として教えているのである。

その本願成就文ではまず最初に、第十一・必至滅度の願成就文が説かれている。

それ衆生ありてかの国に生ずれば、みなことごとく正定の聚に住す。所以は何ん。かの仏国の中には、もろもろの邪聚および不定聚なければなり。(11)

と、釈尊は阿難に、本願の名号に帰した内実を、まず大乗仏教の目標である大般涅槃を超証すべき正定聚に立ったと教えている。したがって念仏に帰した第一の感動は、何と言っても如来の真実の智慧に遇って、涅槃に向かう者になったということである。大般涅槃とは出世間の如来の覚りの智慧海を表すのだから、正定聚に立つとは、「三誓偈」で言えば最初の「超世」を意味するのであろう。ここに世を超えて大乗の仏道に立ったという感動がある。『大経』の難思議往生という仏道は、この果の如来の覚りから始まっていることに注意が必要である。われわれの発想は、師の教えに遇い信心が起こればやがて大涅槃へ向かうであろうという、因から果に向かう考え方であるが、その分別を破って、果の大涅槃から始まるのである。そうであれば難思議往生の仏道は、どうころんでも仏に成ることが初めから決定されているのである。その意味で、果の必至滅度の願成就文から始まることは大切であると思われる。

次に釈尊は阿難に、人間の能力や資質や努力の修行によって悟りを得る道ではなく、本願の名号を説く師の教えを深く信ずることによって正定聚に立つという仏道を、次の第十七・諸仏称名の願成就文と第十八・至心信楽の願成就文で教えるのである。

それは、次のように説かれている。

十方恒沙の諸仏如来、みな共に無量寿仏の威神功徳の不可思議なることを讃歎したまう。あらゆる衆生、その名号を聞きて、信心歓喜せんこと、乃至一念せん。心を至し回向したまえり。かの国に生まれんと願ずれば、すなわち往生を得て不退転に住す。唯五逆と誹謗正法とを除く。(12)

第十七願の成就文は、ガンジス河の砂の数ほどの無量の諸仏たちが、阿難に先立って、阿弥陀如来の威神力がこの世で最も優れていることを讃歎して、念仏に生き念仏に命を捨てて本願の名号を讃えたということが説かれている。阿難はその諸仏の称名によって、仏道に導かれたのである。その本願の伝統の先端に立っていた方が、阿難にとっては釈尊であり、親鸞にとっては法然であった。次の第十八願の成就文では、その諸仏の称える名号の意味を、明確に聞き取り信心を起こして、生涯、信心に生きる者になると説かれる。そしてその名号も信心も如来の回向によるものだから、本願力回向の信心によって願生すれば、阿弥陀如来の世界は信心に即開かれて、往生を得て不退転に住すと説かれる。ただし、唯五逆と正法を誹謗する者は除く、と。この二つの成就文には、ほぼこのような意味が託されている。

しかしこの信心は、善導の了解に依れば、二種深信として表明される。親鸞の『歎異抄』もそれにならって「いずれの行もおよびがたき身なれば、とても地獄は一定すみかぞかし」と表明する。それは自力によって人が救われることはない。最後には宿業の身にどうにもならなくなって、大地をたたいて救われない身を泣きわめくしかない。そこに、五劫の昔から「永遠に救われない者よ、念仏を称えて、わが国に帰れ」といのちの深みから呼び続けている、法蔵菩薩の本願と感応道交するのである。人間の方から絶対に橋が架からないという目覚めを通して、如来の回向によって橋が架けられている仏道に、転じられていくのである。だからこそ親鸞は「至心に回向せしめたまえり」と尊敬語を付して、如来の回向と読むのである。

諸仏称名の願成就文は、当然「本願の名号による救い」を表し、至心信楽の願成就文は修行による涅槃の獲得ではなく、凡夫のままで信心によって大涅槃を超証するのだから、「貧苦（凡夫）の救い」を表すのであろう。下巻の最初で、本願による難思議往生の仏道の実現を、釈尊は四十八願のすべてが成就したことを告げるのではなく、第十一・必至滅度の願成就文と第十七・諸仏称名の願成就文と第十八・至心信楽の願成就文の三つの成就文で告げるのは、四十八願は「超世」と「名号による救い」と「貧苦の救い」の三つに収斂されることを説いた「三誓偈」に対応するものではなかろうか。

さて『大経』下巻では、真実教との出遇いの人間的な体験を超えた本願の成就が説かれると、第十八・至心信楽の願成就文と隣り合わせに三輩章が説かれる。この三輩章は、親鸞が「化身土巻」で言うように、第十九願・至心発願の願成就文である。「至心発願」とか「修諸功徳」は自力を表すが、この自力の成就を表す第十九願成就文と他力の成就を表す第十八願成就文が隣り合わせに説かれることから、本願の名号に帰すとは、自力から他力へ、即ち「雑行を棄てて、本願に帰す」(13)と表明される出来事であることが教えられている。この回心によって阿難は、難思議往生という『大経』の仏道の出発点に立つことになるのである。

従来講録等では、ここまでが衆生往生の因で、この後に説かれる東方偈以降の浄土の菩薩の荘厳が、衆生往生の果と読まれてきた。しかしそれは慧遠や憬興の聖道門の了解であって親鸞はそう読んでいない。『三経往生文類』では、

大経往生というは、如来選択の本願、不可思議の願海、これを他力ともうすなり。これすなわち念仏往生の願

因によりて、必至滅度の願果をうるなり。現生に正定聚のくらいに住して、かならず真実報土にいたる。これは阿弥陀如来の往相回向の真因なるがゆえに、無上涅槃のさとりをひらく。これを『大経』の宗致とす。このゆえに大経往生ともうす。また難思議往生ともうすなり(14)。

と述べられているように、この東方偈の前までで、第十九願の自力から第十八願の他力へという回心と、第十一願の願果とが説かれて、難思議往生に立った真の仏弟子が完成しているのである。

そのすぐ後に「東方偈（往覲偈）」で、菩薩たちの阿弥陀如来の見仏が説かれ、さらに第二十二・一生補処の願成就文（還相回向の願成就文）を総標として、浄土の聖衆の功徳が説かれていく。ここからは「他方仏国の諸の菩薩衆」が主語で、これまでのように「十方衆生」が主語ではない。主語が違うということは、全く位相が違うということである。『大経』の上巻の本願文に返せば、「他方仏国の諸の菩薩衆」が主語である願文は、第四十一願から第四十九願の最後の願文に相当する。それを先取りしている願が第三十六願と、第二十二願の還相回向の願である。したがって『東方偈』から三毒五悪段の前までの浄土の菩薩の荘厳功徳は、『論』・『論註』の不虚作住持功徳の見仏を契機にして生まれる還相の菩薩の荘厳功徳に相当する（詳しくは拙著『無量寿経に聞く』下巻を参照）。したがってここは親鸞が読むように、『東方偈』のすぐ後に掲げられる還相回向の成就文を総相にして還相回向を表している部分であると読むべきである。親鸞が『論註』の一回向二種相を二種類の回向に開くのは、「十方衆生」を必ず仏にする如来の往相回向と、「他方仏国の菩薩衆」を主語にする善知識の教化を表す還相回向とを、二種類の回向として『大経』の教説に忠実に聞き取ったものであると思われる。その後に、いわゆる三毒五悪段が説かれることになる。

この三毒五悪段は、旧約の『大阿弥陀経』『平等覚経』と親鸞が所依の経典とした『大無量寿経』にしかないことと、「自然」等の中国思想に由来する語が多用されるために、現代の学会では中央アジアか中国のあたりで付加された箇所であると理解されて、軽く見られる嫌いがある。しかしこの三毒五悪段がなければ、浄土の聖衆を説く段から直接開顕智慧段に続くために、浄土の経説だけで一貫されて『大経』が終わることになり、われわれの娑婆での念仏生活が全く見えなくなる。『大経』の浄土は三毒五悪の娑婆を照らし、煩悩具定の念仏生活を教誡する箇所として、きわめて重要である。加えて後に詳説するが、ここから親鸞が浄土真宗の核心になることをいくつも読み取っていることから、三毒五悪段は『大経』で最も重要な箇所と見てよいであろう。

この三毒五悪段までは阿難を対告衆として教えが説かれるが、三毒五悪段以降はその対告衆がいきなり弥勒に代わる。弥勒は自力の修行によって等覚の金剛心を獲得した菩薩で、五十六億七千万年後に必ず仏になる菩薩だから、今さら説法する必要もなかろう。にもかかわらず釈尊がわざわざ弥勒を呼び出して説法するのは、この三毒五悪段からは必ず仏になることが定まった者に対して、この世での念仏生活をどう送るべきかが説かれている箇所であると推測することができる。親鸞は、この段から二文を『教行信証』に引くが、どちらも真仏弟子釈に引文することからも、そのことが窺えよう。

まず二つの引文を見てみたい。最初の一文は、

必ず超絶して去つることを得て、安養国に往生して、横に五悪趣を截り、悪趣自然に閉じん。道に昇るに窮極なし。往き易くして人なし。その国逆違せず。自然の牽くところなり。(15)

という文である。これは三毒五悪段の最初に掲げられた総説に当たる文章で、釈尊の教誡として『大経』で重要な文の一つである。親鸞は「信巻」でこの文によって「横超断四流」の意味を確認するが、この『大経』の文と同じ意味の『大阿弥陀経』の文を並べて引文している。

『大阿弥陀経』支謙に言わく、超絶して去つることを得べし。阿弥陀仏国に往生すれば、横に五悪道を截りて、自然に閉塞す。道に昇るに之極まりなし。往き易くして人あることなし。その国土逆違せず。自然の牽く随なり、と。[16]

両方を読み比べると、ほとんど同じ意味の経文をなぜ並べて引文するのかと不思議に思われるが、親鸞は、『大経』の「必得超絶去」と『大阿弥陀経』の「可得超絶去」の「必」と「可」の文字に注目して、「必可超証大涅槃」と造語し、これを真の仏弟子の定義とするのである。その意味で、この二つの引文は必要であったのであろう。

「真仏弟子」と言うは、「真」の言は偽に対し、仮に対するなり。「弟子」とは釈迦・諸仏の弟子なり、金剛心の行人なり。この信・行に由って、必ず大涅槃を超証すべきがゆえに、「真仏弟子」と曰う。[17]

もちろん、必ず大涅槃を超証することを可能にするのは阿弥陀如来の本願力によるのだから、本願の信心が決定した「金剛心の行人」という言葉と共に定義するのである。しかし「必」と「可」という文字に注目したからといって、文献的な意味だけで言うのではない。先の経文は両文とも、念仏者は、身は三毒五悪の三界に在っても、本願成就の信心によって浄土に往生すれば、願力自然のはたらきによって大涅槃への歩みを止めることはないという意味である。真の仏弟子の定義として、文献的にも思想的にも必要十分な経文である。このように三毒段のこの引文は、親鸞が、真の仏弟子の核心的な意味を確認し定義している重要な文と見ることができる。

親鸞はこの後、真の仏弟子の具体的な内容を経文で確認するが、そこに三毒段からもう一つの引文をする。

それ至心ありて安楽国に生まれんと願ずれば、智慧明らかに達し、功徳殊勝を得べし、と。[18]

この文は『大経』の「法を聞きてよく忘れず、見て敬い得て大きに慶ばば、すなわち我が善き親友なり[19]」と並べて引文されることから、「真の仏弟子とは、身は凡夫であっても釈尊によき親友と呼ばれるものとなる。本願力によって願生する者（「金剛心の行人」）は、本願の智慧を賜り必ず浄土の功徳（「必可超証大涅槃」）を頂くのである」という意味である。これも、真の仏弟子の具体的な仏道の内実を表す重要な文である。このように三毒五悪段から『教行信証』に引文する二文は、どちらも真の仏弟子釈に引用されることから、親鸞は、『大経』下巻の三毒五悪段から先は、本願が成就した真の仏弟子の、この世における具体的な生き方が説かれる箇所と見ていたことがわかる。

さらに注意すべきは、親鸞が「信巻」の真の仏弟子釈を閉じるにあたって、次のように言うことである。

真に知りぬ。弥勒大士、等覚金剛心を窮むるがゆえに、龍華三会の暁、当に無上覚位を極むべし。念仏衆生は、横超の金剛心を窮むるがゆえに、臨終一念の夕、大般涅槃を超証す。かるがゆえに「便同」と曰うなり。[20]

この御自釈でわかるように、親鸞は、「金剛心の行人」は本願力によって「大涅槃を超証」するのだから、真の仏弟子（念仏者）と弥勒とは等しいと結論している。関東の門弟に送った書簡にも「まことの信心の人は、補処の弥勒と等しい」と繰り返し述べられるように、本願が成就した阿難と自力等覚の弥勒菩薩とは別ではないと、実に積極的な表明をする。それは親鸞が、三毒段から対告衆が阿難から弥勒に代わることによって、教えられたからではなかろうか。

さらに、もう一つ充分に注意しなければならないことがある。未離欲の阿難と自力によって等覚の金剛心を極めた弥勒が等しいのは、言うまでもなく『大経』の本願力回向による。この本願力を、親鸞が独自に願力自然と読み取るのも、三毒五悪段の「必得超絶去」の文からである。

『大経』の自然の語は、上・下巻合わせて五十六箇所ある。上巻には二十一箇所、下巻には三十五箇所を数えることができる。上巻の自然はすべて浄土の無為自然であり、下巻のこの文以下のそれは、二箇所を除いては二十六箇所すべて業道自然として使われる。二箇所とは、一つは三毒段のまとめにある、次の文である。

無為自然にして泥洹の道に次し。汝等、宜しくおのおの精進して心の所願を求むべし。[21]

もう一つは五悪段のまとめにある、次の文である。

かの仏国土は無為自然にして、みなもろもろの善を積みて毛髪の悪なければなり。[22]

この二つの文はどちらも釈尊の教誡の文で、三毒五悪段に説かれる業道自然を超えて無為自然の浄土を求めよという意味だから、ここだけは下巻にあっても無為自然の意味で使われる。これ以外の「必得超絶去」の文の後に説かれる自然は、二十六箇所すべて業道自然として説かれている。したがって「必得超絶去」の文は、無為自然と業道自然の語との分水嶺にあたるのである。このような自然の語の配列から親鸞は、三毒五悪段の業道自然を上巻の無為自然に転ずる願力自然のはたらきを、「必得超絶去」の文に読み取らねばならない必然性を教えられたのであろう。親鸞は、『尊号真像銘文』に「必得超絶去」の自然の語を、次のように解説する。

「悪趣自然閉」というは、願力に帰命すれば、五道生死をとずるゆえに自然閉という。閉はとずというなり。本願の業因にひかれて、自然にうまるるなり。（中略）真実信をえたる人は、大願業力のゆえに、自然に浄土の業因たがわずして、かの業力にひかるるゆえにゆきやすく、無上大涅槃にのぼるにきわまりなし、とのたまえるなり。しかれば、自然之所牽ともうすなり。[23]

このように「悪趣自然閉」と「自然之所牽」の自然を、親鸞は法蔵菩薩の大願業力の自然と読み取っている。業道自然に沈む他はない衆生を、願力自然によって、浄土の無為自然に転じる。ここに『大経』の仏道の眼目があることを、親鸞は、三毒段の総説の文から教えられているのである。

これまで駆け足で尋ねてきたが、要するに親鸞は、この三毒五悪段から「真仏弟子」と「弥勒等同」と「願力自然」という親鸞教学の核心的な課題を重なって教えられるので、たとえ後に付加された部分であろうが、親鸞の思想研究という立場から言えば、『大経』の重要な箇所である。(24)

二　清沢満之の三毒五悪段の了解

このことを踏まえて、清沢満之の最後の手紙を尋ねてみたい。この中で清沢は、いわゆる三毒五悪段を『大経』・俗諦義の眼目と指摘しているが、このことから晩年の清沢の関心は真の仏弟子にあったと考えられる。つまり、真諦を表現しながら俗諦をどう生き抜いたらいいのかという仏道の実際面に、最大の関心を注いでいたことがわかる。その優れた択法眼を傾聴してみよう。

原稿ハ三十日ノ夜出シテ置キマシタカラ御入手ニナリタコトト存ジマス　別ニ感ズベキ点モナヒトハ思ヒマシタガ自分ノ実感ノ極致ヲ申シタノデアリマス　前号ノ俗諦義ニ対シテ真諦義ヲ述ベタ積リデアリマス　然ルニ彼ノ俗諦義ニ就テハ多少学究的根拠モ押ヘダ積リデアリマス　詳細ハ御面晤ノ節ニ譲リマスガ大体ハ通常三毒段ト申ス所ニアル「宜各勤精神努力自求之云々」ト「努力勤修善精進願度世云々」ノ二文ヲ眼目ト見マシタノデス（ソコデアソコハ三毒段ト名ツクルノハ如何ト存ジマス　三毒段トスレバ貪瞋ノ二ツノ前後ニ今ノ二文ガアリテ其後ニ愚痴ノ段ガアルコトニナリマス　小生ハアノ三毒段五悪段ヲ合シテ善悪段トシ其内ヲイハユル三毒段ヲ総説段トシ所謂五悪段ヲ別説段トシテ科スルガ宜敷キカト思ヒマス）尚コンナ事一二点研究シタイト思ヒマスカラ東方聖書ノ英文大経佐々木君ガ御アキデアレバ拝借シタクアリマスカラ宜敷御願下サレテ御都合出来レバ御入来ノ節御貸附ヲ願ヒマス(25)

最初に清沢が述べている三十日に暁烏に出した原稿とは、絶筆となった「我が信念」のことであり、これについては「自分の実感の極致を」述べたと同時に、真諦義を述べたものであると言っている。それに対して前号の原稿とは、明治三十六年五月発行の『精神界』に掲載された「宗教的道徳（俗諦）と普通道徳との交渉」を指し、それは「多少学究的根拠を押へ」て俗諦義を述べた論考であると言っている。学究的な根拠とは、親鸞の『教行信証』を背景にしながら『大経』の三毒五悪段を読み込んだことを言うのであろう。書面によりながら具体的に言えば、「宜しく各の勤めて精進して、努力自らこれを求むべし」と「努力修善を勤めて精進して度世を願え」の二文を三毒五悪段の眼目と見て、三毒段を全体の総説として五悪段を別説段とし、全体を善悪段としたいということである。三毒五悪段は、念仏生活の全体が貪欲・瞋恚・愚痴の三毒が本となり、それが具体的な生活の中では五悪として表現されることを教える教説であるが、清沢が指摘している通り「宜各勤精神努力自求之云々」という文は貪欲と瞋恚の前にあり、「努力勤修善精進願度世云々」の方は愚痴が説かれる前にある文である。要するに清沢の指摘する二文に貪欲と瞋恚が挟まれて、最後に愚痴でまとめられるという形になっている。おそらく貪欲と瞋恚の全体を最後の愚痴が受けて、三毒のすべてが愚痴に収斂されると見ているのであろう。親鸞が愚痴を煩悩の身の根本煩悩と見ていることから、彼の見方は当然のことであろう。

貪欲の段では次のように説かれている。世間に活きるものは、軽薄で俗っぽく、急がなくてもいいことばかりを争い合っている。この劇悪極苦の中で身を養うことばかりに明け暮れ、苦しんでいる。それは富める者も貧しい者も老若男女、尊卑を問わずみな同じで、財産のある者はあることで苦しみ、ないものはないことに苦しむ、と説かれている。具体的な生活の中でわれわれは、財産の多い少ないに問題があると思って苦しむが、少ないものだけではなく多いものも苦しむということは、この段では、財産に囚われる自らの貪欲に、苦しみの本があることを教えるのである。次に瞋恚の段では、少しの怒りでも時と世代がかわれば増幅して大きくなり、取り返しがつかない事件となるが、それは「独生独死、独去独来[26]」という誰も代わることができない宿業の身が必ず引き受けねばならない果報であると説かれている。ここでは貪欲と瞋恚の生活が、宿業の身に収斂されていると思われる。最後の愚痴の段では、宿業の身が苦しみにさいなまれるのは、仏道の真理に暗いからであるとおさえられ、「愛欲に痴惑（愚痴）せられて道徳を達らず。瞋怒（瞋恚）に迷没して財色を貪狼（貪欲）す。これに坐して道を得ず[27]」と説かれて、仏道との関係の中で愚痴の煩悩が説かれている。真実の道理を知らないわれわれの無明煩悩（愚痴）が貪欲と瞋恚の本である。貪欲と瞋恚はわれわれの反省がとどくこともあるが、愚痴の無明煩悩は深すぎて反省がとどかない。だから仏道との関係の中で説かれなければならないのである。この段では、その根本煩悩の愚痴を明らかに説くことによって、われわれが仏道の真理に背く宿業存在であることを教えるのである。

つまり清沢が三毒段の先の二文を指摘するのは、煩悩の身の現実生活は貪欲・瞋恚に振り回されることの外にはないが、そのすべてが最後の無明煩悩である愚痴に収斂されると、教えられているからであろう。すぐにわかるように、親鸞が『一念多念文意』で「凡夫というは、無明煩悩われらがみにみちみちて、欲もおおく、いかり、はらだち、そねみ、ねたむこころおおく、ひまなくして臨終の一念にいたるまでとどまらず、きえず、たえず[28]」という教えに導かれながら、三毒段の教えを読み取ったと思われる。要するに、『大経』の聞思によって改めて宿業の身に立ち返ること、それこそが真の仏弟子の聞思の歩みである。つまり清沢は、この善悪段を、煩悩生活の聞思によって新しく信の一念に立ち返る教えと読み取り、そこに煩悩の身と三界を超えて往く真の仏弟子の難思議往生の歩みがあると、教えられているのである。

この三毒段の愚痴が説かれる最後には、「汝等、宜しくおのおの精進して心の所願を求むべし[29]」と清沢が指摘す

る文と同じ意味の言葉があって、

疑惑し中悔して自ら過咎を為して、かの辺地七宝の宮殿に生じて、五百歳の中にもろもろの厄を受くるを得ることなかれ(30)

と釈尊が仏智疑惑の罪を教誨するのである。そもそも三毒五悪の生活の中で、必ず仏に成ることが定まったとしても宿業の身が消えるわけではない。その命終わるまで底知れない深い自己執着の心は、聞法生活の中で抉り出されていくのである。この第二十願の問題が、大経往生の仏道で最後に残る問題なのであり、この問題が、この後の開顕智慧段で改めて問題にされるのである。底知れない自己執着は人間の方からは自覚できない、深広無涯底の仏智のみが明らかに照らし出すことができるのである。だからこそ仏智が開顕されなければならないのである。この智慧段では第二十・植諸徳本の願の問題性を持ったままで、大いなる仏智の中にあることを仰ぐものとなっていく。ここに『大経』の群萌を救う仏道が完結されていくのである。くどいようであるが、浄土教では真の仏弟子といっても、宿業の身を離れることができないから、その生活は貪欲・瞋恚に振り回される外はないが、『大経』の聞思によって必ず無明存在（愚痴）に帰り、そのままで大いなる大悲の中にあることを喜んでいくのであろう。そこに宿業の身であるからこそ、いのち終わるまで難思議往生の仏道を歩めるのである。

三　「宗教的道徳（俗諦）と普通道徳との交渉」

このような清沢満之の『大経』の了解を踏まえて、最初に「宗教的道徳（俗諦）と普通道徳との交渉」を見てみよう。まずこの論考の冒頭に彼は、次のように述べている。

道徳は人世の最大事であると云はるゝのに『精神界』紙上では之を尊重せざるのみならず、却て之を破壊せんとするが如き傾向あることは如何なる次第なるやと云ふ様な疑問を提出せらるゝ人が少くない。(31)

これは具体的な例で言えば、清沢が『精神界』に「倫理已上の安慰」を発表した時、帝国大学総理加藤弘之がその真意を質したいというエピソードに代表されるであろう。この頃の日本は日清戦争の後で、国家を至上とするこれまでの思想に対して、世界主義、共和主義、個人主義等々の思想が台頭するが、そのために世情が乱れて、新しい道徳が要請されていた。福沢諭吉が慶應義塾大学の建学の精神として、道徳綱領を制定して大学を挙げて道徳運動を始めるのもこの頃である。(32) そのような事情の中で『精神界』に対する疑難が起こるが、清沢はそれに対して、真宗は真俗二諦というが「以下少しく道徳と俗諦に就て自分の感じ居る所を陳べませう(33)」と言って、次のように述べる。

全体真俗二諦と云ふ教は、甚深微妙の教でありて、而も亦頗る通俗の態度がある教である。故にドーカすると其通俗の方面のみを耳に入れて其深妙なる方面を領解せざる人があることである。其詳細は一寸数言のみにては尽し難いがザツト其概梗を一言すれば、仏法の大体は勿論人道より進み入り、小乗大乗顕教密教等ありとあらゆる教法を整へたる上に、尚其中に入る能はざる者の為に最後の唯一法門を以て一切衆生を一個も漏さず救済するの道が即ち仏陀大悲のあらん限りを尽したる真俗二諦の教法であるのである。故に真俗二諦の教法が世の所謂倫理道徳を超絶したるものなることは無論であるが、其俗諦門と云ふものに妙趣の存ずることは実に驚歎すべき所である。(34)

清沢は、この真宗の真俗二諦を単純な世俗の倫理道徳に止まるものではなく、どこまでも仏教の真理に導く教説である、この真俗二諦は、一切衆生を救うために仏陀のあらん限りの大悲を尽くした教えであり、特に俗諦門にその妙趣があると言う。

清沢は激しい禁欲持戒の生活がたたり肺結核になって、血を吐きながらの求道の末に、親鸞の他力の信仰に身を以て生きる者に蘇った。したがって求道の課題は彼の死生の問題であることは言うまでもないが、武士の出次であった彼は、人一倍倫理的で道義の人であった。したがって、仏者としての満之は、その生涯を挙げて倫理道徳との厳しい対決に迫られた。これ以前にも、「倫理已上の根拠」とか「倫理已上の安慰」という原稿もあるが、この論考が、彼の倫理道徳の集大成である。

清沢は上記の文章に続けて、宗教と道徳の善悪論に説き及び、真宗が俗諦義を説かなければならない必然性について次のように述べる。

然らば真宗の俗諦の目的は如何なる点にあるか。其実行の出来難いことを感知せしむるのが目的である。此は既に真諦の信心を得たる者に対すると、未だ信心を得さる者に対するとの別はあれども、何れの場合にても道徳的実行の出来難いことを感知せしむる為と云ふ点に於ては同一である。(中略)先づ未だ信心を得さるものは道徳的実行の出来難きことを感知するよりして宗教に入り、信心を得る道に進む様になる。(中略)然るに倫理道徳に就て真面目に実行を求むるときは、其結果は終に倫理道徳の思ふ通りに行ひ得らるゝものでないことを感知する様になるのが、実に宗教に入る為の必須条件である。此場合には畢竟自力の迷心を降伏するが主眼であるから、(中略)真宗俗諦の教は直に真諦門を開示する組織になりてあるから、最も好都合のものである。次に信心獲得以後の者には如何なることになるかと云ふに、我等は他力の信心により、大安心を得たれども、尚習慣性となりて居る自力の迷心は断へず起り来りて止まないことである。そこで俗諦の教を聞かさるゝ時は、丁度其迷心に適当したる教であるから、直に之を実行せんとすることゝなる。然るに実行に掛りて見ると、到底其出来難いことを感知するが為に、転して他力の信仰を喜び、所謂至心信楽己れを忘れて無行不成の願海に帰すと云ふ態度に立ち帰ることである。(35)

清沢はまず真宗の俗諦の目的は、その実行のできがたいことを感知せしめて真諦に導く教えであるという。ここに普通道徳と宗教的道徳との違いがある。その上で、「未だ信心を得さる者」と「既に真諦の信心を得たる者」の二つの場合について言及している。真宗の俗諦義は、真宗の信心が獲得できてない者にとっては、その実行のでき難いことを知らしして「真諦の信心を獲得せしむる案内」(36)となる。「しかし本統の二諦相依の真味は第二の場合にある」(37)と言って、信心獲得した者について最も重要な教えであると指摘している。

先の『大経』の善悪段の教えは、ここで言う第二の場合に相当する。つまり、『大経』善悪段の経説の具体的内容は清沢の言う、信心を獲得していても自力を生きることが習慣性になっているので、俗諦の教えに従って直ちに実行しようとするが、いざ実行しようとするとそれはなかなかでき難いことを感知して、「至心信楽己を忘れて、速やかに無行不成の願海に帰」(38)すことになる、ということに当たると考えられる。

この清沢満之の文章を注意深く読めば、すぐに思われることは、親鸞のいわゆる三願転入と同じ思索をしていることがわかる。三願転入は周知のように『教行信証』の「化身土巻」で、三経一異の問答を踏まえた親鸞の主体的な信仰告白である。それは次のように記されている。

ここをもって、愚禿釈の鸞、論主の解義を仰ぎ、宗師の勧化に依って、久しく万行・諸善の仮門を出でて、永く双樹林下の往生を離る、善本・徳本の真門に回入して、ひとえに難思往生の心を発しき。しかるにいま特に方便の真門を出でて、選択の願海に転入せり、速やかに難思往生の心を離れて、難思議往生を遂げんと欲う。果遂の誓い、良に由あるかな。ここに久しく願海に入りて、深く仏恩を知れり。至徳を報謝せんがために、真

宗の簡要を摭うて、恒常に不可思議の徳海を称念す。いよいよこれを喜愛し、特にこれを頂戴するなり。(39)

この三願転入の了解は先達によってさまざまであるが、ここでは、清沢・曽我の了解によって考えてみたい。まず双樹林下の往生とは、第十九・至心発願の願の自力の問題性を持つ往生である。難思往生とは第二十願・植諸徳本の願の往生で、念仏によって本願に帰すという体験を持っても、その念仏を自分の手柄に植え直すという人間の深い自力の執心による往生を指すのである。最後の難思議往生とは、言うまでもなく第十八願の本願力による往生を意味する。したがって親鸞の信仰告白の記述に従えば、第十九願の双樹林下往生→第二十願の難思往生→第十八願の難思議往生へと展開している。この親鸞の表現は、智慧段で胎生の理由を問う弥勒菩薩に、釈尊が次のように答える。

もし衆生ありて、疑惑の心をもってもろもろの功徳を修してかの国に生ぜんと願ぜん。(第十九願の往生)仏智・不思議智・不可称智・大乗広智・無等無倫最上勝智を了らずして、この諸智において疑惑をして信ぜず。しかるに猶し罪福を信じ善本を修習してその国に生ぜんと願ぜん。このもろもろの衆生、かの宮殿に生まれて寿五百歳、常に仏を見たてまつらず。経法を聞かず。菩薩・声聞聖衆を見ず。このゆえにかの国土においてこれを胎生と謂う。(第二十願の往生)

もし衆生ありて、明らかに仏智、乃至、勝智を信じて、もろもろの功徳を作して信心回向せん。このもろもろの衆生、七宝華の中において自然に化生せん。跏趺して坐せん。須臾の頃に身相・光明・智慧・功徳、もろもろの菩薩のごとく具足し成就せん。(第十八願の往生)(40)

と、説かれている釈尊の説法に、第十九願→第二十願→第十八願と説かれていることに依っていると推測される。しかし曽我は『大経』の下巻の本願成就文の配列を読み込み、さらに清沢のこの論文に教えられたのであろうが、まず一つは第十九願から第十八願への回入に注目している。回入とは、『尊号真像銘文』に「凡小逆謗斉回入」を注釈して「小聖・凡夫・五逆・謗法・無戒・闡提みな回心して、真実信心海に帰入[41]」すとあることから、回心を意味する言葉である。先に『大経』下巻で見たように、第十八願の成就文と第十九願の成就文とが隣り合わせに説かれていたし、清沢がここで言う「未だ信心を得ざる者」が自力無効を知らされて、「真諦の信心を獲得せしむる案内」となるという教えに導かれて、第十九願と第十八願との関係に注目したのであろう。これを親鸞に返って考えれば、「雑行を棄てて、本願に帰す」という回心の告白に相当するものである。

もう一つは第十八願と第二十願との関係を曽我は指摘する。『大経』下巻冒頭の第十八願の成就に包まれてはいても、そこから遠く離れた下巻の最後に説かれるのが第二十願の成就文である。であるから、第二十願の問題は、直接的に回心にかかわるというより、その後の歩みにかかわっていると考えられる。つまり、清沢が了解しているように、「我等は他力の信心により、大安心を得たれども」三毒五悪の聞法生活を通して「尚習慣性となりて居る自力の迷心は断へず起り来りて止まない」「然るに実行に掛りて見ると、到底其出来難いことを感知するが為に、転して他力の信仰を喜び、所謂至心信楽己れを忘れて無行不成の願海に帰す」と、煩悩の身のままで第十八の願海の中に在ったという感動である。われわれの身はあくまで第二十願の機である。だからこそ第十八の難思議往生を、親鸞は「遂げんと欲う」と意欲として表明するのである。ここに『大経』の群萌の救いが阿弥陀如来の本願の方から貫徹されていくのである。「果遂の誓い、良に由あるかな[42]」とはその感動を言うのであろう。曽我が親鸞の三願転入を、第十八願と第十九願との関係、更にもう一つは第十八願と第二十願との関係というように、立体的に読もうとする目は、『大経』と清沢のこの論考に教え導かれたからに違いない。

このように清沢は、『大経』の眼目が善悪段以下の教説にあると受け止めたのである。すなわち、「宜しく各の勤めて精進して、努力自らこれを求むべし」と「努力修善を勤めて精進して度世を願え」という釈尊の教誡を自力を尽くして真面目に精進し、『大経』の聞思を通して日々新たに第十八願に誓われる願海に立ち返る道に立たんとしたのである。この「宗教的道徳（俗諦）と普通道徳との交渉」という論稿は、『大経』の善悪段を聞思しながら、親鸞の「化身土巻」の三経一異の問答を踏まえた三願転入の思索を、清沢独自の言葉でわかりやすく敷衍したものであろう。しかしこの論考は、最晩年の彼の信心の発露に留まるだけではなくて、命がけで残さなければならない必然性があった。それは曽我量深の精神主義批判に、何としても応えなければならないという思想的な責任からであるが、それについては本論の五章・六章に譲りたい。

四　我が信念

清沢が真諦義の思索と言う「我が信念」を見てみたい。この論考の特徴は彼が言うように、俗諦と隔絶した真諦を表すために、何度も自力の無効が述べられることである。

私が如来を信ずるのは、其効能によりて信ずるのみではない、其外に大なる根拠があることである（中略）私の信念には、私が一切のことに就て、私の自力の無功なることを信ずる、と云ふ点があります　此自力の無功なることを信ずるには、私の智慧や思案の有り丈を尽して其頭の挙げやうのない様になる、と云ふことが必要である、此が甚だ骨の折れた仕事でありました、（中略）何が善だやら悪やら、何が真理だやら非真理だやら、何が幸福だやら不幸だやら、一つも分かるものでない、我にはナンニモ分らない、となりた処で、一切の事を挙げて、悉く之を如来に信頼する、と云ふことになりたのが、私の信念の一大要点であります、(43)

> 私は何が善だやら何が悪たやら、何が真理だやら何が非真理だやら、何が幸福だやら何が不幸だやら、ナンニモ知り分る能力のない私、随て善だの悪だの、真理だの非真理だの、幸福だの不幸だの、と云ふことのある世界には、左へも右へも、前へも後ろへも、ドチラへも身動き一つすることを得ぬ私(44)今は、愚癡の法然坊とか、愚禿の親鸞とか云ふ御言葉を、ありがたく喜ぶことが出来、又自らも真に無知を以て甘んずることが出来ることである、（中略）今は真理の標準や善悪の標準が、人智で定まる筈がないと決着して居ります、(45)
>
> 前に云ふか如き標準とか、実在とか云ふ様なことを求むることになりて見ると、行為の決着が次第に六ヶ敷なり、何をドーすべきであるやら、殆んど困却の外ない様なことになる、言葉を慎まねばならぬ、行を正くせねばならぬ、（中略）所謂倫道徳の教より出つる所の義務のみにても、之を実行することは、決して容易のことでない、若し真面目に之を遂行せんとせば、終に『不可能』の嘆に帰するより外なきことである、私は此の『不可能』に衝き当りて、非常なる苦みを致しました、若し此の如き『不可能』のことの為に、ドコ迄も苦まねならぬなれば、私はトックに自殺でも遂げたでありませう、(46)

このように「我が信念」は、自力無効ということが何度も繰り返されて論の全体を貫いている。そこに自力では絶対にわからない如来の本願を、信心の内に「竊かに以んみ」ながら真諦の思索をする、清沢の実験の仏道の確かさがある。後に尋ねる曽我量深の精神主義批判の言葉で言えば、生きた仏道は人間の分別や理性を破る信仰主義・直覚主義でなければならないということに、応じるものであろう。

さてこの論文は、次のように始まる。

> 私の信念とは、申す迄もなく、私が如来を信ずる心の有様を申すのであるが、其に就て、信ずると云ふこと

と、如来と云ふことと、二つの事柄があります、此の二つの事柄は丸で別々のことの様にもありますが、私にありては、ソーではなくして、二つの事柄が全く一つのことであります、[47]

と言う。ここに『観経』の相対的な説き方（二種深信）を踏まえながら、『大経』の一如の真実を体現している清沢の信念（一心）が窺われる。親鸞の『教行信証』で言えば、衆生の信心である一心と如来の本願に誓われる至心・信楽・欲生の三心とが別でないことを尋ねた、「信巻」の三一問答が直ぐに想起されるであろう。

「我が信念」の冒頭で、清沢の信心と如来とが全く別でないことが述べられている。信心と如来とが一如である

おそらく清沢は親鸞の三心の推究を背景にしながら、第一に如来を信ずる効能、第二になぜ如来を信ずるのか、第三にその信念はどんなものであるかを詳細に述べるのである。

先づ其効能を第一に申せば、此信ずると云ふことには、私の煩悶苦悩が払ひ去らるゝ効能がある、或は之を救済的効能と申しませうか、兎に角、私が種々の刺戟やら事情やらの為に、煩悶苦悩する場合に、此信念が心に現はれ来る時は、私は忽ちにして安楽と平穏とを得る様になる、其模様はドーかと云へば、私の信念が現はれ来る時は、其信念が心一パイになりて、他の妄想妄念の立ち場を失はしむることである、如何なる刺戟や事情が侵して来ても、信念が現在して居る時には、其刺戟や事情がチットモ煩悶苦悩を惹起することを得ないのである、[48]

清沢は、第一に如来を信じる効能を、「私の煩悶苦悩が払い去らるゝ効能がある」と言う。それはなぜかと言うと、「其信念が心一パイになりて、他の妄想妄念の立ち場を失はしむる」と言うのである。ここに妄念妄想の宿業の身と一つになって、一切衆生を救わんとする法蔵菩薩の御苦労を仰いでいるのである。この世の人間の問題はいろいろあるように思われるが、最後には理性ではどうにもならない宿業の身に泣く外はない。その宿業の身に法蔵

菩薩は身を捨てて、われわれが泣くよりも前から大悲しているのである。宿業の身と一つになった如来の真実に感応道交するときに、自力の妄念妄想が何の根拠もないものとその立場を失って、如来の大慈大悲に包まれるのである。これを清沢は、「第一の点より云へば、如来は、私に対する無限の慈悲である」(49)と言うのである。

第二になぜ如来を信じるのかという理由を述べる。そこでは先に自力無効の引文をしたが、その一番先に挙げた文章、即ち「私が如来を信ずるのは、其効能によりて信ずるのみではない、其外に大なる根拠があることである」と述べて、効能よりも以前の信じる根拠を表明している。先に引文した以外の箇所を、見てみよう。

人生の事に真面目でなかりし間は、措きて云わず、少しく真面目になり来りてからは、ドーモ人生の意義に就て研究せずには居られないことになり、其研究が終に人生の意義は不可解であると云ふ所に到達して、茲に如来を信ずると云ふことを惹起したのであります、信念を得るには、強ち此の如き研究を要するわけでない、からして、私が此の如き順序を経たのは、偶然のことではないかと云ふ様な疑もありソーであるが、私の信念は、ソーではなく、此順序を経るのが必要でありたのであります、(50)

ここでは、信心獲得に至るまでの道程が述べられている。如来を信じるためには、人生の意義は不可解であるという自力無効に到達する以外にはないと述べられている。この清沢の表白から、われわれが聞法するのは、自力無効の宿業の身に到達するためなのであろう。この段では、如来の智慧に遇って不実の身を知らされた清沢の懺悔の表白以外には、記されていない。だから清沢は、「第二の点より云へば、如来は、私に対する無限の智慧である」(51)と言うのである。

第三に信ずる如来の本体を次のように述べる。

ソコデ第三私の信念は、ドンナものであるか、と申せば、如来を信ずることである、其如来は私の信ずることの出来る又信せざるを得ざる所の本体である、私の信ずることの出来る如来と云ふのは、私の自力は何等の能力もないもの、自ら独立する能力のないもの、其無能の私をして私たらしむる能力の根本本体が、即ち如来である、（中略）此私をして、虚心平気に、此世界に生死することを得せしむる能力の根本本体が、即ち私の信ずる如来である、[52]

ここでは、如来は無能の私をして私たらしむる根本本体と言い、さらに宿業の身を最後まで仏道に立たしむる能力の根本本体であるとも言っている。だから清沢は、「第三の点より云へば、如来は、私に対する無限の能力である[53]」と言うのである。

このように清沢は、如来を信じる効能と信じる理由と信心の根本本体を述べた後、

第一の点より云へば、如来は、私に対する無限の慈悲である、第二の点より云へば、如来は、私に対する無限の智慧である、第三の点より云へば、如来は、私に対する無限の能力である、[54]

と、清沢を救った阿弥陀如来のはたらきを慈悲・智慧・能力の三つのはたらきとしてまとめられる。第一の慈悲は「平穏と安楽とを得せしめたまう[55]」と言い、第二の智慧は「無智を以て甘んずることが出来る」と言い、第三の能力は「如来は私の一切の行為に就て責任を負ふて下さる[56]」と述べる。

第一の慈悲について清沢はさらに詳しく、次のように言う。

無限の慈悲なるが故に、信念確定の其時より、如来は、私をして直に平穏と安楽とを得せしめたまう、私の信ずる如来は、来世を待たず、現世に於て既に大なる幸福を私に与へたまう、私は、他の事によりて多少の幸福を得られないことはない、ケレトモ如何なる幸福も、此信念の幸福に勝るものはない、故に信念の幸福は、私の現世に於ける最大幸福である、此は私が毎日毎夜に実験しつゝある所の幸福である、[57]

この第一の無限の慈悲では、「如来は妄念妄想の立場を失わせて、現世における最大幸福を与えてくれる。それを毎日毎夜実験している」と言うのである。ここに清沢の生きた仏道の立脚地がある。この立脚地（如来の慈悲）に立って、如来を信じざるを得ない根拠（如来の智慧）を推究し、如来の能力を感得しているのである。この身にあるのは信心のみである。この清沢の「毎日毎夜に実験しつつある所の幸福」が、親鸞で言えば現生正定聚の最大幸福を意味するのである。

親鸞の三一問答の仏意釈の至心釈では、

仏意測り難し、しかりといえども竊かにこの心を推するに、一切の群生海、無始よりこのかた乃至今日今時に至るまで、穢悪汚染にして、清浄の心なし。虚仮諂偽にして真実の心なし。ここをもって如来、一切苦悩の衆生海を悲憫して、不可思議兆載永劫において、菩薩の行を行じたまいし時、三業の所修、一念・一刹那も清浄ならざることなし、真心ならざることなし。(58)

と、「是を以て」という接続詞によって真実と不真実とが相対的に説かれている。本願の名号に帰した初心は、真実に遇い不真実であるわが身を懺悔する外にはないのだから、ここでは真実と不真実との対応で表されるのである。清沢の場合で言えば、この至心釈の思索は徹底した自力無効を述べている第二の智慧に相当するのではなかろうか。第二の智慧では、徹底した自力無効の懺悔の表白しか述べていない。清沢はその懺悔の実際面に焦点を当てて、「無智を以て甘んずることが出来る」と言うのである。

三一問答の信楽釈では、

しかるに無始より已来、一切群生海、無明海に流転し、諸有輪に沈迷し、衆苦輪に繋縛せられて、清浄の信楽なし。法爾として真実の信楽なし。（中略）この虚仮・雑毒の善をもって、無量光明土に生まれんと欲する、これ必ず不可なり。何をもってのゆえに、正しく如来、菩薩の行を行じたまいし時、三業の所修、乃至一念・一刹那も疑蓋雑わることなきに由ってなり。この心はすなわち如来の大悲心なるがゆえに、必ず報土の正定の因と成る。(59)

親鸞は「自力の雑毒の信楽では無量光明土の往生は不可」と断言し「何をもってのゆえに」という接続詞を置いて、「何故かというと、如来の大悲心の信楽こそ必ず報土の正定の因となる」と言うのである。至心釈では真実と不真実が相対的に説かれていたが、この信楽釈に来ると「自力雑毒の信楽」と「如来大悲の信楽」とが「何を以ての故に」で繋がれている。曽我は、これを「難信の理由が獲信の理由になっている」と言う。(60) 要するに如来の本願に帰するという事態は、宿業の身（難信）に泣いて、その宿業の身の全体を救わんとする如来の大悲心と感応道交するのであるから、難信の身のままで如来の大悲心に包まれたという感動こそ、他力の信楽であるというのである。このように、宿業の身とそれを救わんとする如来の大悲とが、一如として説かれるのがこの信楽釈である。

清沢が第一に如来の効能を述べて如来の無限の慈悲と言うが、そこでは「無限の慈悲なるが故に、信念確定の其時より、如来は、私をして直に平穏と安楽とを得せしめたまう」と言っている。宿業の身のままでその全体が如来の大悲の中で許されていくのである。その実際を清沢は、「如来は妄念妄想の立場を失わせて、現世における最大幸福を与えてくれる。それを毎日毎夜実験している」と言うのである。宿業の身と一つになった如来の真実に感応道交するときに、自力の妄念妄想が何の根拠もないものとその立場を失って、如来の大慈大悲に包まれるのである。親鸞の現生正定聚の光景を、清沢の言葉でわかりやすく表現したものであろう。

親鸞の三一問答は願心の推究であるから、獲信の感動を因願の順序に従って至心・信楽・欲生と展開しているが、この信楽釈こそ三一問答の立脚地なのである。この信楽が実現して他力の信心となるのであって、我が身にあるのはこの信心しかない。他力の信心の内面に至心を感得し、欲生を感得するのであって、この信楽釈からの至心釈、欲生釈の推究でなければ、それは必ず観念論に転落するであろう。清沢の順序が慈悲（信楽）、智慧（至心）、能力（欲生）となっているのは、親鸞の三一問答も、この信楽釈が第一の立脚地であることを示唆しているのである。傾聴すべき指摘であると思われる。

さて、親鸞は欲生釈で、根源的に仏道を歩めない凡夫をして仏道を歩ましめる根源力を、如来の欲生心に見定めている。

しかるに微塵界の有情、煩悩海に流転し、生死海に漂没して、真実の回向心なし、清浄の回向心なし。このゆえに如来、一切苦悩の群生海を矜哀して、菩薩の行を行じたまいし時、三業の所修、乃至一念一刹那も、回向心を首として、大悲心を成就することを得たまえるがゆえに。利他真実の欲生心をもって諸有海に回施したまえり。欲生はすなわちこれ回向心なり。(61)

このように欲生の願心こそ、われわれに仏道を歩ましめる如来の回向心であると言う。清沢はそれを「無能の私をして私たらしむる能力の根本本体」と言い、「此私をして、虚心平気に、此世界に生死することを得せしむる能力の根本本体が、即ち私の信ずる如来である」と言うのである。私が私でよかったという絶対満足と、その絶対満足を与える浄土に願生する原動力を、この欲生の願心に見定めているのである。

したがって清沢は、親鸞の三一問答の至心・信楽・欲生の思索を背景にしながら、彼は実際面の無碍道に立った実感として、慈悲、智慧、能力を述べたものであると思う。至心釈を踏まえて、不実の身の徹底した懺悔が述べられている。また信楽釈を踏まえて、如来の大悲に包まれればこそ「此信念が心に現はれ来る時は、私は忽ちにして安楽と平穏とを得る様になる」と述べる。さらに欲生釈を踏まえて、「如来の能力は十方に亘りて、自由自在無障無礙に活動し給う。私は私の死生の大事を此の如来に寄托して、少しも不安や不平を感ずることがない」と、無碍道に立った感動を述べるのである。

このように「我が信念」の清沢の思索は、親鸞の三一問答の思索を踏まえて、それを無碍道に立った実感として述べたものであろう。これは当然『教行信証』の「信巻」の思索だから真諦義を言うのであり、先の三願転入は「化身土巻」の思索だから俗諦義を言うのである。要するに他力の信心がこの世を生きていく時には、必ず真諦と俗諦との二面を持つ。その意味で「信巻」と「化身土巻」とは、己証の信心の二面性である。このことから、親鸞の三一問答と三願転入とは「信巻」と「化身土巻」とに遠く分かれてはいても、紙の裏表のような思索であると見るべきであろう。

これまで尋ねたように、「我が信念」の方は、親鸞の三一問答の思索に匹敵するものであり、「宗教的道徳（俗諦）と普通道徳との交渉」は、『大経』悲化段・智慧段を中心として、三経一異の問答を踏まえた親鸞のいわゆる三願転入に匹敵する思索であると考えられる。清沢の最晩年の二つの論考が合わせ鏡になって、親鸞の信心の立体的な構造を明らかにしているのである。しかしこの論考も、私は、曽我の精神主義批判に応えたものであると思う。以下、曽我量深の批判を検証してみたい。

五　「弥陀及び名号の観念」の曽我の批判

曽我は、清沢満之の七回忌の記念講演である「自己を弁護せざる人[62]」において、「嗚呼われは想へば八年の昔、巣鴨の天地に在りて、筆なる剣を以て先生並に現在の同人を害せんと企てつ、あつたのであります[63]」と述べているように、精神主義批判を縁として清沢の亡くなる三か月前に浩々洞に入洞した。その精神主義批判は、大きく分けて二度に及ぶが、その一度目は、明治三十三年一、二月発行の『無盡灯』に掲載された「弥陀及び名号の観念」においてであった。

一月発行の『無盡灯』では、原始小乗教の涅槃観と釈尊観と大乗仏教のそれとの違いによって原始小乗教と大乗教の判釈がなされるが、この論考は、それを踏まえて題に示されるように弥陀の本体とは何かに、その根本課題がある。二月号では一月号を受けて全仏教の教相判釈を通しながら、その課題を明らかにしていく。その曽我自身の立脚地が、まず親鸞の『教行信証』にあることを明言する。そしてその『教行信証』は、どのような道理によって成り立っているかということを、次のように言っている。

教行信証の劈頭に於て教権主義を鼓吹したる親鸞は、信巻に至りて直覚論を主張し、又天台華厳等の合理的信仰との融和を計らんとしたり。故に苟も仏教徒を以て自ら任ずるもの、必ず三箇の方面より其然る所以を験せざるべからず(64)。

ここで言う教権主義とは「形式上より定義する者は曰く、仏教は釈迦仏によりて説かれたる教法なりと。名けて教権派と云ふ(65)」と言うように、仏教徒たるものはまず自らの信心が、釈尊の教法に依っていることを明らかにすべきであると、言う。したがってここで教権主義と言うのは、自らの立つ仏道が自分の見解などとは違ってどこまでも釈尊の教法に依っていなければならないと言うのである。さらに「内容より説明せんとする者は曰く、仏教とは信仰に外ならずと。此を信仰派と称す(66)」と言い、この信仰派を二つに分けて、一つは「直覚派、神秘派又は頓教(67)」であり、二つには「合理的信仰派、了義教又は漸教(68)」とに分ける。親鸞の『教行信証』は、これらのすべてを「混然融合して初めて円満完全なる仏教観を成立(69)」した円教であると、言うのである。したがって互いにこの三点、つまり「教権主義」、「直覚主義」、「合理主義」を備えて、それを明確に証明して、はじめて完全円満なる仏教と言えるのであると、曽我は言うのである。曽我はこのような大乗仏教の全体を包む大きな視点から、その根本たる弥陀の本体とは何かを推究しながら、精神主義批判を展開するのである。

ここで曽我が言うように、釈尊の覚りは、単なる理性主義や分別による合理主義では捉えられない、人間の分別を破る信仰主義や直覚主義でなければならない。その意味では、清沢満之をはじめとする暁烏敏、伊藤証信の直覚を信条とする一派は充分に信頼に値するものである。しかし極端な直覚主義は、主我的であり個人的であり独尊的になって、いつでも恩寵主義や神秘主義に転落していくことになる。そうなれば自力を超えた直覚主義に思いがけず自力の影が差し込んで、悪しき教権主義と全く区別がつかなくなる。したがって、分別を超えた直覚主義を、誰にでも納得できる明晰な道理として明らかにすべきである。このような批判点から、曽我は精神主義を批判し、さらに弥陀の本体に対する推究へと切り込んでいく。

この論文の主たる批判点はこれまで述べた点にあるが、注目すべきは弥陀の本体を捉えて曽我は次のように表明している。

智慧と云ひ力と云ひ慈悲と云ふが如きは已に同時に有限を預想せるものなり。故に信仰は決して無限にのみ対するものにあらずして、有限化せられたる無限即寧ろ一箇有限のものとするを正当とす。智慧を無限と観ずると、慈悲を無限と観ずるとは全く矛盾せざるも、無限の意義に於て全然同一なりと云ふべからず。有限は必しも信仰の対象となり得ざるにあらず。信仰は蓋然の上にも亦成立するを得べし(70)。

無限なるものが、智慧と力と慈悲として、有限の世界にはたらき出る。したがって有限の中にはたらき出た智慧と力と慈悲を、有限の概念の上にもわかるように明らかにできなければ、本当に生きた信仰とは言えない。有限化した他力の信心の内面に、無限なる智慧と力と慈悲がはたらき出ているが、それを誰にでもわかる明晰な道理で明らかにすべきではないか。要するに、真諦である阿弥陀如来の智慧と力と慈悲のはたらきを明確な道理として俗諦に表現すべきである。このように曽我は言っているのではなかろうか。その際に曽我が、真諦（無限）が俗諦（有限）にはたらき出る姿を、智慧、力、慈悲と表現していることに、私は限りない感銘を覚える。もちろんこの指摘は、大乗仏教では菩薩の智慧・慈悲・方便として、仏の悟りのはたらきを表すことに依っていることは明らかであろう。しかし私が言いたいのは単なる形式上の問題ではなくて、曽我のこの批判を受けて、清沢は「我が信念」で無限の慈悲・無限の智慧・無限の能力と答えたのではないかという、清沢・曽我の思想的な呼応関係に対する深い感銘である。しかもそれが清沢・曽我の個人的な思索の呼応関係ではなくて、『教行信証』の三一問答に収斂されて、その全体が『大経』の仏道の中に在ることである。清沢の思索が『教行信証』に依るものかどうかは正確にはわからないが、結果として親鸞の三一問答に依っていることは、すでに尋ねた通りである。

さらに曽我が強調する直覚主義については、すでに尋ねたように「我が信念」で清沢は、

私の信念には、私が一切のことに就て、私の自力の無功なることを信ずる、と云ふ点があります　此自力の無功なることを信ずるには、私の智慧や思案の有り丈を尽して其の頭の挙げやうのない様になる、と云ふことが必要である、此が甚だ骨の折れた仕事でありました、(71)

と自力無効を表明して、「我が信念」が俗諦のわれわれの如何なる分別も届かない、真諦の思索であることを明確にするのである。しかもこの点については、いくつかの方面からその意味を明瞭にするために諄いほど繰り返す。ここに分別主義を超えた直観主義の意味を道理として明確にしようとする、清沢の応答を読み取ることができよう。誌面の都合で割愛するが、曽我の「弥陀及び名号の観念」の批判をよく読み、清沢の「我が信念」をよく読め

ば、思想的な応答の見事さに驚く。「我が信念」は、曽我の「弥陀及び名号の観念」の批判に、清沢が命がけで答えたものであると思われる。その際に親鸞の三一問答に立ち返っていることも見逃してはなるまい。

六　もう一つの精神主義批判

さてもう一つの曽我の批判は、明治三十五年の『無盡灯』による精神主義批判である。その一月号では、「明治三十四年に感謝す」「精神主義」「精神主義と本能満足主義との酷似」「常識主義」「希望ある第卅五年」、二月号では「再び精神主義を論ず」、六月号では「三度精神主義を論ず」と、相当の枚数を割いて精神主義批判を展開するが、批判のための批判に止まるものではなく、曽我自身の立っている仏道観がよく表れている論文である。自身の立脚する仏道を明確に表明しながら、そこから批判をする。それこそが命がけの責任ある批判というものではなかろうか。曽我は、高山樗牛の本能満足主義とも、境野曠洋の仏教的な理性主義とも一線を画し、親鸞の『教行信証』をその思索の立脚地としていることを明確にしながら精神主義に批判を加えていく。誌面の都合でその批判の要を取って言えば、次の二つの文章に象徴的に表されていると思われる。

吾人が精神主義に対して特に尊敬の念を捧げたるは、其消極主義なるの点にありき、則ち其アキラメ主義の点にありき、精神主義は寧ろ未来の希望に対して何等をも教えざるなり。（中略）彼は其反面に於て、将来に於て大になすべきを命ず。而も彼は何をなすべきやを教へず、彼は何等差別なる積極的なる標準と形式とを与へざるなり。唯彼は純一平等なる動力を与へたり、実質を与へたり。彼は小児に向て秋水したゝる所の劔を与へたり。吾人は精神主義が人生々活の主義として如何に危険なる乎を観るなり。精神主義は非理性主義なればな

り。盲動主義なればなり。(72)

この文でわかるように曽我は、精神主義のアキラメ主義には尊敬の念を持ちながら、それでもなお批判的である。精神主義は未来の希望に対しては何にも教えていないにもかかわらず、未来に大いになすべきであると強要するが、一体何をなせばいいのか。しかもその全体が分別を超えた非理性主義であるから、あたかも子供に剣を与えるように、実に危険な思想である。このような批判である。この文章の少し後にも、同趣旨の文章が次のように記されている。

要するに精神主義は其消極的態度を過去に専注し過去の失敗に即罪悪に対するアキラメ主義とする点に於て非常に有効なるも、此を将来の行為の指導者としては、其価値殆ど零なりと云はざるべからず。彼は将来に対して唯盲目的活動力を与ふるに過ぎざるなり。(73)

曽我が問題にしている点はすぐにわかるように、精神主義は、過去の罪悪に対するアキラメ主義としては有効であるが、未来の聞法生活の具体性については何ら言及がなく、その価値はほとんど零であるということである。仏道は安心に止まるものではない。そこから立ち上がって、真の仏弟子として三毒五悪の娑婆をどう生きていくのか。信仰者がこの世を生きていく時の、実際的な倫理道徳の面をどうすればいいのか。つまり伝統的な言い方では、難思議往生の具体性、曽我はそれを精神主義に問うているのである。

この一連の論文の中で、曽我は、当時もてはやされていた高山樗牛の本能満足主義に対しては、この主義の小欲知足を認め「将来に対する積極的標準を与」(74)えることを認めたとしても、自力無効を潜っていないために「其短所は余りに平凡なるに在り。人間を余りに卑賤視せし点に在り、随て高遠なる人生の旨趣を説明し得ざるに在り」(75)と批判し、境野曠洋を中心とする新仏教徒運動に対しては、理性主義、分別主義、常識主義と断罪し、「倫理実行に対して何等の貢献する所なき也[76]」と言う。このように曽我自身は自力無効の直覚主義に立つことを明確にしながら、先に挙げた実際的な倫理道徳の点について精神主義を批判するのである。

この曽我の批判に対して、精神主義の方からも応答する。しかしそれに対して、「再び精神主義を論ず」で曽我は、

我等が本誌前号に掲げたる、精神主義に関する疑問に対して、精神主義の諸君は「精神主義と三世」「一念の問題、永劫の問題」「我等は何をなすべき乎」等の題目の下に、丁寧なる説明を与へられたり。多謝々々。されど、我等は不幸にして殆ど何等の得る所なきを悲む。我等の疑問は依然として残れり[77]、

と応じて、何ら答えになっていないと批判の矛先を収めようとはしない。

ここで曽我が答えになっていないと批判する、清沢の「精神主義と三世」では、その冒頭に、

精神主義は過去の事に対するアキラメ主義なり。精神主義は現在の事に対する安住主義なり。精神主義は未来の事に対する奮励主義なり[78]。

と、傍点を付して述べられている。さらにこの論考の最後には同じように傍点を付して、

然れば則ち、吾人が精神主義の指導によりて、実地に満足と安住とを得ば、吾人は自然に、彼小児の如く、活潑々地の行動に勇進し得べきなり。自由の活動とは則ち是なり。精神主義は、未来の事に対しては、実に奮励の主義たるなり[79]。

と、応える。清沢は無碍道の実験の感動をありのままに表明しているのであろうが、おそらく曽我は「実地に満足と安住とを得ば、吾人は自然に」と清沢が言う自然の一点、つまり自然にどうなるのかという、未来の具体的な念仏生活を問うているのである。伝統的に言えば、願力自然のはたらきによって実現する「必得超絶去　往生安養国

横截五悪趣　悪趣自然閉　昇道無窮極」という『大経』往生の具体的な内容である。つまり智慧・慈悲・能力としてはたらき出る如来のはたらきが、実際の聞法生活の上でどのように倫理・道徳として発動するのか、その道理の詳細である。すなわち曽我は、願力自然の奮励主義の実際面の倫理・道徳は云何、それを問うているのである。

さらにまた、「六条学報」、「新仏教」、「中央公論」で「精神主義と性情」という論文を批判した花田衆甫に対しては、「宗教上の第一義諦の発表に向て、偏狭なる道義的批判を加ふべきにあらず[80]」と言い放つ。要するに宗教的な真諦にかかわる問題であるのに、その理解が足りないために、俗っぽい道義的な批判などは全くの偏狭で、十分な批判にさえなっていないというのである。その上で、新仏教の理性主義を突破した精神主義の直覚主義による倫理道徳とは何か、それは如来の慈悲に立つ倫理道徳であるが、その宗教的な道徳と花田のような単なる世間的な道徳とはどう違うのか、曽我はそれを清沢に問うているのである。そして次のように言う。

是れ精神主義が一面に信仰を獲得しつゝ、他面に倫理を全うし得る所以に非ずや。而も信仰と調和し安心と平行する倫理は自由無責任の道徳にして、世間普通の道徳と大に其趣を異にするものあり。吾人は寧ろ此を以て道徳の真面目となす[81]。

「信仰と調和し安心と平行する倫理」とは、これを清沢の言葉で言えば「如来は私の一切の行為に就いて、責任を負うて下さる」という無碍道に立った倫理である。そこに倫理道徳の真面目がある、曽我の素晴らしい見識ではなかろうか。これを踏まえてまず第一に、如来の慈悲に立つ道徳は自由無責任の道徳であるから、その宗教的な道徳と世間一般の道徳との違いを明確にして、花田のような常識論者の真面目な疑問を晴らすべきである、と曽我は言うのである。第二に、宗教的な道徳の内実とは何か、曽我は次のように言う。

精神主義と雖ども、何ぞ罪悪の宜しくなすべきを断ぜんや。依然罪悪は慚づべき行為也、不完全なる行為也。

吾人の日夜汲々として善に進まんことに努力すべきは、恐くは精神主義の根本立脚地と矛盾するものに非ず。否々若し是にしてなくんば、精神主義亦何の要かある、信仰亦遂に何の要かある、[82]

宗教的な道徳は一口で言えば自由無責任な道徳であろう、しかしそれは信仰生活の中の罪悪性との戦いの賜物である。その意味から言っても、精神主義は罪悪から付き離れて当然であろう。その罪悪から付き離れていくという仔細を明確にして、新仏教などの理性主義的な宗教道徳との異質性を明らかにすべきである。こう曽我は言うのである。この曽我の文章の中に「何ぞ宜しく」「努力すべし」という、清沢の指摘した『大経』三毒段の言葉が出てくるのは、偶然であろうか。曽我はこの言葉によって、『大経』三毒五悪段が真の仏弟子の聞思の生活を説く段であるのだから、お互いにその教えを虚心に聞くべきではないかと示唆しているように思えてならない。しかもその上で清沢の三毒五悪段の了解を明確に示してほしいと、言っているのではないか。曽我の批判は、大筋以上のようである。そして、この明治三十五年の批判に対して、清沢が最後の渾身の力を込めて答えたものが、先の「宗教的道徳（俗諦）と普通道徳との交渉」であると思われる。

そう言うと「我が信念」といい「宗教的道徳」といい、曽我の名前などどこにも出てこないではないか、という批判が聞こえそうである。文献的にそうであっても、思想的には曽我の批判に見事に呼応している。曽我自身も信仰のぎりぎりの所に立って命がけで問うている問いに、師の清沢も命終わる前に全身全霊を挙げて応答したのであろう。その思想交渉と思想応答の緊迫感は、その内容に立ち入って考えれば一目瞭然ではなかろうか。あたかも、法然と親鸞の師資相承の思想的な緊迫感を彷彿とすると感じるのは、私だけであろうか。

七　曽我量深と清沢満之の師資相承

親鸞は、法然の『選択集』の書写を通して師資相承するが、元久二年四月十四日の書写の完了から、閏七月二十九日に師資相承が終わるまでの百日余り、師弟の間で『選択集』の内容に関して激しい議論が繰り返されたであろう。『御伝鈔』には『教行信証』の後序と同じように『選択集』書写の記事の後に、何の説明もなく「信行両座の決判」と「信心同一の問答」が収録されている。曽我は『親鸞聖人御伝鈔講話』の中で、それが親鸞の『選択集』書写の感想であると、やわらかく表現している。しかしこの二つの問答に象徴されている課題が親鸞と法然の師資相承の議論の核心であると、指摘しているのではなかろうか(83)。

「信行両座の決判」は、大乗の課題である不退転が、信心に実現されるのか称名念仏に実現されるのかという議論である。法然の『選択集』は称名念仏一つを顕揚して、浄土往生こそ大乗仏教の眼目であると主張するのである。しかし大乗の覚りである大涅槃は、念仏を信じる信心に実現されるのではないか。その大涅槃に支えられて、信心に正定聚・不退転が実現されるのであって、称名念仏一つと主張するだけでは、仏道の道理としては不充分ではないか。このような議論である。

もう一つの「信心同一の問答」は、親鸞の信心と法然の信心とは同一か異なるのかという議論である。これは『歎異抄』の後序にも収録されていて、信心同一の問答と呼び習わされてきたために、われわれは信心同一という視点で読むことが多い。しかしその議論は、「如来より賜りたる信心」という特徴的な言葉で決着がつけられるように、本願力回向にこの問答の中心がある。この「如来より賜りたる信心」という言葉は、『歎異抄』では法然が言ったことになっているが、『御伝鈔』の方では親鸞の言葉になっている。私は、比叡山の頃から『大経』・『浄土論』を学び、法然門下に入室してすぐに『浄土論註』を学んで、早くから本願力回向を仏道の眼目と見ていた親鸞の方が言ったのではないか、『御伝鈔』はそれを伝えようとしているのではないかと推察する。いずれにしてもこの「信心同一の問答」は、本願力の回向について議論されたものである。

このように、親鸞と法然が『選択集』をめぐって師資相承していくが、その核心的な問題は、如来の本体である大涅槃が、自力無効の信心に実働されることと、それが信心に実現されるのは願力の回向によること、その二点である。『選択集』の課題をこの二点で背負いながら、それを思想的にいかに明確に表現していくかが親鸞の『教行信証』の課題である。親鸞は、本願力の回向として『教行信証』の全体を体系付けながら、「信巻」の三一問答と「化身土巻」の三願転入で、自力無効の信心に大涅槃が実働することを答え終わるのである。

三一問答は、如来の本願が至心・信楽・欲生と説かれるのは、「涅槃の真因はただ信心をもってす」ということを明らかにすることにある。大乗の菩薩道では、大涅槃は菩薩十地の修行によると説かれるが、群萌を救う『大経』では信心に依ることを明らかにするのである。もう一つの三経一異の問答では、自力を生きるほかはない一切衆生を他力の一心に導くために、釈迦如来は『大経』、『観経』、『阿弥陀経』の浄土三部経を説いて下さった、ということを明らかにし、それを踏まえて親鸞は、いわゆる三願転入の信仰告白をする。このあたりの詳細は拙論『教行信証―その構造と核心―』に詳しいが、ここでは結論だけ言えば、三一問答は阿弥陀如来の大悲の推究、三経一異の問答は釈尊の大悲の推究である。

曽我量深と清沢満之の命がけの議論もまた、実にこの点ではなかったか、と思うのである。曽我は「弥陀及び名号の観念」では、弥陀および名号の本体である大涅槃は、自力無効の信心に智慧と慈悲と力としてはたらき出るが、その実感の仔細を明確な道理として問うたのである。さらに、明治三十五年の『無盡灯』での論考では、願力自然の回向の道理によって無限が凡夫の身にはたらき出るときには、いかなる倫理道徳となるのか、その真の仏弟子の生活の子細を問うたのである。そしてそれらに清沢が答えたのが「我が信念」と「宗教的道徳（俗諦）と普通道徳との交渉」である。親鸞と法然とが『選択集』を通して、大乗の仏道としての根源的な議論をした。それは如来の本体としての大涅槃と、それがこの娑婆になぜはたらき出るかという本願力回向の道理の二つであった。曽我量深と清沢満之、この二人の宗教的な天才も、これまで述べたように『大経』と『教行信証』の中で師資相承していったのである。おそらく「自己を弁護せざる人」としての清沢と曽我との出遇いは、これまで尋ねた二人の深い思想的な感応道交の中で思想的に完結されていったのであろう。

したがって親鸞が、『選択集』の思想的な課題を引き受けて『教行信証』で応えたように、曽我量深も、清沢の「我が信念」と「宗教的道徳（俗諦）と普通道徳との交渉」の二つの論文を師の遺言として、自らの生涯の思想的な課題としたのである。なぜなら、師の思想的な課題を担わないような師資相承はあり得ないからである。「我が信念」の方は如来の願心の推究という意味で、後の曽我の法蔵菩薩論に展開していく。「宗教的道徳」の方は曽我独特の三願転入の了解と第二十願の考察へと展開する。もちろんどちらも、親鸞の『教行信証』によって推究されていくのである。清沢は短命であったために、『大経』と『教行信証』については充分な了解をする前に命終わったというのが一般的な了解であるが、曽我は「分水嶺の本願」の中で次のように言っている。

清沢先生は先程から考えておりますが、『大無量寿経』の「下巻」の本願成就文から始まり三毒段五悪段と続くあの「下巻」に眼を開いていたに違いない。今の真宗の学問は折角清沢先生が身を以て頂かせられた「下巻」を忘れている。先生は臨終が近づいてから、普通道徳と俗諦門との交渉を述べられているが、あれは突然出て来たのではない。『エピクテタスの教訓』を読まれ、一方『阿含経』を読まれ、「下巻」を繰り返し綿密に読まれて後のことである(84)。

ここに指摘されるように、清沢は『大経』下巻をよく読み込み、自身の信仰の歴程を考えながら、「宗教的道徳」を書いたのであろう。

清沢の信仰は、親鸞の仏教とは違って哲学的な思索であるとか、念仏の信心ではないという批判があった。曽我が「先生の最も有力な門弟の一人である多田鼎師が、先生の滅後に信仰問題に悩み、先生を捨てたという悲しいことがある(85)」と言うように、門弟の中でもそれが問題となっていた。だから曽我はその責任を担い、この二つの論文を生涯の課題として、『大経』下巻に立った清沢満之の信仰は、実は親鸞の『教行信証』の核心である「三一問答」と「三願転入」に立っていたのだということを証明したかったのではないかと拝察する。

清沢は回心した後も悩み抜いた。妻子が亡くなった際には「今年は皆んな砕けた年であった。学校はくだける、妻子は砕ける、今度は私が砕けるのであろう」と人間としての悲しさを正直に述べる。しかし、一方その苦悩の中で「万里蒼然たる如来慈光の春」と、「至心信楽己を忘れて、無行不成の願海に帰す」という阿弥陀如来の世界を堂々と謳いあげた。曽我は、回心後も凡夫として正直に悩みながら如来の世界を生き切った清沢に、『教行信証』で明らかにされる親鸞の仏道の典型を見たのである。そこに凡夫のままに必ず仏になるという、『大経』の群萌の仏道がある。象徴的に言えば、この二つの論考を清沢の遺言として、曽我は『大経』を見抜く択法眼を教えられ、生涯、『教行信証』の研究に命を捧げたのであろう。要を取って言えば、親鸞が法然を本願力回向の人として顕揚したと同じように、曽我は清沢を『大経』によって親鸞の仏道を生き切った人として顕揚したのである。

このような『大無量寿経』と親鸞の『教行信証』を核にした思想的な戦いの中で、清沢満之と曽我量深とは師資相承をしていくが、清沢はそれによって『観経』の二種深信から『大経』の一心に立ち返ることになったと思われるのである。

［註］

（1）『臘扇記』『清沢満之全集』第八巻、岩波書店、三六三頁。
（2）同前。
（3）『観経疏』「散善義」『真宗聖教全書』一　三経七祖部、大八木興文堂、五三四頁。
（4）『歎異抄』『真宗聖典』東本願寺出版、六四〇頁。
（5）同前、六二七頁。
（6）「我は此の如く如来を信ず（我信念）」『清沢満之全集』第六巻、岩波書店、三三〇頁。
（7）「他力の救済」『清沢満之全集』第六巻、一五九頁。
（8）同前。
（9）『浄土論』『真宗聖典』、一三五頁。
（10）『教行信証』「行巻」『真宗聖典』、一八二頁。
（11）『大経』『真宗聖典』、四四頁。
（12）同前。
（13）『教行信証』「化身土巻」『真宗聖典』、三九九頁。
（14）『浄土三経往生文類』『真宗聖典』、四六八頁
（15）『教行信証』「信巻」『真宗聖典』、二四三頁。
（16）同前、二四三～二四四頁。
（17）同前、二四五頁。
（18）同前。

(19) 同前。
(20) 同前、二五〇頁。
(21) 『大経』『真宗聖典』、六五頁。
(22) 同前、七七頁。
(23) 『尊号真像銘文』『真宗聖典』、五一四〜五一五頁。
(24) 詳しくは拙著『教行信証―その構造と核心』法藏館、第四章参照。
(25) 「明治三十六年六月一日　暁烏敏宛　書簡」『清沢満之全集』第九巻、岩波書店、三〇五頁。
(26) 『大経』『真宗聖典』、五九頁・六〇頁。
(27) 同前、六一頁。
(28) 『一念多念文意』『真宗聖典』、五四五頁。
(29) 『大経』『真宗聖典』、六五頁。
(30) 同前。
(31) 「宗教的道徳（俗諦）と普通道徳との交渉」『清沢満之全集』第六巻、岩波書店、一四八頁。
(32) 拙著『「他力」を生きる―清沢満之の求道と福沢諭吉の実学精神―』筑摩書房、第一章参照。
(33) 「宗教的道徳（俗諦）と普通道徳との交渉」『清沢満之全集』第六巻、岩波書店、一四八頁。
(34) 同前。
(35) 同前、一五三頁。
(36) 同前、一五四頁。
(37) 同前。
(38) 「報恩講私記」『真宗聖典』、七四〇頁。
(39) 『教行信証』「化身土巻」『真宗聖典』、三五六〜三五七頁。
(40) 『大経』『真宗聖典』、八一〜八二頁。（　）は筆者。
(41) 『尊号真像銘文』『真宗聖典』、五三二頁。
(42) 『教行信証』「化身土巻」『真宗聖典』、三五六頁。

(43)「我は此の如く如来を信ず（我信念）」『清沢満之全集』第六巻、岩波書店、三三一～三三二頁。
(44)同前、三三二頁。
(45)同前、三三三頁。
(46)同前、三三三～三三四頁。
(47)同前、三三〇頁。
(48)同前、三三〇～三三一頁。
(49)同前、三三二頁。
(50)同前、三三一頁。
(51)同前、三三二頁。
(52)同前。
(53)同前。
(54)同前。
(55)同前、三三三頁。
(56)同前、三三四頁。
(57)同前、三三二～三三三頁。
(58)『教行信証』「信巻」『真宗聖典』、二二五頁。
(59)同前、二二七～二二八頁。
(60)「教行信証「信巻」聴記」『曽我量深選集』第八巻、彌生書房、九一頁参照。
(61)『教行信証』「信巻」『真宗聖典』、二三二～二三三頁。
(62)『精神界』第六号、明治四十二年六月、精神界發行所。
(63)「自己を弁護せざる人」『曽我量深選集』第二巻、彌生書房、二二五頁。
(64)「弥陀及び名号の観念」『曽我量深選集』第一巻、二五六頁。
(65)同前。
(66)同前。

(67) 同前。
(68) 同前。
(69) 同前。
(70) 同前、二六一頁。
(71) 「我は此の如く如来を信ず（我信念）」『清沢満之全集』第六巻、岩波書店、三三一～三三二頁。
(72) 「精神主義」『曽我量深選集』第一巻、二九二頁。
(73) 同前、二九三頁。
(74) 「精神主義と本能満足主義との酷似」『曽我量深選集』第一巻、二九九頁。
(75) 同前。
(76) 「希望ある第卅五年」『曽我量深選集』第一巻、三〇六頁。
(77) 「再び精神主義を論ず」『曽我量深選集』第一巻、三〇七～三〇八頁。
(78) 「精神主義と三世」『清沢満之全集』第六巻、岩波書店、九一頁。
(79) 同前、九三頁。
(80) 「再び精神主義を論ず」『曽我量深選集』第一巻、三〇八頁。
(81) 「三度精神主義を論ず」『曽我量深選集』第一巻、三一〇頁。
(82) 同前。
(83) 詳しくは拙著『教行信証―その構造と核心―』第二章参照。
(84) 「分水嶺の本願」『曽我量深選集』第十一巻、二五七頁。
(85) 同前、二五四頁。

曽我量深の思想

——象徴世界観を中心に——

村山保史

はじめに

曽我量深（一八七五〜一九七一）は仏教解釈に西洋哲学の用語を導入したことでも知られる清沢満之（一八六三〜一九〇三）門下の真宗学者であり、曽我と並んで近代真宗学者の双璧と称される金子大榮（一八八一〜一九七六）とともに清沢を引き継ぎ、神話的な意味を帯びた仏教語を主観と関係づける解釈によって現代語に置き換える作業をしている。「凡て仏教の思想を明らかにするには、仏教の経典の言葉を現代語に翻訳することが出来るかどうかといふことを知るのがまづ大事なことである」(1)。そうした作業は日常の世界と仏教の世界の関係を説明するものとして独自の内容を含んでおり、また西田幾多郎とともに京都学派の中核であった田辺元（一八八五〜一九六二）が、「〔直接に教えを受けたひと以外にも曽我〕先生の数多き著書から教へられたものは全国に幾万を算へることと思ふ。かくいふ私もまたその一人である」(2)と語ったように、その影響力からしても近代を代表する思想家のひとりであると思われるが、昨今の清沢研究の盛況ぶりとは対照的に、一般にはほとんど知られていない。

こうした仏教語の翻訳作業のひとつとして、曽我は「荘厳」という仏教語を「象徴」という語に置き換え、仏教の世界を「象徴世界」としている。象徴世界とはいかなる世界であり、どのように日常世界と関係するのだろうか。本論は、「清沢以後の近代浄土思想の展開」に関する研究の一環として、象徴世界観の全体像が示された一九三〇年代から一九六〇年代の思索を主たる対象とし、曽我に影響を与えた、あるいは曽我が影響を与えた思想と照らし合わせながら彼の象徴世界観を、さらには彼の思想全体の基調を、(1)一般的な思想研究者が近づくことが可能な叙述方法で、(2)できる限り整合的に読み解き、概観しようとする試みである。

一　曽我の方法

曽我の思想は難解をもって鳴る。われわれは漫然とそれにあたるのではなく、まず、曽我を読むものであれば誰しも指摘する唯識と清沢からの影響について確認することからはじめることにしよう。

曽我は真宗大学入学以前から唯識思想に親しんでおり、世親の『唯識三十頌』やそれに護法らが施した注釈『成唯識論』については、「それだけを自分は子供の時分から興味をもつて折々読んで見て居る」[3]とさえいっている。唯識はすべての現象を種々の心的作用に還元する内在的分析の立場に立つ仏教の一思想であるが、無著の『摂大乗論』から世親の『唯識三十頌』、さらに『成唯識論』となるにつれて、第六識（意識）よりも深層で働く阿頼耶識から自己（我）意識としての末那識を分別する傾向が進んでいることから、『成唯識論』を愛読した曽我も諸現象を自己意識との関係において分析する傾向をもっている。あるいは、そのような分析を好む資質を若いころからもっていた。その後、一九三〇年代から一九六〇年代にかけて曽我は数度の賀寿講演をおこなっている。

還暦記念講演「親鸞の仏教史観」（一九三五年）

喜寿記念講演「象徴世界観」（一九五一年）
米寿記念講演「法蔵菩薩」（一九六二年）
頌寿記念講演「我如来を信ずるが故に如来在ます也」（一九六五年）

晩年の一九六二年、米寿を迎えた曽我が記念講演の題目として選んだのは、浄土思想における法蔵菩薩（阿弥陀仏の前身）を唯識の阿頼耶識と関係づける「法蔵菩薩」であった。われわれは曽我の思想に通底する要素として、自己意識との関係において事象を説明しようとする内在的分析の傾向を指摘してよいであろう。曽我はみずからの真宗学を「自分の意識の中に流るる真宗学」(4)とも呼んでいる。

米寿記念講演の三年後、かつて清沢が課した問い「如来あっての信か、信あっての如来か」(5)に答えようとした頌寿記念講演「我如来を信ずるが故に如来在ます也」において、清沢を「一日でも忘れることのできない、わが清沢満之先生」(6)と呼んでいる。清沢の精神主義は主観によってなにかを実際に経験する「実験」を重視し、外に向かっていた意識の働きを内に向けて自己を反省省察する「内観」をその方法とした。内観の「内」は「自己」の意味であり、唯識と内観はともに自己分析として異ならない。最初期、一九〇二年ごろの曽我は精神主義に反対する立場に立っていたが、こうしてまもなく内観の方法を継承することになっている。浄土思想（浄土教）は阿弥陀仏（如来）の本願を信じ、念仏によって浄土へと往生することを願う宗教思想である。清沢は浄土にしても阿弥陀仏にしても内観に現れる限りでの「主観的事実」としてとらえたが、曽我もまた内観に現れる限りでのそれらを対象としているのである。唯識では対象を認識していることの自覚作用は「自証分」と呼ばれるが、曽我の内観も「（自覚自証」の方法と表現される。

こうした曽我の内観の方法にはつぎのような特徴がある。⑴与えられた無限との関係の漸次的展開過程として信仰をとらえること、⑵感覚（情）にかかわること、⑶固定的なものに一定の距離を置くこと、である。順に確認してみよう。

⑴与えられた無限との関係の漸次的展開過程として信仰をとらえること。信仰にかかわる課題を曽我に与えた清沢は宗教を有限（人間）と無限（絶対者）の関係とする。無限はあらかじめ与えられた所与のものである。その意味で「我等は絶対的に他力の掌中に在る」[7]とされるわけであるが、西遊記の孫悟空が觔斗雲で飛べば釈迦の掌中から逃れられると誤ったように、無限が与えられていることと、それを実際に経験して自覚するのは別のことである。こうして、一八九二年の『宗教哲学骸骨』での表現を使えば、宗教においては霊魂（の宗教心）を「開発」することが要件となる。「吾人霊魂の開発は此本来本具の関係を覚知するに在る」[8][9]。一九〇一年以降の精神主義時代の表現では「信念を開発する」[10]ことが、いいかえれば有限が無限に帰依することで得られる安心の状態を徐々に精神が内観していくことが要件となる。無限は有限との関係のなかで現れるものであろうが、自己を凌駕する他者としての無限が我執をもつ人間にとって切実な問題となるにはそれなりの条件が必要である。こうして清沢の思想において、信念ないし信仰心の開発は有限な精神が無限へといたる漸次的な展開過程の形態をとる。

一般に清沢の前期思想には意識や社会の発展的運動といった考え方に関して、東京大学のフェノロサ（一八五三〜一九〇八）から得たヘーゲル哲学やスペンサー哲学からの影響があったことが指摘されるが、後期の精神主義時代にもこの影響は持ち越され、精神による内観は実際問題にたいして漸次的に遂行され展開されるものとしての意味をもっており、その展開の軌跡を描き出せば「内観の道」[11]と表現することができる。清沢が宗教を理論でも学問でもなく「実行」とし、精神主義が生とか死といった実際的な問題にたいする「実行主義」であるとするのは、そうした内観の展開過程をさしてのことである。「今宗教は学問が実行かドチラであるかと云へば、勿論学問と云ふよりも実行と云はねばなりませぬ[12]」。この清沢の考えを曽我は引き継ぐ。曽我が「〔清沢〕先生は未成品であった……絶大の器は永久の未成品でなければならぬ[13]」とするのは、清沢が信仰という問題に「結論」を出して幕を引いた人物ではなく、つねに信仰に、信念の開発にかかわり続けた「未解決の人[14]」であったことによる。

(2)感覚（情）にかかわること。ついで、いかに無限が有限に与えられるのかが問題になる。他力宗教としての浄土思想においては救済が一種の恩寵として与えられる。曽我は救済がいかに内観されるかの思索にアクセントを置くわけだが、他力宗教の原則からして救済の自覚が自力的な能力に与えられるとするわけにはいかない。反省作用としての内観は自己の判断を契機として自発的・能動的にはじまるともいえるが、救済の自覚が与えられるのはむしろ受動性としての感覚（情）にである。五感に即していえば、内観においては「見る」ではなく「見える」であり、「聞く」ではなく「聞こえる」ということになるのであろう。曽我はいう。「清沢先生の叫ばれた自覚は、全然之〔自分が為《す》るのだ〕に反して居つて、即ち『せしめられる』といふ事であつた[15]」。曽我門下の学僧、安田理深（一九〇〇～一九八二）が曽我の浄土思想を「感の教学[16]」と呼んだのは、この点に注目してのことである。

(3)固定的なものに一定の距離を置くこと。信仰が関係の漸次的展開過程ととらえられたことにより、関係を度外視する実体的なものの存在、実体について論じる実体観は拒絶される。また批判――それは反省作用が展開する際の起点となるものである――を容れない固定的なドグマとも距離が置かれる。曽我にとっては仏教の「法」さえも固定的なものではなく、三水に去るという文字が組み合わさったものであり、「水のごとく流れて、一刻も停止するということはない[17]」の意味である。ドグマを鵜呑みにするのではなく、「愚な自分が首肯くまで自分に話して聞かせて……自分の心に会得の出来るまで自分に言ひ聞かせるのであります[18][19]」という発言は曽我の自覚自証としての内観の方法がもつ自由な思索の傾向を示しており、この傾向は彼をひとりの思想家とし、また彼が独創的な見解を生み出す素地となった。安田や哲学者の西谷啓治（一九〇〇～一九九〇）が評価するのもこうした自由闊達さから生まれる独創性であり、つねに古いものを更新する新しさである。西谷はいう。「先生の語られたもの、書かれたものは、いつも頗る闊達である。深い自由がある。……自由と言つたのは、すべて既成のものの枠に囚はれないといふことでもあるが、創造的といふことでもある。自由なものは、常に新しい」[20]。唯識であれ、西洋哲学であれ、キリスト教であれ、曽我はいかなる思想も自家薬籠中の物として自由自在、臨機応変に使用して浄土思想解釈に援用する。そうした態度は神話的な響きをもつ仏教語を現代語に翻訳しようとする契機となったが、急進的な態度ともいえ、伝統的な教学との関係のなかでは――唯識や内観の方法を採用したことによる自性唯心（自分の心だけが存在する）と境を接する性質も加味して――異安心的傾向[21]につながり、恣意的解釈の危険と境を接することにもなる[22]。またそれは曽我の著作を読むものにとっては難解さと映り、追随の困難さとなっている。

以上、曽我の浄土思想は唯識思想および清沢の思想から得た内観を方法としており、その特徴の(1)(2)は曽我の内観の内容を示し、(3)は内観を対象に適用する際の格率となっている。これらを念頭に置きながら、実際に曽我の思想に踏み入ることにしよう。

二　実体世界と象徴世界

1　実体世界と象徴世界

浄土経典で「〔阿弥陀仏が法蔵菩薩であったときに〕四十八の本願を起して、その本願に従うて浄土を荘厳せられ、吾等衆生を、その浄土へ迎へ取つて下される」[23]のように使用されると曽我のいう「荘厳」の語が「象徴」に相当すると着想されたのは、大正期末であった。[24]その後、昭和期の一九三〇年代に入ると、仏教の世界は象徴世界とされ、われわれの日常的な実体世界との対比のなかで論じられるようになる。

実体の世界は理性（理知）によって可能となる。一口に理性といっても西洋哲学では多様な意味をもつが、曽我は対象構成にかかわる心的作用に切り詰めて考えているようである。そうした心的作用によって構成された諸物、つまり固定した性質をもち、他との差異を強調し合う諸物の世界が実体の世界であるとされる。理性は抽象的な概念化・固定化の働きと解され、ここで問われるのは事物の〈固定的・静的な存在様式〉である。一方、象徴の世界は具体的な感覚の働きによって可能となる世界であり、ここで問われるのは事物の〈変化（応変）的・動的な生成様式〉である。

「象徴」と現代語訳される荘厳は「みごとに配置されていること」「美しく飾ること」の意味をもつサンスクリット語を漢訳した仏教語であるが、曽我は荘厳を「飾る」の意味であり、「飾る」は「形取《かたど》る」に由来すると考える。「形を取るといふことは……見えないものを見えるやうに形取るといふ意味である」[25]。「〔形をもたず〕見えないもの」は「純粋感情」とされ、それが「純粋感覚」となる――純粋感情が純粋感覚の感覚内容となる――のが「見えるやうに形取る」ことである。「本当の精神は感情でありまして、無我にして無形なる感情が感覚として形をとる。感覚は心が物になつたと……物において心が形をとつたと云つてもよい」[26]。純粋感情は変化しないが、感覚は千変万化する。ひとつの主観に関係づけられるという点にアクセントが置かれる感情よりも複数の個別的な感覚受容器で諸感覚を弁別するという点にアクセントが置かれる感覚のほうが変化のファクターに富み、個体化のニュアンスを強く反映すると考えられているのだろう。[27]感覚によって純粋感情はさまざまに現れる。象徴されるのである。鈴木大拙（一八七〇～一九六六）は本願を「利他的衝動」（altruistic impulse）[28]の仏教的な表現と解したが、曽我によれば法蔵菩薩が浄土を荘厳するとは、有限者を救済したいという利他的な純粋感情としての本願が浄土として形をとった、つまり本願が有限者にとって感覚できるものとなったという意味である。「如来の本願といふものは形はない、形の無いところの本願が形を取る、心も言葉もたえているところの所謂形而上の精神が形の上に現はれて来る、つまり形を越えてさうして形に現はれる、さういふところに荘厳浄土といふ意義がある」[29]。浄土についてはのちに改めて考察する。

2　感応道交

曽我は仏教語の「宿業」が「本能」に相当するとし、一種の感覚であるとしている。「宿業はみな感の世界、宿業感と言ひまして宿業は感覚である」[30]。宿業は親鸞が重視する語であり、過去世の行為によって生じる行為の傾性、一個体や個々の行為を超えて影響する因子を意味する。唯識では、人間の行為は存在や作用を生じる業種子（可能性）として潜在意識的な阿頼耶識に薫習し（蓄えられ）、そしてまたその業種子は末那識、意識、前五識（五感）に影響し、さらには未来世にも影響をおよぼすと考えられており、習慣的な心の働きを認めている。行為の積み重ねによって生じるこうした宿業からの働きは制御がむずかしく、親鸞も「さるべき業縁のもよおせば、いかなるふるまいもすべし」[31]としたものであるが、この制御困難さ、得体の知れなさゆえに宿業は本能と表現されるのである。「本能に対する我々は総てが偶然である、無知である、無能である」[32]。

宿業の自覚はもともと曽我がもっていたものでもあろうが、東京巣鴨にあった真宗大学が明治期末の一九一一年九月に閉校されると同時にそれまで就いていた研究職を退いて、大正期の一九一六年まで雪深い郷里の新潟で僧侶として「流人」(33)のような生活を送ったことは彼に改めてみずからの宿業の強さを自覚させ、流刑を受けて同じ越後での生活を送った親鸞との精神の交流（感応道交）を自覚させるものとなっていた。

> 自分は昨年（一九一一年）十月四日にいよいよ郷里北越の一野僧となり終りた。我郷土は雪の名所である。……自分を顧みれば全身多く雪に包まれ、雪を吸ひ、雪を吹く所の一箇の怪物である。……自分は此時唯一箇の野獣に過ぎぬ。……自分は年三十八歳、始めて、自ら白雪を呼吸する食雪鬼なるに驚いた。……浅間敷哉也食雪鬼、我等は久遠の食雪鬼である。崇き哉也食雪鬼の自覚、此自覚は浄土真宗を生んだ(34)

曽我はいかなる行為も宿業から生じるという。「我々の一切の行為……は一往は道徳的理性の決定の如く思惟せらるるも、深く内省すれば悉く本能の決定ならざるはないと痛感せられます(35)」。道徳的理性云々の発言の妥当性についてはいまは問わないとして、ここでいわれる人間ならざる本能的存在としての「怪物」「野獣」「食雪鬼」と表現されるものとしての自覚が、やがて昭和期の一九三〇年代になって本能にもとづく象徴世界観を展開していくことになるのである。

象徴世界観の明確化が一九三〇年代であったのは、郷里での体験が思想として成熟するまでに時間が必要であったこともあろうが、一九三一年の満州事変から日中戦争、さらに太平洋戦争に向かう戦時下において曽我が「日本教学」の確立をめざして日本人の特性を神との感応道交だと考えたことが要因となった。曽我は象徴世界を「感応道交」の世界と考える。感応道交とは「心が通ふ(36)」ということであり、内（自己）で感じることに外（自己以外のもの）が応じることであるという。象徴世界は、実体世界のように事物の性質が固定的で他者と融和しないような世界ではなく変化（応変）的な世界とされたことから、自他が応じて道交する世界であるとされているわけである。この意味で、さきの法蔵菩薩が浄土を荘厳したという表現は有限と無限が通じ合うという意味になるが、この詳細はのちに確認する。一九三〇年代から戦時にかけて、曽我は理性の固定的性質を我執と解して我執を「動物本能」と考える一方で、神と感応道交する本能を「人間本能」とする。ここにきて、明治期末から大正期にかけて郷里で得た、ときには人間とさえいえないような本能的存在としての自覚は一気に飛躍して人間として本来あるべき高尚な性質――「宗教本能(37)」といってもよい――へと明確に高められている。曽我にとって欧米を中心とする他国との戦争は人間本能による動物本能(理知)の破邪顕正である。「今度の戦争は……正法の国家、正しい国家、正しい法(みのり)の大日本を打建てて米英の邪道の国家を打破る大思想戦である(38)」。ここでいわれる「法」の意味はすでに確認した。人間本能が感応道交する「神」は、アニミズムや有機体的自然観にもとづく八百万の神々のみならず国家神道の神をも含むわけである。

ともあれ、さきの引用の最後部分で曽我が「我等は久遠の食雪鬼である」として主語を複数(曽我と親鸞、あるいは曽我と親鸞を含む複数の人間)にし、「此自覚は浄土真宗を生んだ」としていたことは重要である。親鸞にまでつながる宿業の自覚が阿弥陀仏との感応道交の契機となるからである。曽我はいう。「感に対して仏が応《あら》はれる。仏を感ずればそこに仏現はれる(39)」。

三　浄土と仏教史

1　浄土観

実体世界と象徴世界を空間的に表現したのが穢土と浄土である。感覚には不純な場合と純粋な場合がある。不純粋感覚の総体（世界）を空間的に表現したのが穢土であり、純粋感覚の総体を空間的に表現したのが浄土である。「純粋感覚の世界を浄土といふ」[40]。そして「不純とは何か、それは感情の理知化であります」[41]とされることから、「純粋」にするということのうちにあるのは、なにかをつけ加えるのではなく凝固したものを解きほぐしてもとに戻すことのイメージであり、感覚を感覚本来のすがたに戻すことである。純粋になるとは、〈固定的な実体の世界の見方を離れること〉であり、別の表現をすれば、〈与えられた無限との関係としての信仰の状態にいたること〉であり、さらには〈宿業の自覚が明確になって阿弥陀仏への帰依が強まること〉である。われわれはこの意味を銘記しておこう。

曽我が感覚を重視して純粋感覚の対象としての世界を浄土としたことには、金子大榮が大正期の一九二〇年代から展開していた浄土論からの影響があったと思われる。ただし、金子が感覚という語を多用する[43]一方で曽我は感情という語も重視し、また金子が純粋感覚の対象としての浄土を「観念の浄土」[42]としたのにたいして、曽我は浄土に「象徴」という表現を使うわけである[44]。曽我はいう。「念仏の道は象徴にある……身に感ずるものは象徴であり、心に浮べるものは観念である……」[45]。ここでは理知的なものが「心」と表現されている。「観念」は理知的表現であり、「身に感ずる」といった身体性のニュアンスの強い感覚の対象には使えない。象徴としての浄土が真実報土であり、観念としての浄土は方便仮土であると曽我はいう。「浄土といふものは、真実報土といふものは、身に感ずるものである。頭に浮べるものを方便化土といふ」[46]。これは宿業的存在としての強い自覚を終始、思想展開の動機としていた曽我による金子の浄土論批判である[47]。

西谷が報告したように[48]、曽我は大学で『近世に於ける「我」の自覚史――新理想主義とその背景――』（一九一六年）や『カントの平和論』（一九二二年）等の著作で知られた京都学派の哲学史家、朝永三十郎（一八七一～一九五一）らから西洋哲学の授業を受け、自分でもカントの著作を読んだことが推測できる。曽我は明治期から哲学にたいして寛容な態度をとっており、またカント哲学の用語と思われるものをすでに使用しているが、一九二一年の天野貞祐訳による『純粋理性批判』（上）出版後に書かれた一九二二年以後の論考では、「先験」[49]（超越論的）という語を多用するようになっている。例えば、曽我が編集者となって一九二二年から翌年にかけて金子と競うようにして書き継いだ雑誌『見真』掲載の論文では、「実に清浄純粋なる願往生心こそは純粋自我といひ、純粋理性といひ、平等性智といふものである。この清浄願心こそは真に現実的自我の総報を内感する者の先験する根本主観である。これこそ感性的自我の中に先験せらるる理性的自我である」[50]として、唯識的な表現をまじえつつ、願往生心を他の個々の意識に先行する統一的な先験的自我であり、理性的自我であるとしている。また一九二七年の『如来表現の範疇としての三心観』では、阿頼耶識が「あらゆる意識をして内に自証意識たらしめる所の最も直接なる最高総合の原理意識」[51]、つまりカント認識論においては個々の意識（内感、感性的自我）を統合ないし総合する役割を果たす超越論的統覚（transzendentale Apperzeption）であるとされ[52]、さらに阿頼耶識の三相が「宗教の先験原理なる本願の廻向の三心」[53]であるとされるなど、次第に曽我の論考がカント認識論の――ただし、ほとんどはカントとは微妙に異なった曽我独自の――用語で埋め尽くされるにいたる経緯をみてとることができる。われわれは一九二二年ごろを、曽我の哲学用語使用に関する〈第一の転換期〉であると考えることができるだろう。

しかしやがて曽我は理性を重んじた西洋哲学者・体系家としてのカントと距離を置くことになっており、一九三二年ごろからはそれまでの態度を一転して西洋哲学やキリスト教といった西洋思想に否定的な立場、より正確には敵対的な立場をとるようになり（〈第二の転換期〉）、この傾向は戦時を通じて保持されている。「西洋人が理性とか叡知とか云つているが、これは一つの我執である。さうしてその我を理論化し合理化して『我』を弁証する。これを哲学にて弁証と云ひ、その弁証する所の論理を弁証法と云うている」(54)(55)。曽我は金子とともに清沢から内観の方法を受け継ぎ、またともに感覚（情）を重視するが、金子が感覚をベースとしつつイデアやイデーといった〈不変的原理への志向〉を強くもつとすれば、曽我はむしろ原理的なものから身体をそなえた個体が生じる〈個体化の過程への志向〉をもつといってよい(56)。

個体化の過程は宿業の自覚者としての主観に生じる。「象徴といへば、お浄土ばかりが象徴の世界だと思つているけれども、我々が今現に住んでいる処もみな象徴の世界であります。第八阿頼耶識（異熟識）はこれ象徴であります。その象徴の世界において、穢土が転じて浄土となる」(57)。宿業の自覚が明確になって感覚が純粋となったとき、見える世界は浄土を反映する。有限者における宿業の悲痛な自覚は同時に無限者によってなされる救済の喜びである。「信といふものが内に自分を展開して来る、内に展開して来ることに依つて直接に感ずるところの感激といひますか、直接に感ずるところの感激或は報恩の喜び、満足、それが即ち浄土であります」(58)。浄土は「超主観的の天地」(59)ではない。金子が一九二五年の『浄土の観念』で浄土の本来的なあり方とした「観念の浄土」の実在性は超主観的なものではないが、ややもすると主観とは別次元のものと解されかねないことから、曽我は宿業をもった主観との関係のなかに浄土をより明確に位置づけようとしているのである。

2　仏教史観

穢土と浄土の関係は時間的にも表現される。曽我の仏教史観をみてみよう。これは一九三五年の還暦記念講演「親鸞の仏教史観」に詳しい。一般に考えられる仏教史は釈迦が仏陀となったことを端緒とする原始仏教からはじまり、部派仏教を経て大乗仏教に展開したというものであろうが、曽我は釈迦が仏陀となるための本質的要素が釈迦の成道以前にあり、それが親鸞まで、あるいは現在の仏教者まで伝えられているというかたちで仏教史をとらえる。「釈尊と云ふ仏陀が有つたと云ふことは、釈尊をして直に仏陀如来たらしめて居る歴史的背景の問題であります。釈迦と云ふ単なる人格、さう云ふ問題ではない。……釈迦をして本当の仏陀たらしめ、釈迦をして真実の如来たらしむる所、そこに本当の仏法の歴史があり……」[60]。では、釈迦を「仏陀如来」とする本質的要素とはなにか。「親鸞に依れば『大無量寿経』の法蔵菩薩の伝説、之が釈尊を生み出した所の純粋の背景でなかつたであらうか」[61]。それは大乗仏典の『大無量寿経』に説かれる法蔵菩薩の本願であり、本願の展開過程が仏教史である。これを象徴に関していえば、もともと与えられているが形としては見えない本願（純粋感情）が衆生において純粋感覚化されていく過程が仏教史である。「浄土を荘厳する、お浄土を荘厳すると云ふことは詰り過去の釈迦の背景を以て往く先を荘厳する」[62]ことである。曽我の著作を大正期から読み続け、一九四八年に『懺悔道の哲学』[63]を書いた田辺元は曽我の歴史観について、「宿業観をもつて仏教史観の基礎」[64]とした独創的な卓見と評したが、田辺の指摘どおり、感覚の純化は宿業の自覚を契機とするものであった。

　曽我よりも早く金子は大正期の一九二〇年代に釈迦の本質的要素としての「大釈迦」を純粋感覚の対象と考え、その人格化を久遠仏としての毘盧遮那仏や阿弥陀仏とし[65]、釈迦の本質要素を考えていたが、ここでは曽我は同様のことを仏教の歴史的展開のうちにも積極的に位置づけようとしているわけである。こうした一九二〇年代の金子と一九三〇年代の曽我のあいだに微妙な違いが生じてきたのは、第一に、金子の浄土論の用語が身体性や歴史認識を主題視しない書（カントの『純粋理性批判』）の影響下にあったのにたいし、この時期の曽我が唯識の影響は保持しながらも理性を重視する西洋思想とは距離を置こうとしていることによる。唯識の薫習説は過去行為が現在に影響をおよぼし、過去や現在の行為が未来に影響をおよぼすという時間的構造をもつ。唯識は内在的分析でありながらも歴史的時間にかかわる可能性をもつのである。

第二に、やはり一九三一年以降の戦時下という時代状況がある。曽我は仏教史において釈迦以前に仏教の本質要素が与えられていることと、皇国史において神武天皇以前の神代から万世一系皇統の本質要素としての日本精神（大和魂）が存在することをアナロガスなものとして考える[66]。曽我は一九三〇年代のはじめに「基督教側の確実なる歴史観を背景として、その主張が整然として一糸乱れざるに反して、仏教側は何等明瞭なる歴史観の根拠[67]」ももたないことに「史観なきはその当生の国を有せざる証拠であり、修行安心の依拠を有せざる明徴である[68]」とし、仏教に思想的な原理をもった歴史観がないことに焦燥感を抱いていたが、その後、キリスト教的な歴史観に対抗する皇国史観との関係のなかで彼の仏教史観は形成されていったのである。現天皇は見えない日本精神の象徴であり、神性の象徴である。「天皇を戴くところに我々は象徴の世界に眼を開かしていただく[69]」。ここでは所与の無限が日本精神として表現されているわけである。仏教史観と、日本精神をベースとした皇国史観をパラレルに考えるのは――その仏教史観の内容はかならずしも同一ではないにせよ――同じ清沢門下の多田鼎（一八七五～一九三七[70]）や暁烏敏（一八七七～一九五四[71]）、そして金子[72]もとった戦時教学の手法であるが、これは曽我を読むものに、そもそも純粋感情とはなんであったのかという疑問を生じさせずにはおかないであろう。

四　法蔵菩薩

1　法蔵菩薩と阿頼耶識

このような空間的・時間的構造をもつ象徴世界においては有限者と無限者の人格的関係はどうなるのだろうか。これまでの議論でもすでに前提していたことだが、一九六二年の米寿記念講演「法蔵菩薩」を参考にして、ここではやや立ち入って考察してみよう。

曽我は唯識の末那識を不純粋な我執の自我とし、阿頼耶識を「固定しない純粋のわれ」「ほんとうのわれ」(73)とする。また一切諸法(全存在・現象)を生ずる可能性としての種子を蔵することで阿頼耶識が「蔵識」と訳されることから、阿頼耶識が法の蔵《くら》として法蔵菩薩であるという独自の解釈をほどこす。(74)「阿頼耶識は、くわしくは『法蔵識』でしょう。法の蔵、一切万法の蔵である」(75)。このような考え方から、感覚が純粋となって「固定しない純粋なわれ」となったとき、つまり自己が阿頼耶識化して法蔵菩薩が自己となったとき、自己は法蔵菩薩と同一人格としての阿弥陀仏と感応道交するにいたる。「自己の有限の自覚は同時に有限無限一致の自覚である」(76)。有限者としての自己が無限者としての阿弥陀仏と感応道交しているという安寧の心的状況を空間化したものが浄土と呼ばれたのであった。

衆生が阿弥陀仏と関係するのは自己のうちでのことであり、法蔵菩薩を介してのことである。こうした事情は大正期一九一三年の「地上の救主――法蔵菩薩出現の意義――」では、「人間神なる耶蘇を以て真実直接の救世主となす」(77)ところのキリスト論との比較において、「久遠実成の法身如来は現実の自我の救済主ではない。現実界の救主は亦必ず現実世界に出現し給ふ人間仏であらねばならぬ」(78)として「地上の救主」としての法蔵菩薩の「出現」と表現されていたものだが、曽我にとっては浄土が超主観的なものではなかったのと同様に法蔵菩薩もまた超主観的な存在ではないのである。昭和期の表現でさらに正確にいえば、それは「人間神」でもなく「法蔵は我等と同じ人間である」(79)。これまでみてきた曽我の表現を繰り返せば、法蔵菩薩や阿弥陀仏は所与のものであるにしても、純粋感情としての阿弥陀仏の本願が有限者の純粋感覚のうちで象徴されなければ、つまり象徴世界において有限と無限が感応道交しなければ阿弥陀仏も浄土もない。信じるということを抜きにしては阿弥陀仏による救済も浄土の出現もありはしない。これが、曽我が慕い続けた師、清沢の「如来あっての信か、信あっての如来か」という問いへの答えであり、曽我によれば親鸞が『教行信証』の「信巻」で明らかにしたことでもあった。(80)

2 念仏

曽我は象徴世界における感覚の純化にともなって生じる行為が人間と仏との感応道交としての念仏であるという。「南無阿弥陀仏は象徴の世界であつて、南無阿弥陀仏において我と仏とは一体であります。南無阿弥陀仏を称へるときに機法一体であり、我と仏とは感応道交する」(81)。こうした曽我の見解は、機法一体の働き、つまり自己と阿弥陀仏との合一のメルクマールが阿弥陀仏への帰依としての念仏であるとする一九四〇年代以降の鈴木大拙の見解「私の結論は、阿弥陀仏がわれわれの内奥の自己だということである」(82)と類似するが、同一ではない。曽我においては有限の世界と無限の世界の対応が感応の「道交」と表現され、あくまで別要素の交流であることが表現されているからである。

曽我はすでに明治期末の一九一二年には阿弥陀仏を主観のうちに取り込む解釈を模索しており(83)、「真宗教義の三大綱目」として「一、我は我也、二、如来は我也、三、(されど)我は如来に非ず」(84)を提示している。阿弥陀仏への信仰の自覚の過程は第一綱目(自覚、「我の深信」)からはじまり、第二綱目(信念・信仰、「法の深信」)、第三綱目を経てふたたび第一綱目へと戻る。そしてこの経過は「無窮に巡環して尽くる所がない」(85)。昭和期の一九三〇年代以降の実体世界と象徴世界の区分に照らし合わせていえば、第一綱目が実体世界での有限のあり方であり、第二綱目が象徴世界での有限と無限との関係である。第二綱目を信仰の極点としつつも衆生と阿弥陀仏、有限と無限との懸隔を出発点とする真宗学者として曽我は第三綱目を加えることで両者の差異を堅持するのである。(86) 有限と無限が相即する全体的直感としての禅の見性体験を基礎とする霊性世界の観点から〈全体性を基礎とする同一性〉を主張する鈴木の立場と、宿業の主体たる自己と阿弥陀仏との質的差異を出発点として〈差異性を基礎とする交流可能性〉を主張する曽我の象徴世界では、おのずと立場を異にするのである。

おわりに

曽我の象徴世界は純粋感情としての仏教的な真理を象徴する世界である。ひとは感覚を純粋にすることで純粋感情と感応道交し、この世界を象徴の世界とすることができるとされる。このように総じて曽我の象徴世界観は日常の世界と、神話の世界として無関係のものと考えられがちな仏（教）の世界がいまここにおいて関係する可能性を開く。しかしその関係様式は感応の「道交」と表現され、相対者の世界と絶対者の世界という別要素の交流であることが示唆されているのである。

〔凡例〕

曽我に限らず引用や言及の際には一部の例外を除き原則として、人名も含めて旧漢字は新漢字にする。旧仮名の「ゐ」は「い」、「ゑ」は「え」とする。踊り字は、同の字点（々）以外は現代的表記にする。傍点、〔　〕内の文字、ルビは引用者による。

［註］

(1)『曽我量深講義集』第四巻、彌生書房、一九七九年、一九五頁。
(2)『曽我量深選集』「月報」1、六頁。
(3)『曽我量深選集』第五巻、彌生書房、一九七〇年、一五七頁。
(4) 同前、一六八頁。
(5) 一九〇一年に、真宗大学の学監であった清沢が学生に問いかけたものだという（『曽我量深選集』第十二巻、一九七二年、一四五頁）。
(6)『曽我量深選集』第十二巻、一四四頁。
(7)『清沢満之全集』第六巻、岩波書店、二〇〇三年、一一一頁。
(8)『清沢満之全集』第一巻、二〇〇二年、二四頁。
(9) *The Skeleton of a Philosophy of Religion* の表現を使えば、無限が"undeveloped capacity"から"developed reality"となることが必要である（『清沢満之全集』第一巻、一三六頁）。
(10)『清沢満之全集』第六巻、二九五頁。
(11)『曽我量深選集』第五巻、三〇頁。
(12)『清沢満之全集』第六巻、二九四頁。
(13) 一九一一年の「ノート」『宗教の死活問題』曽我量深明治三五年論稿集、彌生書房、一九七三年、一一二頁。
(14)『曽我量深選集』第二巻、一九七〇年、二二七頁。
(15)『曽我量深選集』第十巻、一九七一年、六二頁。
(16)『大乗の魂』大地の会、一九七七年、六頁。
(17)『曽我量深選集』第十二巻、一一一頁。
(18)『曽我量深選集』第五巻、一五五〜一五六頁。
(19) こうした態度をキルケゴールの「ギーレライエの手記」での発言「私にとって真理であるような真理を発見し、私がそれのために生き、そして死にたいと思うようなイデー〔理念〕を発見することが必要なのだ。いわゆる客観的真理などをさがし出してみたところで、それが私に何の役に立つだろう」（『キルケゴール』『世界の名著』第四〇巻、中央公論社、一九六六年、二〇頁）と対比して、曽我がキルケゴールの考えるような主観的真理あるいは実存的真理にかかわったとすることは可能かもしれない（清沢は「我信念」において、如来を「此私をして、虚心平気に、此世界に生死することを得せしむる能力の根本本体」『清沢満之全集』第六巻、一六二頁であるとする）が、いまはそうした解釈は避けておく。「実存」という表現を使用する思想家（哲学者、宗教学者、心理学者等）は数多いが、その意味はまったく一定していないからである。同様の理由で、曽我がおこなったとしばしば解釈される、キリスト教の聖書解釈に由来する用語としての「非神話化」作業についても、踏み込んだ言及をしないでおく。

(20)『西谷啓治著作集』第二一巻、創文社、一九九〇年、一二七～一二八頁。『曽我量深説教集』の「刊行のことば」も参照（第一巻、法藏館、一九七五年、i–ii）。

(21) 曽我は『如来表現の範疇としての三心観』（同朋舎、一九二七年）が異安心（宗義違反）の嫌疑をかけられたこと、また金子の追放（一九二八年）を黙認したことへの自責の念により一九三〇年に大学を辞している。

(22) 曽我の解釈はときに言葉と言葉との斬新な関係を発見するが、オーソドックスな歴史学的解釈や文献学的解釈からはしばしば批判を受ける。曽我は米寿記念講演で自分が「異解者」（『曽我量深選集』第十二巻、一二六頁）であったといっている。

(23)『曽我量深講義集』第五巻、一九八〇年、五～六頁。

(24)『曽我量深講義集』第四巻、一九六頁。

(25)『曽我量深講義集』第五巻、六～七頁。

(26)『曽我量深講義集』第四巻、二三二頁。

(27)『曽我量深選集』第十一巻、一九七二年、八七頁。

(28) D.T.Suzuki, *Buddha of Infinite Light*, Shambhala, 2002, p.27.

(29)『曽我量深選集』第五巻、二九四頁。

(30)『曽我量深講義集』第四巻、二一五頁。

(31)『真宗聖典』、東本願寺出版部、一九七八年、六三四頁。

(32)『曽我量深選集』第五巻、二二頁。

(33)『両眼人――曽我量深・金子大栄書簡――』春秋社、一九八二年、一五頁。
(34)「食雪鬼、米搗男、新兵」『精神界』第一二巻第三号、精神界発行所、一九一二年三月、一四頁。
(35)『曽我量深選集』第五巻、二二一頁。
(36)『曽我量深講義集』第五巻、二一〇頁。
(37)『曽我量深説教集』第五巻、一九七六年、二六一頁。
(38)『曽我量深講義集』第五巻、一三三頁。
(39)『曽我量深講義集』第四巻、二一八頁。
(40)同前、一二三頁。
(41)同前、一二一頁。
(42)『浄土の観念』(文栄堂、一九二五年)や『彼岸の世界』(岩波書店、一九二五年)を参照。曽我と金子の浄土論はその形成過程において相互に影響し合っているが、その方向性は同じではない。
(43)多くはないが、金子が「純粋な感情」という表現を使用する場合もある(『真宗に於ける如来及び浄土の観念』真宗学研究所、一九二六年、九一頁)。「純粋」という語を曽我がどこから得たのかについては、西洋哲学を学んだ清沢満之や浩々洞の同人たちからの影響、カント研究の成果を多分に含んだ金子の浄土論からの影響はもちろんあるだろうが、それ以外にも諸要因が考えられる。例えば、曽我はベルグソン哲学的な「純粋持続」(『曽我量深選集』第四巻、一九七一年、一〇八頁)、西田哲学的な「主客未分」の「純粋経験」(『曽我量深選集』第五巻、九六頁)といった表現を使用している。これについては拙論「金子大榮「私の真宗学」の翻刻と解説(一)解説編」『真宗総合研究所研究紀要』第二九号、大谷大学真宗総合研究所、二〇一二年の注(26)も参照。
(44)金子がしばしば「観念」と同一視する「理想」という表現は曽我も使用する。両者の浄土論形成における相互関係についていうなら、「西方浄土の往生は畢竟理想的救済である。随て極楽の如来は我等の憧憬祈願の対象にてあらせらるる。真信仰は憧憬と理想とを離れては生命なき自性唯心の空想理論となる。而も此が為に単なる理想の憧憬を以て信仰とするならば信仰は定散自力の迷心とならねばならぬ」(『曽我量深選集』第四巻、三四一頁)という曽我の見解(一九一二年)のうち「真信仰は憧憬と理想とを離れては生命なき自性唯心の空想理論となる」部分にアクセントを置いて理論化したのが金子の浄土論である。一方、曽我は「単なる理想の憧憬を以て信仰とするならば信仰は定散自力の迷心とならねばならぬ」部分にアクセントを置いて象徴世界観を展開したといえる。
(45)『曽我量深選集』第十一巻、二三七頁。
(46) 同前、二一〇頁。
(47) 金子の「観念」はわれわれの認識の総体としての生の方向性を統制する統制的原理としてのカントの超越論的な「イデー」(Idee) 概念に由来するというのが筆者の解釈である。この詳細については、拙論「金子大栄と西洋哲学——「観念の浄土」をめぐって——」『比較思想研究』第三七号、比較思想学会、二〇一〇年を参照。
(48)「朝永三十郎先生が長く大谷大学の西洋哲学の講義に来て居られたときに、その朝永先生のカントの講義を曽我先生が聞かれたと云ふことです。しかも朝永先生の講義を通してばかりではなしに、カントの本などもよく読んで居られたといふことです。……カントの第一批判・純粋理性批判、第二批判・実践理性批判などについて色々話されたといふことをお聞きしたことがあります」(『西谷啓治著作集』第一八巻、一九九〇年、二九八頁)。
(49)「先験」(「先験的」)とはドイツ語の形容詞"transzendental"の訳語である。現在では「超越論的」と訳されるが、天野が「先験的」という訳語を使用したこともあって、長く「先験的」と訳されてきた。なお、カント哲学においては、人間的認識としての経験 (Erfahrung) を構成したり(構成的原理)、あるいはそうして構成された諸経験を統制したり(統制的原理)する純粋な (rein) 要素が「超越論的」と形容された。純粋な要素は感性的 (sinnlich) ないし経験的 (empirish) なものに論理的に先行することから、より根源的 (ursprünglich) ないし根本的でもある。曽我はこの超越論的という語の構成的原理としての意味を重視し、金子は統制的原理としての意味を重視している。さらにいえば、曽我は多くの場合、その論理的先行性をとくにさして「先験」と形容している(『曽我量深選集』第四巻、六七頁)。
(50)『曽我量深選集』第四巻、九九頁。
(51)『曽我量深選集』第五巻、一六四頁。
(52) 普通に考えれば、カント哲学の統覚の働きを含むのは唯識では第六識の意識であって阿頼耶識ではない。
(53)『曽我量深選集』第五巻、一八六頁。
(54)『曽我量深講義集』第五巻、二一六〜二一七頁。
(55) 曽我には、哲学用語を受け入れて自己薬籠中の物とする一方で、否定的評価を下した西洋思想との対立のなかで自己の思想を定位しようとする傾向がある。とりわけ戦時下には前者が弱まって後者が強く現れ、彼が「西洋（的）」「日本（的）」と形容するものの考察は学的批判にたえるものではない。

(56) 無限者もまた身体をそなえた個体が定位するこの地に降り立たねばならない。一九一三年に曽我が真宗を「天の宗教」ではなく「地の宗教」であるとしたのは、そうした事情による（『曽我量深選集』第二巻、四一二頁）。筆者はこの考え方が一九四〇年代の鈴木大拙の霊性論に受け継がれ、日本的霊性の「真宗的または浄土系的日本霊性」の特性としての「大地性」の思想につながっていったと推測するが、この検証には別の機会を期したい（『鈴木大拙全集』増補新版、第八巻、岩波書店、一九九九年、四五～六〇頁を参照）。

(57) 『曽我量深講義集』第四巻、二三〇頁。

(58) 『曽我量深選集』第五巻、二七一～二七二頁。

(59) 『曽我量深選集』第二巻、一六六頁。

(60) 『曽我量深選集』第五巻、四四五頁。

(61) 同前、四三七頁。

(62) 同前、四〇九～四一〇頁。

(63) 田辺は『懺悔道としての哲学』第七章「親鸞の『教行信証』三心釈に於ける懺悔道」において曽我について「一般に氏の真宗教義解釈の深さに対する敬意と共に、それに感謝の意を表するものである。私の見る所、氏の解釈が懺悔中心的であるのは、氏の如き宗学の権威から私の懺悔道的解釈が支持せらるる如くに感ぜられて、力強い思いを懐く」（『懺悔道としての哲学・死の哲学』岩波書店、一九四六年、二六八頁）。

(64) 『曽我量深選集』「月報」1、八頁。

(65) 『浄土の観念』、四五頁。

(66) 「如来と申すのは、これは畏多いことでありまするけれども、日本に於きましては、この特に天照大神を申上げると、かう申しても差支へなからうと思ふのであります」（『日本世界観』彌生書房、一九七四年、九〇頁）。

(67) 『曽我量深選集』第五巻、五〇頁。

(68) 同前、五一頁。

(69) 『曽我量深講義集』第四巻、二三二頁。

(70)「仏徳冥加の神国――神仏冥応――」『みどりご』第一五巻四号、一九三七年四月二〇日を参照。
(71) ただし暁烏敏の場合、当初は皇国史観とパラレルに扱われていた仏教史観が次第に皇国史観の一要素として統合されてゆく。『国体と仏教』北安田パンフレット第五六、香草舍、一九四〇年、一九〜二〇頁、七二頁を参照。
(72)『国家理想としての四十八願』日本文化協会、一九三六年、一〇二頁、二〇六〜二〇八頁。
(73)『曽我量深選集』第十二巻、一一二頁。
(74) 蔵といっても持続する実体的なものではなく、刹那に消滅するものである。法蔵菩薩を阿頼耶識とする曽我の解釈には、周知のように仏教学者の平川彰による反論がある（「如来蔵としての法蔵菩薩」『恵谷先生古稀記念 浄土教の思想と文化』同朋舎、一九七二年）。平川が曽我の問題点として指摘するのは、(1)教理によっては妄識とされる場合もある阿頼耶識を阿弥陀仏と同格の法蔵菩薩と同一視すること、(2)「法蔵」を「本質（本性）」や「鉱脈」ではなく「蔵」の意味で使用することである。また哲学者の山内得立（一八九〇〜一九八二）は「法蔵菩薩が阿頼耶識であるという説も曽我師は主として成唯識論から得られたもののようであるが、今日の進んだ文献学的研究……からいえば成唯識論が唯識学の唯一の理解の道であるかどうかは問題であろう」（『曽我量深選集』「月報」2、五頁）として、曽我を文献学者に近づけて難点を指摘している。われわれがここで考察しているのは、仏典を使用しながら信仰について思索する思想家としての曽我である。
(75)『曽我量深選集』第十二巻、一一五頁。
(76)『曽我量深選集』第四巻、三三九〜三四〇頁。
(77)『曽我量深選集』第二巻、四一一頁。
(78) 同前。
(79)『曽我量深講義集』第六巻、一九八一年、二六頁。
(80) 曽我の象徴世界観は頌寿記念講演で扱われた清沢の問いを形成の契機としており、〈そもそも象徴世界がひとつの世界として空間的構造をもつことは自明であることから〉還暦記念講演ではその〈時間的・歴史的構造〉がとくに問われ、米寿記念講演では〈主客の人格的関係の構造〉がとくに問われている。
(81)『曽我量深講義集』第四巻、二三四頁。
(82) D.T.Suzuki, *Op.cit.*, p.41.

（83）一九一二年には「如来は我也」（『曽我量深選集』第四巻、三四〇頁）とされ、一九一三年には「法蔵菩薩とは何ぞや。外でない、如来を念ずる所の帰命の信念の主体がそれである」（『曽我量深選集』第二巻、四一四頁）とされるが、法蔵菩薩が阿頼耶識であるとまではされない。一九二六年の公開講座の速記録「如来表現の範疇としての三心観」では法蔵菩薩が阿頼耶識であるとされている（『曽我量深選集』第五巻、一六八頁）。

（84）『曽我量深選集』第四巻、三五一～三五二頁。

（85）同前、三五三頁。

（86）この点について筆者は坂東性純の論考から示唆を得た。「鈴木大拙――霊性と浄土教――」『浄土仏教の思想』第一五巻、講談社、一九九三年、一〇七頁。

（付記）本稿は二〇一三年三月二十三日に『哲學論集』第五八号、大谷大学哲学会に掲載した拙論「曽我量深の象徴世界観」に全体にわたって加筆修正を施したものである。本書に曽我量深の思想と西洋哲学との関係についての新しい論考の掲載を望まれた水島見一先生のご希望に沿うことができなかったことを、先生と読者諸賢にお詫びする。

悪の自覚道

伊東恵深

はじめに

本稿の目的は、親鸞思想の基本的人間観である「悪人」ということについて、曽我量深師（以下、敬称略）の了解を通して考究することにある。善人と悪人に関する真宗学的知見からの先行研究はこれまでに多数あるが、そのことを自明の理とすることなく、また知的理解に堕することなく、自らの問題として、あらためて曽我の言葉に確かめていきたい。

その推究は、単に浄土真宗における善悪観、人間観を考察するだけにとどまらない。善人・悪人の考察は、われら凡夫がいかにして救われていくのかという宗教的目覚めの道程をも包摂していると思われる。宗教的覚醒の内実を考究することは、筆者の近年の課題の一つでもある(1)。この点についても尋ねてみたい。

このような事柄を本論の課題として、曽我量深の教えに学んでいきたい。それは何か殊更に目新しい知見を述べようとするものではない。親鸞によって開顕された浄土真宗の人間観、そして救済観を、曽我の了解を通して、あらためて自分自身に尋ね直す営為である。

一　我如来を信ずるが故に如来在ます也

曽我量深の講説を「聞書」という形で残した文章に、次のような言葉がある。

宿善開発して自分自身の罪の深いことを知った人を、悪人、悪人正機と言う。それなしに悪人正機ということを思うている人が沢山ある。

悪人正機ということは、信ずるが故に如来まします、というところに初めて悪人正機ということがある。我々が煩悩に悩み、罪に悩んで、信心を求めている。信心によって如来を求めている。その我々の信心の願いに応えてついに如来に遇うのである。深き罪に悩んでいる者を救わんがための本願である。我々が信を求めてついに如来に遇うのである。信を求めない人は如来に遇わぬ。(2)

「悪人正機」とは、阿弥陀の本願は、まさしく悪人をその救いの目的として建立されたと了解する浄土真宗の基本的救済観である。この教えは、周知の通り『歎異抄』第三条に詳しく述べられているが、なぜ「善人なおもて往生をとぐ、いわんや悪人をや」(3)と説くのかといえば、

煩悩具足のわれらは、いずれの行にても、生死をはなるることあるべからざるをあわれみたまいて、願をおこしたまう本意、悪人成仏のためなれば、他力をたのみたてまつる悪人、もっとも往生の正因なり。(4)

と示されている。すなわち、阿弥陀の本願はまさしく「いずれの行もおよびがたき」(5)われら悪人を救済するために建立されたからである。

さていま、曽我の講説のなかで注目したいのは、「悪人正機ということは、信ずるが故に如来まします、という

ところに初めて悪人正機ということがある。我々が煩悩に悩み、罪に悩んで、信心を求めている。信心によって如来を求めている」「我々が信を求めてついに如来に遇うのである。信を求めない人は如来に遇わぬ」と説いている点である。ここで曽我は、如来との値遇は、真実信を求める願心（悪の自覚）を契機とするのであり、信心を求めない者は如来と値遇しない、と述べる。曽我は悪人正機の教えに、真実信を求める衆生の内実を見出しているのである。

この教示に関して想起されるのは、曽我が満九十歳を迎えた際に行った記念講演である。原題は「如来あっての信か、信あっての如来か」と題されていたが、講演録として刊行される際に、「我如来を信ずるが故に如来在ます也」と曽我自身によって改題されたのであった。この改題の経緯、またその意義については、すでに先学によって指摘されているが(6)、曽我は講演の冒頭で、なぜ「如来あっての信か、信あっての如来か」という講題を掲げたのかといえば、自身が真宗大学の学生であった頃、清沢満之先生から「まず如来がましますから如来を信ずることができるのか。それとも、われわれの人生における根本的な要望というものがあって、それにこたえて如来があらわれてくださったのか。如来の本願の救済が先か、われわれ衆生の信心の要望が先か」という問題を与えられたのを、忽然として思い出したからである、と言う。

曽我は、「如来があって、それで如来を信ずるのか。それとも、自分が信ずるから如来があるのか。これは決めようとしても決められない、一方的に決めるわけにいかない。だから本当の問題になる」と受け止めつつ、しかし「信ずるということを離れて、如来ましますということは考えられない」「信のない人に如来はましまさぬ、信のある人にのみ如来まします」と述べて、清沢の「如来あっての信か、信あっての如来か」との問いに対して、「我如来を信ずるが故に如来在ます也」と宣言し、当初の講題を改変することによって、清沢の問いに六十年以上の歳月を経て応えたのであった(7)。

如来の本願の救済が先であるか、それとも、われわれの信心の要望が先であるか。曽我はこの問いに対して、如来の本願との値遇は、まず何よりも煩悩罪悪の我が身に苦悩し、仏道を求める衆生の信、すなわち求道心が、その根本であることを明示したのである。曽我は「信を求めない人は如来に遇わぬ」と言う。自分自身が罪深い悪人であることを自覚し、改悔・懺悔するところに、如来の本願は開かれる。自己の罪悪の徹底した自覚と如来との値遇は、一体同時なのである。

二　深信自身

では、われわれはいかにして自らの罪悪性、言い換えれば、根源的に悪人であることに目覚めていくのであろうか。自己の悪の自覚が、他者との比較や時代社会・倫理道徳との関係のなかで行われる反省や内省である限り、その自覚は相対的であり、自己を取り巻く環境や状況が変化すれば、常に揺れ動く一時的な自己反省でしかない。絶対的悪の徹底した自覚、それはいかにして衆生に可能なのであろうか。その道程を曽我は、別の講義のなかで次のように述べている。

二種深信は自力をすてるということ。自力をすてるということは、つまり自分自身を知るということでしょう。ただ自力をすてるというわけではなくて、自分自身を知るということが自力をすてる意味である。こういうので、機の深信とは何であるかといえば、一つには決定して深く自身を信知するのである。(中略)自力をすてるには自分自身を知らなければならない。だから、自分自身をすててしまったらいいというわけではあり

ません。やはり自力をすてるということは、自分自身を正しく知るということが大切であるに違いありません。(8)

ここで曽我は、善導の『観経疏』「散善義」深心釈に説かれる二種深信のなかでも、特に第一の機の深信、すなわち、

一つには決定して深く、「自身は現にこれ罪悪生死の凡夫、曠劫より已来、常に没し常に流転して、出離の縁あることなし」と信ず。(9)

の文言によりながら、自分自身を正しく知ることの重要性について論じている。自力をすてるには自己を知らなければならない。自力(自己の善人性)をすてて他力(阿弥陀の本願)に帰するためには、自己の実相を正しく知らなければならないのである。

機の深信と言うと直ぐに「自身は現に是れ罪悪生死の凡夫、曠劫より已来、常にしづみ常に流転して、出離の縁あることなしと深く信ず」と、こういうふうに読むけれども、私は「自身を……」と。我が身を信ずるのである。信ずることは知ることである。我が身を知るということは、我が身の内面を知るということである。(10)

このように曽我は、信ずるとは知ることであると述べ、機の深信とは我が身の内面を深く知ることであると了解する。

では、善導の自覚の言葉(機の深信の文)を通して知らされる我が身とは、いったいどのような内実を有するのであろうか。それこそが、「自身は現にこれ罪悪生死の凡夫、曠劫より已来、常に没し常に流転して、出離の縁あることな」き身である。自身は過去・現在・未来を通して、どこまでも流転沈没して助からず、無明の身を生きるしかない罪悪生死の凡夫であるとの自覚である。ここに至ってはじめて法の深信が開かれてくる。まさに機法一体

の道理である。

したがって曽我も、「二種深信というのは、機の深信も法の深信も結論ではない。契機である」「どうすることもならない罪悪生死の凡夫、無有出離之縁、全く倒れるより仕方がない、そういう危機一髪のところ、苦しい環境、を逆契機として、法の深信に転ぜられる」(11)と述べている。自分自身の現実相を信知するところに、法の深信、すなわち、

二つには決定して深く、「かの阿弥陀仏の四十八願は衆生を摂受して、疑いなく慮りなくかの願力に乗じて、定んで往生を得」と信ず。(12)

と、決定して深く阿弥陀の本願力に乗託する自己への信知が開かれるのである。

改悔懺悔のままが深信である。改悔懺悔は改悔懺悔、深信は深信と、二つあるわけではない。改悔懺悔するそのままが深信である。その改悔懺悔が、それが真実信心というものである。その改悔懺悔せしめるのを仏智不思議と言う。(13)

曽我は、改悔・懺悔と深信とは別々のものではなく、両者は表裏一体、つまり一つのものであると言う。改悔・懺悔の自覚が即、本願との値遇を成就せしめるのである。改悔・懺悔の心以外に、信心というものがどこかほかにあるわけではない。曽我は次のようにも述べている。

「唯除五逆誹謗正法」が本当に分かった人が化生往生するのである。だから、あの「唯除五逆誹謗正法」を、それは自分のことだと、我がことだと知らされた人が、自覚の信心を成就しておるのである。これを仏智不思議の信心と言う。(14)

『大経』の本願の第十八願文に誓われる「唯五逆と正法を誹謗せんをば除く」(15)の教言、これは自分と無関係の、

どこかの極重悪人を指す言葉ではない。「唯除五逆誹謗正法」、これこそが自己の現実であると信知する者こそが、阿弥陀の真実報土を願生し往生する者となるのである。「唯除五逆誹謗正法」の自覚が、凡愚のわれらに本願を真に感得せしめる。本願は唯除の自覚に成就するのである。

三　内懐虚仮の自覚

しかしながら、もとより罪悪生死の凡夫において、自己の現実相をありのままに見ることは不可能である。例えば曽我が、

私どもが自分自身の機について惑うている、その姿を罪福の信と言うのである。罪福を信じ善本を修するということは、機の深信がないからである。機の深信は罪福の信を乗り超えた姿である。罪福の信は、法の深信が欠乏している姿が罪福の信だと、そういうように解釈しているようである。そういうこともあるけれども、それよりもむしろ、自分の機についての眼が開けておらない。こういうのが根本である。[16]

と述べるように、無有出離之縁たる我が身の事実が徹底して知らされないから、私たちは常に罪福信をたのんで迷っているのであろう。雑行雑修自力の心を振りすてることができず、自力の信心に迷惑しているわれわれの仏智疑惑する姿が、ここに明白である。

このような衆生の現実相を、親鸞は、善導の『観経疏』「散善義」至誠心釈の文を『教行信証』「信巻」に引用して、次のように明示している。

『経』に云わく、「一者至誠心」。「至」は真なり。「誠」は実なり。一切衆生の身・口・意業の所修の解行、必ず真実心の中に作したまえるを須いることを明かさんと欲う。外に賢善精進の相を現ずることを得ざれ、内に虚仮を懐いて、貪瞋邪偽、奸詐百端にして、悪性侵め難し、事、蛇蝎に同じ。三業を起こすといえども、名づけて「雑毒の善」とす、また「虚仮の行」と名づく、「真実の業」と名づけざるなり。もしかくのごとき安心・起行を作すは、たとい身心を苦励して、日夜十二時、急に走め急に作して頭燃を灸うがごとくするもの、すべて「雑毒の善」と名づく。この雑毒の行を回して、かの仏の浄土に求生せんと欲するは、これ必ず不可なり。(17)

これは、阿弥陀仏国に生まれたいと願う者が発すべき三つの清浄な心――至誠心・深心・回向発願心の三心のうち、真実の心である至誠心について論じている箇所である。ここで親鸞は、善導の教示によりながらも、一切衆生の身口意による修行は、如来が真実心のうちに成就されたものを用いるのであると述べる。なぜならば、われわれは心のうちに虚仮を懐き、その悪性はとどまることがないからである。したがって、そのような私たちが三業を起こしたとしても、それは雑毒の善であり虚仮の行にほかならず、決して阿弥陀の浄土に生まれることはできないのである。

このように親鸞の訓みによれば、善導の至誠心釈の文言に、自己の虚仮不実性を徹底して知らされ、懺悔の自覚語として了解していることが窺われる。ただ、ここで注意すべき点は、すでによく知られているように、この至誠心釈の文は従来、次のように訓読されているということである。

『経』に云わく、「一者至誠心」。至とは真なり、誠とは実なり。一切衆生の身口意業に修するところの解行、必ず須く真実心の中に作すべきことを明さんと欲す。外に賢善精進の相を現じ内に虚仮を懐くことを得ざれ。

貪瞋邪偽奸詐百端にして、悪性侵め難く事蛇蝎に同じきは、三業を起こすといえども名づけて雑毒の善とす、また虚仮の行と名づく、真実の業と名づけざるなり。(18)

右に示した文では、「一切衆生の身口意業に修する所の解行、必ず須く真実心の中に作すべきことを明かさんと欲す」と訓読されている。つまり修する主体は衆生である。真実心のなかに身口意の三業の行を起こせとのわれわれへの要請である。

しかし親鸞は、同じ箇所を「一切衆生の身・口・意業の所修の解行、必ず真実心の中に作したまえるを須いることを明かさんと欲う」と訓み下している。「たまえる」という尊敬語が用いられていることからもわかるように、親鸞の了解では、真実心を起こすのは阿弥陀如来なのである。

先に引用した「散善義」の文では、続いて、

何をもってのゆえに、正しくかの阿弥陀仏、因中に菩薩の行を行じたまいし時、乃至一念一刹那も、三業の所修みなこれ真実心の中に作したまいしに由ってなり、と。おおよそ施したまうところ趣求をなす、またみな真実なり。(19)

と述べられている。これも親鸞の訓みであるが、真実心などどこにもない衆生に清浄の三業が可能となるのは、傍線で示したように阿弥陀如来の因位の願行、すなわち法蔵菩薩の清浄願心の回向成就だからである。そして、その起こされた真実心を「須いる」主体こそが衆生なのである。衆生の徹底した身の自覚、信仰的懺悔を転換点として、阿弥陀の清浄願心の回向成就に値遇する存在として、われわれ衆生を了解されている。われら至誠心なき凡夫が、阿弥陀の清浄真実心を感得していく道がここに開かれるのである。

そしてまた、従来は「外に賢善精進の相を現じ内に虚仮を懐くことを得ざれ。貪瞋邪偽奸詐百端にして悪性侵め

難く事蛇蝎に同じ」と訓まれている箇所について、親鸞は、「外に賢善精進の相を現ずることを得ざれ、内に虚仮を懐いて、貪瞋邪偽、奸詐百端にして、悪性侵め難し、事、蛇蝎に同じ」と訓み下している。ここで問題なのは、どうすることを「得ざれ」と誡めているのか、という点である。

従来の文では、「外に賢善精進の相を現じ内に虚仮を懐くことを得ざれ」と、一連の文章として訓まれていることから、外と内の両方に対して「得ざれ」と誡めていると読み取れる。すなわち、外相も内心も至誠であれ、内外一致して真実であれとの教言である。それに対して親鸞の訓みでは、「外に賢善精進の相を現ずることを得ざれ。なぜならば内に虚仮を懐いているからである」という意味になる。衆生はそもそも虚仮雑毒、罪悪深重の凡夫であり、悪性侵め難い存在である。したがって、外に偽りの賢善精進の相を現じてはならないと誡めるのである。

親鸞はこの「散善義」の文を『愚禿鈔』にも引用しているが[20]、『唯信鈔文意』では次のように解釈して、徹底した身の懺悔をより明確に示している。

「不得外現　賢善精進之相」というは、あらわに、かしこきすがた、善人のかたちを、あらわすことなかれ、精進なるすがたをしめすことなかれとなり。そのゆえは、内懐虚仮なればなり。内は、うちという。こころのうちに煩悩を具せるゆえに、虚なり、仮なり。虚は、むなしくして実ならぬなり。仮は、かりにして、真ならぬなり。このこころは、かみにあらわせり。この信心は、まことの浄土のたねとなり、みとなるべしと、いつわらず、へつらわず、実報土のたねとなる信心なり。しかればわれらは善人にもあらず、賢人にもあらず。賢人というは、かしこくよきひとなり。精進なるこころもなし。懈怠のこころのみにして、うちは、むなしく、いつわり、かざり、へつらうこころのみ、つねにして、まことなるこころなきみなりとしるべしとなり。[21]

また「愚禿悲歎述懐和讃」では、次のように詠われている。

外儀のすがたはひとごとに
　賢善精進現ぜしむ
　貪瞋邪偽おおきゆえ
　奸詐ももはし身にみてり
　悪性さらにやめがたし
　こころは蛇蝎のごとくなり
　修善も雑毒なるゆえに
　虚仮の行とぞなづけたる(22)

これらの言葉に、衆生の虚仮不実性が厳しく見据えられている。内外の不一致ほど、我が身の事実に背き、また教言に値遇する機縁を自ら遠ざけることはないのであろう。阿弥陀との出遇いは、このような自己の愚の自覚を契機とする。そこに、至誠心なきわれら凡夫に、因位法蔵の清浄願心が回向成就され、阿弥陀の清浄真実心を感得せしめられる。因位法蔵は虚仮不実の凡夫の身に、その身を投じているのである。

四　南無阿弥陀仏の主になる

以上確かめてきたように、「散善義」至誠心釈の従来の訓みでは、至誠心を起こす主体は衆生であり、衆生が自身の真実心のなかに身口意業の三業を起こすという意味であった。つまり一貫して、衆生の努力として清浄な真実心を獲得せよとの教えの言葉として了解することができる。

しかしながら、「至誠心」とは善導によって「真実心」と読まれているように、虚仮・虚妄のまじらない純粋な心である。はたしてそれを衆生の努力で獲得することなどできるのであろうか。衆生の本来に立ち返って考えてみれば、虚仮不実でしかないわれわれ凡夫にそのような心を起こしたり、そうあり続けたりすることなど不可能ではないだろうか。そのような自己の身の自覚に立脚して了解した主体的訓読が、親鸞の訓み換えであったと思われる。

親鸞の訓みにしたがえば、真実心のなかに身口意業の三業を起こすのは如来のはたらきにおいてである。より正確に言うならば、それは「阿弥陀仏、因中に菩薩の行を行じたまいし時」、つまり法蔵菩薩の行としてである。その法蔵の行として成就した至誠心が、衆生に回施されるところにはじめて、至誠心なき凡夫の身において如来の清浄な真実心が成就すると親鸞は訓み抜いたのである。それは、先に引用した和讃に続いて、

無慚無愧のこの身にて
　まことのこころはなけれども
弥陀の回向の御名なれば
　功徳は十方にみちたまう(23)

と、阿弥陀の回向によって、無慚無愧の我が身に無量功徳が成満すると詠われる所以でもあろう。親鸞は、因位法蔵の兆載永劫の修行を、「信巻」至心釈において次のように自釈している。

一切の群生海、無始よりこのかた乃至今日今時に至るまで、穢悪汚染にして清浄の心なし。虚仮諂偽にして真実の心なし。ここをもって如来、一切苦悩の衆生海を悲憫して、不可思議兆載永劫において、菩薩の行を行じたまいし時、三業の所修、一念・一刹那も清浄ならざることなし、真心ならざることなし。如来、清浄の真心

をもって、円融無碍・不可思議・不可称・不可説の至徳を成就したまえり。如来の至心をもって、諸有の一切煩悩・悪業・邪智の群生海に回施したまえり。すなわちこれ利他の真心を彰す。かるがゆえに、疑蓋雑わることなし。この至心はすなわちこれ至徳の尊号をその体とせるなり。(24)

阿弥陀如来は、穢悪汚染にして虚仮諂偽なるわれら苦悩の衆生を悲憫して、清浄真実なる願心を衆生の真実信心として回向成就したのである。そして、その真心は「至徳の尊号」、すなわち本願の名号をその体とすると尋ね当てたのである。したがって、親鸞における至誠心釈の訓み換えは、われわれ衆生は、どこまでも外に賢善精進の相を現じたい欲求を持つが、本来、内に虚仮を懐いている存在であるとの、衆生の虚偽性を徹底的に見抜き、我が身の事実を言い当てた言葉なのである。

さて、曽我は親鸞のこのような教示に導かれて、衆生の現実相を見抜いて次のように述べている。

不思議の仏智を回向された信心の人のみが内を知ることが出来る。――「内に虚仮を懐けばなり」。機の深信でも、自力のところに自分の立場を置いて言うている機の深信と、如来の本願力回向によって照らされた機の深信と違う。

南無阿弥陀仏のないところには、我々の心は虚仮のものである。内に虚仮を懐いて外に賢善精進の相を現じている。そういうものは少善根福徳因縁というものである。少善根福徳因縁の信心をば、それをば罪福信と言う。(25)

南無阿弥陀仏、つまり本願力回向の信心なきところは無明の黒闇であり、虚仮不実の自己のままである。内に虚仮を懐いているにもかかわらず、外に賢善精進の相を現ずることに苦心している、自力の行者そのものである。それでは、「不可以少善根　福徳因縁　得生彼国(26)」、すなわち阿弥陀の功徳の世界に値遇することなど、到底不可能なのである。曽我は次のようにも論じている。

如来の本願の光に照らされねば本当の自分の内心は分からぬ。（中略）南無阿弥陀仏があって初めて魂が助かる。南無阿弥陀仏があって初めて内が充実する（中略）内とは、阿弥陀如来の本願が内である。如来の御心のみが内である。内とは南無阿弥陀仏である。[27]

自分自身の心といっても、そこに念仏の信心が発起しないならば、その心は虚仮不実、煩悩妄念の心であり、無明存在の我が身のままである。果位阿弥陀が因位法蔵であったときに、真実心をもって修行された功徳が凡夫の身の上に回施されることによって、われらに至誠心がはじめて成就するのである。

ここで曽我は、「南無阿弥陀仏があって初めて内が充実する」「内とは南無阿弥陀仏である」と述べるのであるが、この言葉に蓮如の言葉を想起する。

弥陀をたのめば、南無阿弥陀仏の主になるなり。南無阿弥陀仏の主に成るというは、信心をうることなりと云々　また、当流の真実の宝と云うは、南無阿弥陀仏、これ、一念の信心なりと云々[28]

阿弥陀の本願に乗託することによって、われら凡夫は凡夫のままに南無阿弥陀仏の主となることができる。そうなってはじめて、人間は真の内面、真の人生というものを回復せしめられるのであろう。ここに信心の生活、すなわち「無碍の一道[29]」たる本願の仏道を歩む人生が開かれるのである。

五　露悪者の系譜

浄土真宗における善人と悪人が、いかなる内実を有する者であるかということについては、すでに第一節で尋ねたように、『歎異抄』第三条に明確に示されていた。善人とは「ひとえに他力をたのむこころかけたる」「自力作善のひと」であり、悪人とは「いずれの行にても、生死をはなるることあるべからざる」「煩悩具足のわれら」である。[30] この了解をうけて曽我は、次のように論じている。

『歎異抄』にいふ善人悪人は普通の善人悪人とは違ふのである。その違ふ証拠は第三条を以て知るべし。（中略）『歎異抄』で善人善人といふは自力作善の人である。（中略）悪人とは何か。悪人とは煩悩具足の凡夫。[31]

「善人なをもて往生をとぐ、いはんや悪人をや」、これは善人といふのも悪人といふのもその人の自覚である。何か他人を指して善人悪人といふのではない。自分を抜きにして何処かに善人悪人があり、その中の悪人を正機とするといふのではない。これはやはり機の深信、自分に就て自分がよいと思つてゐる人が善人、自分は「いづれの行もをよびがたき身なれば、とても地獄は一定すみかぞかし」、往生の因も手懸りもないと自覚してゐる人が悪人。自分自ら出離菩提の因もなく往生の手懸りもなしと深信する人を悪人といふ。[32]

このように、善人悪人の自覚はどこまでも機の深信をその契機とするのであるが、曽我は善人と悪人に関して、次のようにも述べている。

善人は偽善者である。悪人は露悪者である。偽善者に甘んずるか、露悪者に甘んずるか、どちらかである。偽善者と露悪者の中間はない。「私は露悪者でございます、まことに申しわけございません」と頭を下げた方が、法然・親鸞・蓮如・近くは清沢満之である。露悪者が安心して居れる場所を阿弥陀如来が願心荘厳して下された世界を浄土と言う。[33]

曽我は、善人すなわち自力作善の人は、罪福を信じ善本を修する自力の行者であり、このような者は偽善者であ

る、と言う。それに対して悪人とは、他力をたのみたてまつる悪人であり、このような人を露悪者と言う、と述べる。(34)

ここに示される「偽善者」とは、先に考察した「外に賢善精進の相を現ずる者」を指していると理解できよう。覚如の『改邪鈔』に、

「たとい、牛盗とはいわるとも、もしは善人、もしは後世者、もしは仏法者とみゆるように振舞うべからず」とおおせあり。(35)

と、親鸞の法語が伝えられているが、ここに言う「善人」「後世者」「仏法者とみゆるように振舞う」者こそ偽善者なのであろう。「みゆるように振舞うべからず」と断言するのは、われら衆生の本質は内懐虚仮、貪瞋邪偽、奸詐百端にして、悪性侵め難き存在にほかならないと見抜いているからである。

さて曽我は、露悪者すなわち他力をたのみたてまつる悪人の系譜として、法然・親鸞・蓮如、そして清沢満之を挙げている。いずれも自己の罪悪性に目覚め、本願他力の信念に立脚した先達であるが、ここで注目されるのは、曽我の終生の師である清沢満之の悪人観である。これについて清沢は、自身が唱道した精神主義の内実を次のように講説している。

内観を盛にして自己の立脚地を省察せば、我等の第一に感知する所は、自己の闇愚無能、所謂罪悪生死の凡夫であると云ふことであります、全責任を負ひながら、之を弁せざるは闇愚であります、仮令之を知るも、之を果す能はざるもの多きは無能であります、其間に於て昏々として徒らに生を愛し妄りに死を憎みつゝ、酔生夢死するは、是れ罪悪生死の凡夫であります、然るに、此の如く自己の闇愚無能なることを自覚するは、是れ非常なる苦痛の因なるかの如く思はるゝかも知れませぬが、決してソーデはありませぬ、(36)

清沢は、「精神主義は、一に内観主義と云ひ、或は主観主義と云ふ」[37]と定義する。その内観を通して見えてくる自己とは、どこまでも闇愚無能であり罪悪生死の凡夫である我が身の実相である。その自覚は多大な心痛や苦痛を必要とすると思われるかもしれない。しかし清沢は、そうではないと述べる。そしてこのあと、示唆に富んだ一つの譬喩を語るのであるが[38]、その結語として、

何事にも自ら進んで責任を負ひ、自ら罪悪のものなりと自覚せる人物の住する所は、恭順和楽の天地を構成することになります[39]、

と論じて、自己の実相を罪悪生死の凡夫であると自覚する者には、恭順和楽の心境が開かれると明示する。ここに悪の自覚道、すなわち露悪者として、本願の摂取救済の道理に乗託していく他力浄土の教えが開顕されることとなる。そして、清沢の内観主義・主観主義の教えに終生、自己自身を問うた曽我は、親鸞の悪人成仏の思想を、愚悪の凡夫が煩悩を具足しながら摂取救済されていく本願他力の仏道として顕彰したのである。

おわりに

弥陀の本願には老少善悪のひとをえらばれず。ただ信心を要とすとしるべし。そのゆえは、罪悪深重煩悩熾盛の衆生をたすけんがための願にてまします。しかれば本願を信ぜんには、他の善も要にあらず、念仏にまさるべき善なきゆえに。悪をもおそるべからず、弥陀の本願をさまたぐるほどの悪なきがゆえに[40]

これは『歎異抄』第一条の教言である。これまで推究してきたように、真実信心の獲得は、自己の徹底的自覚、すなわち悪人であることの自覚を契機とする。そこに、阿弥陀の一切の功徳善根が回施される。その内実を、この

『歎異抄』の文は語り告げるものである。悪の自覚道は、本願の仏道である。

ところで、例えば『教行信証』「総序」に「円融至徳の嘉号は、悪を転じて徳を成す正智[41]」と語られ、「信巻」の「現生十種の益」で「転悪成善の益[42]」と示される「悪」とは、これまで論じてきた「悪」と同様の内実を指すものと思われる。ただしここで注意すべき点は、「転悪成徳」「転悪成善」といっても、それは自力による散善の行を意味する「廃悪修善[43]」と同義ではないということである。「悪を廃して善を修する」のではなく、「悪を転じて徳を成す」あるいは「悪を転じて善と成す」のである。親鸞はこの「転」について、「転ずというは、善とかえなすをいうなり。もとめざるに、一切の功徳善根を、仏のちかいを信ずる人にえしむる[44]」と註釈している。したがって、「転悪成徳」といい「転悪成善」といっても、自己の罪悪を廃捨して清浄な存在に転換されていくことではない。むしろ逆であろう。悪の自覚がいよいよ深まっていくところに、「不断煩悩得涅槃」の仏道が開顕されるのである。煩悩を自覚することが、そのまま涅槃に至る道となっていくのである。

曽我は親鸞の「愚」について、次のように論じている。

> うぶの生まれつきはみな平等である。そのうぶの平等であるということを、親鸞は「愚」とおっしゃった。「愚禿」の愚という字はそういう意味をもつものであろう。（中略）愚痴にかえるということは、うぶの心にかえる。虚偽の名聞利養を捨てて、うぶな、飾りのない心にかえる[45]。

愚の自覚、悪の自覚において、われらは名聞・利養・勝他という虚偽の善人根性をすてて、まっさらな飾り気のない平等心を自覚することができるのであろう。

悪の自覚道とは、愚かな自己、生まれながらの自分自身に、どこまでも対面し続けていく歩みである。そして、我が身の罪悪生死の事実を深く自覚していくところに、絶対他力の大道が開顕されることになる。われわれは曽我の了解を通して、悪の自覚道とは親鸞教学の根幹をなす思想であり、本願の仏道そのものであることを、あらためて教えられるのである。

［凡例］

引用文中の漢字は現行の通行体に改め、左訓や傍点などは明記しない限り、すべて省略した。

［註］

（1）詳しくは、「群萌における覚醒の内実―『教行信証』「化身土巻」の記述を通して―」（『同朋佛教』第四六・四七合併号、八三〜一〇七頁、同朋大学仏教学会、二〇一一年）、「『生死出ずべき道』を求めて―清沢満之『自力の迷情を翻転』の内実―」（『真宗研究』第五七輯、六一〜七八頁、真宗連合学会、二〇一三年）、「親鸞浄土教における覚醒の歴程―『教行信証』「化身土巻」二つの問答を通して―」（『華厳思想と浄土教』文理閣、三〇八〜三一六頁、二〇一四年）などを参照されたい。
（2）『曽我量深先生の言葉』大法輪閣、一二四頁。
（3）『歎異抄』『真宗聖典』東本願寺出版部、六二七頁。
（4）同前。
（5）同前。
（6）伊東慧明「曽我量深―真智の自然人―」『浄土仏教の思想』第十五巻、講談社、二二三〜二二五頁、「解説〈信に死し願に生きよ　曽我量深―その人と思想―〉」『真宗大綱　曽我量深講義録』下、春秋社、二八四〜二八八頁参照。
（7）「我如来を信ずるが故に如来在ます也」『曽我量深選集』第十二巻、彌生書房、一四三〜一六三頁参照。
（8）『教行信証大綱　曽我量深講義録』上、春秋社、一一八〜一一九頁。
（9）『観経疏』「散善義」『真宗聖教全書』一　三経七祖部、大八木興文堂、五三四頁、原漢文。
（10）『曽我量深先生の言葉』、六五頁、傍点原文。

(11) 同前、六〇頁。
(12) 『観経疏』「散善義」『真宗聖教全書』一 三経七祖部、五三四頁、原漢文。
(13) 『曽我量深先生の言葉』、一一七頁。
(14) 同前。
(15) 『大経』『真宗聖典』、一八頁。
(16) 『曽我量深先生の言葉』、六一～六二頁。
(17) 『教行信証』「信巻」『真宗聖典』、二一五頁。
(18) 『浄土宗全書』第二巻、浄土宗典刊行会、五五頁、原漢文。
(19) 『教行信証』「信巻」『真宗聖典』、二一五頁、傍線引用者。
(20) 『真宗聖典』、四三六頁参照。
(21) 同前、五五七～五五八頁。
(22) 同前、五〇八頁。
(23) 同前、五〇九頁。
(24) 同前、二二五頁。
(25) 『曽我量深先生の言葉』、一二六頁。
(26) 『阿弥陀経』『真宗聖典』、一二九頁。
(27) 『曽我量深先生の言葉』、一二六～一二八頁。
(28) 『蓮如上人御一代記聞書』『真宗聖典』、九〇〇頁。
(29) 『歎異抄』『真宗聖典』、六二九頁。
(30) 同前、六二七頁。
(31) 『歎異抄聴記』『曽我量深選集』第六巻、彌生書房、三四～三五頁。
(32) 同前、一五〇頁。
(33) 『曽我量深先生の言葉』、一三一頁。
(34) 曽我量深「真実の教え」(『曽我量深選集』第十二巻所収)にも同様の講説がある。詳しくは三四七～三五四頁参照。なお、曾我はそのなかで、「露悪者」という言葉について、夏目漱石の『三四郎』に示唆を受けたと述べている。

(35)『改邪鈔』『真宗聖典』、六八〇頁。
(36)「精神主義（明治三十四年講話）」『清沢満之全集』第六巻、岩波書店、三〇三頁、傍点原文。
(37)「精神主義と共同作用」『清沢満之全集』第六巻、九七頁。
(38)「精神主義（明治三十四年講話）」『清沢満之全集』第六巻、三〇三～三〇四頁参照。
(39)同前、三〇四頁。
(40)『歎異抄』『真宗聖典』、六二六頁。
(41)『教行信証』「総序」『真宗聖典』、一四九頁、傍点引用者。
(42)『教行信証』「信巻」『真宗聖典』、二四〇頁、傍点引用者。
(43)『教行信証』「化身土巻」には、善導の『観経疏』「玄義分」の文を引用して、「散はすなわち悪を廃して、もって善を修す」（『真宗聖典』、三三三頁）と示されている。
(44)『唯信鈔文意』『真宗聖典』、五四八～五四九頁。なお、大谷大学蔵浅野氏旧蔵本（流布本）には、「転ずというは、つみを、けしうしなわずして、善になすなり」（『真宗聖典』、一〇七一頁、註24）という一文を確認することができる。
(45)『曽我量深先生の言葉』、一四〇～一四四頁、傍点原文。

願心の荘厳

――曽我量深の象徴世界観――

亀崎真量

はじめに

曽我量深は浄土を実体的に捉えようとすることは「すべて人間の我執・実我といふものでありまして[1]」「思想が混乱して全く訳の分らぬことになってしまふ[2]」と指摘する。そして、仏教の意義を明らかにするためには「その時代の言葉に翻訳する必要がある[3]」と言い、それは「厳密な意味で、たゞ分り易くするといふことでなくして、もっと根本的に突き詰めていって翻訳する[4]」ことであるとして、浄土は「象徴」の世界であると確かめる。浄土とは何か。それは、宗教的要求の本質を問う命題であると言える。曽我が「現代語訳[5]」と称した「象徴」という表現は、はたして我々に何を提示しようとするものなのであろうか。小論は、曽我の象徴世界観の視座に迫り、それを通して浄土とは何かという命題を明らかにするための焦点を学ぶことを目的とするものである。

一　浄土論争と曽我量深

象徴世界観の視座に迫るにあたって注目したいことは、曽我がその着想の時期を「大正の終り頃(6)」と言う点である。大正末期、それは野々村直太郎が『浄土教批判』（「浄土教革新論(7)」）を、そして金子大栄が『浄土の観念』（「大乗経に於ける浄土の観念(8)」）を世に問うた時である。それらは、真宗教団の東西両派に浄土をめぐる論争という大きな波紋を呼び、いずれも野々村問題や金子問題と呼ばれ、両者ともに大学および教団からの追放という事態にまで発展した(9)。

野々村の『浄土教批判』は起草の動機を「宗教としての浄土教を宣揚し(10)」「迷信としての浄土教を打破する(11)」ためであるとし、「往生思想は過去の思想であって、モハヤ現代及び将来に容れらるべき思想ではない(12)」と批判を展開する。その根拠として古今の世相や思潮など様々な角度から浄土教の行き詰まりを指摘しながら、「浄土教徒はいづれも善導、法然、親鸞等の如く必ず神話的往生思想に客観的価値を認めねばならぬのであるか(13)」と問題を提起し、それは現代には「無用の価値問題(14)」であると言う。そして、「計らひに囚はれたる現状の不安(15)」から脱却した状態こそは、「悟り、安心、信心信仰など、称せらる丶宗教的理想の境地(16)」であると言い、二種深信という合理的分別にはおさまらない「奇怪なる形式(17)」がそれであり、ここに浄土教が「恰も神話的に着色せられて成立するといふことは、言ふ迄もなくその事きはめて自然にして且つ最も分明なる次第である(18)」とする。

これに対し、金子の『浄土の観念』は『浄土教批判』に見られるような「動もすれば浄土といふような考へは無くても宗教とか信仰とかいふものは有り得るのだといふやうな考へ(19)」への応答を含みながら、「浄土といふものは我々個人の自覚にとってどういふ意味を持って居るか[20]」という問いから始まる。金子は罪や悩みを抱える現実の自己全体を自覚し、「自然に頭が下り跪き合掌するような気持が現れて来る[21]」ところに、「所謂有無を超えて[22]」「現実の世界を照す所の一つの境涯[23]」として現われるのが浄土であると言う。『浄土の観念』の特徴は、大乗経に説かれる浄土を「観念界」「理想界」「実在界」の三種に分け、「私の心の上の事実[24]」として浄土を求めるということの本質に迫ろうとしている点にある。「観念界」は仏の自内証の世界であり三宝の根源となるもの、「理想界」は行願の世界であり実現を目的とするもの、「実在界」は教相の世界であり想定の上に求めるものであると金子は説明する。金子自身この三種の分類は必ずしも厳密ではないとしながらも結局は一つにおさまると言い、理想と想定の果ての「吾々はもう到底此の世界を離れることは出来ない[25]」という「絶望[26]」において「丁度此の現実の世界を照す如く現れる世界がある即ち観念の世界である[27]」とする。金子はそれを「本当の客観の世界[28]」であり「最も内面的な一つの天地[29]」であると言う。

『浄土教批判』は近代思潮の中に身を置く一近代人としての野々村から出てきたものであると言われる[30]。金子の『浄土の観念』も、野々村とは論旨を異にするものであるが、「今日の吾々は何と云ひましても実在に関する疑ひを有って居ることは確である[31]」と時代思潮を念頭に置きながら浄土の実在性への問いを投げ掛けている。このような近代思潮の渦の中で、曽我は彼等とは異なる道を歩んで行く。

曽我は『浄土教批判』と『浄土の観念』が引き起こした論争そのものには介入していない。ただし、野々村問題については「此等が研究自由の名に依りてヅウ〳〵しく弁護せらるるを見て、感なきにも非ず[32]」と所感を述べている。論争の火種を抱えた大正後期、曽我は『精神界』の死を契機として『大地』『見真』『仏座』と三つの雑誌を世に送り出しているが、そこに一貫しているのは、「真実の研究には菩薩の深き興法利生の願心に眼を開かねばならぬ[33]」「願心を背景としてこそ、真の研究もあり得る[34]」という学の姿勢である。したがって曽我は言う、「論理的道程は云何に巧妙でも結論を予定してある限りは学の自由でも何でもないと信じます、それは要之自己弁護に過ぎないと思ひます[35]」と。

『大地』創刊に始まる大正後期の曽我の思索は、しかしながら、憂いと苦しみに満ちた歩みであったことが金子への手紙からうかがうことができる。それは、外に向かっては「一人として真宗を再興せんと欲する者に接しません[36]」などと宗門への失望として、また、内に向かっては「小生如きは最早や人生の冬期に入りました[37]」などと思索の行き詰まりへの悲歎として吐露されており、枚挙に遑がない。

浄土論争と求道の苦悩、象徴世界観はそのような状況下で誕生し育まれていく。浄土をめぐる混乱期において苦悩する曽我が見出したものは何だったのか。以下、『大地』『見真』『仏座』の三つの雑誌の中から象徴世界観に関わる論文に焦点を当て、曽我の視座に迫ろうと思う。

二　先験的事実

曽我の思索の骨子は、「法蔵菩薩とは何ぞや。他でない、如来を念ずる所の帰命の信念の主体がそれである[38]」という言葉に代表される法蔵菩薩論にある。『精神界』に発表した「如来は我也」(明治四十五年十月)を嚆矢とし、「地上の救主—法蔵菩薩出現の意義—」(大正二年七月)にその思索の全体像を見ることができる。これが、曽我の生涯を挙げての求道全体の帰結を決定づけるものとなっている。したがって、象徴世界観もその展開の一つに他ならないが、『大地』創刊号の「浄土荘厳の願心と願力」(大正八年六月)と題された論文に、象徴世界観全体の土台と言える重要な視点が提示されている。

この論文の課題について、冒頭では次のように綴られている。

浄土往生の志願と行業とは専ら浄土教の経論に於て顕示せられるのであるが、もしそれ浄土荘厳の願求と修行とは広く大乗仏教のあらゆる経論に於て開闡せられるところの普遍の法蔵である。我々はこの一大法蔵について深く考へねばならぬ。往生浄土の願心は凡夫人天の微劣なる志願である。荘厳浄土の本願は高遠広大なる菩薩大人の志願である。この二箇の志願を比較するにその表面の相に天地の大懸隔があるやうに見ゆる。しかしさういふ見方は畢竟主観客観の無碍入出の論理に徹到しないところの心理的な見方に過ぎないのである。（中略）すなはちこの往生と荘厳との二箇の欲願の深い関係を思惟するならば、恐くは大乗仏教に於ける浄土教の地位を明にし、さらに浄土教に於ける聖道自力の教なるもの、真実の意義を確定することが出来るであらふと思ふ。[39]

ここに、経典に説かれる浄土の相状の意味ではなく、「往生と荘厳との二箇の欲願の深い関係を思惟する」ところに曽我の視点があることが端的に示されている。

これによって曽我は、『観経』『小経』の二部においては荘厳された浄土の相状と往生の願心のみが説かれていて、それを荘厳する如来の願心が示されていないことに着眼し、『大経』のみに荘厳の願心が説かれていることの意味について、「如来の浄土荘厳の願心と衆生の浄土往生の願心との幽玄なる交渉の会得」[40]を開示するものであるとする。しかも、それは単に三部経に限定する事柄としてではなく、広く諸大乗経に菩薩の荘厳浄土の行が散説されながらそれが如何なる意義を有しているか「漠然として五里霧中に彷徨するの感じがある」[41]と指摘し、「大乗一切経典に於て教主釈尊の応現の本懐と決定せられる所以」[42]を法蔵菩薩の願心に見出そうとするものである。曽我にとって、ここにおける法蔵菩薩の名は『大経』上に登場する一菩薩ではなく、普遍の法蔵を統一するものであり、「大乗的精神[43]」を人格化したものである。したがって、四十八願だけではなく、「法蔵菩薩の名字を選択したことは特に深き注意を要する[44]」と言う。

問題は浄土荘厳の願心と衆生との交渉がどこに見出せるのかという点にあるが、曽我は「我等衆生の現実業報の生死の迷界に対して平等一如の体を理想化する[45]」ものが浄土であるとした上で、次のように述べる。

そもそも真実の法は一切の像を離れたものである。しかしながら菩薩の慈悲の願心は衆生の個々の我執の欲望に依って、感招したる何等の自由なき現実世界に翻対して、それ等の分裂せる欲望をその深き願心海に摂取憶念し、その本有の真実の名号を以て総合して、茲に国土と有情との清浄の相の世界を荘厳したまひたのである。我々衆生の真実の要求は此の荘厳の清浄の相の世界に生るることに在る。あらゆる煩悩妄念もこの願生浄土の願を離れて意義と価値とを有せない[46]。

浄土が穢土に翻対して荘厳されるものであるということは誰もが認めることであるが、曽我の視点の特徴は、穢土を穢土たらしめる我執の背景に翻対の根本主観を見出しているところにある。「無明の自我意識は根本識を愛執して「自我」と執蔵する[47]」ことにより我々は苦悩の現実界に自ら纏縛され続けているが、その自我に通底し、無始以来の業を積集し、まさしく「無量無辺の有情を内感[48]」する根本主観（阿頼耶識）に「大乗的精神」の誕生があり、混沌とした欲望の群れを法蔵の名告りにおいて摂取総合するところに翻対荘厳の骨子がある、というのが曽我の視点である。ここに、個別の自我はその背景から一切衆生を憶念する法蔵の汝として主客転換し、荘厳の願心は衆生の真実の要求として、煩悩は願生心の源泉として交渉を得ることが明らかになる。

曽我はこれを通して、浄土の有無を空議するのではなく、浄土を荘厳する願心に眼を開くことを世に問い、「浄土荘厳の菩薩の願心を自証する」ことが「真に現実の世界を痛観する」ところにあることを「先験的事実」であるとおさえていく。

真実に自己の一切として、一切衆生を愛する菩薩の願心は如何でか衆生界の現実相に就て無関心になることが出来やう。菩薩の浄土荘厳の願心は衆生の苦悩の声に耳を開くがためである。世の人々は荘厳の浄土の有と無とを空議する前に、須らくそれを能く荘厳するところの菩薩の回向の大願心に眼を開くことを要する。真の芸術も道徳も此の菩薩の願心に眼を開かない人には存在しないのである。真に現実の世界を痛観する者は已に浄土荘厳の菩薩の願心を自証する人であらねばならぬ。この菩薩の願心こそは先験の大事実である。法蔵菩薩の願心、霊肉一体の人格、肉を内感する心霊こそは唯一の先験的事実である。[49]

ここで言う「先験的」とは、認識の仕方に関わるアプリオリな体系を哲学する際にカントが用いた transzendental の訳語である（現在では「超越論的」と訳される）。[50] 曽我は唯識に基づく法蔵菩薩論とカントの先験哲学を重ね合わせることによって、苦悩の「痛観」が我執を総合し浄土を荘厳する法蔵願心によるものであることを明らかにしようとしている。[51] ここに、曽我における象徴世界観の思索の重要な基点が示されている。

例えば、金子も『浄土の観念』に連なる思索の中で、「われ〳〵の生活の先験的根源なる魂の郷里こそはまだ見ぬ真実の国である」[52]というようにこの語を用いているが、金子の場合は統制的原理の意味合いで使用されていると指摘される。[53] それは、認識が経験的領域の彼方に歩み出そうとする時、目標を与え方向性を統一しようとする能力のことを意味する。[54] 金子が「我々が一つの彼岸の世界を感ずるのでありますがそれは我々にとってはさうはっきりしないのでありまして所謂現実を感じてそれによってほのかに彼岸を感じてゆくのであります[55]」などと表現するところにそのことが見てとれる。

これに対し、曽我の場合は金子の場合とは意味合いが異なる。前にも見たように、曽我は個々に分裂する我執の欲望を法蔵の名告りにおいて総合し、衆生の真実の要求として一如を理想化したものが浄土であるとする。それは、雑多な我執的欲望が法蔵願心を媒介として浄土へと統一されていくことを意味するため、金子とは論旨が異なるが統制的ではある。しかし、曽我はその全てを「真に現実の世界を痛観する」ことに力点を置いて確かめている。すなわち、「痛観」という経験的認識を構成するものという意味で荘厳の願心を「先験的事実」としていると考えられる。それは——勿論、金子の場合においても曽我の場合においてもカントの提案するものと同一であるとは言えないが——、統制的原理に対し構成的原則と言われるものにあたる。(56) したがって、荘厳の願心の自証を浄土への「志向性」ではなく「痛観」の一点において確かめていく、その「痛み」への厳密性というところに浄土を論究する曽我の視点の特徴があると言えるのである。(注意しなければならないことは、曽我が「痛観」に「真に」を冠していることである。その意味は次節で取り上げる「願心の自己荘厳」に明示されている。)

浄土の実体的概念化を否定する象徴世界観は、荘厳の願心を衆生の苦悩の底に見出し、往生浄土の願心と荘厳浄土の願心の一致を「先験的事実」において明らかにするところに基礎づけられる。ここではまだ「象徴」については言及されていないが、この「先験的事実」に基づきながら以降の『見真』『仏座』において象徴世界観が明らかにされていくことになる。

三　願心自己の荘厳浄化と象徴

曽我にとって『大地』発刊は、苦悩の求道の中において法蔵願心に眼を開く聞法道場の建立を志すものであった。しかし、それもわずか数号で廃刊となる。その後、曽我は宗学の「空気の弛緩(57)」への絶望と自身の「老衰(58)」への悲観から、約三年にわたり筆を執らなくなる。しかし、「法爾の大願力は遂にわが「見真」を創刊せしむるに至った(59)」。三年の長い沈黙を破り、『大地』からの「ひさしい間のねがひ(60)」を継承するものとして世に送り出されたのが『見真』である。この『見真』第四号に象徴世界観の支柱となる思索が提示されている。奇しくも、それは『中外日報』紙上において野々村が「浄土教革新論」を発表し始めたのと同時期に当たる。論文の題目は「願心の自己荘厳」（大正十二年一月）である。

「願心の自己荘厳」は、「真仮を知らざるに由って、如来広大の恩徳を迷失す」という親鸞の言葉を通して「現実の信意識の内容である所の化仏化土(61)」を問い、そこに内在する願心の「超越的意義(62)」を明らかにしようとするところから始まる。

> 我我は想を静めて現実の信意識の体相を観察し、その求むる所の理想の浄土に依って、その信意識を荘厳浄化せねばならぬ。往生浄土の願心の意義は往生浄土そのことが究竟の目的ではなくして、その願心を荘厳するがためである。故に天親菩薩の『浄土論』には「三種の成就は願心の荘厳なりと知るべし」と云ふてある。此れ願心を以て浄土を無限に荘厳することは反って願心それ自身の無限の荘厳であると示すものである(63)。

曽我はここで、願心荘厳は「願心それ自身の無限の荘厳」であり「浄化」であるとする。「真に現実の世界を痛観する者は已に浄土荘厳の菩薩の願心を自証する人」であるとするところに往生と荘厳の願心の一致がある、というのが『大地』での曽我の確かめであった。しかしながら、それが「個別的小証(64)」に陥らざるを得ないのが自力雑心の性である。曽我はそれをただ個別的なものとして独断し徒に肯定否定することは願心を憶念観知しない「平面的な実体論者(65)」であると指摘し、個我意識への慚愧を通してそこに内在する願心の「超越的意義」を信意識の「荘厳浄化」として明らかにしようとしている。

これについて曽我は、『浄土論』の「略説入一法句故」の一節に着目し、もし願心荘厳が願心をもって浄土を荘厳するという当面の意味のみであるならば「入一法句」の意義はないとする。そして、古今の講学者が広略相入自在を講じながら我等の思想に何等の力も与えないのは「現実の願心そのものに何等の関係を有しないためである」(66)と指摘し、「入一法句」の意義について次のように述べる。

本性清浄の法性の一法句とは抑も何物であるか。この一法性こそは願往生心の先験の体性軌範である。これに依って願心は広く、三種二十九種の清浄の楽土を荘厳したのであるから、浄土の荘厳はやがて願心自己の荘厳である。已に願心自己の荘厳であるが故に、二十九種荘厳の浄土は法性に随順せる浄土であるといふことになるのである。荘厳とは浄化である。浄化とは煩悩自我の垢を離れることである。一法句は本性清浄である。二十九種荘厳は離垢清浄である。願心の超越的意義は本性清浄であるが故に二十九種の浄土の功徳に依って荘厳浄化せられ、その浄化荘厳はやがて本性の一法句に出でないのである。(67)

ここで曽我が示そうとしていることは、端的に言えば「入一法句」が「先験的事実」を成り立たしめているということである。分裂する自我の欲望が荘厳の願心によって衆生の真実の要求として総合されたものが願往生心であると確かめる曽我は、浄土荘厳の意味を「離垢清浄」とすることでその全体が願心自己の「浄化」であるとするが、それは煩悩自我の垢を垢とする本来性に依らなければ成り立たない。それが、本性清浄の一法句である。これによって曽我は、「離垢浄化」がそのまま「本性清浄の願心が自爾の行の相」(68)として摂入され、願心の個我的染穢を限りなく浄化反省して「先験的事実」を成り立たしめて止まないところに「入一法句」の意味があることを見出し、「一如の理想化」が「願心の浄化」を内容とするものであることを確かめている。

そして、曽我はその「願心の自浄の自証」は「自己の穢悪を痛む」「無限の穢悪の自覚」にあるとする。
我々の願心の限りなき浄化荘厳はその穢悪不浄を穢悪不浄とするところの本性清浄によってゞある。浄土の荘厳が清浄になればなる程、自己の願心の穢悪不浄は反対にいよいよ穢悪不浄を深めて来る。自己の穢悪を深く信知しないのは、それは願心の法爾の理性に依りて自己を批判しないからである。願心が願心自己に覚醒しないためである。換言すれば願心がないためである。願心が真実でないからである。現在を無批判に是認して居るからである。（中略）是故に我々はその本性清浄の一如の鏡に照されて、願心の自己の穢悪を痛むが故に其一如の鏡を浄化荘厳するが、その一如の浄化荘厳はいよいよかへって願心自己の穢悪を深めるばかりである。しからば我々はかくて絶望するべきであらうか。否々絶望して居ることすらも出来ないのである。この無限の穢悪の自覚こそは願心の自浄の自証であるからである。(69)

そもそも、根本主観を自我と執着する迷謬の個我そのものには穢悪の痛みを深めて「個別的外皮(70)」を脱皮する力はない。しかし、その背景には願心が通底している。曽我は自己の穢悪を深く信知しないのは「願心が願心自己に覚醒しないためである」とし、願心の自証における穢悪の深まりにおいては「絶望して居ることすらも出来ないのである」と言葉を添えて、『大地』で問題としていた「真に」「痛観する」ことの意味を明らかにしている。

これによって、曽我は改めて荘厳の意味を次のように確かめ、自ら述べた「先験的事実」の真相に迫っていく。
恰も画家が云何に心血を灑いで描いた絵画も、描かれたる絵画そのものは既に画家から見れば一箇の屍骸に過ぎないように、菩薩の願心に依って描いた浄土も亦一箇の死せる偶像に過ぎないではないか。それは一法性を開いて二十九種としたというても一法性と二十九種の相と共に意識の表象として対立して居るものならば、それは何の広略相入といふことが出来ようや。二十九種の外に別に一法性といふものがあったならば、広も略も共に死せる文字の概念である。（中略）誠に方便法身の一々の功徳相こそは一々に願心の法性の自体である。それは一面には願心がその現実の穢悪に翻対して、選択したる自己主観の影像に外ならないのであるが、而も誠はその生ぜられたる一々の功徳相はその久遠の性徳であり、先験的内容である。方便はすなわち真実である。我々は始には願心を主観として功徳相を観察して居ったのであるが、今や何時の間にか主客が転換せしめられ、二十九種の功徳相は不可思議の力を成就して、我が願心の個別相を遍照し、そのまゝ願心の先験の内容となり、我が久遠の血肉であることを顕し示した。誠に驚くべきことである。(71)

繰り返しになるが、曽我が言う「先験的事実」は、無始已来の業を積集し有情を内感する根本主観に大乗精神の人格化である法蔵の誕生を見出し、その名告りにおいて分裂する自我の欲望を総合するところに清浄世界の翻対荘厳の骨子があるという視点に基づくものである。今、曽我はさらに、法性と二十九種荘厳とを「意識の表象として対立」させ「死せる偶像」「死せる文字」に貶めている我々の相対的概念に警鐘を鳴らしながら、有情を内感する根本主観の影現である二十九種の功徳相が主客転換して願心自己の個別相を反省浄化し、そのまま願心自己の「先験的内容」となり、先験的事実が「久遠の血肉」となることを明らかにしている。

ここに、曽我は願心自己の反省浄化を内容とする果徳の荘厳をもって「願心の象徴」であると述べ、象徴世界観と邂逅する。

まことに願心は始終一貫して自己を反省して休まない。どこまでも自ら忍従柔和にして、常に微笑を以て煩悩に対し、衆生をして遂に悦んで信順せしめずに止まない。私は法蔵菩薩永劫修行の精神生活の基礎を偲ばれる。まことに究竟如虚空広大無辺際の量功徳や勝過三界道の清浄功徳や浄光明満足如鏡日月輪の形相功徳やは要するに此願心の最も適切なる象徴であらう。かくて浄土そのものが遂に一如願心の象徴に外ならないのである[72]。

爾来、この視点を嚆矢として象徴世界観は晩年まで展開していくことになる。

四　願心の象徴化としての往還

『大地』の志願を結実させようと発刊された『見真』も、第十一号を最後に廃刊に追い込まれる。曽我はその根本原因は「小生の思想上の行づまり[73]」にあると言う。その後、約一年間の帰郷生活を経て、大谷大学教授就任を契機として「純真なる宗教的要求に参入し、その行願を聞かんがため[74]」に『大地』『見真』の願いを継ぐ『仏座』を創刊する。『仏座』の発刊は、金子が『浄土の観念』から続く浄土をめぐる思索から親鸞の『教行信証』の研究へと歩み出した時になされたものであった。そのような中で、曽我は「先験的事実」に基づき聞思してきた象徴世界観を親鸞における本願三心の論究に照らし、「純粋なる「回向の意志[75]」」を明らかにする「欲生心の象徴化」（大正十五年四月）を『仏座』第四号に発表する。

この「欲生心の象徴化」は、『仏座』第三号に掲載した「如来の表現する自証の道程」（大正十五年三月）の続編に当たる。「如来の表現する自証の道程」は、親鸞の本願三心の仏意釈を善導の二河譬と対照し、「宗教的要求の自証の道程を思考する[76]」ものである。これによって曽我は、名号を表現の行体として衆生に「それ自身の無限の生起本末を回向影現[77]」し、純真なる宗教的感情としての「往生浄土の願心に目醒めしめ[78]」るところに本願三心の次第道程があることを明らかにして、これをうけて、続編である「欲生心の象徴化」ではさらに次のように展開している。

如来の「与へる心」である所の「至心」は衆生の「受けとる心」である所の「信楽」の定水に影現しては「求める心」である所の如来の「欲生我国」である。唯此「求める心」に於て、「与へる」如来の心と「受ける」衆生の心とが先天的に総合せられて、仏心と凡夫心とは仏凡一体である。至心は天上の月光である、信楽は月夜の浄水であり、欲生は水中の月像である。私達が月像の明浄に依って水の浄さと月の朗さとが証知するように欲生の求むる心が無限に自力の感覚意識の不純を浄化して、如来の衆生を招喚したまふ無上命法である時、信楽の定水いよいよ澄浄であることが反省せられ、随て如来の真実至心がいよいよ光明であることが体験せらるゝのである。然り欲生の先験によってのみ信楽も至心も、随って名号も本願回向の体験として成立するのである。されば祖聖親鸞はこの欲生に於て始めて「衆生招喚の如来の勅命」を発見し、此を以て「如来の回向の心」と決し、この「選択回向の願心」を以て信楽発起の先験的原理と定められたのである。[79]

ここで曽我は、至心を「与える心」として「天上の月光」に、信楽を「受けとる心」として「月夜の浄水」に、欲生を「求める心」として「水中の月像」にというように、水月の喩えを用いて三心を分類する。そして、月像の鮮明さが月光と水面の相互の澄浄さを総合反省するように、「欲生の求むる心」に「無限に自力の感覚意識の不純を浄化」する焦点があり、それがそのまま「如来の衆生を招喚したまふ無上命法」として自証するところに「仏凡一体」があるとする。これによって、「欲生」が本願三心の要であることを確かめて「信楽発起の先験的原理」であるとし、ここに親鸞が「「至心に回向したまへり」と絶叫せざるを得なかった[80]」理由を見出している。

これを通して、曽我は「今や、如来の「回向したまへる心」所の欲生の心について、二箇の様相が回向せられるのである[81]」と言い、往相と還相の二種は「如来回向の宗教原理の具体化であり、象徴化である所の二つの様相[82]」であるとする。そして、そこに「様相の対立[83]」はあるが「一如を行じて建立常然たるもの[84]」であるとした上で、その

「様相の対立」について次のように確かめていく。

> 天親菩薩の『浄土論』を読むに、初に起観生信の方法として礼拝、讃嘆、作願、観察、回向の五念門を施設して、往生浄土の因行としての純粋念仏の内面化の過程を示さうと企だて、その終りに此に対して近門、大会衆門、宅門、屋門、園林遊戯地門の五功徳門を建立して、還来穢国の果徳の体としての大般涅槃の内面的道程を顕はされた。今按ずるに因行の五念門は主として一如の本願力を人間の身語意の三業と、自利々他との二利とによりて、内なる衆生の行為に象徴し、また果徳の五功徳門はそれを外なる無機的自然の受用に荘厳象徴して、この内外、有機無機の二つの感覚表象の広大無辺の荘厳を以て、衆生をして、内には因位の衆行を円満具足せしめ、外には果地の万徳を成就完全せしめたまふのである。（中略）前者を回向心の往相と名け、後者をそれの還相と名ける。[85]

曽我は往還の二相を五念門と五功徳門にあてて、五念門は「純粋念仏の内面化の過程」を、五功徳門は「大般涅槃の内面的道程」を表すものとし、衆生をして内には「純粋念仏」を具足せしめ外には「大般涅槃」を成就せしめる本願力の「象徴化」の二面性が往還であると確かめ、「内外、有機無機」の関係を有するとする。

浄土が「願心の象徴」であるという『見真』での曽我の指摘は、端的に言えば、願心自己の「反省浄化」という「超越的意義」を象徴するものが浄土であるということを意味するものであった。そして、それは「真に現実の世界を痛観する」「無限の穢悪の自覚」において、大乗精神の人格化である法蔵の純なる願往生心を「先験的事実」として自我の背後に発見することに他ならない。今、曽我はそれを「信楽発起の先験的原理」として「欲生」に確かめることにより、二種回向が「自力の感覚意識の不浄を浄化」する「意志」の「象徴化」の二面性としているのである。

この論文において重要なことは、以上の思索を通して最後に次のように問題提起しているところにある。私達は久しき以前から「教は回向せられたる自己の還相である」と主張した。勿論名号を包含する体験として教を見る時、それは先づ往相の第一法となすべきであらう。併し私達が正しく如来の招喚の勅命として名号を専念する時、念仏こそ回向心の往相であって、衆生を、東岸の後方から発遣する勅命なる教法は回向心の背景であり、穢国に還来する形象であらねばならぬ。[86]

曽我はここで『精神界』に発表した「自己の還相回向と聖教」（大正六年三月）での「還相の利他教化は遠き未来の理想であらふと思ひきや、現に自己の背後の師父の発遣の声の上に、已に実現せられてある[87]」という思索の再検討を試みている。前に見たように、この論文での曽我の確かめは還相を願心自己の浄化の象徴化における無機的自然の側面であるとしているため、還相を往相の「背景」として「発遣する勅命なる教法」に見出すことは、一見それと矛盾するものであるかのように見える。

振り返ってみれば、曽我は『大地』において教主釈尊出世の本懐を「如来の浄土荘厳の願心と衆生の浄土往生の願心との幽玄なる交渉」を示すところにあるとしていたが、それは、釈尊がまさしく「如来の本願の体験者[88]」であるところに成立することである。そして、『見真』において浄土をすでに描かれたものとするならば「死せる偶像」「死せる文字の概念」であるとしていたように、無自覚なる自我においては、いかに教法が浄土を指勧していようともそれはやはり「死せる偶像」「死せる文字の概念」に他ならない。すなわち、発遣の教法はもとよりあるのではなく、「願心が願心自己に覚醒」する名号の「体験」において成立するものであるということが、ここでの曽我の視点の基礎となっている。

したがって、ここで曽我が言わんとすることは、願心自己の浄化の象徴化の一面として「大般涅槃」を成就せしめる法蔵の「意志」が、すでに釈尊の教化の応現として成就しているということである。曽我が還相に見出すものは発遣の教法のみではないが、これによって、発遣と招喚が無始已来の自我に通底する「大乗的精神」に総合されていることを確かめ、唯物的な旧来の仏教史観を根本的に転換し、『大地』で提起した「大乗仏教に於ける浄土教の地位」という課題に答えている。

五　二尊教の回復と痛みの深まり

「徒なる学究と伝道とを超て我々の各々の宗教経験を通じて如来の超世の悲願に直入したい[89]」という願いから始まった『仏座』であったが、金子問題の余波を受け雑誌の存続は窮地に追い込まれていく[90]。そして、曽我自身も再び行き詰まりにより「当分は筆を執ることは不可能[91]」と言い、「欲生心の象徴化」を最後に長編の執筆を止めている。しかし、『大地』『見真』そして『仏座』へと展開した思索は、曽我のその後に大きな影響を与えるものであった。一つは、「先験的事実」に基づき願心自己の反省浄化を本願三心に照らし「願心が願心自己に覚醒」する道程を明らかにした「欲生心の象徴化」前半の思索は講座「如来表現の範疇としての三心観」（大正十五年十一月）へと。そして、それを通して発遣の教法の位置を明らかにした「欲生心の象徴化」末尾の問題提起は還暦記念講演「親鸞の仏教史観」（昭和十年五月）へと繋がっていく。その意味において、象徴世界観は二尊教の産声を信の現在に回復するものであると言えるのである。

　言うまでもなく、曽我の象徴世界観は野々村の『浄土教批判』とは根本的に異なるものである。『浄土教批判』は浄土教の時代的思想的な行き詰まりを指摘しながら、信仰形態の仏教的原点回帰を目指し、その形態を二種深信に見出そうとするものである。野々村はそれを「決して浄土教を破壊したのではない[92]」「浄土教の復古である[93]」と言う。しかし、それはあくまで信仰形態の原点回帰によって「浄土教の神話的着色[94]」を容認しようとする態度のものであって、二尊教を回復するものであるとは言えない。

一方で、金子の『浄土の観念』とは呼応性が見てとれるが表現の側面が異なるものになっている。相違点の一つは、自覚の表現である。金子の場合、「越ゆべからざる溝が橋である[95]」という譬喩を用いて、到底自らは到達し得ないという「絶望」において現実を自覚するところに「ほのかに彼岸を感じてゆく」と表現する。これに対し、曽我は「否々絶望して居ることすらも出来ない」と言い、「真に現実の世界を痛観する」「無限の穢悪の自覚」がそのまま「荘厳の願心の自証」であるとする。いずれも、その自覚全体を名号の体験に集約しているという点においては同一であるが、当面は衆生を主体とする「志向性」によってその分限を表現しようとする金子に対し、曽我の場合は法蔵の願心を主体とするため「痛観」の一点にすべてを総合するものになっている。相違点のもう一つは、釈尊の位置づけの表現である。金子は「釈迦をして釈迦たらしめるものは大釈迦であり弥陀であり久遠の仏である[96]」と言う。このことは曽我も同様であるが、曽我の場合、「回向心の還相」にそれを確かめ、分裂する煩悩自我をして「願心自己に覚醒」させんと信意識に応現するものが釈尊であるとすることにより、仏教史が「願心の自証」を根源とし連続するものであることを明らかにしている。

大正末期に誕生し育まれた象徴世界観は、その後、昭和期に入ると宿業の思索と重なり合い、さらなる展開を見せていく。曽我は悪人正機の自覚は宿業に帰着するとし「宿業とは本能である[97]」と言う。そして、「本能」を「如来の本願を暗示する招喚の声[98]」と確かめることにより、そこに「浄土史観構成の歴史的事実[99]」「彼岸の浄土の根源[100]」があることを見出している。また、曽我は「我々の本能と云ひ理性と呼ぶ所のものは具体的存在でなく、実は単なる抽象的概念に過ぎない[101]」と指摘し、「具体的本能[102]」としての宿業において一切に「感応するのである[103]」とする。これによって、唯識の世界（現行）は宿業本能においてあると確かめ、「宿業は決して所謂宿命や運命ではない[104]」と言及する。曽我はこれらの宿業の思索を通じて、喜寿記念講演「象徴世界観」（昭和二十六年九月）では「一草一木といへども、わが心の象徴であります[105]」と展開していく。昭和期の思索の詳細については紙幅の都合上割愛するが、その展開は浄土荘厳を願心自己の反省浄化の「象徴」とする象徴世界観による「痛み」の無限の深まりを表すものに他ならない。

おわりに

「荘厳」は一般的には「飾る」ことを意味するが、「もっと内面的に「かざる」といふことになると、それは「象る」といふことである[106]」「何をかたどるかと申しますれば、感情即ち無形の精神が、ものの上に或はものにおいて形をとることであります[107]」と曽我は言う。曽我が「象徴」の名をもって提示しようとしていることは、浄土が願心自己を「かたどる」ものであるということである。自我に通底し有情を内感する大乗精神の法蔵は、名号を表現行体として浄土を求め願心自己を荘厳して休まない。曽我は「我々の主観の方から国土を理解するといふのではなく[108]」「我々を感覚し目覚ましめる[109]」ものが浄土であると言い、実体的な世界観は「人間の考えた理論を主体とした[110]」「妄念で捏ね上げた[111]」ものであると指摘するが、そこに一貫しているのは無限の穢悪の痛みに願心の荘厳を聞くという視座である。「相変らずしまりのないやうなだら〳〵と摑み所のないやうな意訳は意味がない[112]」という「現代語訳」への提言も、この視座から発せられるものであると言える。

はたして、浄土とは何かという問いに我々はどう答えるだろうか。例えば、現代浄土教の課題として近代思想が排除してきた「あの世」への信仰の復活の必要性が提唱されてすでに久しい。(113)近年でも改めて近代思想が隠蔽し追放してきた「死者の問題」「死後観」を顧みなければならないという課題が投げかけられた。(114)近代思想の捉え方についての是非は兎も角として、このような問題提起は現代社会が抱える生命倫理の危機的状況への「痛み」から生じるものであると言える。しかし、それが「純真なる宗教的要求」であるか否か、すなわち願心を根拠とする「穢悪の自覚」による「痛み」であるかというところに問うべき問題の焦点があるということを、我々は象徴世界観を通して教えられる。痛みに願心を聞き、願心に痛みを深められていく、浄土の世界観を明らかにする視座はこの一点にあると言えるのである。

[註]

(1)「仏教の世界観」『曽我量深講義集』第四巻、彌生書房、一九七頁。
(2)同前、一九八頁。
(3)「象徴世界観」『曽我量深選集』第十一巻、彌生書房、二〇九頁。
(4)同前。
(5)同前。
(6)「仏教の世界観」『曽我量深講義集』第四巻、一九六頁。
「象徴世界観」『曽我量深選集』第十一巻、二〇九頁。
(7)「浄土教革新論」は『中外日報』紙上において大正十二年一月から二月にかけて連載された。それを改題し同年五月に刊行されたのが『浄土教批判』(中外出版)である。
(8)『浄土の観念』(文栄堂)は大正十三年十月に日本仏教法話会で行われた講演「大乗経に於ける浄土の観念」の速

記録を翌年二月に改題し刊行されたものである。
(9) 野々村問題・金子問題の詳細、論争の展開については、木越康氏の「真宗教学の近代化と現在―浄土理解の変遷を通して―」(『親鸞教学』第八二・八三号、親鸞教学編集部、五〇~六八頁所収)、村山保史氏の「金子大栄「私の真宗学」の翻刻と解説(一)解説編」(『真宗総合研究所研究紀要』第二九号、大谷大学真宗総合研究所、二三~五八頁所収)・「金子大栄「私の真宗学」の翻刻と解説(二)翻刻編」(『真宗総合研究所研究紀要』第三〇号、一一一~一三六頁所収)に詳しい。
(10) 『浄土教批判』「序言」、五頁。
(11) 同前。
(12) 『浄土教批判』、二一頁。
(13) 同前、八九頁。
(14) 同前。
(15) 同前、一〇〇頁。
(16) 同前。
(17) 同前、一一一頁。
(18) 同前、一一七~一一八頁。
(19) 『浄土の観念』、三頁。
(20) 同前、四頁。
(21) 同前、一七頁。
(22) 同前、一九頁。
(23) 同前、二三頁。
(24) 同前、二四頁。
(25) 同前、一二七頁。
(26) 同前。
(27) 同前、一二九頁。

(28) 同前。
(29) 同前、一三〇頁。
(30) 大江修「野々村直太郎著『浄土教批判』に関する一考察」『真宗研究会紀要』第六号、龍谷大学、四二頁。
(31) 『浄土の観念』、一〇二頁。
(32) 「大正十二年十一月十四日付封書」『両眼人―曽我量深　金子大榮　書簡』、春秋社、二二一頁。
(33) 「誕生まで」『曽我量深選集』第四巻、四五一頁。
(34) 同前。
(35) 「大正十三年二月二十四日付封書」『両眼人―曽我量深　金子大榮　書簡』、二二六頁。
(36) 「大正九年三月十一日付封書」『両眼人―曽我量深　金子大榮　書簡』、一二九頁。
(37) 「大正九年十月二十九日付封書」『両眼人―曽我量深　金子大榮　書簡』、一三三頁。
(38) 「地上の救主―法蔵菩薩出現の意義―」『曽我量深選集』第二巻、四一四頁。
(39) 「浄土荘厳の願心と願力」『曽我量深選集』第三巻、三三四～三三五頁。
(40) 同前、三三五頁。
(41) 同前。
(42) 同前。
(43) 同前、三三六頁。
(44) 同前。
(45) 同前、三四三頁。
(46) 同前。
(47) 同前、三三九頁。
(48) 同前。
(49) 同前、三四三～三四四頁。
(50) 『純粋理性批判』A11–12/B25–26（出典は諸訳本に記載されている原典頁に統一する。Aは第一版、Bは第二版を指す）。

(51) カント哲学と唯識を重ね合わせる曽我の視点は、金子大栄に宛てた手紙の中でも繰り返し言及されている（『両眼人―曽我量深　金子大榮　書簡』、一三四、一四二、一四九、一五〇頁）。
(52) 「彼岸の世界」『金子大栄選集』第四巻、在家佛教協會、二〇四頁。
(53) 村山保史「金子大栄と西洋哲学―「観念の浄土」をめぐって―」『比較思想研究』第三七号、比較思想学会、一一五頁・「金子大栄「私の真宗学」の翻刻と解説（一）解説編」『真宗総合研究所研究紀要』第二九号、四八頁。
(54) 『純粋理性批判』A643-645/B671-673.
(55) 『浄土の観念』、一五六頁。
(56) 『純粋理性批判』A178-179/B221-222.
(57) 「大正九年三月十一日付封書」『両眼人―曽我量深　金子大榮　書簡』、一二九頁。
(58) 「大正九年三月十一日付封書」『両眼人―曽我量深　金子大榮　書簡』、一三〇頁・「大正九年五月十九日付封書」同、一三二頁・「大正九年十月二十九日付封書」同、一三六頁・「大正十年四月二十六日付封書」同、一三七頁。
(59) 「編輯を終りて」『曽我量深選集』第四巻、四六四頁。
(60) 「編輯室にて」『曽我量深選集』第四巻、四五七頁。
(61) 「願心の自己荘厳」『曽我量深選集』第四巻、三九頁。
(62) 同前。
(63) 同前、四〇頁。
(64) 「如来、我を救ふや」『曽我量深選集』第四巻、三四頁。
(65) 「願心の自己荘厳」『曽我量深選集』第四巻、四〇頁。
(66) 同前。
(67) 同前。
(68) 同前、四一頁。
(69) 同前。
(70) 同前、四四頁。
(71) 同前、四二～四三頁。

(72) 同前、四七頁。
(73) 「大正十二年八月二十二日付封書」『両眼人―曽我量深　金子大榮　書簡』、二一六頁。
(74) 「願心」『曽我量深選集』第四巻、四八〇頁。
(75) 「欲生心の象徴化」『曽我量深選集』第四巻、一七三頁。
(76) 「如来の表現する自証の道程」『曽我量深選集』第四巻、一四七頁。
(77) 「欲生心の象徴化」『曽我量深選集』第四巻、一七一頁。
(78) 同前。
(79) 同前、一七一～一七二頁。
(80) 同前、一七二頁。
(81) 同前、一七四頁。
(82) 同前。
(83) 同前。
(84) 同前。
(85) 同前、一七四～一七五頁。
(86) 同前、一七九頁。
(87) 「自己の還相回向と聖教」『曽我量深選集』第三巻、一五六頁。
(88) 同前、一七一頁。
(89) 「願心」『曽我量深選集』第四巻、四八〇頁。
(90) 金子問題と『仏座』については、水島見一氏の『近・現代真宗教学史研究序説―真宗大谷派における改革運動の軌跡―』（法藏館）の第三章第一節第三項「『仏座』より」に詳しい。
(91) 「大正十五年六月十一日付葉書」『両眼人―曽我量深　金子大榮　書簡』、二六二頁。
(92) 『浄土教批判』、一三〇頁。
(93) 同前、一三三頁。
(94) 同前、一〇七頁。

(95) 『浄土の観念』、一六一頁。
(96) 同前、四六頁。
(97) 「宿業の問題」『曽我量深選集』第五巻、二二頁。
(98) 同前。
(99) 「浄土史観」『曽我量深選集』第五巻、三五頁。
(100) 「本能の象徴としての国土―浄土と穢土―」『曽我量深選集』第五巻、四五頁。
(101) 「感応道交する具体的本能」『曽我量深選集』第五巻、一三五頁。
(102) 同前、一三六頁。
(103) 同前。
(104) 同前、一三七頁。
(105) 「象徴世界観」『曽我量深選集』第十一巻、一九四頁。
(106) 「感応道交」『曽我量深選集』第十一巻、八八頁。
(107) 「仏教の世界観」『曽我量深講義集』第四巻、二二二頁。
(108) 「感応道交」『曽我量深選集』第十一巻、八五頁。
(109) 同前。
(110) 「荘厳の世界観」『曽我量深講義集』第五巻、三二頁。
(111) 同前、五五頁。
(112) 「象徴世界観」『曽我量深選集』第十一巻、二一〇頁。
(113) 『現代浄土教の可能性』四恩社、六〜八、三三一〜三三六頁。
(114) 『浄土思想論』春秋社、i〜ii、一〇頁。

法蔵菩薩降誕の意義

上島秀堂

一　問題の所在

近代教学において曽我量深が果たした甚深の意義は、「如来は我なり」[1]「如来我となりて我を救ひ給ふ」[2]と「地上の救主」[3]において己証されるように、神話的表現をもって説かれる法蔵菩薩を自己実存において領解したことにある。そして、そのような曽我の法蔵菩薩の願心を尋ねる営みは、曽我自身の仏道を生涯に亘って貫くものとなる。すなわちそれは、親鸞によって開顕された、『大経』を正依とする浄土真宗の仏道の主体的な実践を意味するものであろう。したがって、そのような曽我の求道実践を通してこそ、『大経』に説かれる「我行精進　忍終不悔」[4]、「抜諸生死　勤苦之本」[5]という法蔵魂を我が身に自証する歩みが闡明になるのであり、またそこに、本願の仏道の具現化を見ることができるといえよう。本稿では、そのような法蔵菩薩の願心を尋ねる曽我の求道に迫り、法蔵菩薩降誕の深意、そして、本願の仏道とはいかなるものであるかを尋ねていきたい。

親鸞の仏道は、

しかるに愚禿釈の鸞、建仁辛の酉の暦、雑行を棄てて本願に帰す。[6]

と表白されるように、師法然との値遇を端緒とする帰本願の事実を起点とする。そして、そこに開かれるのは、

弥陀の五劫思惟の願をよくよく案ずれば、ひとえに親鸞一人がためなりけり。されば、そくばくの業をもちける身にてありけるを、たすけんとおぼしめしたちける本願のかたじけなさよ(7)

と、『歎異抄』で親鸞の「つねのおおせ」として述懐されるように、生涯本願に聞思していく歩みである。曽我の法蔵菩薩の願心の探求は、このような親鸞の営為と軌を一にするものだと思われる。しかしながら、その仏道は単に分別的に本願を解釈していくことであったり、また、本願の教えを掲げて世間を生きていこうとするものではなく、常に、「そくばくの業をもちける」自己一人の上に具現化する本願を聞思すべきものである。そして、そのような聞思の仏道においては必ず、本願を「よくよく案」じみるという求道的な切磋琢磨がなければならない。しかして、そこには、喚起されるべき求道の問題があるのである。換言すれば、本願に聞思せざるを得ない仏道生活においての危機があるということである。そのような危機を曽我は「地上の救主」において次のように提示している。

久遠の尽十方無碍光如来は我々の憧憬の対象、即ち我々の理想たるに止まり、単なる此を以て我々の救世主とすることが出来ぬ。かゝる信仰は自力聖道の自性唯心の悟りに沈むものである。救済は現実の問題である。現実の人生の主体なる自我の大問題である。(8)

単に十方衆生の救済主としての「尽十方無碍光如来」を「憧憬」し、それを「理想」とする信仰は、表向きには如来に信順せんとする純朴な信仰に思えても、それが「理想たるに止ま」る以上、実際に我が身に救済を具現化するものとは言い得ない。そのような信仰は今現在の業因縁に則するものではなく、したがって、実生活において何ら活力を有するものにはならないであろう。仏道において問題とされるのは常に今現在における自身の救済であ

る。そのような、現実の救済に立つことのできない自己を顧みて、「自性唯心の悟りに沈むもの」と曽我はいうのであり、それを「現実の人生の主体なる自我の大問題」であると述べているのである。

曽我の仏道は、他力信念を我が身に明らかにするという清沢満之の実験主義を継承するものである。しかしそのような実験主義の実践には、今現在の救済を傍らに置く理想的・憧憬的信仰へと陥っていくという「大問題」が併有されるものであり、その「大問題」への苦悶は、当時の曽我のさまざまな論稿においても散見される(9)。そして、そのような衷心からの宗教的満足を得られない「大問題」は、曽我に空過と孤独として襲いかかることとなる。しかして曽我は、一九一一（明治四十四）年に真宗大学が京都へ移転したことをきっかけに帰省した郷里越後での生活の中で、

郷里の人となつて以来孤独の感愈深い　時に堪へられぬと思ふこともある　悶々の情を懐いて独り死の門に向ふのである乎(10)

と、その絶望を吐露するのである。このように絶望的な孤独に苛まれる中で曽我は、一年近く文章を草することができず、完全に仏道が停滞していたのであるが、そこから立ち上がるべく、「比叡及び吉水に於ける祖聖の問題」(11)なる論稿において、再び筆を執ることとなる。そこでは、比叡山時代、吉水時代の親鸞に自己を重ね、自身の宗教的要求に立ち、微細に動く自力執心、すなわち、「現実の人生の主体なる自我の大問題」の正体に尋ね入らんとする曽我を窺うことができる。このような、絶対満足を求める自己内奥の宗教心と、それを阻む相対分別に起因する自力執心との格闘が、真に独立者たらんとする仏道の原点であるように思われる。次のように述べられている。

細微なる自力疑心、則ち自我の妄執は至深至細である。此至深の自力執心は我等の現実生活の根本主義であつて、所謂根本無明と云ふべきものである。一切罪悪の至深の基礎は此である。祖聖は吉水に来り、初めて、心

の自力の事実に到着せられたのである。今にして自力疑心の甚深に驚かせられたのである。行の自力は成し難くして捨て易く、心の自力は成し易くして捨て難い。何となれば我等久遠の初より自力の心を成就し、現に又た未来際まで此を捨て得ないではない乎。[12]

　このように曽我は、仏道の停滞を打破すべく、その原因である、自己に巣食う「至深至細」な「自力疑心」と対峙するのであるが、その廃捨すべき自力執心こそが自身の「現実生活」を貫く「根本無明」であることに驚愕している。つまり、自身の現実の生に対する執着がそのまま自身の仏道を障碍する「大問題」であり、したがってその事実は自己の思案をもってしては、どうすることもできない絶望として曽我自身を覆うのである。それを親鸞にかえして言えば、例え法然との邂逅において、「雑行を棄てて本願に帰」したとしても、それは単に「行の自力」と称される、定散二善の自力の行を捨てただけであって、むしろ人間の本質は信仰を覆って止まない「心の自力」、つまり「罪福を信ずる心をもって本願力を願求す[13]」という、自己の迷妄を破る本願力をも自我によって沙汰していくような、自力執心にあることを意味するものであろう。そのような自力執心が、仏道に信順せんとする時に、「未来際まで此を捨て得ない」問題として顕在化してくるのだと思われる。しかし曽我は、ここにおいて、「捨てんと欲して捨て難きが為に、茲に我は最後の自力無効に到着したのである[14]」と述べながらも、

　嗚呼徹頭徹尾捨て難き自力執心、此に始めて真の徹底的なる自力が無功を観照することが出来る。則ち我等は唯捨て難き自力を如来本願の御前に投げ出すばかりである。此浅間敷き胸中をそのまゝに如来の願船に乗托するのである。(中略)則ち前に他力信行を妨ぐると思はれた自力執心は今や反て他力の信行を究極的に反顕するの条件となつた。[15]

と、如来に信順できない自力執心の身は、徹底的に自力無効の身であることを自覚することによって、そのまま

「如来の願船に乗托する」のだと推求しているのである。すなわち、信仰の障碍であると思われた自力執心が、かえって他力を「反顕する条件」となるのである。

このように曽我は、自力無効と如来の本願との関係を尋ねながら救済の道理を明瞭にし、他力を自己の上に実験せんと奮励している。そして、その自力疑心に喘ぐ求道の絶頂において「如来の願船に乗托する」自己を発見し得た告白が、「食雪鬼、米搗男、新兵」なる論稿であると思われる。次のように述べられている。

自分は昨年十月四日にいよ〳〵郷里北越の一野僧となり終りた。我郷土は雪の名所である。自分は時々全く往来杜絶せる原野の中央に、唯一人蒙々たる大吹雪と戦ひつゝ進む所の自己を発見する時、悲絶の感に打たるゝ。自分を顧みれば全身多く雪に包まれ、雪を吸ひ、雪を吹く所の一箇の怪物である。此時我は宗教家たるを忘れ、学生たることを忘れ、国家社会を忘るゝ。而して遂に人間たることも忘るゝ。自分は此時唯一箇の野獣に過ぎぬ。此時は如来も忘れる、祖聖も、師友も忘れる。嗚呼自分は従来口には愚痴と云ひ、悪人と云ふと雖ども、心には慥に堂々たる宗教者、一箇深玄の思想家を以て、密に自負しつゝをるものである。口には一肉塊と卑謙しつゝ、心には如来に依りて活きつゝあると自任しつゝあるものである。然るに今大吹雪の中に発見せられたる自己は唯一箇驚くべき物力に過ぎぬ。自分は年三十八歳、始めて、自ら白雪を呼吸する食雪鬼なるに驚いた。嗚呼此食雪鬼、此れ七百年の昔、藤原の貴公子聖光院門跡、吉水の上足たりし我祖の深き実験であつた。浅間敷哉也食雪鬼、我等は久遠の食雪鬼である。崇き哉也食雪鬼の自覚、此自覚は浄土真宗を生んだ。此自覚に入らしめん為に如来の本願修行がある。自分は今にして如来の願行の少分を実験させて貰うた。我は今や現実なる自覚無作の大法林に在るではない乎。(16)

曽我は郷里北越の大吹雪の中において、自己の宗教家、学生、国家社会、さらには人間たることをも忘れる孤独の絶望の最中に、「雪を吸ひ、雪を吹く」怪物、唯なる野獣としての自己を発見する。それは、曽我の心の根底に無自覚に巣食う、「堂々たる宗教者」「一箇深玄の思想家」たることを誇る、恐るべき自己の正体である。この救われ難き自己存在への目覚めが「食雪鬼」なる我の自覚である。そして曽我は、この「食雪鬼」の自覚こそが浄土真宗の真義であることを披瀝するのである。すなわち「食雪鬼」の自覚とは、そのまま「此自覚に入らしめん為」に我が身にはたらき続けていた「如来の本願修行」を感得することであり、我が身において「如来の願行の少分を実験」することに他ならないのである。そしてこの「食雪鬼」の自覚に、「自覚無作の大法林」、すなわち、法蔵菩薩が建立した浄土が開かれたことを曽我は歓喜するのである。仏智疑惑の我が身にこそ、本願は躍動するのである。

再応、曽我の法蔵菩薩の推求は、この「食雪鬼」の自覚に立ったところから始まるのである。すなわちそれは、「食雪鬼」なる我に実験し得た、「如来の願行の少分」の主体的領解であり、自己一人における法蔵菩薩の具現化を意味するものである。

しかして本稿では、この「食雪鬼、米搗男、新兵」から曽我の法蔵菩薩論の一つのエポックとも言える「地上の救主」に至るまでの論稿を中心にして、自己に法蔵菩薩を具現化せんとする曽我の求道的営為を尋ね、法蔵菩薩降誕の意義、そして、そこに開かれる本願の仏道の真実義を明らかにしたい。

二　自己の真主観としての法蔵菩薩

曽我は、自身が感得した「如来は我なり」「如来我となりて我を救ひ給ふ」という己証の内実の一端を、「久遠の仏心の開顕者としての現在の法蔵比丘」[17]という論稿に提示したことを述べている。その冒頭には、十劫正覚の大音に驚き醒めたる我親鸞聖人は徒に此に拘執して此を信仰の中心点とし給はなかつたのである。更に深く歩を進めて如来本願の生起本末に溯らせられ、此本願の上にその金剛不壊の信念を建立せられたのである。(18)

とある。親鸞が第十八願成就文に説かれる「聞其名号　信心歓喜」(19)という信発起の深意を、「仏願の生起・本末を聞きて疑心あることなし」(20)と尋ね当てたのと同様に、曽我も「食雪鬼」の自覚に立ち、「金剛不壊の信念を建立」せんがために、因位法蔵の願行に仏願生起の根拠を求めているのだと思われる。そして、そのような営為をとらなければならない理由を次のように述べている。

本願中心の信仰に向て、「何故に」てふ疑問は全く無意義である。何となれば本願の外に如来救済の確証はなく、随て本願の外に他力救済の信念の基礎がないからである。問題は唯「云何にして」本願中心の信念が確立し得るや、の実際問題である。此実際問題に触れないものは自性唯心に沈んで久遠の如来を空想し、此実際問題に接したるものにして本願なるもの、深旨に達せざるものは、定散の自心に迷ふて、口には十劫の救済を喋々し乍ら、落ち行く所は臨終来迎を要期し、徒に西方浄土の如来に祈願祈禱するものである。我々は唯本願の深旨に触れて「云何にして」の大問題を解釈し、本願の上に他力救済の大信を確立すべきである。(21)

このように、本願へ聞思する曽我の根幹にあるのは、常に「云何にして」他力信念が自己に現成し得るかの「実際問題」である。それは、「実際問題」と遊離した理想的・憧憬的信仰に退転しない、「他力救済の大信を確立」するための、本願の具現化の営為であるように思われる。

このように因の本願を尋ねる曽我は、さらに、「何故に人間比丘として和光同塵し給ひたのであるか」(22)と述べて、因願をさらに遡って、何故一切衆生を救済する本願が、法蔵比丘という一人格をもって説かれなければならなかっ

たのかを問うている。そして曽我は、

　如来はその誓願を我々衆生に示さん為に忽然として久遠の光明を和らげ、人間の煩悩の塵に同じて法蔵比丘と降誕して、その久遠の大誓願を表明し給ひた。蓋し人間の救済には先づ人間の主観を親しく実験し給ふの要がある、否人間の御経験が則ち如来の救済の最後の証明である。[23]

と、本願が法蔵菩薩として説かれる意味を、「人間の煩悩の塵に同じ」るものであると述べている。しかし、それは単に人間と同様に迷いの身を持つという意味ではなく、救われ難い人間を救済するために、まず法蔵菩薩が「人間の主観を親しく実験」するということである。したがって、法蔵菩薩は我々の迷妄生活に同和するものである。すなわち曽我は、我々の迷妄は如来の救済の実験そのものであると推求しているのでなかろうか。そして、そのような法蔵菩薩の真義が次のように述べられる。

　我等の救主なる法蔵比丘は正しく救はるべき我と一体にして、寧ろ此救はるべく自己を客観に投影する所の真実究竟の自己の主観である。（中略）唯法蔵比丘の本願を念ずる時、和光同塵の如来は近く現に我をして我たらしむる真主観にて在ますに驚く。[24]

「救はるべき我」とは、迷妄なる我に他ならない。そして、その我に許されてあるのは、ただ「法蔵菩薩の本願を念ずる」ことだけなのである。すなわち、「無有出離之縁」の身であるという、救われ難い自己を自覚する帰命の一念に、不可思議にもその自己存在の事実を如実に知見するその自己こそ、法蔵菩薩だということであろう。したがって、「無有出離之縁」が人間の実際である以上、我々が仏教によって救われようとする思案は、それがどれだけ逼迫した要求だとしても、「必ず不可」[25]であることが事実なのである。しかし、そのような自己実存の根本的に無明であったことが感得される一念の自己に、法蔵菩薩は降誕するのであろう。故に、さまざまな宿業因縁に起因した妄念妄想に翻弄されるのが我の実生活であるが、その妄念妄想と同和して、いかなる業因縁においても、「近く現に我をして我たらしむる真主観」として法蔵菩薩は存するのであろう。曽我はこのように、「無有出離之縁」の自己実存を如実に知見する一念に、自己の「真主観」として法蔵菩薩を感得しているのだと思われる。

三　法蔵菩薩降誕の歴程

絶対的無救済の自覚に、自己の真主観としての法蔵菩薩を発見する曽我は、その救済の歴程を、「三願より発足して十重の一体に到着す(26)」という論稿において、『教行信証』「化身土巻」に説かれる三願転入の文に尋ねている。そこでは三願転入でいわれる、第十八願、第十九願、第二十願の三願には、いずれも「十方衆生」と誓われることから、衆生の救済と直接関わる願として論が展開されていく。それはつまり、衆生の苦悩に和光同塵する法蔵菩薩が、いかにして自己を救済する一念の自覚として具現化し得るかの聞思だといえるだろう。

そもそも、親鸞の三願転入は、第十九願による「双樹林下往生」、第二十願による「難思往生」、そして第十八願の「難思議往生」を分けて、

ここをもって、愚禿釈の鸞、論主の解義を仰ぎ、宗師の勧化に依って、久しく万行・諸善の仮門を出でて、永く双樹林下の往生を離る、善本・徳本の真門に回入して、ひとえに難思往生の心を発しき。しかるにいま特に方便の真門を出でて、選択の願海に転入せり、速やかに難思往生の心を離れて、難思議往生を遂げんと欲う。果遂の誓い、良に由あるかな。ここに久しく願海に入りて、深く仏恩を知れり。至徳を報謝せんがために、真宗の簡要を摭うて、恒常に不可思議の徳海を称念す。いよいよこれを喜愛し、特にこれを頂戴するなり(27)。

と表白される。そして曽我は、その三願転入を、

三願転入なるものは誠に祖聖の自内証の告白にして、決して、客観的の変化と執じてはならぬ。（中略）三願転入の骨なる廿願の実験なるものは全く宗祖の深き主観の実験である。果遂の願、自力念仏、是は全く宗祖の深き御己証の表示である。(28)

と領解する。つまり、三願転入は単なる三願について客観的に峻別したものではなく、親鸞の「自内証の告白」と一体となって領解されるべきものだということである。つまりそれは、信の一念において内観される、信念確立の道程を披瀝するものであろう。そして、「十方衆生」と誓われる直接衆生と関わる三願の真義は、「三願の骨なる廿願」を、自己の「主観」において実験するところに明るみに出るのである。そしてその「自内証の告白」としての親鸞の三願転入が、

悲しきかな、垢障の凡愚、無際より已来、助・正間雑し、定散心雑するがゆえに、出離その期なし。自ら流転輪回を度るに、微塵劫を超過すれども、仏願力に帰しがたく、大信海に入りがたし。良に傷嗟すべし、深く悲歎すべし。おおよそ大小聖人・一切善人、本願の嘉号をもって己が善根とするがゆえに、信を生ずることあたわず、仏智を了らず。かの因を建立せることを了知することあたわざるがゆえに、報土に入ることなきなり。(29)

という、仏智疑惑の悲歎の絶頂を起点として展開されていることからも窺えるように、三願転入の骨子である第二十願の実験が、仏智疑惑の自己において披瀝された曽我の「食雪鬼」の自覚に通底することは論を俟たないであろう。

それではここから、これら三願の主体的な領解を曽我に聞いていきたい。まず曽我は、第十八願と第十九願の関係について、第十八願は衆生に「絶対の服従を命(30)」ずる、自己救済の絶対的な願であるとした上で、しかしそれは

自力執心を自性とする人間にとっては「単なる理想」[31]でしかないと述べている。このように二願を定義して、次に、

第十八願に於て人生の究極の大理想を表現し給ひし如来は、今や十九願に来りて、人間の久遠の現実を実験し此が中に御身を投げ給ひた。（中略）彼は今や人生の心行の力を認め、学問道徳恩愛名利の価値を認め、定善散善、大乗小乗、世間出世間の一切の善根力を認め給ひた。（中略）十九願は如来が人生の全体を肯定し給ふ御声である。[32]

と、救済の理想でしかない絶対的な第十八願が衆生の自力を否定するものでしかないのに対して、第十九願は仏道獲得の手段として、衆生の自力の全てを認めるものであると述べている。しかしそれは、

一は専ら法の如来真実相を顕はし、一は専ら我の人間の真実相を顕はす。反対互顕の妙旨を感ぜずに居られぬのである。[33]

というように、第十八願と第十九願とが別個のものとしてあるのではなく、「反対互顕の妙旨」として感得されるものとしている。すなわちそれは、親鸞の、

煩悩具足の凡夫、火宅無常の世界は、よろずのこと、みなもって、そらごとたわごと、まことあることなきに、ただ念仏のみぞまことにておわします。[34]

との述懐にも示されるように、人間の実存の虚妄性を自覚することにおいて初めて証知される本願の絶対性をいうものであろう。このように、尽十方無碍光如来の光明によって、「煩悩具足」である「人間の真実相」を自覚せしめられるのが、第十八願、第十九願の成就の意味であると思われる。

このような二願の関係を鑑みれば、衆生と本願との関係性はすでに言い尽くされているようにも考えられるが、

しかし続く第二十願には三たび「十方衆生」と誓われ、さらに衆生と本願との関係が示されている。それは曽我が、「反対互顕」する第十八願と第十九願の関係に「妙旨」を感得しているように、第十九願の成就によって知らされた自力執心の身の自覚の底に流れる、さらに深い衆生と本願との関係を開くものが第二十願であるのだろう。したがって、「妙旨」たる第二十願の実験なくして本願の仏道の真義が開かれたとは言い得ないのである。それでは第二十願の「妙旨」とは、どのようにして衆生に自覚され、いかなる具体性を持つものであろうか。曽我は、第十八願、第十九願に止まらず、さらに第二十願が開かれなくてはならない理由を端的に、

機法の真実相を融和して、茲に相対他力の妙味を顕示し給ふが二十願の趣旨である。(35)

と述べている。それでは何故、「如来の真実相」である第十八願と、「人間の真実相」である第十九願とが「融和」されなければならず、またそれが「相対他力」として顕示されなければならないのだろうか。続けて曽我に聞こう。

十八願に於ては如来は人生海を超越し、十九願に於ては人生海底に沈没し、今二十願に来り、始めて人生海の表面に大行の船として堅実に浮び給ひた。吾人は二十願に依り、初めて人生海底より救はれて、浮べる身となつた。現生の救済とは人生海を超離するのではなく、人生海に浮べる名号船上の人となるの謂である。（中略）如来光明中の生活は此れ二十願の体現である。而して自然に相対他力の現実に立て、絶対他力の風光に浴せしめ給ふは此果遂の誓の面目である。(36)

このように、第二十願に来たって、「始めて人生海の表面に大行の船として堅実に浮」かび、具現化するところに如来の本領があると曽我は言う。「人生海の表面」とは、現実の業因縁の生活のことである。つまり、如来による衆生救済の真実義は、常に実生活の苦悩と共にあるのである。それは、刻々と変化していく業因縁に相応する救

済である。したがって、過去の本願への帰命は仏道の出発点にはなったとしても、その体験は今現在の実生活において何らの効力もなく、むしろ体験への執着として迷いと化すであろう。しかし、そのような在り方こそが、「良に教は頓にして機は漸機なり」(37)とも言われるような、例え本願他力に帰したとしても変わらない人間の本質なのである。この機の事実を看過する時、信仰の起点は「真実相を知った」という分別心に根ざすこととなる。そのような、自己に巣食う無意識の自力執心を自覚しない仏道は、分別を超えた本願を理想とし、またそれを憧憬して、過去の体験をもって「人生海を超離」せんとする閉鎖的な体験主義へと堕すものであろう。しかし、当然それは、業因縁の事実と遊離した観念でしかなく、したがって本願による救済たり得ないのである。ここに、「如来の真実相」と「人間の真実相」との「融和」における救済が求められるのである。

「絶対他力の風光に浴せしめ給ふ」本願力の救済は、自己の業因縁の事実を如実に知見し、受容するところにある。しかし、それをどこまでも拒むものが、人間の自性たる自力執心なのである。このような、本願の仏道に立たんと奮起すれば必ず当面すべき自力執心の問題を曽我は、先に提示した論稿、「比叡及び吉水に於ける祖聖の問題」において、「行の自力」と「心の自力」の二つの自力の差異に起因することをすでに思案していた。ここではその二つの自力を、親鸞の求道の歴程に重ねてより具体的に次のように述べている。

誠や行々相対し、行の自力を捨て、行の他力に帰するは石を破るが如く極めて明瞭である。蓋し行の自力は全く後天的で分別起で、邪教や邪思想を藉るからである。然るに心々相対し、心の自力を捨て、心の他力に帰するはその関係極微細にして、一刀両断と云ふ訳には行かぬのである。此れ心の自力は先天的にして吾人の久遠の自性で、他の教や自己の分別力に依るものでないからである。後天的なる行の自力なる雑行雑修は廃捨すること難きに似て而も甚難ではない。唯先天的なる心の自力に至りては無に似て有なるが故に、廃捨は極難であ

る。真実至深の内観力なきものは生涯此先天的なる心の自力に当面し得ぬのである。(38)

「行の自力」とは、吉水入室以前の親鸞の修道に象徴されるように、さまざまな教や思想によって自己の救済を図るものであろう。そしてその「行の自力」の廃捨とは、法然との邂逅を果たし、念仏一つを選び取ったことであり、それは、「石を破るが如く極めて明瞭」に開示される道であろう。しかし曽我は、そのようにして廃捨せられる「行の自力」は、「後天的で分別起」なるものだと述べる。つまり、「雑行を棄てて本願に帰す」という感動において念仏一つの仏道に立ったとしても、それすら一種の分別であるということであろう。しかし曽我は、むしろ我々の救済において本当に問題とされるべきは、「行の自力」の廃捨において、つまり仏道に立ったからこそいよいよ浮彫りとなってくる自己の「先天的にして」「久遠の自性」なる「心の自力」にあると言うのである。すなわちそれは、「本願の嘉号をもって己が善根とする」自己であり、仏智疑惑の我である。この問題に当面することがなければ、本願の仏道の主体的な実践もなく、すなわち、本願による救済も具現化し得ないのである。

したがって、本願力とは自力無効の自覚において具現化されるものであるが、この「心の自力」の存在において、その無効が実験されなければ本願の真義たる第二十願の「妙旨」を感得することはできない。そのため、人生海上に躍動する自己の救済とはならないのである。故に、信仰の中心はその自力執心を擲って、必ず本願に立脚すべきものでなければならない。それが第二十願において三たび、「十方衆生」と誓われなければならない理由なのである。

このような、第二十願の自己の自覚において初めて、「人生海上の表面に」「堅実に浮」かび、具現化する法蔵菩薩降誕の歴程を、曽我はこれら機の三願に尋ねているのである。そして、第二十願で約束される果遂の誓いの面目は、「自然に相対他力の現実に立て」ることにある。また、「絶対他力の風光に浴せしめ給ふ」ものとして実験されるべきであると告白されている。そして、そのような本願の本義たる第二十願を実験することとは、自己の奥底に根を張る、「心の自力」に対する「真実至深の内観力」がなければ感得することはできないと曽我は指摘しており、それは「伝道の態度を取る時には此廿の願は遂に実験し得ぬ[39]」ものであると述べている。つまり、過去の仏教への帰依に据わりを置き、他を教化し伝導せんとする者には、ついに本願の真実義はわからないのである。すなわち、本願はどこまでも自己一人においてのみ実験されるべきものである。そして、「真実至深の内観力」を通して具現化される第二十願は、実生活の業因縁において、「真に自己の為に道を求むるものが時々接触する驚[40]」きとして感覚されるものであり、それは「本願の嘉号をもって己が善根とする」自己の発見に他ならない。したがって、「真実至深の内観力」に根ざす聞法の態度とは、その捨て難い我が身の自力執心において自己の不信に立ち返り、新たに「仏願の生起・本末を聞」かんと求道することにあるであろう。自己一人の聞思の他に、第二十願は具現化し得ないのである。つまりそれは、仏智疑惑の自己との格闘であり、曽我でいえば、「一箇深玄の思想家」の自負を捨てられない自我妄執との葛藤であろう。

これまで述べてきたように、捨て切ることのできない「心の自力」、つまり第二十願の自我妄執に起因する信仰上の問題は、「本願の嘉号をもって己が善根とする」という、帰した仏法をも自力の範疇に貶める仏智疑惑として語られる。そうであるから、再び本願の仏道に立ち上がるには、この自我妄執を廃捨することが必要不可欠である。それでは、この自我妄執を廃捨するとはいかなることであろうか。曽我は、この「心の自力」の廃捨について、三願転入の「いま特に」と「久しく願海に入りて」の二語に着目し、「雑行を棄てて本願に帰す」という「行の自力」の廃捨とは質的に違うことを次のように述べている。

廿願の自力念仏、心の自力の廃捨は過去一定の時期を定むることが出来ぬ。その廃捨は常に現今に限るのである。所以者何となれば、自力心の廃捨はもう主観の事実でありて、それは「徹頭徹尾捨て難き自力」の現実に触る、時にのみ廃捨の意義が味はる、からである。真の自力は「捨て得ざるを捨て得ず」と自覚するの意義に於て捨てたのである。（中略）「永久離れ難き自己の自性」を観ずる時、忽然として廿願を実験し得たのである。(41)

「徹頭徹尾捨て難き自力」とは、仏智疑惑の自己の全体である。そして「心の自力」の廃捨とは、そのような、「「徹頭徹尾捨て難き自力」の現実に触る、時」また、「「永久離れ難き自己の自性」を観ずる時」に果たされるものであると曽我は言う。すなわち「心の自力」の廃捨とは、そのような自力執心が消滅することにあるのではなく、「永久離れ難き自己の自性」を自覚するところに、その意義を有するというのである。何故なら自力執心を本とする人間の仏道の在り方は、それが「本願の嘉号をもって己が善根とする」というものであっても、それを悪と見做し捨てんとしても、それは、新しく自力執心を上塗りしていることに過ぎないからであろう。またそのような自力執心に基づく求道は、「行の自力」を捨てるという第十九願から第十八願への回入のように、明瞭な自力の廃捨を予想するものであり、無意識の内に「自力を捨てて仏道に立てる」と自我を肥大させるものでなかろうか。そのような人間の根本的な求め方においては、いかに自己を省察したとしても、最後まで自力を捨てる自己が残るであろう。自力執心は、我々の力では捨てさることができないのである。否、その自力執心こそ自己の全体なのである。しかして「心の自力」の廃捨は、「永久離れ難き自己の自性」として自覚するところに果たされる。それは親鸞をして、

浄土真宗に帰すれども　真実の心はありがたし
虚仮不実のわが身にて　清浄の心もさらになし(42)

と表白されるような、救われ難い自己実存への深い悲歎であろう。しかし、その絶対的無救済の身の徹底こそが第二十願の実験なのである。すなわち、曽我が「一箇深玄の思想家」であったという無自覚に自己を肯定する自分が暴露される刹那に、「驚くべき物力」としての自己存在を実験し得たように、仏智疑惑の絶頂において、「忽然として」仰がれるのが果遂の誓いなのである。そのような「無有出離之縁」の身の自覚は、『歎異抄』第十三条において、

よきこころのおこるも、宿善のもよおすゆえなり。悪事のおもわれせらるるも、悪業のはからうゆえなり。故聖人のおおせには、「卯毛羊毛のさきにいるちりばかりもつくるつみの、宿業にあらずということなしとしるべし」とそうらいき。(43)

と述懐されるように、自己全体の宿業存在であることへの覚知である。それは、「よきこころ」を起こす自己も、「悪事のおもわれせらるる」という自己も、すべて宿業因縁によるものであったことを自覚するものである。つまり、自己の一切が宿業因縁の所生であるが故に、我は自己実存に対して一指も加えることのできない事実の発見である。その宿業の我が身の事実に立つことにおいて、宿業因縁の事実を私しようとする自力執心は、捨てずして廃るのである。この「無有出離之縁」の我が身の自覚に、「疑いなく慮りなくかの願力に乗じ(44)」る自己が実験されるのである。ここに、「そくばくの業をもちける身」において「たすけんとおぼしめしたちける本願のかたじけなさよ」と讃嘆する親鸞の本願の実験がある。したがって、「無有出離之縁」の我が身と一体となって、如来は具現化するのである。

また、その第二十願の自己は、『歎異抄』第九条で、

しかるに仏かねてしろしめして、煩悩具足の凡夫とおおせられたることなれば、他力の悲願は、かくのごとく

のわれらがためなりけりとしられて、いよいよたのもしくおぼゆるなり。(45)

と述懐される。無救済の自覚に仰がれる果遂の誓いは、我々からすれば、仏智疑惑の絶望に「忽然として」実感されるものであるが、自力無効の事実は如来からすれば「かねてしろしめして」いた必然的な道理であるため、その自力執心が廃る即時に「他力の悲願」として仰がれるのであろう。そうであるから親鸞は、「難思議往生を遂げんと欲う」という、自力執心から逃れようとする聞思の行き詰まりの絶頂において、その逃れ難き「無有出離之縁」の我が身を自覚すると同時に、不可思議にも果遂の誓いを仰いでいるのである。それを曽我は、「自然に相対他力の現実に立て」られると言い、また、「絶対他力の風光に浴せしめ給ふ」と感得しているのであろう。自力無効の自覚は、そのまま如来大悲の実験なのである。そのため曽我は、「永久離れ難き自己の自性」を自覚する「食雪鬼」なる我において、

崇き哉也食雪鬼の自覚、此自覚は浄土真宗を生んだ。此自覚に入らしめん為に如来の本願修行がある。自分は今にして如来の願行の少分を実験させて貰うた。我は今や現実なる自覚無作の大法林に在るではない乎。

と、法蔵菩薩の兆載永劫の願行を実験したことを披瀝するのである。浄土真宗の真実義は、「無有出離之縁」の自己に躍動するのである。

以上のように実験されるのが本願の「妙旨」たる第二十願であろう。このように、三願転入の三願は第二十願の自覚における果遂の誓いに収斂されていくものとして説かれる。その意味で、曽我は第十九願、第二十願は一面には衆生を第十八願に導く方便としての意味があるとしながらも、しかしその深意は、

何となれば已に全く如来がその本領を隠覆し給へる十九願にも、半ばその本領を隠し給へる廿願にも、我等は甚深なる如来の大精神があらはされてあるを拝するからである。(46)

と、第十九願も第二十願も、すべて衆生の救済を実現する第十八願の「大精神」の表現として衆生にその相を示すものであると言い、さらに、

十七願成就の名号、十八願に於ける如来の大智慧の力が正しく人生海上に表現して、人生の能力となつて下さるゝは此二十願の御力である。（中略）『観経』に現はれたる名号は人生の力として現はされて居ない。唯死後の救済、死の関門を通る力として現はされて在る。此に対して、『小経』は現在の人生の力として、吾人の久遠の自力妄執と奮闘して、此五濁の世界に顕現し給ふ所の、力の本願を見るのである。十八の本願は二十願に依りて初めて果遂せられたのである。(47)

と述べている。第十八願が正しく成就するのは、第二十願の機を自覚するところにしかないのであり、それは「人生の能力」として衆生に実現するものであると曽我は言う。第十九願の義である『観経』は「死後の救済」を確約するものであるが、厳密に言えば「死の関門」を危惧するのは現在にある自己であるため、今の救済を除いて死後の救済はあり得ない。そうであるから、救済とは必ず今の実人生を生きる能力として顕現されなければならないであろう。それを曽我は、「十八の本願は二十願に依りて初めて果遂せられた」と言うのであり、この第二十願において初めて「抜諸生死　勤苦之本」という法蔵菩薩の志願は果たされるのである。そのような、第十九願成就に表される「死の関門」という観念の死と、観念の救済をも破って現実の今に立つことのできる力に曽我は、人間の宿業の身に捨身し、自己の真主観として現行する法蔵菩薩を感得するのでなかろうか。宿業の自覚が願力を開くのであり、したがって、業道自然の自己が、即、願力自然の自己へと転ずるのである。ここに、「如来我となりて我を救い給ふ」と己証される所以があるのだろう。

自力無効の自覚に如来と共なる我を発見することが人間の唯一の救済であり、そこにこそ第十八願の実現があった。ここにおいて、「金剛不壊の信念の建立」があるのだと思われるが、曽我は「常に信の初一念に立つべし[48]」という論稿において、次のように述べている。

一度我等の煩悩の心の裡に入り来りたまへる如来の本願力が、そのまゝに一生涯を通じ、静止の現状を維持しつゝ、われ等の胸奥に潜在せりとなすは、はたして祖聖の御信念であつたであらふか。われ等は信生活を以て如来の大命に喚び起こさるゝ聞其名号の生活であると信ずる。もし我等にして信の金剛不壊を以て静的に考ふるならば、われ等は云何にして所謂信念の相続に於て清新なる如来の招喚の大命を聞くを得べきか。われ等は信の初一念に於て、現実の人生の苦海の底にありて如来の救ひの大命に接し、此大命と共に自己は大願の御船に在りて、光明の広海に浮ぶことを観る。はたして然らば、われは信の第二刹那以後は専ら現に光明の広海上にありて、生死の苦海を過去の現出とするばかりであらふか。此に至りて信念は人生と懸隔すると共に、信念亦全くその生命を失ふて仕舞ふ[49]。

「金剛不壊の信念」とは、如来の本願力によって救済された、という確固たる信念に違いないが、それはあくまで「如来の大命に喚び起こさるゝ」一念に自覚されるものである。また、その一念においてのみ、「聞其名号の生活」が約束されるのであると曽我は述べている。したがって信念とは、常に「清新なる如来の招喚の大命を聞く」ものでなければならない。しかし、「信心歓喜　乃至一念」において自覚される自己の救済は、その一念においてのみ「清新」であって、それを第二刹那以降の人生に用いれば、「信念は人生と懸隔すると共に、信念亦全くその生命を失ふて仕舞ふ」のである。何故ならば、第二十願の機の自覚において「他力の風光に浴せしめられる」救済は、自我妄執の迷妄生活の刹那において自覚される業因縁に則した救済であり、したがって、過去の救済は今現在の業因縁に何らの効力も持たないからである。いかなる救済を自覚したとしても、人間の自性はあくまで「無有出離之縁」の身であるため、再び自力執心に沈んでいくことは道理である。しかして曽我は、続けて、

わが祖聖の信念が無限の生命を有することは、それが人間的執蔵の無底なるためである。[50]

と述べている。曽我の法蔵菩薩の推求の意義は、実人生の事々において「人間的執蔵」を感覚し、自力無効を自覚する信念に、「無限の生命」を聞くものでなかろうか。すなわちそれは、常に救済された過去に据わりを置かんとする自己を、正しく自力無効である業因縁の「今」に帰らせんと促す、「本願招喚の勅命[51]」を新たに聞くものであろう。そうであるから、仏道において我々に許されるのは、親鸞が「このたびまた疑網に覆蔽せられば、かえってまた曠劫を径歴せん[52]」という自己において、「聞思して遅慮することなかれ[53]」と述懐しているように、「無有出離之縁」の身に本願を実験せんと聞思することの他ないであろう。[54] そのため曽我は、「地上の救主」において、

法蔵菩薩は永劫の後始めて浄土を建立し給ひたのではなく、彼は願行の念々に新なる浄土と、新なる自我とを創作し給ひた。而して創作せられたる浄土と自我とは亦久遠の如来と同じく、遥遠なる光明土である。[55]

と述べている。このように、自力執心によって死物と化した過去の救済と自己とを念々に擲ち、宿業生活において念々に創作される「新なる浄土と、新なる自我」を折に触れて自証していくのが本願の仏道である。そして、そのような営為こそが、「そくばくの業をもちける身」に「本願のかたじけなさ」を仰いだ親鸞の仏道の本義であろう。したがって、不断の聞思による自力無効の実験に、その都度「遥遠なる光明土」に全心身を投げ出して、与えられ

た宿業の一切を尽くしていく歩みこそ、「我行精進　忍終不悔」という法蔵魂を生きる仏道である。またそれは曽我が、「信に死し願に生きよ」と叫ぶ仏道であろう。法蔵菩薩降誕の意義は、このような自力執心を超えた一如の大道に入らしめるところに、無限にその意義を有するのである。

五　法蔵菩薩への聞思の深まり

これまで尋ねてきた曽我の法蔵菩薩の自証は、「地上の救主」をエポックメイキングとして、曽我の生涯に亘る求道の根幹をなす営みとして展開されていく。最後にその一端を提示して曽我の聞思の深まりを尋ねてみたい。「地上の救主」から三年後の大正五年に発表された論稿、「闇へ闇へ」で曽我は次のように述懐している。

我々は「法蔵比丘」の出現して本願を起してからが困難で大切であると思ふて居る。けれども法蔵比丘の誕生からといふよりも、実は法蔵比丘の出現までが大変の事である。「本願まで」が最も大切である。徒に「本願から」に没頭するは考が浅いではないか。『大経』には「本願から」に付て精細説けども、「本願まで」の方は唯過去五十三仏の名を列ねたばかりで、何も云ふてない。此に深き秘密があるではないかと思ふ。(56)

このように曽我は、『大経』には「本願から」について詳説されているが、むしろその背景である「本願まで」を説く過去五十三仏にこそ法蔵菩薩降誕の「深き秘密」があるのではないかと疑問を呈している。つまり曽我は、自己に本願を実験する一念に立って、その一念の有するさらに深い意義を過去五十三仏に尋ねようとしているのである。すなわちそれは、「仏願の生起・本末を聞きて疑心あることなし」という聞思の徹底であろう。そして曽我は、大正七年の論稿「五劫の思惟を背景として」で、正依の『無量寿経』には過去五十三仏が、「次に」「次をば」

と単純に列挙されているだけであることを指摘しながら、異訳である『如来会』、『荘厳経』に着目して、

『無量寿如来会』並に『荘厳経』を読めば、「次に如来あり」とか「次をば何々と名く」とあるかはりに、「彼の仏の前に於て、極めて数量を過ぎて某仏世に出興す」とか「未出世前」とか云ふてある。すなはち此異訳の経文を以て正依の経文を照せば、最初に列挙したる錠光仏こそは最新最後の仏にして、次第に過去へ過去へと溯りて「次名」「次名」と配列したのであることは明である。(57)

と述べ、続けて、

これ蓋し釈尊が彼の久遠の法蔵菩薩の大主観を開いて、次第に彼が歩み来つた道程を逆観するのである。釈尊は現在刹那の一念の端的から次第々々に深き内面の世界へと歴観しつゝ、溯り行いた。真実内界の歴史は実にかゝる次第に依つて顕はされねばならぬ。げにかくの如くして世尊は久遠最古の源頭へと進ませられた。而して世自在王仏なる最古最大の応現仏の光明の下に照現せられたる自己久遠の還相、法蔵菩薩を発見し給ひたのである。(58)

と言う。五十三仏は単なる釈尊以前の過去仏の羅列ではなく、「久遠の法蔵菩薩の大主観」を「現在刹那の一念」に実験する釈尊の信の内景の披瀝であり、法蔵菩薩が「現在刹那の一念」として具現化する歴程であると曽我は推求している。このように曽我は、釈尊の一念を成り立たせる、「自己久遠の還相」としての法蔵菩薩を我が身に具現化せんとしているのだろう。すなわちそれは、釈尊を釈尊たらしめる本願の根源に尋ね入る曽我の営為である。そして、「そくばくの業をもちける」曽我一人を成り立たしめる本願力の、久遠の背景を探るものであろう。そのような求道的な営みは、昭和十年の還暦記念講演において話された、「親鸞の仏教史観」として一つの結実を見たといえる。そこでは、

親鸞の浄土真宗と云ふものは、要するに親鸞の感得したる仏教史観であると云ふ事を大体お話を致しました。（中略）親鸞に依つて観れば、仏教三千年或は二千年の歴史と云ふものには、仏教の教主たる所の釈尊の背景には、時間的にも空間的にも測り知ることの出来ない所の深広無辺なる背景の源泉がある(59)

と述べられるように、法蔵菩薩を感得する信の一念は、釈尊が仏教を説く背景にある、「深広無辺」の「源泉」への直入である。しかして曽我は、「釈尊以前の仏教」への帰命を告白している。

誠に南無帰命の如来招喚の勅命に、連綿たる念仏伝統の歴史を超えしめられ、それは法爾自然に否定せられて、私共は正に法蔵菩薩の初一念に立たしめられ、茲に新たなる真実の念仏の歴史は正に創められる。斯くして吾等は凡夫の儘に不退の位に入り諸仏の家に生まれたのである。斯くして吾等はやがて念仏伝統の歴史の諸仏の一位を占むることゝなる(60)。

本願招喚の勅命を聞く一念に開かれる本願念仏の伝統は、ただ単に「連綿」と続く過去からの伝統の最後尾に連なるのではなく、むしろそのような「念仏伝統の歴史を超え」て、あらゆる諸仏の根源である因位法蔵菩薩の「初一念に立たしめられ」るものであろう。「法蔵菩薩の初一念」とは、すなわち「無有出離之縁」の我の自覚に他ならない。つまり、過去五十三仏の歴史は、「無有出離之縁」の我において自覚される、迷い詰めに迷ってきた人間の歴史であり、したがって、そこにはたらき続けて止まない本願の伝統を闡明にするものであろう。すなわち、自己一人の「そくばくの業をもちける身」において、「真実の念仏の歴史」が、我の中に反映されるのであるのであり、そこに諸仏との感応の世界が開かれるのであろう。そして、聞思による「無有出離之縁」の自覚の徹底は、娑婆の迷妄生活の最中に「念仏伝統の歴史の諸仏の一位を」我に実験し得るのだと曽我は言う。それは、「無有出離之縁」の我が身における、一切衆生を救って止まない仏智の開顕であり、すでにして統理されていた仏地の発見であろう。それは山川草木悉有仏性とも言われるように、一切が法蔵願力の所生と頷かれる世界を開くものであり、我が宿業との共感である。宿業共感こそ救済なのである。

以上のようにして、曽我の仏道を支える法蔵菩薩への聞思は晩年に至るまで深められていく。そして曽我は、八十九歳の時の講演である「法蔵菩薩と阿弥陀仏」において、次のように述べている。

この法蔵菩薩という言葉は、別に清沢先生から教えを受けたということはないのでありまするけれどもですね、やはり私は、清沢先生の御生活というものを見ますると、私は信仰というものをですね、一生涯、この信仰というものを完成するために、この御自分の身命を捧げる、そういう一つの尊い精神、そういう精神というものがすなわち法蔵菩薩であります。（中略）私はいわゆる法蔵菩薩、法蔵菩薩という、生きた法蔵菩薩というものを、それを清沢先生の上にこれを見ることができる。（中略）親鸞聖人において、またですね、蓮如上人において、また清沢満之先生において、法蔵菩薩、生身の法蔵菩薩というものを拝むことができる。こういうようにして、私はですね、この阿弥陀如来の因位法蔵菩薩というものを、私はこのように領解しておるのであります。(61)

このように、曽我の法蔵菩薩への聞思は、自己と法蔵菩薩の関係を探るものであるが、それは、師清沢満之の「御生活」、すなわち、清沢の生涯に亘る宗教的信念の確立の歩みに促された聞思において明確になるものである。そしてそれは、「生きた法蔵菩薩」として実感される清沢との値遇に貫かれるものであるだろう。つまり、法蔵菩薩の精神を生きるには、先立って法蔵精神を生きた具体的な師の存在が不可欠なのである。このように曽我は、宿業因縁に催される実生活の苦悩の中で、一念一念に師清沢を憶念するところにおいて法蔵菩薩を我が身に実験していったのである。そして、そのような聞思の生活に生涯、世事を投げ捨て、「御身命を捧げ」、宗教的信念を確立せんとする営為こそ、我が身に法蔵魂を証明して歩む仏道の具体相であろう。曽我は、人間的分別を超えて本願の大道に我が身を投げ出す自身の仏道を、「信に死し願に生きよ」と告白するが、そのような仏道を成り立たせる営為こそ、師に因縁されて開かれる、曽我の法蔵菩薩への聞思なのである。

〔註〕

（1）「地上の救主」『曽我量深選集』第二巻、彌生書房、四〇八頁。
（2）同前。
（3）『曽我量深選集』第二巻所収。
（4）『大経』『真宗聖典』東本願寺出版部、一三頁。
（5）同前。
（6）『教行信証』「化身土巻」『真宗聖典』、三九九頁。
（7）『歎異抄』『真宗聖典』、六四〇頁。
（8）「地上の救主」『曽我量深選集』第二巻、四一〇頁。
（9）一例を挙げれば、越後帰郷直前の論考「信行両座」において曽我は、「讃仰の生活」はこれ私の理想である。「疑謗の生活」はこれ私の現実であります（「信行両座」『曽我量深選集』第二巻、三四三頁）。
と述べ、自身の現実を悲歎している。
（10）『両眼人―曽我量深　金子大榮　書簡』春秋社、一六頁。
（11）『曽我量深選集』第四巻「暴風駛雨」所収。
（12）「比叡及び吉水に於ける祖聖の問題」『曽我量深選集』第四巻、三二一～三二二頁。
（13）『教行信証』「化身土巻」『真宗聖典』、三四六頁。
（14）「比叡及び吉水に於ける祖聖の問題」『曽我量深選集』第四巻、三二三頁。

(15) 同前、三三三〜三三四頁。
(16) 「食雪鬼、米搗男、新兵」『精神界』第十二巻第三号、精神界發行所、一四頁。
(17) 『曽我量深選集』第二巻所収。
(18) 「久遠の仏心の開顕者としての現在の法蔵比丘」『曽我量深選集』第二巻、三七〇頁。
(19) 『大経』『真宗聖典』、四四頁。
(20) 『教行信証』「信巻」『真宗聖典』、二四〇頁。
(21) 「久遠の仏心の開顕者としての現在の法蔵比丘」『曽我量深選集』第二巻、三七一頁。
(22) 同前、三七二頁。
(23) 同前、三七二〜三七三頁。
(24) 同前、三七四頁。
(25) 『教行信証』「信巻」『真宗聖典』、二二八頁。
(26) 『曽我量深選集』第二巻所収。
(27) 『教行信証』「化身土巻」『真宗聖典』、三五六〜三五七頁。
(28) 「三願より発足して十重の一体に到着す」『曽我量深選集』第二巻、三八一〜三八二頁。
(29) 『教行信証』「化身土巻」『真宗聖典』、三五六頁。
(30) 『曽我量深選集』第二巻、三七七頁。
(31) 同前、三七八頁。
(32) 同前、三七八〜三七九頁。
(33) 同前、三八〇頁。
(34) 『歎異抄』『真宗聖典』、六四〇〜六四一頁。
(35) 『曽我量深選集』第二巻、三八〇頁。
(36) 同前、三八〇〜三八一頁。
(37) 『教行信証』「化身土巻」『真宗聖典』、三四六頁。
(38) 「三願より発足して十重の一体に到着す」『曽我量深選集』第二巻、三八二頁。

(39)『曽我量深選集』第二巻、三八三頁。
(40)同前。
(41)同前、三八三～三八四頁。
(42)「正像末和讃」『真宗聖典』、五〇八頁。
(43)『歎異抄』『真宗聖典』、六三三頁。
(44)『教行信証』「信巻」『真宗聖典』、二一五頁。
(45)『歎異抄』『真宗聖典』、六二九頁。
(46)「三願より発足して十重の一体に到着す」『曽我量深選集』第二巻、三八四頁。
(47)同前、三八八頁。
(48)『曽我量深選集』第二巻所収。
(49)「常に信の初一念に立つべし」『曽我量深選集』第二巻、四〇二～四〇三頁。
(50)同前、四〇三頁。
(51)『教行信証』「行巻」『真宗聖典』、一七七頁。
(52)『教行信証』「総序」『真宗聖典』、一四九～一五〇頁。
(53)同前、一五〇頁。
(54)曽我はこれらの「総序」の文言を第二十願の機の問題であると見ている。そして、

機といふものは詳しくいへば時機といふことであります。(中略)本願真宗に遇ひながら、若しまたこのたび疑網に覆蔽せられて、徒に時機を逸し去るならば、更に復曠劫を逕歴して空しく過ぎるのである(「行信の道――『教行信証』総序講読――」『曽我量深選集』第七巻、一四二頁)。

と、このように信仰を停滞させる機の問題を押さえながらも曽我は、そのような機の問題にかかり果て、「遅慮」することでなく、「仏願の生起本末を聞思して大疑已に無し、今更に何を躊躇遅慮するのであるか」(同前、一四四頁)と、常に本願を尋ねることを提示している。
(55)「地上の救主」『曽我量深選集』第二巻、四二〇頁。
(56)「闇へ闇へ」『曽我量深選集』第三巻、九四頁。

(57)「五劫の思惟を背景として」『曽我量深選集』第三巻、三一〇頁。
(58)同前。
(59)「親鸞の仏教史観」『曽我量深選集』第五巻、四一三頁。
(60)同前、四七〇頁。
(61)『法蔵菩薩と阿弥陀仏』中道社、六～九頁。

曽我量深における唯識教学

鍵主良敬

序章　問題の所在

明治四十五年発行の『精神界』に載せられた「我等が久遠の宗教」[1]は、かなり衝撃的な論考である。唯識の思想は、曽我の確立した真宗教学にあって、どのような位置づけを与えられているのか、その重要な手がかりを示すものだからである。そこで曽我はいう。

我々は古来の幾多の唯識の研究者が唯一人も天親論主の真精神に触れず、徒に阿頼耶縁起など云ふ空虚の哲学の建設に努力したりしを慇み、随て支那日本の賢哲が徒に此『唯識三十頌』を以て浅薄なる権教と貶したりし浅き識見を笑ひ、深く二千年前の印度の大論師に向て無限の敬意を捧ぐるものである。[2]

一乗真実・三乗方便の通説に惑わされ、無性有情などの五性各別を認める法相唯識の教学は低劣なものに過ぎないとの断定がある。しかし、それは天親菩薩の真意を見失っていたからの全くの誤解であって、その見解の浅薄さを笑うしかないというのである。

私自身の唯識との出遇いについて省みるとき、難解で煩瑣な言葉の羅列にしか見えなかった印象がある。生き生きしたいのちの事実とは何らのかかわりもない抽象的な観念の領域としか感じとれなかったのである。

もともと自分の「こころ」を持て余していたこともあって、こころの問題については関心があった。しかし多少興味が湧いてきたつもりになった場合でも、曽我のいう真の意味での阿頼耶識の真髄にまで目が向くことは全くなかったというしかない。いわゆる、血の通った、活力に充ちた事実に立つことを忘れて、全てを対象化し、徒花にしてしまう無駄な遊びに酔いしれていたことになる。

天親菩薩のいう真の唯識に対する認識の甘さを思い知らされて、まさに目の鱗の落ちる気のしたことである。その意味で若き日の曽我の胸中を去来していたであろう、溢れるような思いとはどのようなものであったのか。今もなお、読む者の胸を打つ迫力に充ちた文章は、まさに法蔵菩薩によって「感招」(3)された、身をもっての感得であったのであろうか。

ちなみに『願生偈』は、天親論主の自我の心中に現れながら、その「自我を超越せる不可思議の能力を讃仰し」(4)たものであるのに対して、『唯識三十頌』は「如来の救済力を否認して自力成仏を主張し、更に如来の本願を横取りにして自ら一切衆生を救はんと企つることを表明するものである」(5)とし、それ故に次のようになるとする曽我の断言は驚くべきものである。

『唯識三十頌』はその不可思議力に依存しつゝ、此に極力反抗する所の現実の自我妄執の告白懺悔である。罪業の云何に深く我執我見の云何に強き乎を最も明瞭に示す者は三千年の仏教史上の産物として『唯識三十頌』に及ぶものはない。(6)

不可思議な如来の智慧力に依りながら、それに対して徹底的に反抗する我々の現実の自我の妄執の底知れなさについての「告白」であり、「懺悔」であるといわれている。すなわち、「如来の本願を横取り」して、凡夫の自力の妄執に依りながら、一切衆生を救うことが出来るとする妄念の錯覚の暴露である。曽我は「是れ誠に無謀の企である」(7)といわれている。そして、

我々は天親論主最後の著作なる『唯識三十頌』を以て師が久遠の秘密の告白と観るものである。唯識は師が徒なる空論でない。師の久遠の自性の主義である。師の衷心の懺悔が『唯識三十頌』一部である。(8)

という。思い切った断言である。常識的には何人の思考をも拒絶する発想だと思われる。通常では思い及ばない尋常ならざる表現である。「久遠の秘密の告白」であり、「衷心の懺悔」が『唯識三十頌』の趣旨であるなどとは、どうしても考えられないところである。

自力の我執をはじめとして、阿頼耶識それ自体の問題、または内因力としての種子に関連する法蔵菩薩と阿頼耶識の同時成立の問題など、確かめなければならない課題は枚挙に遑がない。以上様々な疑問が念頭に浮かんでくるが、どのような重障を乗り越えることによって、我々迷妄の凡夫にも「さとり」としての「自証」が可能になるといわれるのか。その道理としての過程を、天親菩薩の「唯識」の真意に迫ることによって多少とも明らかにしてみたい。

第一章　真我としての自力の我執

『願生偈』において、一心帰命する「我」を表白した天親論主は、『唯識三十頌』では、自らの体質そのもののところに自力宗のあることを認めて懺悔した。その遺言が『唯識三十頌』である。それが曽我の結論であった。どういうことなのであろうか。

「我等が久遠の宗教」は自力宗である、との宣言は、如来の不可思議の智慧力に依るからこそ、あえて確認出来たことにもなるとはいえ、矛盾しているようにも思われる。しかし、そうではない。曽我がここで明らかにしようとしているのは、常識とは全く異質の突拍子もない発想を感得されたからである。その点を明らかにするためにこの章では「自力の我執」といわれるものをあえて別出して、その正体を確かめることにする。

私にとっては『成唯識論』冒頭の造論の趣旨は、印象深いものであった。「我と法の二執によって、煩悩障と所知障の二障がもたらされる。それを対治して大菩提と大涅槃の二転依の妙果を成就する。そのためにこの論を造る」(9)というのである。

我執は自力の執われなので機の深信にかかわり、法執は法に対する執われなので法の深信に関連する。両者は明確に区別されなければならない面もあるが、密接にかかわり合っているところもある。たとえば法執は、法我執・法我見といわれることもあるように、我にかかわる邪見である。両者は微妙な関係にある。要するに我執が具体的な我々の現実の課題なのである。その一点に集約して問題の解決を図るというのが曽我の視点である。

したがって、人我執と法我執について述べる唯識の立場を参照しながらも、結局は「我執」に尽きる意味での自我関心の驚くべき深みに目を向ける。と同時に、その自力の執心を破る法の深信が、法我執の危機としての自らの内面の深みに潜む陥穽を背負いながら、その障りを回転せしめる。そのような力用としてあるのが如来の不可思議光であるとの感得があったのではないか。

それ故に法執についての次の示唆も参考になる。

諸の法執に略して二種有り、一には倶生、二には分別なり。倶生の法執は、無始の時より来、虚妄に熏習せし内因力の故に、恆に身と倶なり、邪教と及び邪分別とを待たずして、任運に転ず、故に倶生と名く。(10)

種子の問題ともかかわる、想像を絶するほどの内的な因としての闇である。「無始の時より来、虚妄に熏習せし内因力」といわれているものに注意したいのである。

自力は、宗祖のいう「自力というは、わがみをたのみ、わがこころをたのむ、わがちからをはげみ、わがさまざまの善根をたのむひとなり(11)」、「みずからがみをよしとおもうこころ(12)」であるが、唯識でいえば、法執とも深くかかわる我執のことである。その視点を踏まえて次の文章を見ると、阿頼耶識の正体の重要な部分が明らかになってくる。

彼は生死巖頭に立ちつゝ、一切皆空無人空曠の世界に孤独黒闇の真我に接触した。此真我をば、阿頼耶識と名くる。此阿頼耶識は理想の自我でなく、最も深痛なる現実の自我である(13)。

善導大師の二河白道を念頭に置いた叙述であることは一見してわかるが、「一切皆空」が「無人空曠」で、そこでの「真我」が「阿頼耶識」であるとは、驚く以外の何物でもない。しかもその「我」は「理想の自我」ではなく、「最も深痛なる現実の自我」であるとはどういうことなのか。一般的にいわれることではあるが、阿頼耶識の蔵に摂められている現行の種子は有漏であることを原則とする。したがって無漏の種子はその内容とならないとするのが通説である。その説を深く読み込んだということなのであろうか。その程度の理解では量り尽くせない独特の感性によって裏付けられた文章であるようにも思われるが、どうであろうか。

真に捨てられざる自力に触れ、初めて捨てぬその儘に如来に行くのである。（中略）此一切の自力、究竟の自力、自力を捨てんとする所の自力、此自力こそは捨てねばならず、又捨て得る自力である(14)。

手のほどこしようのない絶体絶命的な我執の事実を抉り出して、それから離れる。助かりようのない己の事実を認めることによって、自力から離れようとすることも自力の計らいであることに気づかされる。それ故に、その努力を捨てて、「その儘に」しておくと曽我はいうのである。

この問題については「三願より発足して十重の一体に到着す[15]」において、二十願の自力念仏心を論ずるについて、

自力心の廃捨はもう主観の事実でありて、それは「徹頭徹尾捨て難き自力」の現実に触るゝ時にのみ廃捨の意義が味はるゝからである。真の自力は「捨て得ざるを捨て得ず」と自覚するの意義に於て捨てたのである。奇なる哉や「根本的自力は捨てたり」と思ふ人には「捨たらず」して「捨て得ず」と久遠の自力根性に触れたる時にのみ「捨て得」ることを[16]。

とある。

どういうことであろうか。自力の執心を離れようとする試みそのものが、自力によって成り立つしかないという自己矛盾に気づかされたのである。そのことによって「その儘に如来に行く」という決断に達するということである。自力としては解決しないままに、他力の悲願によって解決する。助からないままに助かるともいえるが、形式論理的には矛盾するように見えるところである。しかし深い欲求・要求の論理からみれば、当然のことであって矛盾しないというのが曽我の論旨である。

いわば業道自然を願力自然によって無為自然に転ずるということである。曽我は、

浄土はやはり無為自然でありますが、願力自然に因りてのみ業道自然の世界を超えて生まれ得るのであります[17]。

という。また次のようにもいっている。

機の深信に依て我執をとれば目に見えるところ悉く法蔵菩薩である[18]。

法蔵菩薩と阿頼耶識がいかなる意味で一体化されることになるのか、その問題を解明するにあたっての重要な手がかりは、今章にあるともいえる。ここで考えた「真我」の「真」とは何者であるのか。その点についての追究が求められることである。

ちなみに、「此自我は現に我癡、我見、我慢、我欲の四大煩悩に執拘せられて居る(19)」という文章は、『成唯識論』巻第四に引用される「三十頌」の「四種の煩悩と常に倶なり。（中略）謂く、我癡と我見と幷に我慢と我愛なり(20)」に依っている。いわゆる末那識に附随して起こる四大煩悩である。故に、末那識を生み出してそれに拘束されるしかない阿頼耶識の有漏的側面を示すことになっている。その意味での「今や正しく久遠の自我に触るゝ時、人生は唯業繫である、千歳の黒闇である(21)」となるのである。

自我の我執としての第七末那識は、第八阿頼耶識から生まれたのであるが、そのはたらきは自分を生んだ阿頼耶識を「我」と思い続ける。「ねてもさめても(22)」絶えることなく、ただひたすらに阿頼耶識を「我」と思うのである。「思量するをもつて、性とも相とも為す(23)」といわれる所以である。

阿頼耶識は「暴流の如く(24)」転変する命の実相なので、無覆無記であるが、その阿頼耶識を末那識は「常・一・主・宰」の我と思い続ける。そのために、ある種の汚染が生ずる。悪とは言えないが汚いのである。真実なるものを覆い隠す随煩悩のはたらきである。それは真実が明らかになるための障害となる。そのために善でも悪でもなく、無記なのであるが、有覆無記となっている。

以上のようにして末那識がはたらき出すと同時に我にかかわる我癡と我見と我慢と我愛の四種の根本煩悩がはたらき出すというのである。六の根本煩悩のうちの四種であって、残りの瞋と疑ははたらかないといわれている。自分を瞋《いか》るということと、自分を疑うということは末那識にはないというのである。一瞬の間断もなく思い続けることによって、「われ・自分・わたし」などという邪見が生じる。それが「我見」である。一般的には何となく「わたし」があるという感覚は疑いないように思われる。その我見は本当の自分である無我に通じる無覆無記である阿頼耶識に対して無明がはたらいたからであるが、それが「我癡」である。自分が見えなくなるのである。他人の欠点はよくわかる。そのいやらしさもありありと見える。ところが、それに倍する自分の欠点やおぞましさが全く見えなくなるのである。しかも自分を中心にして他と比較し、他よりも優位に立とうとする。それが「我慢」である。最後に自分だけが一番大事になる。それが「我愛」である。愛しているのは自分だけであるから、必ずエゴイストになる。だからどうしても自分勝手になり、自己中心的になってしまうというのである。自分の利益のためには親でも子でも殺すことが出来る。縁さえあればそのようなことが起こるのは、末那識のひたすらな思い込みによって、その思いに相応する四大根本煩悩がはたらくためである。その指摘は認めるしかないような深い示唆を我々に与えてくれているといえるであろう。

第二章　内因力なる種子

第一節　内外峻別の態度

唯識では、一切法を三相で見るのが基本である。自相・果相・因相の三である。そこでの自相が阿頼耶識であり、それが中心となる。『唯識三十頌』には「初めは阿頼耶識なり。異熟なり。一切種なり」[25]とある。果相と因相とはその作用もしくは意義といわれている。つまり三相は並列的に並んでいるのではなく、立体的関係である。

「一体二義、一体二相」なので、一体のほかに二義はなく、二義のほかに一体はないともいわれる。『成唯識論述記』巻第二末のすでにいうところであると曽我もいう。それは「本識は是れ体なり。種子は是れ用なり。種子は是れ因なり。所生は是れ果なり。此の二の法は理応に是の如く一にもあらず異にもあらざるべし[26]」とあるところである。この三相が我愛執蔵現行位・善悪業果位・相続執持位の三位と関係する。

自相としての阿頼耶識の課題性についてはすでに序章で述べた。ところでこの章において特に考えてみたいと思うのは、曽我の唯識理解の特色が、因相としての一切種子の論説に示されている点である。すなわち、阿頼耶識それ自体を明らかにするについて、その体ではなく、用としてのはたらきの面にまず目を向けるということである。何ごとであれ、それ自体としてのあり方といっても、何らかのはたらきとして具体的にはあるはずである。故に、用の面からその端緒を摑むといってもよい。

種子の定義は「本識の中に親しく自果を生ずる功能差別[27]」であるから、直接的に結果を生みだすはたらきのことになる。

〈曽我は〉阿頼耶本識とその中に積聚して一切現象の親しき能生の自因であるところの功能軌範たる種子、ならびにその種子の所生の自果たる現象意識の関係について語り続けた。私は今日こそしみじみと根本阿頼耶識と現象意識との明瞭なる境界線を感ぜしめられた[28]。

と述懐している。また、

私は数日前に東洋大学に於て唯識教学を講じ、阿頼耶識の種子について語つて居る間に、忽然として一つの言音を聞いた。（中略）私はこの言音を思念しながら、（中略）万象を生ずべき因たる種子は根本阿頼耶の中にある、しかしそれから生ぜらるべき現象意識は永久に根本識の外にある、随てこの現象意識が限りなく根本主

観にその習気を新たに薫習しても、内に受け取るものは現象意識としての相ではなくして、内面化せられたる種子である。(29)

とも述べている。この指摘に注目したい。

ここで明らかになることは、主体と種子との関係である。如来が迷える衆生を救うといっても、それは全くの矛盾においてかろうじて可能になるのであって、単純なことではないというのであろう。また曽我は、

真実勝義諦に於ては八識は体一とも異とも言ふことが出来ない、なぜなればそれは離言難思の境であるから、しかし方便の世俗諦に於ては八識は、儼然として体別であつて、断じて体一といふことは出来ぬ(30)

ともいう。真実勝義諦としての如来の世界と、方便の世俗諦としての我々の世界との間には、「儼然とし」た両者自体の区別があって、それを混同することはできないということである。「内外峻別の態度(31)」にかかわって、もののあり方そのものに、全く異質の違いがあるのであるから、複雑もしくは微妙な関係の確認が求められている。その点を明らかにすることなしに、種子生現行の種子と現行薫種子の種子と同じ関係であると思い込んでいた私の場合には、驚天動地の痛棒を食らった感を受けたことである。

いわば我々の具体的現実を問うという場合でも、現実という揺るぎない現在が実体としてあるわけではなく、諸行無常とでもいうべき強烈な流れとしての転変する行があるだけなので、それが暴流に譬えられる「現行一刹那」である。その現行を現行たらしめる因としての種子があるからこそ、「種子生現行」としての因果関係が成立する。ただし、万象を生ずる因としての種子は、根本阿頼耶識の中にあるとしても、その種子より生じた現行としての現象意識は、根本識の外にあるものであって、内と外との峻別を曖昧にすることはできないと曽我はいうのである。したがって、現行がその種子を薫習するといっても、外なる現行そのままが阿頼耶識に受け入れられるのではない

という。「内面化せられたる種子」「現象意識の内容としてのそれでなく、たゞその内因としての形式的種子[32]」として受け入れられるといわれている。どういうことなのであろうか。

阿頼耶識の外なる現行と内なる種子とは全く別なのであって、峻別されなければならない。したがって「一切衆生は如来の願心と一如であるけれども、自己一人は永久に法の外に捨てられた[33]」とまでいわれている。驚愕すべき問題提起である。

ここで、阿頼耶の諸名が「或は阿陀那と名く。種子と及び諸の色根とを執持して、壊せざらしむるが故なり[34]」といわれている論文について確かめておきたい。それが一切種である因相であることで、無漏として仏果とかかわるはたらきとしての第三相続執持位のことになるからである。

現実には凡夫そのものとしての我々を通してのことであるから、まさかそのようなところに確かにはたらいていたと直接的に認められていることではない。故に未来の理想としてあるといわれているのである。いわば私の現実を見れば具体的に認められることではないから「法の外に捨てられた」となるのであり、その捨てられたものを一如として摂取するのは如来の仏智の領域になる。その差異は峻別しなければならないと曽我は感得しているのである。

東洋大学での講義の最中に、思索を深められたと推測されるこの形式的内因としての種子について、主に「如来表現の範疇としての三心観[35]」を参照しながら、ここで言おうとしている事柄を確かめてみることにする。

内因力としての種子としては、内容ではなく形式としての形だけのかかわり方しかできないというのであろう。果相と因相の対応関係を図示してみると左のようになる。

現実相が果相であり、果相はその内容。

外的境界を反省せる内在的現実的極限　　（有限的）過去
因相はその理想である。因相はその形式。
内的境界を反省せる未来超絶的理想的極限（無限的）未来

要するに、絶対的無限の自覚の中に於てこそ初めて此の現実有限と無限の理想といふものを具体的に包含して居る、それが即ち本当の円満的具体的経験であり、具体的経験としての自覚意識といふものである。(36)

以上の程度の整理の仕方では不十分なところがどうしても残る。それほど難解な用語を多用して思索を深めている講義である。ともあれここで「内面化せられたる種子」と、もしくは「その内因としての形式的種子」において問われることになるのは、根本阿頼耶識の中にあって万象を生ずる因である種子、いわゆる種子生現行の種子によって生じた現行としての現象意識は「永久に根本識の外にある」という点である。内と外の峻別によって、外的な相でしかない現象意識は、その習気を新たに薫習するといっても、外的なものとしてのままで薫習することはできず、内面化された種子として、しかも形式的あり方で受け取られるだけであった。

ここで曽我は、『歎異抄』第九条の「仏かねてしろしめして、煩悩具足の凡夫とおおせられたることなれば、他力の悲願は、かくのごときのわれらがためなりけり(37)」云々とある文章を想い出されて、(38)

「仏かねて知しめす」とは因位法蔵菩薩の願心を指す言であり、すなはち根本阿頼耶の中に知ることである。(39)

と断言される。これは後に確かめる予定の「法蔵菩薩は阿頼耶識」の論点と密接にかかわっている問題である。またそのことは、内因力としての因位の法蔵菩薩の願心の中で知られることであり、同時に根本阿頼耶識の中で知ることである。では、それらの問題の問いかけているものとはどういうことであろうか。

私などには、想像を絶する独特の表現である。「如来の現在の正覚の中」には「無量の諸仏があるばかりで」、迷える衆生など一人もいないというのである。(40) 現行としての現在の如来の成就された正覚の世界は、円満せる仏果であるから当然である。したがって、如来が因位において自らの久遠の本願を憶念する時にのみ、

十方の煩悩具足の衆生があるのである。しかしながら彼がその本願を念想する時、その願心の中に存在する衆生とは何であるか。（中略）更に明に言はゞ世の中に果して煩悩具足の凡夫なる者が一人でも居るであらうか。我等は日常の個々の行為に就てはその悪を知ることが出来ないといはない。しかしそれは決してその衷心から「煩悩具足の凡夫」といふ名のりではない。是は極めて深重なる自証の告白であるべきものであつて、軽々しく口に現さるべきものではなく、真に悪の自証を離れて悪人がある筈がない。(41)

と曽我はいうのである。鋭い問いかけである。口先だけで心にもなく自らの悪を認めることがないとはいわない。しかし衷心からの自証の告白であるような「煩悩具足の凡夫」として自らを知ることが果たして我々にできるであろうか。真の意味での悪の自証のないままに悪人になり下がっているだけではないか。

次に、曽我は、

十二因縁の観行に於て（中略）第三の識より逆観すれば自覚的と云はねばならぬようである。（中略）この識こそは根本阿頼耶を象徴するものであると、『唯識論』に決定して居る。(42)

と述べるが、これは『成唯識論』巻第三に依っている。そこで識と名色との関係を論ずる場合に、

又、諸の転識は間転すること有るが故に、力の恒時に名色を執持すること無し、寧んぞ恒に名色の与に縁と為ると説くべけんや。故に彼の識といふ言は、第八識なりといふことを顕すなり。(43)

とあるところである。「名色」は、表現され色や形をとるものであるから、我々の肉体のことになる。それに対する精神が識であるから、精神と肉体との相互関係についての論述である。その場合にここで転識といわれている前

五識と第六意識は第八阿頼耶識より生み出されたものなので、転出された意味で転識であるが、この識の作用ははたらいたり、はたらかなかったり間があるので、身体とされている名色を常に支えることはできない。身体を恒常に執持するはたらきをなしているのは第八阿頼耶識であるといっているのである。

次に、十二縁起観の第三識より見られたその識は、自覚的なのか無自覚的なのかについて、「この識こそは根本阿頼耶を象徴するものである」といわれて、左の問題が提出される。

我等衆生が受胎の一刹那の意識として、わが父母たるべき両性に於て強烈なる貪愛と瞋憎との倒想を起すと共にその生を結ぶと、印度の聖典に示されてあるが、是結生受胎の識についての叙述は仏教の恋愛観の如何を痛切に示すものであつて、茲に総報果体として、所謂現識としての阿頼耶識の内面が遺憾なく描写せられてあるように思はれる(44)

ちなみに、ここで「印度の聖典」というのは、一例を挙げれば『倶舎論』巻第三に次の文がある。

是の如き中有は、生ずる所に至らんが為めに、先づ倒心を起して欲境に馳趣す。〔謂はく〕彼れは業力の起す所の眼根に由りて、遠方に住すと雖も能く生処の父母の交会するを見て、倒心を起すなり。若し男ならば母を縁じて男の欲を起し、若し女ならば父を縁じて女の欲を起し、此れに翻じ〔父母の〕二を縁じて倶に瞋心を起す。故に、施設論には是の如き説有り。「時に健達縛は、二心の中の随一を現行す。謂はく、愛か或は恚なり(45)」と。

健達縛（Gandharva〔音写語〕意味は、香を食する者）は、死者に香気を捧げる元になっている。いずれにしても女性に生まれる者は、本能的ともいえる深いところで父に対する愛欲を起こし、母に対しては嫉妬心や瞋恚の煩悩を起こす。男性は母に対して思慕の情を起こし、父に対して敵愾心を起こすというのである。

ここで曽我のいう「両性に於て強烈なる貪愛と瞋憎との倒想を起すと共にその生を結ぶ」とは、人間に生まれたことそのことは「喜ぶべきこと」であると同時に「愛欲」という「悲しむべき」課題を背負わなければならないという痛切な重荷との対決を避けられないということになる。『教行信証』「信巻」の、

悲しきかな、愚禿鸞、愛欲の広海に沈没し、名利の太山に迷惑して、定聚の数に入ることを喜ばず、真証の証に近づくことを快しまざることを、恥ずべし、傷むべし、と。(46)

を引用される意味は深いと思う。「恥ずべし、傷むべし」の語の放つ響きの底知れなさが、いわゆる本能的とでもいうしかない障りとの格闘を通して問われているからである。

曽我は次のようにもいっている。

我々は思ふ、過去現在未来の次第を以て流る丶善悪業感の世界の未来は遂に何等の救済の光明がないと。何故なれば現在の愛慾の煩悩は限りなく過去世の業を形成積聚して、それが限りなく未来世に生死の暗影を与へるからである。現在の愛慾の縁によつて過去世に蓄積せられたる有漏の業は未来の果報を感ぜずに止まない。我々の現生は愛慾の外に何物もない。現生のあらん限り愛慾の煩悩から云何にして解脱し得よう。若し我々にして現生に愛慾を滅すれば過去の業は存在しても決して未来の果報を招引せぬことは勿論である。過去の業因は現在の愛慾の縁によらずしては単独に未来を引くことが出来ないから、「真実智慧の判断力に依つて愛慾を否定しさへすれば」といふことが善悪業感の現実の究竟の限界観念たる涅槃を証顕する。誠に煩悩の現生さへ否定すれば「罪悪も業報を感ずる能はざる」平安の涅槃を証得せらるるであらう。しかし現生の根なる愛慾の識浪をどうして滅絶し得よう。されば善悪業感の未来に描かれた業道の限界としての涅槃は遂に一箇の化城に過ぎないであらう。(47)

第二節　唯識観の陥穽

ここで再び「如来、我を救ふや」の続きの文に戻る。

「実に阿頼耶こそはその一面は根本無明に執蔵せられたる虚妄の意識であると共に、その裡に大自証の光を孕んで居る」[48]云々とある。この阿頼耶については、次章の自相で考えるが、ここでの種子論としての視点に限って確かめると、いろいろな問題がでてくる。いずれにしても、これら一連の論調は『起信論』をふまえてのことは一目瞭然である。「根本無明」といわれただけで明らかである。ただしその無明に「執蔵」せられたる虚妄の意識の執蔵は『唯識論』の阿頼耶の自相としてのそれであって、両論を兼ね合わせての発想である。したがって「大自証の光を孕んで居る」というのは『起信論』の立場である。「その自証の光は先験の本性である」[49]というのも本来的にあるものとしての本覚に当たる。

それに対して「無自覚なるは後験の習性であ」[50]り、新しく薫ぜられたそれは「無始の妄想」[51]とあるのは、『唯識論』の視座をも加味しながら、『起信論』の「無始の無明」[52]が後験の習性である阿頼耶識に当たるとされているのである。そこには「一点の光も現はれない」[53]とされ、「その習性の無明の裡に在つて幻のように輝く理想の光は自証の応現であつて、畢竟亦無明の範囲を出でない」[54]のが「始覚」[55]であるといわれている。その始覚のところに応現している大自証の本覚は輝くばかりの理想の光のように見えても、それは畢竟無明の内なるものにすぎず、しかも個人的であり、抽象的なものにすぎない。したがって、その仮現の光明にすぎないものに沈迷して「それを真実光明だと想ふものは自性唯心の徒である」[56]といわれている。非常に重要な指摘である。いわゆる「自性唯心に沈」[57]むという問題は真の唯識観の陥穽だからである。

その背面に潜んでいる「無始の黒闇の長夜[58]」の当体である「根本無明こそは個人的小自証の所依であつて、個人的自覚の識とは厳密にその位次を異にし[59]」ている。つまり自覚の識は大自証に裏づけられているが、小自証において仮現しているにすぎないものは、これとは全く質が異なるというのである。『起信論』の「本覚の義とは、始覚の義に対して説く、始覚は即ち本覚に同じきを以つてなり。始覚の義とは、本覚に依るが故に而も不覚あり。不覚に依るが故に始覚ありと説く[60]」とある文を踏まえての思索である。

次いで述べられる先験の本性ともいわれていた「自覚の識」は「唯絶対意志の本有の絶対智の知るべき所である[61]」となっている。

この如来の絶対智は無明に翻対するものではなく、それと無碍にして念相の形なき不可思議の光明である[62]。無明と対立してあるものではなく、無明と無碍の関係においてある、思いをも形をも超えた不可思議な智慧の光明ということであろう。

その光明が「根本無明を内に照し、闇の裡に在りて自らの本願を証知するところの念仏三昧である[63]」。この課題は重いとしかいいようがない。「至心の体は名号[64]」といわれる称名念仏の無涯底の内奥に触れなければ了解できないことである。

念仏は個人的の智慧才覚を超越して、義なきを義とする先験の大行である。それは全く個人の経験に入り来らない。個人的経験に入り来れば最早その本性を転変せられて自力善根となつて仕舞ふ。我々は根本無明の裡に在つて、而も自の本願を念じて静に無明を照知しつゝ、ある法蔵菩薩の願意を偲ぶものである[65]。

念仏は個人的な視野を超えた、生きていることそのことによる、いのちの全体的なあり方を依り処としている。したがって「義なきを義とす」る自然法爾における否定を通して肯定される本来性を根拠とする諸仏諸菩薩の大行であり、凡夫の行ではないのである。個人のレベルに立ってしまえば、必ず自力の善根となってしまうというところも問われることになっている。

東洋大学での講義中に感得された言音は、「如来が如来であらんためには衆生を救はねばならぬ、しかし彼が衆生を救はんがためには永久に如来となることが出来ぬ(66)」という矛盾関係であった。曽我は「自己否定」もしくは「自己批判」という語を時々使われるがそれが眼目である。その言音を憶念しながら一切種子について語り続けたのが、「如来、我を救ふや」という論考であった。この思索からは唯識でいうところの種子について貴重な示唆を受けたことであるが、何にもまして気づかされたことは、真の意味での「煩悩具足の凡夫」は、法蔵菩薩の願心海においてしか成立しないという点であった。したがって、いわゆる如来が凡夫を救おうとする時には、如来といえどもかかわりようのない問題に遭遇する。救いようのないものこそが凡夫であり、その凡夫を救わなければ、如来は如来になれないのであるが、どのようにして如来はその難題を解決するのか。如来になれないという否定的自己矛盾関係である。そのようなかかわり方しかないので、衆生は如来も救えないという助かりようのないものを自証し自覚するしかなくなる。その自証が如来と衆生との一如になる関係である。その自証と自覚の内容の深さのみが、助からないものをこそ助けるという自己矛盾の自己否定を通した本願の成就になるというのである。

すなわち、私の種子が、私の内因としての種子に変換されて阿頼耶識に薫習されるので、現行そのものが薫習されるのではないという内と外の峻別のところは、すでに考察したところではあるが要点になっている。現行頼耶と種子頼耶の違いをはっきりさせるということにもなるが、一切種子として相続執持位にまで深まり、如来の境地に到達するということで、本有無漏の種子が実現するということになっている。ただし、それは未来での理想的あり方としていえるだけで、現にあるのは我愛執蔵の我執からぬけ出せないままの自力我念の我だけである。したがって、それが厳しい現実である。故に現行からいえば論理的形式としてそのようになるはずだといえるだけである。あるいは如来の世界から見れば迷える衆生と覚れる如来は一如であるから、無漏の種子の獲得は当然としても、それを失っている凡夫の現実からいえば単なる期待にすぎないところもある。形式上の事柄であって、現在の内容としての事実とは異なることである。内因としての形式的種子とは、以上の意味での種子ということであって、現に有漏でしかない凡夫のどこで無漏の種子とかかわるのかということになれば、それはあり得ないことになって、阿頼耶識の中には無漏の種子は存在しないということになる。その点については次章で改めて考えなければならない。

煩悩といっても、現に我々が悩まされている現象意識の内容となっている煩悩のことではない。その内因としての形式的種子のことである。その場合、現在する現行は因に対して縁になる。現行頼耶である。その現行を縁とし依として因の種子がはたらく。それが種子頼耶である。それ故「現在の自己」[67]「現実の我念」[68]である「自己一人は永久に法の外に捨てられた」というのは、如来といえども、どうしてみようもない難問に出会ってしまうということである。

では、何を根拠としてこのような結論に達したのか。その点について推測すると、内と外の峻別であった。かつ如来自身の自己矛盾であろう。つまり内因としての種子と、外縁としての現行との峻別である。あらゆる可能性が一切種子であるが、それは未来での形式にすぎない。現行の事実とは別である。したがって「法の外に捨てられた」とは、救われない自己一人が厳然として居直っていることになる。

真の意味で助かるということは生易しいことではない。ただごとではないのである。その助ける法に対してどこまでも背き疑っていく自己一人の我念がある。そのことが自覚されることによって、助かりようのない自己の現行の事実が自証される。ただし、そのことを通してのみ助かるという矛盾に気づけるか否か。その一人を助けようという大悲の願心に触れたことになるのかどうか。完全な逆説である。全く有り得ないことが見事に有り得るというのである。「本願の仏地」(69)の感得に通じるところである。

助けるという如来の法と、助からない我念の機との峻別について、助けるか助けないかは如来の仕事であって、凡夫がかかわることではない。信ずるか信じないかが我々の仕事であるといわれている。『歎異抄聴記』で曽我がいう次の言葉は、次章で確かめなければならない課題への手がかりになるはずである。

信心は我々の問題、往生は仏の問題である。助ける助けぬは仏の責任、助かる助からぬは我々衆生の責任である。だから助からぬと云つて仏様を恨むことはない、かういつも私は申してゐる。(中略)往生するかせぬかは我々の計ふべきことではない。信心定まるか定まらぬかが我々の唯一の問題である。(70)

第三章　阿頼耶本識の自体

第一節　「如来表現の範疇としての三心観」

唯識の教学を曽我は、その独特の感性によってどのように読み込んだか。そのような視点を定めて、この章の主題を探ろうとすると、「如来表現の範疇としての三心観」はどうしても通らなければならない関門である。私の場合でいえば、五回読んでも何がどうなっているのか、ほとんどわからなかったというのが実情であった。そのような状況のときに、たまたま今回のような要請を受けたことによって、再度読み直す機会を与えられ、やっとその問題点が少し了解できるようになった。それが私の今の状況である。そこで気づいたことは曽我の立つ位置は最初から明確だったのであるが、そもそもの出発点において私にはそこがわからなかったということである。それが難解で把握不可能という結論に追いこまれていた原因であった。曽我はいっている。

兎に角一番愚な自分が、なる程さうだ、少し解つて来たやうだといふ風になるやうにお話をしようと思ふのでありまず。だからして私の話は、事によると一向人に解つても解らんでも構ふことは無いといふ調子で話す、まことに冷酷な男だといふやうに聞く人があるさうでありますが、私は自分に一番忠実であつて、自分の心に会得の出来るまで自分に言ひ聞かせるのでありますから、皆様から見れば、何と愚な奴だ、愚論を吐いて居るとお思ひになるか知れませんが、私にとつては、悉く必要な事を語つて居るのでありますからして、さういふ心持をよく諒解して、暫くの間御清聴あらんことを請願ふのであります。[71]

自分に納得できなければ何をいっても絵空事である。他人はどうでもいいといっているわけではない。自己自身の問題であるということである。

そこで自相であるが、曽我はまず、

自相といふのは一番根本でありまして、自相といふのは然らば何であるか、之は詰り自我の相、或は自我意識の相、又は自覚の相、かういふ工合にいふことが出来る[72]

という。『唯識論』の中に、自覚相とか自我相という説明があるわけではないと断った上で[73]、自らの了解を次のように述べるのである。

阿頼耶の自相といふのは、『唯識論』の言葉によつて見るといふと、自の体相である、自体相である。かういふ風に説明してある。自体相といふと、何か阿頼耶識に自体といふものがあつて、固定したものである、かういふ風に聞えるのでありますが、さうでは無い。私自らも前には長い間さういふものだと思つて居つたのであります。けれども段々読んで居るとさうでない。自体相と云つて相といふものが別にある訳でない。自体相といふのは何だといへば、詰り阿頼耶の自覚相であります。[74]

続いて、

阿頼耶といふのは要するに自覚意識そのものでありまして、吾々一切の自覚の原理そのもの、自覚意識である。[75]

とまでいっている。ここのところは難解である。「自覚意識そのもの」であるというのはわからないでもないが、「一切の自覚の原理そのもの、自覚意識」というのであるから、原理それ自体に即した自覚の「意識」の方に重点を置いた思索であると思われる。後に触れる予定の「四分説」の予想されるところでもある。いずれにしても、

自分が『唯識論』を幾度も幾度も読みまして、それも一年、二年とつもつて、いつしか既に数十年も積つたのであります。勿論読まんでも始終心に憶念して居るのでありますからして、自分ではもう殆ど憶念不断に問題を与へられて居るので、自分が今迄いつも内に考へて居るのは、阿頼耶の三相の事しかない。要するにこれしか学問の問題は無いのでございます。詰り自分の学問の全体はこの唯一の問題に尽きて居ると云つてもよいでありませう。[76]

といわれて、その三相の中心である自相について、自体相という何ものかがあるのではなくて、阿頼耶の自覚相の自覚意識のことであるとの結論に達しているのである。しかもこの自覚意識は一面からみれば「衆生の感覚的現実の流転の因果の形式[77]」であり、「流転の形式自体なる自覚の理想的還滅の因果形式[78]」であるともいっている。

一面から見れば此の流転生死を感ずる業の原理となり、同時に又此の迷ひをひるがへして悟りに到る、悟りの

自覚の原理、道程となる。[79]

ということだというのであるが、「迷ひの原理となる」[80]、その「原理自体」[81]が、「原理を証知する原理」[82]であって、それがすなわち「悟りの原理」[83]であるというのは、理解不可能に近い論旨である。したがって、

吾々は阿頼耶識の体験の中にあつて本当に迷ふことを感識することが出来るのであります。この直接の感識の外に現実の迷は存せぬが故に、阿頼耶識がなければ本当に迷ふことは出来ない道理である。[84]

とまでいわれても、その意味を正確に捉えるのはかなりの困難を伴うということに今はしておく。おそらく迷うことが出来るようになるほどに、阿頼耶識を身をもって体験するという感得が不可能というわけではない。故にそのことを意識できる感識によって、「本当に迷うこと」の意味を悟ることが可能となることのようである。今の時点で多少予測できるのは以上程度のことである。

いずれにしても、阿頼耶本識の自体が自覚であり自証であるなどということは、『唯識論』のどこにも書いてないと自らいっているのであるから、まったく曽我独自の特殊な主張ということもできるのであって、さまざまな批判の論文が出されているのも、無理のないことである。というより、常識的な凡俗とでもいうしかない私の目から見ても、まさに常識を超えた視点の提出というべきであって、通常では誤解であるという方が正解なのだと思う。そもそも阿頼耶識の自体は有漏なので、阿頼耶識の中に無漏の種子はないというのが、法相唯識の常識であり、それについてはすでに述べた。

ただし、そのことのもっている真の意味について、常人には思いつきようもない深い洞察力によって思索を深め、思いもかけないその真意を展開させたのが、原典のどこにもないといわれている「自覚・自証」としての阿頼耶識ということになる。そしてこのことはすでに引用したように『三十頌』だけ見ていたのでは発想のしようのな

いことであり、また『大経』だけを読んでいたとしても気づきようもないことであった。このことはまさにその通りというしかない確かな事実である。以上のような問題は、重要な論点になればなるほど幾度も確認を迫られることになるところである。

ところで、阿頼耶の自相が自体であるとする理解には注意を要する点がある。唯識では「自相とは自体の謂で、この識は阿頼耶といわれる点を以てその自体とする[85]」とあるからである。いわば建て前といってもいいほどの一般的なことのようである。ところが曽我の言おうとする意味は、通説としての主張ではないように思われる。すなわち、仏教学では通常、相と性とは質的に異なる面があるとする。体と性は同じである。そのため同一視されるが、それに対する相は法相唯識の相としてあくまでも具体的な形相の面であり、体や性はそれを超えた真実そのもののことになるので、法性法身と方便法身の関係と見ることもできる。両者はただし「異にして分かつべからず、一にして同ずべからず[86]」という曇鸞の示唆もあって、まったくの別体ということではないが、決定的に異なるという面がなくなるということではない。したがって、今ここでいう自相がそのまま自体であるという視点それ自体に問題が含まれているのである。第一義諦と世俗諦との決定的な峻別という立場に立ちつつ、しかも両者は同じであるという一味・一体のところこそ、唯識の「唯」が「ただこのことひとつ[87]」としてどうしても明らかにならなければならない点であった。そのことを浮き上がらせるためには、自相が自体であることを安易に解するわけにはいかなくなるのである。それはまさに理知という美しい衣装をまとった、まことにお粗末な中味となりかねない虚妄分別的第六意識の虚構に気づかないことによって、本来のいのちそのものの感性に支えられて生きていることが、認識できていないからである。かつ己の責務を真に果たすための深い欲求のうながしに依らなければ成り立たないことのように思われる。故にあえて同じというのが曽我のいわんとするところなのではなかろうか。

第六意識に立ってものごとをかんがえるしかない人間の業を徹底的に批判して、その足下にありながら躍動してやまない第八阿頼耶識へ立ち帰らせようとする、その志願・欲求にかかわる問題であるといえるのであろう。そのためには通常第六意識しか自分でないと思い込んでいる我々に対する警告として、有ったり無かったりして間転しているにすぎない第六意識は、依り処になるものではないことをはっきり知らなければならないというのである。前章で引用した『成唯識論』巻第三の確認である。(88) 第六識はそれなりの意味を発揮する。そのことは大事である。だが、依り処になるかならないかは別の問題である。したがって「ねてもさめてもへだてなく(89)」ということで「常に」「絶えずして」というのは、第八阿頼耶識においてしか成り立たないということである。

そこで曽我はいう。

我等は阿頼耶識の有限的外的限界概念に依つて迷うて居るといふ現実的事実が初めて成立するのである。(90)

阿頼耶識には、無限的な面もあり、内的な面もある。そして、その迷いの有限的・外的なものとしてのある種の枠組みの中で、しかも概念化という抽象性に支配されてしまう。そのことによって迷うという現行的事実が成り立つというのであろう。その迷いの成立について、

迷ふ所の阿頼耶識の道程を吾々が本当に知るといふ事、それが詰り悟りの道程である。(91)

といい、続いて述べられているここでの一連の文章の意図するところは非常に重要だと思う。迷いと悟りとは別であることは誰にでもわかるともいえる。したがって、迷いの外に悟りがあると思ってしまい、見えてしまう。しかしそれは事柄を浅く見たことであって、「本当に知る」ことにも、「迷ひそれ自体を本当に無限に内観する(92)」ことにもならない。悟るというのは「迷ひそれ自体」を無限に悟るのであって、迷いとは別に悟りがあると思うのは、妄念・妄想にすぎないことになる。「迷ひといふことをのけて何が悟りであるか(93)」、いわば「迷の実相」を悟る。それ

以外に悟りなどありうるはずがない。なのにそのことに気づけない。それが迷いである。どうしてそういうことになるのか。

真実に迷ひ来つた所の道を逆に尋ねて悟りに帰り行く。(94)

それ以外に方法はない。したがって、

私は迷うて来たが、どういふ工合に、どういふ道を、どういふ進路道程といふものを通つて迷つて来たのであるか、夫は阿頼耶識の恒転如暴流の絵巻物に感識せられてある。(95)

とあるように、恒常に絶えることのない強烈な流れとして転変していることが「恒転如暴流」である。それが阿頼耶識である。だから、「この識そのものを静かに逆に内に辿つて行(96)」けば、「そこに吾吾の還滅の道程が昭々として影現し来るのであります(97)」となっている。まことに説得力に満ちた示唆である。

要するに阿頼耶の自相、即ち自体相、自覚相、自我相、一切の自覚を総合せる根本的自覚識、さういふ所に一番根拠があると思ふのであります。（中略）即ち阿頼耶は迷ひの方法原理も悟りの方法原理も、あらゆる万法を総合する自覚の全体系を包む意識の蔵である。（中略）万法の蔵たると共に、それが直にそれを自意識する意識である。其の蔵といふのは詰り阿頼耶の体相、即体験であり、蔵が蔵自体を識する所の蔵の識、即ち、蔵することが即ち蔵識することである。蔵即識の蔵意識である。(98)

この「蔵」について、「蓋し阿頼耶識の名は梵語で漢訳して蔵と云ふ(99)」、音訳が阿頼耶であり、意訳がいわゆる倉庫の蔵である。我々の知っている現在のインドの用語でいえば、ヒマラヤ山脈という場合のヒマラヤはヒマ（雪）が阿頼耶しているという意味であって、「積もっている」・「貯まっている」・「住む処」・「執持する」等の意味を持つ語である。その状態を「蔵」と訳したのは、庫の場合は車庫、書庫、冷蔵庫など特定のものを入れる倉庫に使われる場合があるのに対して、蔵はあらゆるもの、いわゆる一切法を入れるという意味を持つからである。今は一切法の種子が蔵の中味となっている可能性の蔵である。したがって、その種子の元である行為としての為された業と関係して、あらゆる行為すなわち経験の種子が集積される場所として阿頼耶識と名づけられているのである。

その蔵が三に分かれて、能蔵・所蔵・執蔵といわれる。蔵の三義である。その場合能蔵は「持種の義」といわれて、阿頼耶識が主体として積極的に種子を保持する面をいう。それに対して所蔵は受け身的に受け入れる面である。「受熏の義」で経験の積み重ねが習慣によって身に染みついていくように熏習される場所となる面をいう。第三の執蔵は、第八阿頼耶識が第七末那識に我として執着され愛執される面である。この執蔵が三義の中でも本になるので、「第八識の自相は、執蔵たるわけである(100)」ともいわれている。

以上のようにして、我愛であり、執蔵であり、その現行である阿頼耶識の三位の第一位としての我々の現実について、その課題をいかにして解決するか。実践の道程を明らかにするための有力な手がかりとして阿頼耶識それ自体を問い直すということであるが、その前提として取り上げられた能蔵と所蔵について予想をはるかに隔絶してしまう視野の転換を迫るのが、曽我の次の所論である。阿頼耶の能動的・積極的面は、阿頼耶識が中心となって一切の可能性である種子を保持している点であり、受動的・消極的な面は阿頼耶識が受け身的になって、経験の影響を受け続けるというところであった。能と所の関係に対する通説である。対して逆説というか超脱説とでもいうしかないような特異な見方を示すのである。

すなはち一切諸法の能蔵創造の無限力であり、また一切衆生の諸の業の総果体となつて、現実の大千世界を内感する所の所蔵感受の有限の肉身であります。すなはち能蔵としては理想的心霊であり、所蔵としては現実的肉団であります。霊と肉との二つは唯この阿梨耶に於て一体であります。霊と肉と一体にして、初めて人格的自覚の成立を得るのであります[101]。

いうまでもなく、この文章の直前には、どのような事情があってこの感得が成立したのか、かなり具体的に記されている。それによれば、たまたまのことのようであるが、『起信論』と『成唯識論』とを「同時に読誦せねばならぬこと[102]」になったのであるが、前者は「絶対唯心の旨を闡明するもので[103]」あり、後者は「相対唯心の義を完成せんと企てたものである[104]」。両者の「文字は各々特別な色彩を有し、忘れられぬ深い印象を与ふることでありますが、しかし共に阿梨耶識（若くは阿頼耶識）なる純粋自観、純粋創造の根本主観を立て丶、茲に大自然の法と十方衆生の人とを限りなく愛念して永久に捨てざる菩薩の大誓願の現実的人格力を発見し力説せらるるところ[105]」の、「壮烈なる戦の声である[106]」といっている。

第二節　阿梨耶識の大自観

阿頼耶本識なるものの自体を尋ねて、その正体を確かめようとした。これまでの模索からみると、ここでの阿頼耶識はとんでもない飛躍のように見えないこともない。その痕跡はこれまでに辿ってきた処々の課題においてすでにその一端に触れてきたことである。しかし、この章の主題である自相が自体であるとの視点についての曽我の感得からいえば、それが同時に、自我であり、自覚であり、自証であるということになる。この見解について我々は断片的にではあるが、すでに触れたことであった。

しかも序章において問題にしたごとく、「真我」の「阿頼耶識」に触れたという時の「真我」とはいかなる我なのか。一応は自力我執の我であることは明らかになったことではあったが、今問われることになった「能蔵創造の無限力」としての阿頼耶識の積極的能動性におけるそれは、我愛執蔵の現行におけるそれでもあることは一目瞭然としていえることである。無限の創造力といわれるような意欲的な力用は「真実」なるものの特性であるといえるとすれば、序章の真我に触れていた「真」そのものはある意味で曽我のいう「影現」するところではたらいていたということなのであろうか。

つまり今問題にしている阿梨耶識もしくは阿頼耶識の「純粋自観、純粋創造の根本主観」といわれるような側面は、自己自身であるはずの真の我の純粋そのものである根本的主体ということになる。それが明らかになったことであり、その真の我が迷える「十方衆生の人とを限りなく愛念して永久に捨てざる菩薩の大誓願の現実的人格力」となっているということならば、その確かな事実を発見して力説していることになって、それほど齟齬をきたすことではない。

絶対門の真如から相対門の生滅へ論旨を進める楽観的な『起信論』と、その逆に相対的な相唯識から絶対門の性唯識へ進む悲観的な『唯識論』では、同じく阿頼耶識を論ずるといっても全く異なる面もある。

大乗仏教の眼目は阿梨耶識の大自観である。この自観の力こそは同時に人生創造の廻向の力である(107)。という曽我の断言のもつ意味はどれだけ強調しても足りないほどに重要だと思う。すでに記したように、換骨奪胎とでもいうしかない発想においての提言なのであるから、「大乗仏教の眼目」はこの「阿梨耶識の大自観」に尽きるというところの内容のもつ深さ、大きさは凡俗の視野の及ぶところをはるかに超えた領域であろう。しかしその「大自観」とはそもそも何ものなのであるか。今仮そめに私に領解し得た微かな感触を記してみれば、自己の自であり、自我の自であり、自覚・自証と展開した「自」であるように思われる。その自こそ『浄土論』の一心帰命する「我」や、「如是我聞」の「我」に通底しながら、自己自身の現実としては「罪悪生死の凡夫」としての自身でもあるということではなかろうか。大いなるものとして多とも勝ともいわれる大乗仏教の真髄に迫るための主題というところでみれば、純粋主観といわれている意味がわからぬではない。同時に、それが阿頼耶識の自相であり自体であるという問いかけのもつ重さになると、その自を観察するための方法がなければならないことはいうまでもないことである。それは見ることであり、本当に知ることでもあった。曽我流のいい方でいえば、触れることでもいいかもしれない。しかしその場合に、阿頼耶識の自相とか自体といっても、ある固定化された何ものかがあるのかというと、自らも何かの実体があるはずだと思っていたが、そうではないといっている。あるものは今章で確認できたように暴流のように流れて止まない転変の現行だけであって、しかもそれは瞬時の連続にすぎないものである。「現行一刹那」である。とらえどころがないといえば、そうしかならないが、どうしてもとらえたいというのであれば、その流転の記録ともいえる経験され体験された内容はすべて阿頼耶本識に種子として記録されていることであって、「浄玻璃の鏡(108)」に写し出される映像の現行は一目瞭然であるといわれていた。インターネットを利用した後に履歴を消去しても、バックアップは残っているように、現代の我々の恵まれた恩恵を百年前に予見していたことになる。

要するに、自己の経験はすべて阿頼耶識に記録されていることであって、誤魔化しようのないことだというのである。故に、そこのところを過去に遡って確かめようとすれば、できないことではない。しかし、何のための確認なのか。その真意が見失われることが多いために、もっとも大事な要点を見落とすことになるというのであろう。我々はあまりにも、事柄の本質が見えなさすぎる。逆につまらないことにこだわりすぎる。どうしてそうなるかの理由を尋ねて「本当に知る・見る」という観察力を回復すべきだというのであろう。そのためには、純粋自観といわれていることからもわかるように、途方もなく不純すぎ、あまりにも浅すぎて、深く見たり、率直にありのままに知ることに無頓着な自らの現実を反省せよといっているように思われた。

いずれにしても、今ここで明らかになったことは、自己の問題は自己を問う以外にその眼目はないということである。同時に、その自己は自己だけで明らかになるとはいえない面もあるのである。いわば他なるところからの呼びかけとでもいうのであろうか。「人生創造の廻向の力」といわれる視点が示されている。ただし、注意しなければならないのは、自観力こそ回向力といわれているところである。自ら観ずる立場と、他によってそのようにせしめられたというのは別のことであるのは当然としても、まったくの分離関係にあるのではなく、一体二味・一如としての同体性が認められなければならないのである。「心身一如」などはその一例である。

ともあれ、経験とその種子との関係について、いずれが能動的であり、いずれか受動的であるかという能蔵・所蔵の対応のあり方を分析しただけともいえる用語を手がかりとして、一つは無限の創造力のことであるとし、かつ理想的心霊のことであると解す。そして所蔵としての消極性の方は、衆生のあらゆる業のすべてを結果的に受けとめて、現に事実としてこうなっているという「総果体」としてのあり方を「内感する所の所蔵感受の有限の肉身でありまます」という。阿頼耶識に受け身的あり方があるというのは、すべての果報をそのままに異熟果として引き受けるからであり、それは我々の肉体のことである、との唯識の立場による。その肉体においてさまざまな感受性がはたらいているという。「現実的肉団でありまます」といわれている。そして「霊と肉との二つは唯この阿梨耶に於て一体であ」るとし、その一体化によって「初めて人格的自覚の成立を得るのでありまます」との結論に達している。続いて「その有限相対の肉身の奥にかゞやいて居る所の久遠正覚の絶対創造力を偲ばずに居られぬのである」[109]というのである。

この問題を考えるに当たって、真如という絶対的なるところからはじまる『起信論』と、生滅という相対的なることを基本とする『唯識論』では、おのずから方向性が異なって、それなりの事情によるという点については先述した。しかしここで確かめておかなくてはならないのは、曽我のいわんとしているところは、『起信論』も『唯識論』も、その著者の意図したものは同じだというところであろう。これも私にとっては驚くべき見解なのであるが、二人は逆方向からのようにみえる方法論を用いつつ、その志願を大衆仏教の骨格に触れる目的に向かわせているのであって、まさに呼応の関係、「仏々想念」の間柄になっているというのである。お互いにあい補いあって、如来出現の真の宗要を言い当てるために、「大乗的の絶叫の声(110)」を発し、「壮烈なる戦の声」ということで、あえて論争を挑んでいると誤解するものがあるとしても、その真意は別のところにあるということである。したがって「阿梨耶識の大自観」というところからはじめて、「霊と肉との二つは唯この阿梨耶に於て一体であります」となり、そのようにいえるのは、

そもそも阿梨耶識の文字に依りて、興法利生の全人類的誓願を開演せんと企てたる馬鳴世親の二師は印度民族の特別なる歴史を背景としながら、全世界的大事業に参加せられたので、世界の思想界に向て云何なる大光明を与ふるやは凡て将来の問題であります(111)。

ということになる。一見「楽観的(112)」にみえる「法の光明を高調(113)」する立場と、「悲観的(114)」にみえる「人の闇黒を痛泣して居る(115)」立場は同じだといっているのである。

以上のような論点の確認をふまえた上で、「現実的肉団」である所蔵、その所蔵の感受する「有限の肉身」の持つ意味に目を向けなければならなくなる。いわば能蔵である無限の創造力と肉身との関係である。曽我はいう。

かれの現実の根本主観に内在せる如来の観念を想ふ時、すなはち自己に影現せるこの無限創造の霊的力用を想ふ時、いかでか衆生摂取の永劫の旅路に出でずに居られやうぞ。彼の衆生摂取の生死煩悩界の園林の旅路は誠にその久遠の無限創造力の経験証明の為めである。我等は現に五劫思惟の霊界を後にして、永劫修行の肉の世

界に流転せんと決定せる悲痛なる菩薩の姿を拝するのである(116)。

この時初めて微に如来の大願力を、現実的肉体を通して、体験するのである。我々にして衆生の肉体を内感せずして、云何にして如来の大誓願力を感得しやう。則ち十方衆生の肉体を内感する所の現実主観、限りなく十方衆生を産み、限りなき衆生の体内に常に唯一人の自己を発見し、一面には衆生の肉体を精神の牢獄と感ずると共に、他面には是に依つて免れ難き罪業を償ふの悲母であり、更に此に依つて現実的自我を観照するの智慧の光である(117)。

所蔵所感の肉団の内容は、血であり、肉であり、骨である。「自分の血肉である(118)」というところからはじめて、「根本主観なる阿頼耶識が外処に感ずる（中略）一の感覚であります(119)」というのが、曽我の『行信の道―『教行信証』総序講読―』(120)でいわれるところである。続いて「それは自身のものとしては形に見えない（中略）それと安危死生を共同にするのである(121)」とまで述べて、「現行識としての根本主観たる阿頼耶識の感ずる所(122)」という重要な視点を示唆する。

どういうことかといえば、我々は通常「眼・耳・鼻・舌・身・意の六識を以て直接自明の事実的意識としてゐるが、それよりも直接なる事実は六識が内的依処として前提する六根であり、それが即ち阿頼耶識の現行の事実であります(123)」として、現行識としての阿頼耶識の「具体的な生命(124)」である、血・肉・骨を問題にし「それを直接に感覚する、即ち内面的に感覚する(125)」というまさに曽我独自の感得の示されるところとなっている。

この視点のもつ重要さは、阿頼耶識の内容ともなり、対象ともいえる『成唯識論』の阿頼耶の所縁行相門において示される課題(126)と関連するのであるが、これまでに幾度も驚かされた全く異常ともみえる角度から光を当てる方法で、阿頼耶識を見ているところと思われる。『唯識論』の基本に対する明晰な領解をふまえながら、自ら身をもって感招した独創的見解を示しているといわなければならない。私見を交えてここでの課題について多少の領解を述べてみる。

阿頼耶識の所縁は内的には有情と一切種子であり、外的には器世間である。先に少し触れたところである。その時の有情の具体的あり方が、血肉・骨による脈々として動いている肉体であった。その場合に我々は眼・耳等の六識が「自明の事実的意識」として我々を支えていると思いこんでいるが、そうではないというのである。つまりその六識よりももっと深い直接的な事実は、六識が内的な依り処としている六根だというのである。それが「阿頼耶識の現行の事実」だと曽我はいっていた。ただしこれは『唯識論』の基本的視点の一つなので、唯識を少し学んだものは誰でも知っていることなのであるが、一般的にはその意味を理解している人はほとんどいない実情だとはいえるかもしれない。

ともあれ、ここでいわれている六根の根とは「支えているはたらき」のことで、眼でいえば我々にものが見えるのは見えている眼識がはたらいているからであるが、そのことを支えている視神経という細胞のつながりと、実際に見えるという勝れたはたらきが前提となっているはずである。だから見えることになるので、眼識が依り処としている眼根がなければ、眼識は役に立たないことになる。そのようにして六根がはたらいているために、六識が機能する。そのあり方を「有根身」として、それが阿頼耶識の現行である生命の実相であり、阿頼耶識の所縁だといっているのである。

その場合に、第六番目の意根に支えられて成り立っている意識が、第六意識としてさまざまな判断や認識をなしている精神的心理的作用であることは比較的わかりやすい。しかしそれに対して阿頼耶識が直接的にかかわっているのは、第六識の前ということで前五識といわれるが、それらの識が依り処としている五根、見えていること聞こえていること等の直接経験として我々が日夜体験していること、五感として当たり前のように、感覚しているものが阿頼耶識の内容となっている。それが有根身であり、具体的な事実が肉体としての根拠になっているというのである。我々の心のはたらきも根の機能を依り処とすることによって成立しているという主張である。

「阿頼耶識とは身の事実である」と誰かがいっていると思うが、誰もいっていないなら、私がいってみたいところである。すなわち、一瞬の停滞もない激しい流れが転変するものとしての阿頼耶識であったが、それはこころのはたらきをいっているとしか私は思っていなかった。しかし、むしろその識を支えているのは肉団である。一人約六十兆とか最近では三十七兆との説もあるようだが、その数の細胞分裂、新陳代謝の見事な調和が恒転如暴流といわれる細胞の転変であり、その方が我々のものを考える理性的な判断力を支える根拠になっているというのである。唯識では神経細胞に当たるところを小さな粒子であるとみて「塵」で表わし、見事な連鎖を「扶」で言い当てて「扶塵根」という。神経のはたしているすぐれたはたらきは直接見えるものではないが、素晴らしい機能であると考えて「勝義根」として、根に二種類あるというのである。いずれにしても、それらの「根」の方が我々の精神作用の依り処になっているのであって、その根の総合的な相続をなしているのが阿頼耶識であるといっているのである。曽我の達見の妥当性が今日の生命科学・細胞学の進展によって裏づけられているのである。このような論点について、曽我の次のような文章もある。

私の云はんと欲するは、それ等の特殊的性質を感覚するに先だち、我々は内には六根なる有機体を全体的に感覚し、外には六境なる無機体を全体的に感覚する。是れ即ち有機感覚、無機感覚なるものである。私共の感覚意識は寧ろ生理的物理的である。夫は内外無数に各々別々の形象を取りて内なる煩悩妄念に応じて化現して居る。(127)

所蔵として消極的であり、しかもそれが肉体に通じて「精神の牢獄」といわざるを得ない面もあり、罪業深重としての悪業煩悩の満ち溢れんとする我が身であることも確かである。しかしそれが同時に、

免れ難き罪業を償ふの悲母であり、更に此に依つて現実的自我を観照するの智慧の光である。(128)

ということであった。それ故にここで明らかになった、肉体のもつ意味の思いもかけない転換は、無限の創造力という能蔵の積極性に対して同等もしくはそれ以上といってもいいほどの能所不二の一体化を証明して、阿頼耶自体の真相に迫ることになった。

次に紹介する曽我のいうところは業の報として肉身を感受する自覚的主体である法蔵菩薩の大いなる主観こそが、執蔵でもある自身の内面化によって全く異なる面もありつつ、見事に肉団と一体化する。次章で考えなければならない「法蔵菩薩は阿頼耶識」の謎を解くための手がかりは、以下の文から読み取れるのではないかと思われる。

如来の衆生救済と云ふことは是を理想的に云へば、如来の法界の中に衆生の心霊を創造することである。而してそれを現実的に云へば、如来が衆生界に影現することである。それは即ち業報としての肉身と国土とを感受することである。生死流転の果報を親しく感受する所の自覚的主観、是れ則ち現実の救世主としての法蔵菩薩である。理想の如来は純なる霊的存在である。現実の菩薩は親しく肉体と国土とを感受したまふ。親しく現実の業報を感ずることは唯菩薩の大主観に限るのである。(129)

第四章　法蔵菩薩は阿頼耶識

第一節　「法蔵菩薩は阿頼耶識」という命題との出遇い

最初に、私事にわたることではあるが、この課題との出会いについて記しておきたい。今から八年前たまたま東本願寺の夏安居の本講を拝命し、「真仏土巻」に学ぶご縁をいただいた。そのための講本を作成する時、序論のところで、さしたる関心もなく引用したのが「行巻」両重因縁のところにある「真実信心の業識」であった。私が引用した理由は「光明土に到ることなし[130]」という点であって、業識が内因であるとかどうとかという信心との関係については何の興味もなかったといえる。ところが安居の終盤になって、受講生の一人から「ここの信心の業識は、曽我の「法蔵菩薩は阿頼耶識」に関係があるのではないか」との提言をいただいた。その言葉に触発されたのであろうか。秋安居になってからは、もっぱらこのテーマを念頭に置かざるをえなくなった。知っていたとはいえ、本気で取り組む気など全くなかった私にとっては、青天の霹靂であった。

曽我の教学の中でも重要なものの一つがこれであることぐらいは認識していたのであるが、私にとっては曽我の思考はまことに難解であった。残された論考、あるいは聴記等々、何度も読みかけたことはあったのである。しかし全て途中で挫折し、何をいおうとしているのが、全くわからなかったというのが実情であった。曽我のものは読めないという友人や後輩に会うことが時々ある。私だけではなさそうである。そんなこともあって、縁がなかったのである。

ところで、数十年前になるが、当時東大教授だった平川彰が、曽我の見解を批判して、そもそも法蔵の蔵と阿頼耶識の蔵とは原語が違うのに、それを同じと解するのはおかしいというところからはじめて、如来蔵思想と唯識との違いについての論争を出され、学界の話題になったことがあった。

それに対する松原祐善の反論が『講座親鸞の思想2』に載っているのをたまたま目にしたことがあった。その趣旨は曽我のいわんとするのは全く別のところにあって、見当違いであるということだったと思う。しかし当時の私は当然のことながら、平川論文の方が正しくて、曽我のいうところは無茶苦茶であるという程度の印象しかなかった。ところが不可解なことに、松原の本論の意図が私に領解できたわけではなかったのに、松原が反論のために載せていた「我等が久遠の宗教」の最後に近いところの文章が胸につきささってきたとでもいうのであろうか、強烈な印象を受けたのである。「自力の執心をそのままにして捨てることなしに捨てる」とあるところである。どういうことなのか。全くわからなかったにもかかわらずである。今回の序論がその問題についての考察からはじめることになったのは、当に不可思議としかいいようのないことである。曽我のいう回向力、「他力の悲願は、かくのごときのわれらがためなりけり」の聖言が身にしみて感じられることである。

そこで改めて法蔵菩薩に焦点を当てることにすると、「暴風駛雨」から「地上の救主」に到る「法蔵菩薩の発見」とは、どういうことだったのか。それは、ただの根拠のない物語にしか見えなかったものが、そうではない、いのちの歴史の事実であるということで、生き生きとしたその本源を回復させたことである。想像を絶する革命的な出来事である。大乗仏教の枢要でもある仏の自内証の境地そのものが「無量寿」「無量光」の大悲と大智において、我々ごとき凡愚の現実と直接的にかかわることになったともいえる。「至極の真の宗」の発見である。

「暴風駛雨」で曽我はいう。

我は如来を汝と呼ぶに止まらず、如来を直に我と呼ぶ。

自力教の人は直に「我は如来也」と叫びつゝ得意がれり。

浄土余宗の人は「如来は如来也」と叫びつゝ現世を徒に悲観せり。

我等は「如来は我也」の妙旨に驚くと共に、「我は畢竟我にして如来に非ず」と自覚す。

我等は久遠劫来単なる我を我と呼び、現実の自己を高慢にも如来となしき。此れ則ち自性唯心に沈むものである。

又我等は単に如来を如来とし、自己を単に自己としたり。此れ定散の自心に迷ふもの也。

今や、自己を自己とすると共に如来を自己とし、自己を仏凡一体の霊体とし、如来の真心なる帰命の信念を呼んで自我となすの幸栄を感ず。我は如来を我と呼んで之を主観に包み、又如来を汝と呼んで此が光明に包まる。慶喜の極也。[131]

今夏東北の道友と加賀に会せし時、談偶々仏凡一体の教旨に及ぶ。余は「如来は我也」の一句を以てす。道友は是れ余りに概念的なればと云はれければ、「如来は我となりて我を救ひ給ふ」と書きて贈りぬ。[132]

この二文に対する曽我の述懐が次のものである。

如来の本願力とは何ぞや。現実に自己を救ひ給ふ能力である。徒に美しき画餅ではいかぬ。大悲観音の力は畢章画餅である。何等の現実の基礎を有せぬ。美しき比喩の外何物もない。法蔵菩薩の本願は全く此と異なりて居る。彼は一面には人間仏としてそのまゝ久遠実成の阿弥陀如来にして、又同時に他の一面にはそのまゝ救を求むる所の自我の真主観であらせらる。私は此理りをば「如来は則ち我也」と表白し、又「如来我となる」と感じたのである。[133]

続いて、「法蔵比丘の降誕は如来の人間化也」の中から、「地上の救主」に呼応すると思われる箇所を二、三引用する。

蓋し「如来の救済」とは我等衆生を如来にすると云ふことである。而して我々人間を如来の位に救ひ上げるが為めに如来は先づ御自の如来の御座を捨て、人間世界に降誕し給ひた。久遠の如来が衆生救済の為めに因位の一比丘法蔵とならせられたは、正しく人間を救はんが為めには先づ救はるべき迷悶の人間の精神生活を実験せんが為めに外ならぬ。否法蔵比丘の出現は正に如来が人間精神の究竟の実験である。此実験の告白が本願である。本願とは他なし如来が何故に一人間となりしかを説明せしもの、法蔵出現の大精神の外に本願はないのである。(134)

随て真実の救済の大業は必ず如来の人間化即ち人界に降誕せる如来に依りて初めて成就し得べきことである。至心信楽の大命を十方衆生に下し、以て救済の因行と決定し給へることは、是を徒に救済の条件と思ふてはならぬ。又吾人は徒に無条件の救済を唱ふるべきものではない。吾人は若不生者不取正覚の大誓願が単なる如来の空願空望でない限りは、必ずやその救済の大業を成就する唯一の方法として、我等衆生の心霊界を開覚せしむべき道、即ち如来の救済の大精神を吾人の胸底に印象せしめんことを願じ給ふべきは当然の事である。然り如来の誓願が真実の生命を有する限りは、それは直に救はるべき衆生の心想を感動し、彼の願力に依りて活きねばならぬ筈である。(135)

則ち法蔵比丘の一身は十方衆生を負ふて十方諸仏に向ひ、又十方諸仏の本願を負ふて十方衆生に向ひ給ふものである。真宗の信念も教義も唯此法蔵降誕の一事を以て尽されて居る。

嗚呼如来は降つて人間僧法蔵と現はれ給ひた。是れ人間を救ふて如来位を与へん為である。(中略) 我々は現在の法蔵比丘、自我心中の法蔵比丘、自己と不離一体なる法蔵比丘を観ぜよ。至心信楽の御喚声を深く自己の胸裡に求めよ。（中略）此声は地より涌出せる声である。人間の胸底より誕生せる声である。罪業の泥中より生ぜる求救の声である。自己の久遠の名利を自覚し、久遠劫の反抗心を自覚し、遠劫の愛欲を自覚せるもの丶心より生ぜる叫びである。此切なる我が信楽は、知らずや法蔵比丘誕生の主観的証拠である。此法蔵比丘の信楽を実験するもの、やがて若不生者不取正覚の大願をも了知するを得ん。[136]

その後で書かれたもので、私の印象に残った文を以下に紹介する。

『大無量寿経』に説きたる法蔵菩薩は尽十方無碍光如来の原始の御姿である。八万四千の光明相好の荘厳を取り除きたる如来の赤裸々の魂である。法蔵菩薩の誓願とは即ち如来の魂の語である。われ〳〵は皮相の光明相好の讃仰をやめて、直にその原始の御魂に接し、魂の御言を聞かねばならぬ。利剣の如き森厳なる法蔵菩薩の御語を聞かねばならぬ。外相は尽十方無碍光如来、内心は永劫の戦士として現在に生死海中に活動し給ふ菩薩である。菩薩は如来の根本の正体である。光明の如来は菩薩の仮りの姿である。われ〳〵は如来のかりの姿に固執してはならぬ。このかりの光明相好に固執することをば偶像崇拝の迷信と名くる。[137]

つねに妄念妄想に心のかきみださる丶自分は親鸞聖人の上にわが原始の姿を見ることに依りて心の底から救はれるのである。彼は何時でも自分が彼を念ずる時、何処よりか飄然と自分の前に現はれる。彼は往相回向の本願、還相回向の本願と云ふことを云ふて居るが、彼はその還相回向の本願の船に乗つて、自由自在に生死煩悩の海に溺れて居る所の自分の所に来る。而して自分は何時の間にか船上の客となり、而して何時の間にか主客転換して自らその船の主となりて、わが親鸞聖人をわが船の客人とするのである。[138]

これほどの見事な讃歎が他にあるであろうか。「身の毛いよだつ[139]」という言葉がある。生き生きとした活力のみなぎる法蔵菩薩。その菩薩は自己一身に、我々凡愚の苦悩を荷負して下さっている。しかるに煩悩具足の故に感ずることができない。その如来の痛みが、私にまでひしひしと伝わってくる。法蔵菩薩を発見し、その心に触れた曽我の喜びは、十分に読む者の胸を打つと思われる。

つまり、孤影悄然たる自らの現実を思い知らされたのである。その「真我」のための本願に出遇って、感動に打ち震えたのが、胸の高鳴りにおいて確かめられた事実だったというのではなかろうか。自己の胸裏に誕生する「法蔵菩薩の降誕」というのは、現に生きている人間の肉団・肉体のうえで感じ取られた生々しい実感であったというのであろう。それが「法蔵菩薩出現の意味」という副題の語るところであると思われる。隠されているともいえる深いものを「胸の高鳴り」という心臓の鼓動のうえに聞き取ったところに曽我の独壇場が現れたといえるかもしれない。

真如でも如来でも、それが「我々の憧憬の対象、即ち我々の理想[140]」に止まるかぎり、唯識の熏習でいえば相分熏である。すべてを概念化し抽象化することで単なる画餅である。法蔵菩薩の発見によって、大乗仏教の真髄に迫る方法がよみがえったのは、「現実の問題である[141]」。人間の「主体なる自我[142]」が本当の意味で、救済されるか否か。その大問題についての解答が「如来我となる」というところにあったというのが曽我の忌憚のない表白となっている。「無碍の光明は徒に現在の苦海を照現するとも海底に溺没する自己に於て何の恩恵かあるべきぞや[143]」である。

したがって「久遠実成の法身如来は現実の自我の救済主ではない。現実界の救主は亦必ず現実世界に出現し給ふ人間仏であらねばならぬ[144]」のである。

「如来我となるとは法蔵菩薩降誕のことなり[145]」の「地上の救主」のよく知られた呼びかけは、現に生きている法蔵菩薩が、その意味で何故に人間界に出現しなければならないのか、しかも我々のどこに降誕されるというのかという点も含めて、念々に新しい問いを発揮し続けていくことになるであろう。

第二節　自己否定の自覚

ただの神話のようにしか思えなかった法蔵菩薩を、ある意味でいのちをかけた執念によって、その本来の意義を回復した。この曽我の画期的ともいえる偉業はどのような称讃によっても言い表せないものである。その点に注目しながら、論旨の主題である法蔵菩薩と阿頼耶識について考えてみたい。阿頼耶識と阿梨耶識は方向性が異なるだけで一体であるとするところについては前章で多少触れた。故に、その点の持つ意味を加味しながら、阿頼耶識の自相自体は執蔵であるところと、それにもかかわらず「自我」という自己自身の本来性を基点としながら、自覚・自証としての大いなる展開を実現するといわれている、そのことについての考察となる。大変難しい課題であり、かつ微妙極まりない難問であることは承知の上で、少しでも曽我の示してくれたこの謎に迫ってみたいのである。

いずれにしても、その我が我愛執蔵の現行という事実の上にある阿頼耶識ということになれば、序章で示した「真我」の事実は悲惨な闇の要素をかかえていて、どうにもならない現実である。それが自体としては『起信論』の心真如門における阿梨耶識として、本来的に真実そのものの清浄性と関係があるといわれても、すでに曽我のいう憧憬であり理想である。希望であって願望にすぎないことになってしまう。そのような画餅に惑わされるのではないということから見ても、我々が今想像しうる範囲内のこととは全く異なる領域との接点を模索しなければならなくなると思われる。

ともあれ、この問題の中心となる「如来表現の範疇としての三心観」を見るまえに「五劫の思惟を背景として」の次に書かれた「浄土荘厳の願心と願力」を見ることにする。

法蔵菩薩こそは大乗の諸の論議経に於ける阿梨耶識若くは阿頼耶識なるものであつて、げに「大乗的精神」、「菩薩精神」、「大菩提心」、「永遠の人格」、「興法利生の大精神」の象徴である。『大無量寿経』に於て四十八願を選択する前に、その選択摂取の願心の上に、法蔵菩薩の名字を選択したことは特に深き注意を要するのである。この選択摂取の願心は一面に名号の行を衆生界に回向し、また他の一面には浄土を衆生の為めに荘厳したまへる深き根本主観である。われわれは自己の微細なる倶生の我執を観照して、無始より以来執蔵愛著しつつある所の根本主観の内面を開かねばならぬ。(146)

「法蔵菩薩こそは大乗の諸の論議経に於ける阿梨耶識若くは阿頼耶識なるものであ」るという同一視は、先述したものと重なるが、その内容ともいえる「大乗的精神」、「大菩提心」等によって、「われわれは自己の微細なる倶生の我執を観照して、無始より以来執蔵愛著しつつある所の根本主観の内面を開かねばならぬ」との指摘は特に重要だと思われる。根本主観の内面を開くことによって微妙極まりないともいえる曠劫より已来の「倶生の我執を観照」しなければならないというのである。四十八願を選択摂取された法蔵菩薩の願心は「理と情とを円に尽し(147)」ている、「絶対一如の法の世界(148)」に我々衆生を参入せしめる「超世にして純粋なる如来の本願(149)」としての「深き根本主観」であるといわれている。その根本主観の内面を開いて照らし出し、観察しなければならないというのであるが、どのようにして開くのか。何をもってそこへたどりつくのか。そのことが前面に浮かび上がってくるということになれば、当然のことながら「真実信心」としての「信楽」が阿頼耶の自相として問われることになる。そのための『唯識』の学びについての曽我の言は満々たる自信に充ちていて傾聴に値する。

『唯識論』が従来一千余年支那伝来以来その真実の意義を失ひ来つたことを、私が明にし得たことを深く慶喜せざるを得ない。(150)

この自負は、後に紹介する松原のいう「真宗学の真面目」を明らかにすると同時に、単なる一宗派の護教学でしかない真宗学がもしあるとするならば、それとは全く異なる『末灯鈔』で親鸞のいう「大乗のなかの至極(151)」としての「浄土真宗(152)」になるであろう。その意味で曽我は自ら次のようにいっている。

私は一般的なる真宗学の話をするのでも完成せる唯識学の話をするのでも無い。自分は現在の自分の意識の事実の話をするのである。だからして意識の体験を離れたる真宗学でも無いし、宗教的認識と交渉なき唯識学でも無い。詰り自分の意識の中に流るゝ真宗学を話し、自分の宗教的要求の反省なる唯識学を話して居るのである。だからして無限に開展する真宗学でもあり、又現在に自ら生きて思想しつゝ、ある唯識学でもある、かう思ふのであります(153)。

また、曽我はいう。

天親は『唯識』に於て阿頼耶というた。彼の阿頼耶は『大経』の法蔵菩薩を背景として居つたことはいふまでもないことである。特に『浄土論』願生偈の帰命願生の一心から如来と浄土とを開出したことは、開けども開けども遂に帰命の一心を出で得ないことを示して居る(154)。

曽我のこの言は、「願心の荘厳」についての重要な論考の中で関説されているので、今の主題ではない。しかし「いふまでもないことである」との確信に裏付けられて、当然のこととしての認識はかなり明確である。またそれが「帰命の一心」の内容となっているとの示唆も注目に値する。しかもこの文の前にあたる最初の項には「本性清浄の願心」と「穢悪不浄」との関係について、まことに鋭くまた厳しい指南がある。

浄土の荘厳が清浄になればなる程、自己の願心の穢悪不浄は反対にいよいよ穢悪不浄を深めて来る。自己の穢悪を深く信知しないのは、それは願心の法爾の理性に依りて自己を批判しないからである。願心が願心自己に覚醒しないためである。換言すれば願心がないためである。願心が真実でないからである。現在を無批判に是認して居るからである。預想のあるところに独断と弁護とがある。一切の預想のない真空の所に真実不虚の批判がある。[155]

浄土の荘厳が清らかになればなるほど、自己の願心の穢れが反対に深まってくるという何と驚くべき感性であろう。しかも自己の穢悪が深く信知されないのは、「願心の法爾の理性に依りて自己を批判しないからである」とまでいうのである。ここでいわれる法爾の理性とは、いわゆる本有の法爾のことであり、理性は法性であるともある。だから自己否定とか自己批判といっても、それをなしうるのは理性である。その理性の願心が願力としてはたらく。そこのところをゆるがせにできないのである。本願ともいわれる願心が、願心自身に覚醒していないために、自己批判が成り立たなくなっているとある。深い思索の跡が読み取れる。

本願が本願自身を見失って、単なる希望・期待に堕落しているのだといわれている。自己批判もできず、またしようともしないという願心があるとすれば、それは願心ではないということである。真実ではない願心もあって、我々は絶えずそれに振り回されている。それが現状である。その現実を無批判に是認して、縷々として恥じないからだとの指摘である。しかも、予想のあるところには独断と弁護があるという。鋭い論難である。

では、予想のないところとはどういうところか。考察の余地はあるが、そこでは何もかもなくなると思われるので「真空」といわれている。重要な手がかりである。ただし、言葉で表しにくいものでもある。そのために「真如」といわれることもある。そして「真空は妙有[156]」である。単なる虚無ではない。また、有ることにこだわるわけでもない。その微妙な領域のところにこそ、真実にして不虚である批判があるといわれている。

その意味で、ここでの批判とは「空ずること」に相当すると思われる。否定することに連なり、超えること、離れることでもある。この「真空」には驚くべき意味があるのである。そこに注目しなければならないので、最終的な結論の行きつくところになるはずである。

曽我には徹底した自己否定があり、自己批判がある。自己反省も含まれる。それが特徴の一つである。常人の及ばざるところというしかない。したがって、如来による否定であり、その因位の菩薩による批判に通ずるのであろう。

否定されることによって、確かに有るように見えていたものが消滅する。しかしそれは透明になって無限の意味を回復しただけである。全くの虚無の断見になったことではない。いわゆる真如の「如そのもの」が法身もしくは法性といわれる所以である。「いろもなし、かたちもましまさず。しかれば、こころもおよばれず。ことばもたえたり[157]」である。故に本有の無漏の種子といっても、法の深信が根本であるということも、本覚の実性も、その中味は「自然法爾」である。しかもそれを唯識的にいえば、一刹那の現行になる。一瞬の事実の語っているところである。その事実を相分熏で抽象化し固定化して、有るのか無いのかに執われる。それは第六意識の妄想であるというのである。一瞬が無限に底知れなく深いというだけである。あくまでも実体化・固定化という概念の束縛によってしかものを考えられない我々の日常的意識にとっては謎である。しかし常套的なその意識を依り処にするのでなく、一瞬の現行のもつ、いのちの深さに目を向けなければならないということである。したがって、そのような豊かで広大、無限にして無量のいのちそのものを依り処にできれば、それは徹底的に否定されることによって気づかされた揺るぎない事実になるのである。事実として認められることは、その事実に生きることである。故に、否定の面は「不生」であり、肯定の面は「生」となって、「不生の生」が浄土の生としての往生浄土の「生」となる。その歩みが「不行にして行ずる[158]」行となり、「義なきを義とす[159]」とも「有無をはなる[160]」ともいわれているのである。

第三節　末那識の自己否定

以上のような考察を踏まえた上で、「如来表現の範疇としての三心観」を見ると、まず、松原の『曽我量深選集』第五巻の後記に目がとまる。次のような記述がある。

金子大栄先生は「法蔵菩薩は阿頼耶識であるという先生の己証には、先生独得の唯識教学がある」と言われる。『成唯識論』に於ける阿頼耶の三相に対応しつつ『教行信証』の三心観を解明されていくところには、先生に依って開かれた真宗学の真面目が語られている。(161)

と。それに対して、曽我はいう。

法蔵菩薩といふのは即ち第八阿頼耶識の内容であると同時に、阿頼耶意識が詰り法蔵菩薩の内容である。（中略）法蔵菩薩は吾々の日夜に求めて止まぬ所の最上の、而して直接の意識であるといふことを、恰も説き現はさんとしつゝあるのが、『唯識論』の中に書いてある所の第八阿頼耶識であると、私は見る。(162)

このように見ることができるようになったその背景について曽我は、

法蔵菩薩といふのはどうして吾々が意識するのであるか。吾々の現に直接に作用する意識を離れて、吾々の意識はない。吾々の現在事行する意識を超えて法蔵菩薩のあるべきやうはないのである。一切の判断に先行して総合原理たる根本的判断命題は「一切万法唯識」である。(163)

からだとの説である。どういうことであろうか。すべては唯識の中に納まるので法蔵菩薩といおうと阿頼耶識といおうと、そのように意識するからあることになる。したがって、その意識を離れて何ものも存在しないというのであろうか。その点を確かめるために続いて曽我のいうところを挙げる。

> 此阿頼耶識こそは、あらゆる意識をして内に自証意識たらしめる所の最も直接なる最高総合の原理意識であり、一切の意識をして自我の意識たらしむる究極的体験である。究極の自我意識は常に無限と有限との限界に立つ、即ち自我と無我、個我と大我との境界概念である。夫は無限に我執と接触して、それを止揚して、一面に我執を超越すると共に、他面には固定せる我執を限りなく内面化して止まない。だからして自相といふのは阿頼耶といふ自体がどこかに固定して居る、さういふのでは無いので、一切の自覚の総合原理自体、自覚の自覚、自覚する自覚、それが即ち阿頼耶である。[164]

難解な文章である。文字面にとらわれずに、その内容の示している意味を求めるようにいわれているが、とてもついていけないと音を上げたくなるほどの論旨の展開である。しかしそうもいっていられないので自分で領解できる範囲内での限界を身をもって感じながら、その限界がいかに幼稚であっても、曽我のいう究極的なところにまで深まれば、阿頼耶識に触れることになるのであろうと信じて私見を掘り下げてみる。その意味では「同じとはいえないまでも等しい」というところから手がかりを得てみると、前章でも少し考えた阿頼耶識の自体が自我であると同時に自覚である点に注目せざるをえなくなる。阿頼耶識はそれ自体として意識なのであるということが前提になっている。その自覚を障げるものが強烈にはたらいているのは勿論のこととして、結局自らの疑いようもない身の事実を自覚するしかないような自覚が問われることになっている。阿頼耶識の自相・自体を自覚の問題と捉えて、それを深めるという方法論を示したのは、まさに曽我をもって嚆矢とする。全く独自の唯識観であることに間違いはない。

ともあれ、自覚していることを自覚するのであるから、通常では気づきようもない覚知力が発揮されるのは確かである。何が気づかないのか、どのような意識の深みが気づくのか。全ての自覚を総合するようなその原理それ自体が「自覚する自覚」ということで自覚作用こそが自覚それ自体である。それが阿頼耶識であるというのである。しかも「自覚の総合原理自体」といわれているものは、「最も直接なる最高総合の原理意識」でもあるので、たとえば先にも述べた身の事実ということでいえば、現に私は生きているということである。その事実は私にとって最も身近に直接的に感じられていることであって、考えてそうなっているということではないはずである。その意味での現行頼耶がさまざまなことを意識することになる。それらの一切を総合しとりまとめて、確かな依り処になっている点を「原理」というのであれば、最高であり根本であり、原点であるような法則性としての道理として認めるにやぶさかではないことになる。そうなれば自覚が自証にまで内面的に深まることになるので、自分が現に生きているということを誰か他の人に証明してもらう必要はないのである。自覚それ自体の自証作用で十分である。無明の正体を見破ったことによって、覚者になったといわれるブッダの「さとり」は大乗仏教として「自内証」として讃えられているが、今の自証としての自覚に相通じるものがあると思われる。

しかしその原理意識は、あらゆる意識を自我の意識たらしむる究極的体験であるともいわれているので、実際に体験し経験しているという身をもっての感覚と同時に、自己自身の身をもっての実感として「私は私である」とでもいうのであろうか。最も身近な自己を自身としてその究極的なところまで体験できていることになれば、善いも悪いもないそのままの私であり、文句のつけようもない自己となり自我となる。もちろんその自分が認められない、受け入れられないという問題は生ずるが、それは阿頼耶識のところではなく、第六意識のところへ逆戻りしてしまっただけである。それは全くの妄想にすぎない。錯覚のところでものを考えているだけである。その第六意識を黙って支えているのが第八阿頼耶識である。不平不満を述べることしかないのが第六意識のお家芸ということになる。が、その正当化のみに心を奪われて、自覚自証する自我などにはなかなか気づけないのが我々凡夫であるとはいえるであろう。

いずれにしても、ここでいわれている究極的体験としての自我の意識というのは、『浄土論』の「世尊我一心」の「我」のことであって、「諸法無我」という時の否定されなければならない我ではない。「一心帰命」する我の自覚を自証する我である。ありもしない執着だけの我を正当化するのでなく、その我を無我として批判できることである。批判力によって自証される我の確立である。同時に、二種深信の「自身は現にこれ罪悪生死の凡夫(165)」とあるところの「自身」でもある。故に、自我と無我、あるいは個我と大我との「境界概念」といわれるように、無我をもって我とする大いなる我と、全く個人的な自分だけよければよしとする個我とは明確に峻別できることである。その自分勝手な個我の本体となっている我執とどこまでも接触せざるをえない関係はありながら、それを縁として我執を止揚して超越するはたらきとなる。どうしても固定化し執着するその我執を「限りなく内面化して止まない」ものが阿頼耶識であるということになるのである。

しかも特に重要であると思われるのは、自相とか自体というものがある種の実体という固定化されたものでないことは前章でも関説したが、ここでも改めて阿頼耶識それ「自体がどこかに固定して居る」ものではないといわれていることである。阿頼耶識は無我であるともいえるので、その点は「無覆無記」としての性格を掘り下げたことになると思われる。執われている我を限りなく反省し批判するのである。そのことのできる大いなる我を我の正体とするともいえよう。

かくして、「一心帰命」する『浄土論』の我と、その我は「世親菩薩のわがみとのたまえるなり(166)」と解した親鸞と、「自我が自覚・自証である」と「我身」とは法蔵菩薩自身である(167)」と述べた曽我の我は、それぞれの個性において独自でありながら完全に一致した。その我のところに、如来ご自身が「我となりて我を救ひ給ふ(168)」「法蔵菩薩となのりたまいて」[169]となった時に、果位の如来としての「広大無辺際、深広無涯底」な如来の真実・真如そのものが、因位の法蔵菩薩になったことを意味する。両者は各別という面があるにもかかわらず「なる」という「成就」「力願あいかなう」ことによって、因と果も一致する。

自らの立脚地を以上のように明らかにした曽我は、その結論の一部を示すかのように続いて、「阿頼耶識は法蔵菩薩である。随つて「法蔵菩薩は純真なる宗教的体験である」[170]」という。「純真なる宗教的体験」の深奥は、汲めども尽くせない領域を予想させるが、その一端に触れる手がかりを曽我の次の言葉から得ることにする。

だからしてわれ〳〵は、如来のいはゆる仏智見を信の一念のところに、信心の智慧をいたゞくことができるのである、仏様の仏智の全体をわれ〳〵は自己否定の形を以ていたゞいてゆくことができるのであります。

これは法相唯識などで云ひますと、例へば阿頼耶識は、末那識の自己否定のところに阿頼耶識がある。我執の末那識が自己否定する、この末那識が自己否定するところに阿頼耶識が感得できる。仏様もさういふやうなことであつて、われら衆生が自己を否定する、この自己を否定するといふことが、仏様の顕現する道でありませう。仏の顕現する唯一の道がそこにある。つまり云つてみれば、法蔵菩薩といふのは、これは阿頼耶識といふやうなものでせう。―それ以上云はなくてもよい。例へば『唯識論』のなかの阿頼耶識といふのは、やはり法蔵菩薩といふものをわれ〳〵が求めてをるのでせう。この阿頼耶識は大菩提心の主体でせう。阿頼耶識は大菩提心の自覚でせう。つまり自覚存在が阿頼耶識でせう。それは末那識が自己否定するところに感得するのである。末那識の自己否定が阿頼耶識を証明するのであつて、それを離れてたゞ阿頼耶識といふものが何処かにあるか探したつてない。仏様にあるか、仏様をいくら探したつてない。たゞわれ〳〵が自己否定するときに仏様を感ずる。だからそれは一応は経典に記されてあるのだけれども、経典に書いてあるからといつて、それを鵜呑みにしては何にもならない。それはやはり本当に自力のすたるところに、そこに仏様がまのあたり顕現して下さるわけでありませう。それはつまり法相唯識でいへば、末那識は自力妄念そのものを象徴したものに違ひがない。阿頼耶識はその自力妄念の否定のところに、否定たらしめるところの、その一つの体が阿頼耶識である。かういふやうに了解するならば、そこからわれ〳〵はこの法蔵菩薩といふやうなお方にいつでも遇ふことができるのであります。[171]

『大無量寿経聴記』でいわれているこの言葉は、今章を結ぶについての白眉でないかと思っている。いうまでもないことではあるが、末那識は先ほど述べた通りの倶生起の煩悩の主体である。この世に生まれてから悪縁に合って身につけてしまったといわれる分別起の煩悩でさえ手に余るという経験は我々の常である。それがいつをはじめとも特定できないほどの長さにおいて無意識のうちに染まってしまった想像を絶する背景のある我執の最も中核的なはたらきである。傲岸不遜というべきか、「邪見驕慢」でもいいと思うが、都合の悪いことは全て他人のせいにして自分の責任であるなどとは夢にも思えない。それほど深い自我関心の自己愛、すでに記した四煩悩具足といわれている第七末那識は、我痴によって自分が見えなくなり他人の悪しか見えないのである。したがって批判や否定どころか反省すらできないのであって、帰命の心などサラサラないはずである。というのが私の理解であった。

思い起こせば、この文章にはじめて出遇ったのは今章のはじめに記した秋安居のときであって、ある教務所で教えられたものである。最初の私の印象は阿頼耶識が自己批判するというのは何となくわかる。しかし末那識が自己批判することなどありえないことであり、できないことであると、今でも思っているほどである。故に曽我の言い間違いではないかと思ったこともあったのである。しかし、何度も末那識が自己否定するといわれている。したがって、ここでいわれている曽我のいわんとするところが長い間わからなかったのである。ところが先ほどのところに「自己の微細なる倶生の我執を観照して」「根本主観の内面を開かねばならぬ」とあった。そのことと関連して、我愛執蔵の現行の愛着そのものが、根こそぎ否定できるということは可能なのだと思えるようになってきた。そこに曽我のいわんとする秘奥の意味のあることが少し納得できるようになったということである。

末那識が自己否定するなどということは、再度いうことになるが、『成唯識論』のどこにもいっていないことである。唯識学の建て前からいっても無茶なこじつけとしか評価されない説ともいえる。そしてこの問題には、我々凡俗の常識の方が妥当であって、我々の方が浅すぎるということではないような面もある。ただここで曽我がなさんとしていることは、天親菩薩の真意に触れたいということだけである。そのために、まさに菩薩の天啓を受けて驚嘆すべき異能を発揮して唯識論を読み込んでいるのである。それが曽我である。その異常ともいえる能力が曽我自身のいう無限向上の創造力の能蔵であると思っている。

天親の兄無著が兜率天で弥勒菩薩の啓示を受けて唯識学を伝授されたという伝説があり、学界の話題になったことを思い出す。それに類する事例だといわねばならない。それにしても「末那識が自己否定するところで阿頼耶識が感得でき、その末那識の自己否定こそが阿頼耶識の存在を証明している」というのは類い稀なる主張である。末那識のことを可能ならしめるのは末那識をして否定せしめる阿頼耶識であり、その阿頼耶識が法蔵菩薩である。そを支えているからこそありえないことがありうるというのは、見事な自証であるといえるかもしれない。なお、阿頼耶識と末那識は有覆と無覆の差によって、歴然たる違いのあることはすでに明らかになったことであった。ところが曽我には「法蔵識（第八識）というものと末那識（第七識）というものと二つあるけれども、しかし、これは一つのものに違いない。二つあっても一つのものに相違ない[172]」という見解もある。それは先言に対する矛盾なのではなくて新しい達見なのだと思う。思索による直感の発言ともいえるが、単に対立しているのでなく共に補い合う関係で、もの自体としては「唯」の「ただこのこと一つ」というあり方を成り立たせているというのであろう。ほんの少しではあるが、垣間見えたところである。その点は次章以下で考える。

第五章　信心の業識と法爾無漏の種子

第一節　『唯識論』と『起信論』の関係〈一般的な見解〉

「行巻」に述べられるいわゆる両重因縁の「信心の業識」については、これまでいく度か触れてきた。ある意味で私の運命を決し、凡愚そのものとしての鈍さしかない私に、ついに生き生きとした活性化溢れる法蔵菩薩の実在を思い知らせたのである。この課題のもつ意味の重さについては筆舌に尽くしがたいものがあるといわねばならない。

第二章で少し触れた第八識は、第六識のように間転することのない識なので、十二因縁の第三支の識になり、流転の主体と考えられてきた。この識は阿毘達磨では中有といわれることもあったので、「行巻」「両重因縁の業識」とも関係して、善導の『観経疏』「序分義」の次の文の元となっている。人のよく知るところである。

もし父なくんば、能生の因すなはち闕けなん。もし母なくんば所生の縁すなはち乖きなん。もし二人倶になくんばすなはち託生の地を失はん。要ずすべからく父母の縁具してまさに受身の処あるべし。すでに身を受けんと欲するに、自らの業識をもつて内因となし、父母の精血をもつて外縁となす。因縁和合するが故にこの身あり。(173)

父母の精血の和合によって成り立つ「名色」のみならず、そこに和合する「業識」によって、我々の存在に生命が与えられたという。このように考えることによって、かつては胎生学的といわれたこともある十二縁起観に、今日の生命科学的な視点が与えられたのである。

その業識が「真実信の業識」[174]であると親鸞はいう。独特の感性に裏付けられた読み込みがあったであろうことは想像できるが、並の思考では納得できないことになる。真実の信心は悟りに属するものであり、業識は迷いに属している。両者が同一なるものとして、同時に成り立つなどということは、常識的にはありえないからである。

その業識が第八阿頼耶識であると解するのが『唯識論』であるが、その場合でも現行する一刹那の我々の生命の事実のことであり、現に生きていることそれ自体のことである。具体的には「有為転変」としての「この身」のことであった。そうなると無明を背景として愛着に執われて流転するしかない凡惑としての我々の現実ということになり、闇の方向への限りない汚れの中にあるのがその実態となる。そのような業識を根底から覆し破るというのは至難のわざである。

その阿頼耶識の自相が自体として執蔵でありつつ、信楽に関係すると感得したのが曽我である。常人の及ばざる発想である。ただし第十八願の信楽ということになれば、真実の信心になることは予想できる。だからといって、迷いの主体として曠劫より已来常に没し常に流転してきた者が、真実の信心に同一化するなどということは簡単にいえることではない。

阿頼耶識の自相と信楽の関係については次章で考える予定である。そこでこの章での主題である業識については、まず『唯識論』と『起信論』についての常識的な見解をみるところからはじめることにする。

曽我以前の諸師の業識の理解は一般的である。『唯識論』と『起信論』では立場が異なるというものである。しかしその中でも微妙に説は異なっている。たとえば香月院はこの業識について[175]、人間の果報を受ける因は過去の業力によるのであり、それが内因となるため、過去の業力で生まれてくる心がなければ生まれることは出来ないはずであるからここでの業識は、第八阿梨耶識の業・転・現の三細の中の業識を指すとしている。しかし、その業識について樹心（慶安二年〜天和三年、高倉学寮の講師）は「起信論の業識」と釈しているが、香月院はこの説は、誤りであると述べている[176]。『起信論』のいう業識は、根本無明の力によって、迷いが起こってくるその根本の処をいうのである。業は動作の義で「うごき出ること」である。根本無明の風にふかれて、迷いの波の動き出た処を業というのであるとし、「樹心者は学者なれども。こう云ふ事を云ふては学者ではない[177]」と批判している。

この説を補足すると思われるものに、真宗大谷派発行の『相伝義書』という二十巻の叢書がある。その中の第十九巻に「三識之義」という短文が載っている。「行巻」の信心の業識について論じたものである。もと口伝であったものを公刊したのであるが、私の場合は、前にも述べた秋安居の折、ある教務所で先輩から教示されて、たいへん参考になった思い出がある。次のような趣旨の説明がなされている。

茲によりて祖師、「信心ノ業識」といえる御言につきて、六・七・八の三識の心得あらん。今、この業・転・現の三識について二解あり。一つには自力流転門、二つには他力還滅門なり。一つに流転門の識分の廃立は、その源『唯識論』に出でたり。第六の意識とは、第七の末那によりて能く諸法を了別す。識とは了別の義と云いて、ものをしり、わかち、わきまうるとの義なり、これ第六識のはたらきなり。次に第七の末那とは、此に意と翻ず、第七識の名なり、又は転識と云う。この末那は第八識の阿頼耶によりて、彼の八識の見分を縁ず。恒に所執の我相を思量す。恒にというは、前の第六の間断ある意識にえらばんがため恒と云う。第七は無始よりこのかた恒に相続して、第八を我相と執するものなり。第八は阿頼耶、これは第七の末那によりて種子と有根身と器界とを縁ず。阿頼耶、此には蔵と翻ず、能蔵、所蔵、執蔵の義あるが故に。有情執して、自の内我とする能染の種を持するときは、種を所蔵と名づく。この識はこれ、能蔵なり。又、染法が所薫所依なるときは、染法を能蔵と名づけ、この識を所蔵とす。染の第七等のために執持せられて内我とするを執蔵の義という。第七・八とは行相微細にして内識相続し、無始已来、恒に間断無し。第六は現に識心有無、三世の諸法を了別するに間断ありて而も現なり、ゆえに現識という。

八・七・六と次第するは、無覆無起なる第八の識に第七の有覆無起の我執を縁ずるより、業識を転じて第六の意識に諸法善悪の分別をあらわして、前五識に種々の善悪二業を引起して流転するなり。これを流転門の識分の沙汰という。これはこれ『唯識』等の所談なり(178)。

『唯識』でいう三識について、よくまとまった解説になっている。ただし、業・転・現の三識は『起信論』のいう三細のことであるが、全く同じといえるのかどうかには問題が残る。たとえば第二の転識なるものが末那識のことであるというようなことは簡単にいえることではない。無理を承知で三識をそろえただけともいえる。ただ第七末那識について、第八阿頼耶識の見分を対象として「我」と思いつめるというのは、その通りであり、また最初の業識は阿頼耶識であるというのは妥当である。ただし、その第八阿頼耶識が『起信論』では如来蔵識であるとすることには問題が残るといわなければならない。その点については後に考察する予定である。たとえば『真宗相伝義書』では、

然れば当流に沙汰したもうところの信心は、流転門の我相を執するより起こる処の六識の所知にあらず、他力を談ずる還滅門の第八如来蔵識、仏智を薫習なり(179)。

とある。『起信論』は如来蔵思想であるというのは仏教学の常識として一応は認められる説である。したがって、

一心真如の真実そのものを前提としてそこから起動していく業識は真如の随縁した真実心ということであり、還滅門としての「他力の妙門」(180)ともなる。それは「仏心真如の本源」(181)であるから、そこを明らかにして、「全体不変にして言説の相を離れ」(182)たところから「衆生利益をしめさんがために、万法に随縁して（中略）衆生の妄心万差に起動する中に入満して、利生の為に可発し起動する処を「業識」と指すなり」(183)ということになる。

つまり、『起信論』の心生滅門の最初に「心生滅とは、如来蔵に依るが故に生滅の心あり。所謂る不生不滅と生滅と和合して、一に非ず、異に非ざるを名づけて阿梨耶識となす」(184)とある文によって、如来蔵と阿梨耶識は同じものであるとする立場である。しかもその根元ともいえる心真如門の「心性は不生不滅」(185)としての「一心」すなわち「真如」をも視野に入れている。ゆえに「「業識」というは、一心の動ずるをいう」(186)となり、「信心のあらわるべき」(187)ところが「可発」ということなので、そこのところを「祖師は「真実信ノ業識」とのたまえり」(188)と解するのである。それなりに論旨明解な解説である。そして結論として次のように述べている。

> 「業識」とは、信心の其の本微妙にして不可得なる者を喩えて、第八の阿頼耶は微細のものなる故に、取り合わせて「真実信ノ業識」とのたまえり。此のたとえの「業識」は弥陀の仏智心なれば、配当して仏性識とも云うべし。併しながら是れは当流に明らかなる配釈はなきなり。しかれば是れ、流転門の第八識を押えて信心の上に談ずれば、体・用反飜して祖釈に違す。二門配当の分別、祖意、体・用、法・喩の差異をよくよく伺い習うべきなり。(189)

信心そのものが本質的なところで「微妙」なのであって、言葉で言い当て難い内容を孕んでいる。また第八阿頼耶識も「微細のもの」としてあるために、非常に捉えにくい面がある。一般的にいえば我々はすべての対象を第六意識で理解するしか方法がないともいえるので、浅い意識である第六識で、深い第八識を理解することなど不可能ともいえる。その点の共通性をふまえて似たところがあるから「真実信ノ業識」といわれたのである。したがって、ここでの「業識」は「弥陀の仏智心」のことなので「仏性識」とでもいうほうが妥当であるとする見解である。

以上に対する曽我の視点は全く異なる。意外性をもっての展開である。そもそも法蔵菩薩の本願はいわゆる如来蔵の思想でも、自性清浄心でもないという立場である。しいていえば曇鸞のいう性起思想とはいえようが、似ているところはあるとしても同じとはいえない面がある。自性清浄心は「自性唯心に沈む」危険があるために、よほど注意しなければ必ず陥穽に落ちることになる。その辺の違いについては『成唯識論』巻二で分別論者への論難として述べられている問題である。ただし、その真意を正しく受け止めるのは非常に難しいというのが曽我の主張といえよう。

しかも分別論者の立場は、まさに虚妄分別によって錯覚された抽象化だけに落ち込んでいる状態である。そうであれば都合がいいというだけの単なる期待のもとの解釈になりかねない。まさに画餅そのものであるという批判になるかと思われる。

すなわち、心性本浄説の難点は心の本有の性は本来的に清らかなものであるが、そこへ煩悩の塵が積もっただけという客塵煩悩説である。振り払えば煩悩は消えて本来の清浄さになるという誤った分別による考え方である。その立場で如来蔵なり仏性、もしくは真如を見ていることになるから、混乱が生じているという批判にもなる。たとえば「真如が随縁する」あるいは「如来蔵が生滅する」ということの真の意味しているところは必ずしも明らかになっているわけではない。その点を曖昧にしたままで自らの思いによって「心の性」を論ずる分別論者の主張は間違っていることになる。真如はそもそも不生不滅なので、生滅したり随縁したりすることなどありえないはずである。しかも先述したように、真空であることが即妙有であるという「有」をいっているのであるから、空の道理という真理があるという空理としての真如のことで、真如という実体的な何ものかがあるといっているのではない。そのことは再々注意してきたことであった。これまでに考えたところでいえば、真如は如来の第一義諦の領域に属することであって、世俗諦としての我々の世界とは峻別さるべきものであった。したがって、法則としての道理を表明している如来の世界を、「心」という我々の具体的な事実のところで捉えるということになれば、心の本性を解明するといっても、転変して止むことのない連続性の事実があるだけである。したがって、その事実が真如なり如来蔵と直接的に関係して真如が随縁するということにはならないという趣旨ともいえる。つまり真如という空理と心の連続的な転変の事実は原因と結果の関係になどなりえないものだというのである。現にある我々の事実は現在する現行であるが、その具体的内容に対して本有の無漏の種子がいかに関係しているかということでも、未来での理想として形式的に可能性が認められるということで、現在の具体的事実として認められるということではない。そこのところを分別論者は混乱させて、看板倒れになりがちな虚妄分別による錯覚をもちだして無理な主張をしているだけだとの批判にもなるかと思われる。『成唯識論』には、

心の体は煩悩に非ざるが故に、性本より浄と名けたりと説くべし。有漏心の性は是れ無漏なるが故に、本より浄と名くるには非ず(190)

とある。我々の心の自体は阿頼耶識であるが、性格的には無記である。悪ではないので煩悩に属するのではないというのである。悪業の結果を無記として受け入れるだけで「性本浄」というのであり、有漏である我々の現実がその本性として無漏であるなどといっているのではないということである。有漏か無漏かの区別のほかに、有為か無為かの判定基準があるが、事実としての心は有為に属するものであり、無為に属するものは法性・真如に属するので、両者が混乱することはないということである。したがって、有為法である種子について、その枠内で汚れてい

るかいないかを決めるのが有漏か無漏かである。

第二節 『唯識論』と『起信論』の関係〈曽我の見解〉

では、両重因縁の御自釈について曽我はどう見ていたか。その点についてはまず「光胎を出でゝ[191]」の次の文を紹介したい。

「われの久遠の父は如来の大願力の御名であり、われの真実の母は如来の正覚の御光であり、わが一心帰命の信念こそは、われの究竟の魂である」、これは親鸞聖人の『教行信証』行巻にさけびたる自覚の光景である。かくて曠劫の昔より、煩悩妄想の私生児、生死大海の孤児たる彼は、この深き自覚と共に、如来の法王子として、新に光明界より、こゝに誕生し給ひた。彼は如来の本願の自覚の刹那に、如来の心光に托胎した。さうして、その次の刹那には、又如来の本願の自覚に依りて、直に温かなる大悲の光胎を出でて、煩悩の林、生死の薗に還り給ひた。[192]

信心の業識はここでは「一心帰命の信念」といわれ、「究竟の魂」ともなっている。「行巻にさけびたる自覚」の表白になると思われるこの自覚は、如来の本願の自覚の刹那に、如来の心光に托胎し、次の刹那には、また如来の本願の自覚によって、その大悲の光胎を出でて煩悩の林、生死の薗に還られたものだというのである。一句一句に深い感銘を受ける文である。続いて「暴風駛雨[193]」を見ると、次の文が目につく。

主観より漏れ出づる他力、貪瞋煩悩の心中より誕生する真主観の他力がなければならぬ、此を内的親因と名くる。光明の悲母、名号の慈父、畢竟信心の業識に対すれば猶外縁に過ぎぬ、此れ猶客境としての他力、外縁としての他力に過ぎぬ。信心の業識なくば光明に摂取救済の力なくして我等の無明に障へられ、名号も徒なる万行万善の随一となりて、真に我を呼ぶの親心とはならぬ。信心の業識なくば光明も悲母と云はれず、名号も慈父とは名けられぬ。云何に如来が我は汝の父母なることを名乗り給ふとも、信念の子が誕生せぬ限りは父母の名は畢竟理想に過ぎない。我々に信念の子が誕生して親しく如来を「慈悲の父母よ」と帰命する時、始めて如来は我々の現実の父母となり給ふのである[194]。

信心の業識はここでは「内的親因」となっている。その限りでは流転の素因としての我でもある。しかし、この親因がなければ名号も光明も父母となりえない関係であり、「信念の子」が誕生しない限り、父母といっても単なる理想にすぎないというのである。そして次のようにいわれている。

宗教は願に初まりて願に終る。此願こそは真実至深の行である。唯我々には真実の願がない。此れ無力の故である。無力の故に願の必要がある。而も無力の故に願は無効である。此れ単に如来の大願力を信ずる信の宗教の誕生する所以である。されば如来の大願こそは我等の信仰の直接対象である。如来の大願を求めて、遂に求めつゝ、ある所の自己の真主観に発見する、此をば信念と名くるのである。

誠に「たのめ」の南無の二字こそは我等の無始以来の迷悶の雲を破り、阿弥陀仏の救済を証明する直接主観の大命である。「如来は我也」と云ひ「如来我となる」とは此南無の二字に接した時の感である。南無の二字は「如来となる」と云ふことである。阿弥陀仏の四字は「我を如来にする」と云ふことである。如来が我になりしは我を如来にするを目的とする為である。而も我が如来になるは現実世界では出来ぬ。現実世界には唯未来成仏を憧憬するより外はない。唯我々の現に実験し得る所は「如来が我となり給ふ」と云ふ南無の二字に過ぎない。人生の大事実は「如来人間となる」と云ふの外はない[195]。

「南無」の二字が我々の無始以来の迷悶を破るのであり、「如来我となる」とはその南無の二字に接した時の感触であったとして、法蔵菩薩が「一切の人間の真我となり給ふと云ふことである」[196]という、降誕の意義へ連動するところを述べているのであるが、基本的な視点としては「本願」であり「南無」に集約されると思われる。ありえないことがありうるというのも、この基点によるからであって、曽我の独創性の一特質を示すところである。なお、信心の業識については次のような了解も残されている。

　信心の業識とは信心のたましい、自分自身ということでしょう。お念仏は親、信心は自分自身。（中略）自分自身というものは父や母に生んでもらう以前からある。たましいは久遠劫の昔からある。からだは生まれて年をとって死ぬということがあるが、たましいは七十歳になり八十歳になり年をとってということはない。たましいがあって、そのたましいをこの世に一人の人間として――身という人間の着物を着せて生み出してくれたのが親。たましいは、いつでも親があって、いつでも生んでくれる。死んでからだがなくなると、どこかにまた親があって、たましいを人間としてこの世に生んでくれる。（中略）業には主体性というものがあって――責任感という――人間の心の深いところに、きわめて尊い正直な心があって、それが自分のしたことについてはどんなことでも一切責任を持つ、勝手なことは思わん、私は全責任を負う。

　人間のたましいとは、そういう尊い自覚を持つ。それで人間は、そういう過去の業を果たすために生まれてくる。それが人間の、正直な、尊いところである。だからどんな不幸な境遇をもって生まれてきても、誰もうらむべき人はない。自分には過去の業によって、こういう苦しみを受けるようになっているのだ、だからこの責任を果たさなければならん、こう奮い立って生きてゆくことができる。（中略）南無阿弥陀仏というたましいが（中略）如来の本願によってお助けをいただき、それが信心の業識というものになるのでしょう。[197]

ところで、『曽我量深選集』第二巻、『地上の救主』初版本の「序」の文は注目に値する内容を含んでいる。

私はこの『観経』の隠彰の実義なる弥陀大悲の本願を徹底して、遂に因位法蔵菩薩の自証に進まずに居られなかつた。巻中の「地上の救主」の一篇は正しくこの自証を讃仰したものである。[198]

というように、全体を包む一篇のもつ意味の重大さの指摘である。同時に前章で考察した「法蔵菩薩の出現の意義」には汲めども尽くせないほどの圧倒的な力をもって我々に迫ってくるものがある。その点を踏まえたうえで、「信心の業識」が位置づけられている点に注意したい。その視野のもつ破天荒とでもいうべきユニークさが鮮明に浮かび上がってくるところである。曽我はいう。「現在を離れて、云何なる過去も私にあつては存在しないのである」[199]と。それは全く「現在の心境自体の反省の影像に過ぎない」[200]といっている。我々もすでにその一端に触れてきたことではあるが、「現行一刹那」の事実に関してのことである。この「一刹那の現在」[201]については次のものが参考になる。

吾々は動もすると「永遠の現在」といふやうな言葉を使ひます。けれども永遠の現在といふことは一切無いことでありまして、現在は常に一刹那の現行である。永遠といふのも要するに一刹那の現在の中の意義価値として、或は又永遠などといふ概念を、吾々がさういつて頭に考へたのでありまして、即ち現在についてさういふことを考へただけのことであります。事実現在として躍動して来るものはたゞ刹那の現在のほかない。刹那といふものこそ固定して居るので無い。勿論考へられた刹那は固定する。永遠と云ふものは固定して居るものである。永遠といふものは固定して居るとしか考へられない。本当の事行の刹那といふものは、之は方向をもつた一つの点である。或る方向をもつて居る力の力点である。さうしてやはり直線の上の点でなくて、曲線の上の点であつて、方向をもつて居る所の点である。それを刹那の現在と名づけるのであります。[202]

以上の意味でここでは「自証の現在」[203]が「刹那の現行」であるといっているのである。そしてその自証が因位法蔵菩薩の自証にまで進み、その自証を讃仰したのが、「地上の救主」であった。ゆえに「刹那の現行こそは真に自証の現在の直観の唯一の事実である[204]」ということになる。ここにはゆるがせにできない視点が示されている。その場合に注意しなければならないのは、そのことが判明するについての過去の「無有出離之縁の底なき悲しみ[205]」が、現在の内容としてあるという点である。「反省の影像に過ぎない」としてもである。おそらく阿頼耶識に触れた「真我」のどうしてみようもないほどの「悲しみ」の実感のことなのであろう。その痛みにおいてのみ、法蔵菩薩の降誕が自らの胸中に成り立ったといっているように思われる。次の文につながっているのではなかろうか。

法蔵菩薩は孤独の如来である。古往今来、生死大海に自己を投じた御方は唯一人ではない乎。又法蔵菩薩は孤独の自我である。古来如来の大誓願海に自己を投じたものは唯我一人である。

法蔵菩薩は如来がわたくしに生命を与へられた姿である。而して又わたくしが如来に身命を捧げたる姿である。親しくわれを呼ぶ如来が法蔵菩薩である。親しく如来を呼ぶ我が法蔵菩薩である[206]。

しかも、この「自証の現在」は、過去のみならず「無限の未来を展開荘厳する本願力自体である[207]」ということで、「現在の直観の唯一の事実」に「賀慶の想をとどめ[208]」置くことはできないとして、以下に述べられる曽我の説は全く奇想天外としかいいようのないものである。

昔、馬鳴論師は反省せる無明業相の裡に如来の業識を直観した。「刹那現行」の純粋自類相続の現在によらずして云何して過去の自己を厳粛に反省され得よう。純粋法性の現在を離れて、云何して現実的業報の現在が成立し得よう[209]。

曽我以前の諸師が誰もいわなかったところからいえば、空前絶後といえるのであろう。したがって信心との関係において『起信論』のいう業識を見る場合でも、「三識之事」がいうように、「信心は六識の所知にあらず、亦、第八の阿頼耶蔵識に非ず。弥陀の仏心を以て衆生往生の正業と」[210]するのである。ゆえにそのような定まりがあるから「真実信ノ業識」と名づけるのである。とにかく「是れ流転門の第八識に非ず還滅門の法門」[211]であるとして、「世に誤りて当流の信心を三識に配当することは、文の起尽を委しくせざるの失なり」[212]というのは当然の結論である。「祖師は「真実信ノ業識」とのたまえり。必ずしも業識は信心なりとは顕わしたまわず。是れを以て知るべし、信心は体なり、業識は喩えなり。それを第八識が信心なりといわば、識が体になりて信が用になるなり」[213]とあって、業識は単なる喩えにすぎないとの認識である。如来蔵と唯識の立場とでは、大乗といってもその初歩的な権教と、究極的な真如に直接する立場とでは決定的な差異がある。両者を混同することなどありえないというのが常識である。私自身もそのように教えられ、またその類型化の便利さもあって、そうとしか考えられなかった。その経験からいっても「三識之事」の著者のいうところの方が正当であると思っていたところである。

それに対する曽我の『起信論』の読み方は並みではない。流転の始めである「無明業相」を「反省」的に見ることによって、その無明の業の裏に「如来の業識を直観した」というのである。ここが要点である。どういうことなのか。曠劫来の流転の迷いであり、どうにも手のほどこしようのない無明の闇の自身の事実は、煩悩具足の凡夫としての正真正銘の自体である。しかし、その事実そのもののところへ「如来我となる」という「法蔵菩薩降誕のこと」となり、如来の業識のはたらきがあるからこそかえってそのことが成り立つというのではなかろうか。いわゆる一体・一如・一心という『起信論』の中心主題のところへ視点を戻す必要があるのであろう。ともあれここでの「如来の業識」とは、如来自身によってなされる自己批判の内容を現すものであろう。自らの内に衆生の業を内観するところで確証された衆生の業の重さと、その業を自ら背負うしかないことを自覚された、いわゆる「正定業」のことなのではなかろうか。今の私に推測できるのはこの程度のことであるが、いかがなものであろう。

『起信論』をどのように見るかというところでいえば、曽我には次のような論説がある。

馬鳴論師の『起信論』の言をかりて云はゞ、天は心真如門の真如であり、地は心生滅門の真如、如来蔵である。真如門は理想としての大自然を示し、生滅門は現実人生を示す。真如門の真如は不変であつて、生滅門の真如は随縁である。真如門即ち理想の自然よりすれば自然即人生であつて常住不変の自然の全体が無常生滅の人生に円現する。しかし生滅門即ち現実より見れば、自然は全く超然たる理想である。二界の間には超ゆべからざる根本無明がある。我等が生滅の根本的主観なる阿梨耶識を観ずる時に、忽然念起の無明に想到せねばならぬ。唯夫れ此根本無明は生滅人生の原頭であつて、それは直に一如に接触する。流転の発端と還滅の終局とは直接に相接して、流転を真に知ることが直に還滅であり、不可超越の境界線なる無始の根本無明が、直に真源に徹して居る。誠に地は現実人生に直接せる大自然の端緒である。(214)

「心真如門と心生滅門の関係、その心生滅門の真如が如来蔵である」、「真如門は理想を示し、生滅門は現実の人生を示している」、等々、明断な了解である。ただし、真如門からみれば生滅門はそのままに円現しているのである。しかし、生滅門の現実から見れば、両者の間には超えるに越えられない「根本無明」がある。ゆえに生滅の根本的主観である阿梨耶識を観ずる時には、どうしても忽然念起の無明に想到せざるをえないことになると曽我はいう。この点は鋭い指摘である。ただし根本無明が流転生滅の原頭であるとしても、それは直に一如に接触しているのであって、その直接的に相い接しているところで「流転を真に知ることが直に還滅である」という。越えるに超えられない無始の根本無明が、そのまま真源に徹していることを自覚・自証しなければならないというのである。卓越した示唆である。

ともあれ、馬鳴論師に託して自ら直観した曽我のこの文は、『起信論』によりながら信心の業識のもつ未曽有の意味を明らかにしていると思われる。その要衝をなすものが「「刹那現行」の純粋自類相続の現在」といわれているところである。今章の主題の一つに十分なりうるものである。すなわち「自証の現在」が「刹那の現行」であって、その真の自証こそが「現在の直観の唯一の事実である」と先に確認した、その『唯識論』でいう「現行一刹那」の事実である。その事実の語らんとしている驚くべき深さについての「覚証」である。「純粋自類相続の現在」が疑いようもない確かな事実である。だからこそ、それを基点として「過去の自己を法爾に反省」することもできる。純粋にそれ自身として相続転変して止むことのない一瞬一瞬、念々の恒転如暴流の流れこそ阿頼耶識の事実である。この点について曽我のいうところは瞠目に値する。次の文章である。

時間はたゞ現在のみである。真実に現在一刹那の識そのものを自覚する時の識は無限に内に流れ、無限に内面化して流れこんで来る。考へられたる所の時間といふものは外へ外へと流れて行く。そんなものは時間でも何でも無い。寧ろ空間的なる虚妄分別の内容である。詰り自覚といふものと全く方向を異にして外へ向つて行く。随つて彼等の時間は寧ろ過去に出発点を置くか、若くは未来に考の基礎を置く。人の流転には過去の業を原理とし、法の生起には未生の可能の法界を原理とする。何れにしても現在は単に過去未来を連結する第二義的存在に過ぎない。此れ則ち直接なる意識を離れて人と法とを独断するからである。

今や唯識の原理は其の過去を否定し、未来を否定し、たゞ此の現在の刹那の識其のものが無限に内につき進む、そこに所謂限りなく外なる妄想独断を否定し、実在の過去を否定し、実在の未来を否定する所の現在が、同時に無限の過去と無限の未来とを構想して、無限に現行するのであります。即ち無限に直接に内を反省して、則ち無限に内に現行する。それが内から間接に外に反省するので無く、又それが外から内に向つて現行するのでないのであります。現行といふことは、自覚の外から詰り自覚内に現入するので無うて、内から内に現

行するのであります。(215)

続いて『起信論』を引用しながら、次のようにいう。

その現行するといふことは、動もするといふと超越的なる種子が外から阿頼耶識の内に現入するのである、こんな風に考へられて居るかも知れません。けれども、さうで無いのでありまして、識が識自らを無限に自覚して行く所の、其の道程、それは識が無限に現行する所の道程は、刹那現在と云ふ時間の形式の中に入りて始めて此の唯一の限定に依つて事実となり、而して是の唯一の限定に依つてのみその無限の法性を反顕するのである。かういふ工合に考へなければならんと思ふのであります。(216)

ここでいわれている「無限の法性を反顕する」とあるところが今の序文の「純粋法性の現在」に通底している。その法性の現在を離れてしまったならば、「現実業報の現在」も成り立つはずがないとの結論である。

以上のような論旨の序文が、次のような文言で結ばれているところも私の印象に深く残ったところである。

もとよりその自証は微光であつて、到底独我論なる自性唯心の境を出で得なかつたに違ひない。しかしながら世は滔々として、神話宗教として法蔵菩薩を冷笑せし間にあつて、独りそれの上に地上の救主の意義を見出したこと、而して爾来わが真宗教界に於て漸く法蔵の名を聞くに到つたことはこよなき喜びである。是れ則ちこの一篇の題を拡めて一巻の総題とせし所以である。(217)

ところでこの問題は次に確かめなければならない論点と必然的に関係する。それについて一言しなければならないのは『唯識』でいわれている「因縁変」と「分別変」のことである。『成唯識論』巻第二では次のようにいわれている。

有漏識の変に略して二種有り。一には因と縁との勢力に随ふが故に変ず、二には分別の勢力に随ふが故に變ず。(218)

これまでのところでいえば第八阿頼耶識は因縁変であり、純粋相続の事実とあったものも因縁変である。変は転変の義であって変化のことである。一連の継続性を成り立たせるものとしてありながら、事実としてある因縁との相互作用のことともいえる。一瞬の転変の連続が現行一刹那の事実であった。すでに確かめたことではある。それらは因縁変の事実ということになる。

それに対して分別変は意識の特質でもある心のはたらきの転変をいうのであって、第六意識の作用が分別変である。ものを対象化し概念化するはたらきである。考えること、思うこと、認識すること、それらの全ては分別変である。そこで認識されているものは、いわゆる虚妄分別といわれるようなはたらきになる。そのために抽象化になり言葉だけになり事実としての因縁変から離れることになる。ものが対象化されて画餅になってしまう点でいえば相分心のはたらきである。相分熏といわれていたあり方のことである。触れれば火傷するのが因縁変の火であり、触れても何のはたらきもない「火」という文字が分別変ということになる。頭の中で考えられた火である。

第三節　信心の業識と無漏の種子

次に信心の業識に対応する、本有もしくは法爾の無漏の種子について尋ねてみることにする。当然のことながら第三章の主題であった種子のことである。したがって、そのおおよそは明らかにしたつもりなのではあるが、ここで改めて確かめたいのは、種子は本有として本来的に有るものであるか、それとも新生もしくは新熏として新しく経験され習慣づけられて身につくものであるかについての検討である。

そこで阿頼耶識であるが、すでに名前だけはあげておいた「蔵識の三位」の最初の「我愛執蔵現行位」としてのそれである。この三位と三心・三願との関係については次章で考察する予定であるが、今ここで確かめようとしているのは、種子そのものが本有なのか新熏なのかということと共に、有漏なのか無漏なのかの点である。いうまでもなく無漏の法爾の種子がいかにして阿頼耶識と関係しているというのか。阿頼耶識は執蔵であることを自体とすることはすでに述べた。ゆえに阿頼耶識と無漏の種子ということになれば次のような解説がある。

無漏種子の体性は唯善であり、その性類は能対治の法であるが、本識の体性は唯無記であり、その性類は所対治の法であるから、無漏種子は第八異熟識の性（性に体性と性類との二義がある）に摂められないのである。(219)

等々といい、続いて護月の「唯本有説」を、

即ち種子は法爾自然の存在であつて、無始時来阿頼耶識の功能作用として具足する所のものである。而してそれは現行の薫習等によつて新に生起するものでない。(220)

と紹介している。次いで難陀の「唯新薫説」については、

即ち一切の有漏・無漏の種子は法爾に新生するのであつて、彼の唯本有説の唱ふるやうに、法爾本来具足するものでないと主張する。(221)

という。そして護法の「新旧合成説」については、

故に第三説は本有と新薫との二類あつて共同して能く各種の現象を呈すと主張し理と教とに相応するものとなす。(222)

と解説して、『成唯識論』巻二の、

諸の無漏の種は異熟識の性に摂めらるゝものにあらざるが故に、因も果も倶に是れ善性に摂めらるゝが故に、唯名けて善と為す(223)

との紹介をなしている。

要点のみをいえば、以上のようになるが、法相唯識の通常の考え方に対して、曽我のいう「如来の名号」こそが「法爾無漏の種子である」とする主張は、まさに異常である。どうしてそのようなことがいえるのか。全く不可解なことであろう。常識を逸するもいいところである。曽我の批判する相分熏の抽象論でしかものを見ていなかった私にとっても、衝撃であった。そのことはすでに記したが、誠実に唯識学を学んで人生の難問を解決しようとしている人たちも多数いる現状からいっても、曽我のこの見解の意味するところを正しく受けとめるのはかなりの困難を伴うともいえる。妄想者の戯言として一蹴されるか、無視されて一顧だに与えられない可能性もある。

しかも真宗を学ぶ者というある種の限定で考えてみても、この結論の真の意味を把握するのは至難のわざというべきではなかろうか。かなりの複雑な紆余曲折を経て、最終的に納得できるかもしれないことである。その過程を明らかにして誰にでも了解できるようにすることは不可能である。そこで現在の私にとって多少の手がかりになっている曽我の論説の中から、すでに述べた「「仏かねて知しめす」とは因位法蔵菩薩の願心を指す言であり、すなはち根本阿頼耶の中に知ることである[224]」とあった、その意味の再確認からはじめてみたいと思う。

答えに窮して途方に暮れる現実であっても、「仏かねてしろしめす」ところからみれば、当然のことであって、「さのみふかくおどろくまじきことなり[225]」となるはずだからである。そこで因位の菩薩の願心に思いを致せば、根本阿頼耶識の中で知るという信心の業識のところに立ち帰ることができるので、必ず問題解決の端緒は得られると思っている。そこで「名号の世界[226]」をみると、「至徳の尊号」ともいわれる名号が「絶対無限[227]」なのであり、「至醇にして原始究竟の観念である[228]」という。これなくして「真実の現在人生なく、大自然界はないであらう[229]」。「この絶対無限の観念はわれ等の憶念の最後の礎であつて、万象万有の生起する第一の所依である[230]」とまで曽我はいう。そしてこの絶対無限なるものを「無着、天親の二氏は[231]」「法爾無漏の種子と名けてある[232]」。これを「本有の種子と名ける」[233]こともあるという。そして護法の立場を正義とする法相の宗義からいえば「この絶対の種子にも本有、新生の二者を分ち、相対有漏の種子にも亦新生、本有の二種を分つて居る」[234]。また難陀の場合でいえば、「有漏有限の種子が悉く新生の外的経験から来るとの考から、無漏無限の種子も亦本有ではないと決定せんとした」[235]という。

先にみた唯識の通説でいえば、護法の新旧和合説と難陀の新熏説を紹介しながら、無著・天親の二師は「絶対無限」である「如来の名号」を「法爾無漏の種子と名けてある」といっている。このことが重要であることは先ほど述べたが、どこでいっているのか。また、ここでの「絶対無限」とはどのような内容のことなのか。等々、さまざまな疑問が生じてきて、一筋縄ではいかないところである。したがって「師天親の本意」[236]とは何かということこそ最大の課題である。今はそのことについての曽我の独自の見解を見定めなければならないことにしておく。そこで次をみると、「しかし私は二氏共にその師天親の本意に通ぜぬでないかと思ふ」[237]という。護法も難陀も共に師天親の真意に通じていないという批判である。難陀の新熏説は本有を認めないのであるから論外としても、護法までも誤りだというのは何故か。それは相対化されたところでしか本有を見ていないためである。つまり、真実の法爾の種子もしくはそれが本有であるということは、無限なるものに限ることであって、その無限性は唯一であり、「専ら本有法爾でなければならない」[238]はずである。有限なるものは外的な経験の熏習によって新生せるものであるから、決して本有ではない。「印度論蔵の研究者は静に根本識の世界に入りて、その種子表象の法爾なるものと、新生なるものとの区別を明にすべきことである」[239]との厳しい言葉を残しているのは、その点を強調したいのであろう。それを示すのが法蔵菩薩の第十七願の「我名」であり、それが何ものであるかは、「有限因位のかれの知らざるところである。しかしながら彼は彼自身の心霊に如来の御名を受け、その御名に依りて現実世界に回向せしことを知つて居る」[240]とある。ここのところは興味深い。そしてこの無限なるものこそが一切の物質と外的経験の基礎であると述べている。この点が重要なのだと思われる。続いて「一切の物質界を荘厳し浄土を完成せしめる第一歩である」[241]ともいっている。この点は私にとっては全く思い及ぶことのなかった大転換が示されているところである。まさに奇想天外である。「静に憶念の眼を開いて、法蔵菩薩の永劫の歩みを観」[242]ずると、それは単一なるものではなく、「唯一なる絶対の観念を摂持して居るものではない」[243]といっている。先ほどまで絶対であり無限であるといっていたので矛盾しているように思われるが、そうではない。親鸞の所謂「自然法爾章」でいえば「義なきを義とす」[244]という関係である。自己否定における唯一の突破口の発見である。そのような表記によってしかいいようのない真実である。いわば絶対なるものといっても実体としてあることではないことを絶対的に認める立場に立つことである。その位置の確認である。そこのところを見逃してはならないのである。「彼は常に本願の胸を開いて」[245]「十方衆生の欲望の観念を受け容れる。則ち十方衆生の雑行雑善を受け容れる。その虚仮雑毒の行を受け容れる。十方衆生の自利的なる現世祈願を受け容れる」[246]。そのようにして「彼は十方無量の諸仏の名号を摂持して居る」[247]とある。その意味での「名号」の問題である。したがって、「まことに阿梨耶識の種子の世界と云ふは十方恒沙の諸仏の名号の世界である。十方諸仏の観念は皆悉く客観から熏習せられたる新生の観念で、それは決して菩薩願心の法爾の至醇観念ではないのである」[248]とある。そこが要点だと思われる。

以上の所説のかかわりの中で、では願心それ自体からみるとどうなるか。その点を次に「浄土荘厳の願心と願力」[249]において確かめよう。

力用は則ち名号である。則ち南無阿弥陀仏の名号である。『唯識論』にはこれを「法爾無漏の種子」と呼んで居る。（中略）而してわれわれの祖先はこれを「如来の名号」と呼ぶのである。げにこの名号こそは絶対無限の如来の本然如是の力用であつて、一にして静なる法の体は挙体表現して十方衆生の生命の根原となり、行為決定の原理となるものである。[250]

という。続いて以下のように展開する。

げに一如は不可知的である。[251]

一如は真如でもいいのであろう。「こころもおよばれず。ことばもたえたり」であった。『起信論』的にいえば、「心念の相を離れて居る[252]」ことになる。その「空寂なる如を冥想し[253]」ていると、「忽然として唯一箇の現実の有情を内に感招する[254]」というのである。どういうことなのであろうか。突如として「内に感招する」とは、「外界と内界の限界を確然と区別する[255]」ためだとして、我々の真の主体である「根本主観[256]」は「抽象的なる意識現象[257]」ではなく、「身根[258]」のことであり、それを内に感招して、「限りなき前生の業に縛せられてそれを果す[259]」しかない「現実の生[260]」を「感招せしめられ[261]」ているのだ、ともいう。

根本主観は無量無辺の有情を内感すると共に、その一一の所感の有情は即ち能感の根本識そのものである。(中略)まことに有情の身根を内感する時、「十方衆生よ」と云ひ「一切群生海」と云ふ言語は肉身の全体にひびきわたるのである。げに無明の自我意識は根本識を愛執して「自我」と執蔵するのであるが、根本識は内感したる身根を、十方衆生と呼び、かへって「汝」なる第二人称を以て呼んで居ることである。その裏から「汝」と呼ぶところの対象を見出した時、始めて菩薩精神、大菩提心、如来の願心は完全に開顕せられたといふべきことである。[262]

見事な論旨であるというしかない。なお、次にいうところも「根本主観の願心」と「本願力の名号」、そして「法爾無漏の種子」の関係を適切に言い当てていると思われる。

蓋し願力回向の一名号を明に建立し、それを表現しやうとするには、それを正しく選択決定し、摂取し、執持し、憶念するところの現実なる根本主観の願心に溯らなければならぬからである。本願力の名号、法爾無漏の種子、実在の観念、それを久遠の昔から永遠の未来まで一貫して憶念執持するところの願心がなくてはならないからである。現に内に憶念執持する根本主観の願心がなくてどうして如来の名号の回向表現があらう。(263)

ここでの「法爾無漏の種子」の位置づけには奥深いものがある。ただしその意味するところを探るについては少し観点を変えた検討が必要である。ちなみに、「如来、我となる」との曽我の感得は、前章で考察したように驚くべき新たな発見であった。しかしそのことは一如の法身そのものである無為法の如来が、有為法である我となったことになるのではないか。では真如が随縁したことと同じになり、道理に反することになるのではないか。その点についての厳しい見解が曽我の読み方が異例であるところにこめられているのである。全体を通してもいえることであるが、唯識の真の立場に対してその姿勢が覆されることはない。それ故にくずされることではないのである。したがって、無為法は有為法の因にならないという原則が通常の意味での真如随縁ではないことになる。それはどういうことなのか。第一義諦と世俗諦との峻別で明らかになったように、如来と我との差異には混乱の生ずる余地のない決定的な違いがある。ゆえに「我は如来に非ず」となるのである。その意味でいえば、ありえないことがありえないので、その点は絶えず確かめられなければならないともいえる。しかもその上で「如来が我となる」のである。だから当然のこととして真如が生滅するということではないのである。ありえないことであるというそのことの自覚・自証の問題である。それが本願力の異常とでもいうしかないはたらき、いわゆる「力用」であって、しかも本願は如来に属するものであり、無為法である。有為の我々にとっては無関係なことである。先述したように「如来にすてられた」という自覚的反省のあったところである。助ける如来があるとしても、助けられる我が直ちに成り立つわけではない。我々の側からみる限りでは、それはどうしても助からないという事実そのものしかないことである。その点は截然として区別しなければならないところである。この謎を解くためのヒントを強いて『起信論』に求めると、「真如の自己否定」ではないかと思っている。すなわち「言説の極にして、言に因つて言を遣るなり」[264]とあるからである。真如は言説されているが、究極的な意味においてのことであり、言説化されながら、真如自体がそのことを否定しているという。『大乗起信論義記』では「静を打するの声」[265]という譬えがあげられている。つまり、もっとも騒々しい声は「静かにせよ」という声だというのである。ただでさえ騒々しいところへ「静」の声を加えなければならないからである。自己矛盾であり、自己否定である。

以上の点は、次章において三位と三心、三願の関係を確かめた上で、終章において再確認する予定である。

第六章　蔵識の三位と三心・三願

第一節　三心と三相

曽我唯識の独創的な課題性については、これまでに述べてきたところである程度明らかになったかと思う。しかし何といっても、今章で検討しなければならない主題の語っているところは重要である。一時的にもせよ、曽我の運命を決したともいえる可能性もあってその異常な出来事とのかかわりから類推しても興味深い問題である。

詰り法蔵菩薩が至心信楽欲生の三心の誓を発したまうた、即ち至心信楽欲生といふものは法蔵菩薩の発起したまへる所の三心である。かうして置いて此の三心といふものを阿頼耶の三相の上に求めて見るといふと、信楽といふものは阿頼耶、即ち究竟体験、即ち宗教的体験の自相である。之は金子さんもさう云つて居られたと思ふのであります[266]。

「法蔵菩薩の発起したまへる所」とあるその奥行きに注意したい。「信楽を獲得することは、如来選択の願心より発起す[267]」とも関連し、縁起の究極とも解される「性起」にまで深まる可能性があるからである。ともあれ阿頼耶の三相と第十八願の三心を対応させて、自相—信楽、果相—至心、因相—欲生とする。この「配当は、たゞ仮りに配当するのでも、相似して居るとか類似して居るとか説明の便宜上とかいふのではなくて、私に動かない所の内的必然の根拠がある[268]」といっている。ここのところも見逃せない。私などはすぐに無理にこじ付けたのではないかとの疑念に襲われるからである。そのようなことでこれから確かめなければならない「三相」と「三心」の関係は、名目だけはすでに示しておいた「三位」と共通するところもある[269]。ただし異なる面のあることは唯識の常識である。三相がそのまま三位ではないことを念のため記しておく。三相の後で三位との関係が述べられるのである。

そこで三相であるが、この三は横並びなのではないところに注意したい。曽我はいう。

阿頼耶の自相といふものは具体的のものでありまして、具体的経験それ自体、即ち経験体でありまして、其の阿頼耶自体の具体的経験の内容たる意味、即ち義相が二つある。其の二つの内容的意味の一つが果相といはれ、一つが因相といはれるのである。即ち阿頼耶の具体的経験の二箇の意味を果相因相といふ二つをもつて現したので、其の体と意味とを合せて三相といふのであります[270]。

「阿頼耶の具体的経験の二箇の意味」が果相と因相なので、体と意味、自体とその内容とを合わせて三相というのである。つまり、二相もしくは一体二義であるというのである。すでに述べた第三章「阿頼耶本識の自体」のところの、体と相が一体二相・一体二義とあったのと同じ関係である。この三相の関係をより厳密にいえば次のようになる。

信楽といふ自相の中に、至心の果相、欲生の因相が綜合せられて居る。即ち因と果との二相が信楽の自相の道程の中に綜合せられて、所謂信楽の自覚進展の両極端に現はれる所の二面の内容的意義が至心と欲生である。かういふ工合に考へられると思ふのであります。三心即一の信楽といふことは、かういふ点からして始めて明瞭に説明することが出来ると思ふのであります(271)。

ちなみに果相と因相の関係における種子について、曽我が指摘している次の了解には非常に大事な意味が含まれている。

果相といふものは阿頼耶識の事実的相分になるが、因相は永遠に阿頼耶識の相分にならぬものであります。其の因相の中に於て種子といふものも亦果相になる時は純粋な種子でなくて、それが有漏の種子といふものになつて来た時に初めて果相の中に這入つて、それが一つの有漏の内容といふものになるけれども、純粋無漏の阿頼耶識の相分にならない。斯ういふ工合に『唯識論』に書いてあるのであります(272)。

曽我の鋭い読み込みの一例を示すものであり、余人の追随を許さざるところである。どういうことかというと、前章で考えた無漏と有漏の種子と阿頼耶識の関係についての見方である。

曽我のユニークさそのものといえる発想に触発された私見を次に述べることにする。果たして正しいのかどうかはわからないので、参考までのことである。

「果相は阿頼耶識の立体的自覚作用の内在的意味であり、分析的内容である(273)」、「因相は阿頼耶識の自覚作用の超絶的意味、即ち直に総合的自覚主観夫れ自身の反省である(274)」といわれていた、一見しただけでは理解不可能な曽我独自の定義が述べられた、その後の文章である。第三章「阿頼耶本識の自体」で多少考えた論点である。そこで果相であるが「阿頼耶識の事実的相分になる(275)」というのは、現行している異熟果のことであり、これまで意識して避けてきた課題である。今章でこの後直ちにその意味するところの解明にとりかからねばならないものである。それに先立って少しばかりの手がかりをここで示すとすれば、具体的事実としての生きていることとそのことにかかわることである、という因縁変である。それは立体的な内容のある事柄であり、その事実を自覚できる内在的意味として分析的に捉えることのできることでもある。故に、阿頼耶識の相分になる。つまり対象として認められるというのである。それに対して「因相は永遠に阿頼耶識の相分にならぬ」というのは、「阿頼耶識の自覚作用の超越的意味」にかかわることだからである。阿頼耶識の自覚作用を超え出てしまっているために、それを対象とすることはできない。いわば相分にならないといっているのである。ただ永遠に相分にならないということは、「総合的自覚主観」である阿頼耶識の立場から見れば、阿頼耶識それ自身の反省としてそのような超絶的な領域のあることは認められるといっている。全体を統括する自覚的主観であるからといって、自分を超えるものは認めないといっているのではないのである。

その因相の中で特に「種子」に焦点を定めると、それが「果相になる時は純粋な種子でなくて、それが有漏の種子といふものになつて来た時に初めて果相の中に這入つて、それが一つの有漏の内容といふものになるけれども、純粋無漏の阿頼耶識の相分にならない」。このように「『唯識論』に書いてある」といっているが、当然このままの記述が『成唯識論』にあるわけではない。以上のように意味を取ることのできる読み方を曽我がしたということである。私の試論であるが、そのように推定される論文を挙げてみる。

無始の時より来、界たり。一切の法において等しく依たり。此に由つて諸趣と、及び涅槃を証得するものと有り。此の第八識は自性微細なるが故に作用を以て而も之を顕示せり。頌の中に、初の半は第八識と因縁と為る用を顕し、後の半は流転と還滅との與に依持と作る用を顕す。(276)

有漏を応に無漏の種と為すべきものにはあらず、無漏の種が有漏を生ずること勿かるべきが故なり(277)。有漏の善心は、既に雑染と称するをもつて、悪心等の如く、性は無漏に非ざるべし。故に無漏が與に因と為るべからず、善悪等、互に因と為ること勿かるべきが故なり(278)。其の聞熏習は、唯有漏のみには非ず、正法を聞く時に、亦本有の無漏の種子を熏じて、漸く増盛ならしめ、展転して乃至、出世の心を生ぜしむ。故に亦は、此を説いて聞熏習と名く。聞熏習の中に、有漏性の者は是れ修所断なり、勝れたる異熟を感じて出世の法が為に勝れたる増上縁なり。無漏性の者は、非所断に摂めらる、出世法の與に正しき因縁たり。此の正しき因縁は、微隠にして了し難し、有るところに、麁顕にして勝れたる増上縁に寄せて、方便をもつて説いて出世心が種と為せり。障に依つて種姓の別を建立することは、意は無漏の種子の有無なることを顕さんとなり(279)。

繰り返すが曽我は、「種子といふものも亦果相になる時は純粋な種子でなくて、それが有漏の種子といふものになつて来た時に初めて果相の中に這入つて、それが一つの有漏の内容といふものになるけれども、純粋無漏の阿頼耶識の相分にならない」という。このことの意味しているのは、無漏の種子が有漏の種子になった時でなければ果相という現行になり得ないということである。どういうことか。無漏なるものが有漏の原因になることなどありえないと論文にあったので、矛盾した論旨のように一見みえる。しかし、曽我のいおうとしているのは矛盾ではない。たとえば自性唯心に沈んでいる者は、理法に属するものを抽象化する。唯識の基本的原則を破って、虚妄分別でものを見てしまうのである。そのために具体的事実としての因と縁との関係が見えなくなる。すでに触れた因縁変が消失して相分変が蔓延るのである。絵空事の概念化に落ち込んでしまうので、生き生きした生命力は失われる。そのことを批判して自らの論旨を展開させるのが、曽我のいわんとするところである。

故に種子についていえば、それは因として事実にかかわることであるから理念や理法ではない。無漏の種子といえどもそうである。理法は事実を超えている。有為法か無為法かでいえば、理法は無為法であり、事実は有為法である。その基本は守るのである。したがって今は有為法としての事実に属する無漏の種子について考えているのである。

そこで私の理解では、曽我のいう「純粋無漏の種子が有漏になる」というのは、「如来、我となる」ということではないかと思う。『摂大乗論』でいえば、純粋無漏である浄法界が、如来の教法として等流して、有漏の「我」の煩悩中に転入した。阿頼耶識それ自体には無漏の種子は無いということであったが、そこへ「如より来生する」のである。いわば等流のはたらきによって依附することになる。「微隠にして測り難い」ことであるが、法蔵菩薩の事実上の願と行に裏づけられた修行によることである。そのことが「如来、我となる」ことであった。意味していることが全く異なるのであって、理念の話ではないのである。「五劫の思惟」という事実のことである。故に、何の裏づけもない相分心の画餅にすぎない自性唯心者の抽象的理論とは異なるということである。

だからといって純粋無漏の阿頼耶識の相分にはならないというのは、如来の世界そのものは阿頼耶識の範囲を超えているからである。そのために阿頼耶識の対象にはならないというのである。しかも、「絶対的自覚意識」の「根本自覚の現実相」が果相であり、因相はその理想であるということで、有限なる現実と、無限なる理想との峻別は明らかになっている。同時に「絶対的自覚意識」というところにまで阿頼耶識が深まると、我愛の執蔵の現行という有漏の事実は否定すべくもないながら、そのままで如来の真実そのものとしての絶対的な意識との関係さえ可能になる。その点の追究が今章の課題であるともいえるのである。

第二節　果相としての至心

次に果相としての異熟識を見ることにする。異熟識はまず異熟果である。そこでの異熟果とは、結果としての我々の現在の状態をいう。それが異熟である。なぜ異熟というのか。「因は是れ善・悪、果は是れ無記[280]」という原則を認めるからである。我々の行為いわゆる業は、善業か悪業かが結果を引く。そのどちらにも属さないものは無記とする。無記の業は果と関係しないという考え方に基づいている。今の場合の無記の果というのは、善業は楽しむという結果と関係し、悪業は苦しむということで解消する。自分のまいた悪業の種子を結果として苦しむことで清算すると考えたのである。その場合に、苦も楽も共に現にあるその状態を指していて、行為としての意思にはかかわらない。したがって善・悪と無記では性格が異なっている。異なった状態に成熟したので異熟といっているのである。

以上のような唯識の常識に対して、曽我は、異熟識を「果が因と異にして熟する[281]」ことであり、「結果が原因と異なつて生ずる[282]」ことと解する。すなわち「プラス・マイナス[283]」の関係で、「因が果と方向を異にし性質を異にして熟する[284]」のを「異熟因[285]」とし、「悪い所の種がプラスであれば[286]」、「その苦しみの果といふものはマイナス[287]」で差引が「異熟果[288]」であるとする。「異熟といふことは、現今の言葉に訳すれば、感覚意識といふやうに考へればよい[289]」という。そして「全体に総合せられるから、夫れが感覚となるのである。その全体的感覚を『唯識論』では異熟識と名づけるのである。異熟の名はそれが全体的であることに依つて自覚的であるが為めに、始めて異熟の名を得る[290]」のであるとする。対して「小乗仏教に於ける業果の因果は単に主観的抽象的なる苦楽の感情に外ならない[291]」とし、それでは「業果は感覚せられたのではなく、単に業と云ふものが果と云ふものを生じたに過ぎない。それは自覚意識に何等の関係もない」[292]と断定する。以上の論点を押さえたうえで曽我はいう。

今や異熟が真に異熟意識に到達した時、則ち異熟がその極限に達した時、異熟識は異熟を超越して清浄真実の智光を開いて一切衆生を摂取し、衆生の苦悩の象徴たりし山河大地、諸有機体をして転じて各自に満足歓喜の象徴とならしめる。かくして一切の事象の上に内面的円満完全の個性を成就せしむるものが、此の至心の意義であります。[293]

単なる異熟が異熟意識にまで到達して、異熟を超越する点に注目したい。異熟を超えることによって、清浄真実の智光を開くことができる。そして苦悩の象徴でもあった諸々の有機体を転じて、「内面的円満完全の個性を成就せしむる」。それが至心の意義だというのである。

其の果を異熟する所の具体的なる異熟意識の原理といふものを小乗仏教の人は知らない。それを求め求めて遂に阿頼耶識に到達しました。此の阿頼耶識が異熟識即ち異熟の原理の体であつて、異熟を異熟せしめ、又異熟を意識する所の意識、即ち感覚の主観、感覚の原理である。かういふ工合にして宗教的全自覚の一面、自覚の内在的有限的意義として見出しましたのが、詰り異熟識といふものであります。[294]

異熟意識の原理を求めて阿頼耶識にまで到達した。それが原理の体であり、感覚の主観である。それによってすべての自覚、その内在的有限的意義を見出したのが異熟識だということになる。

自覚の道程の中に其の素材として異熟を見出して来て、それを全体総合の自覚作用の異熟識として遂に阿頼耶識の自覚全体を見出して来たのであります。（中略）業果の当位に於ては無自覚であるけれども、それを能く感ずる所の業の因それの全体としては、そこに大きな自覚といふものがある、大きな意識がある。かういふ工合に考へまして、それを先づ異熟識と見、而して此の異熟を異熟する所の識を一層深く内観して、茲に今まで因と果と別体と見えたる無自覚なる業の因果を一貫総合する久遠の自覚意識に証入し、此の阿頼耶の大きな自覚を通して、翻つて其の自覚の果相として、阿頼耶の大きな自覚の現実相として、自覚の道程の一つの現実相として、今更のやうに尊厳なる業といふもの、自己の全体的責任と云ふものを、浄玻璃の鏡の前に立つた如く明かに見出し来たのであります。[295]

単なる感覚にすぎないとしか見ないものを手がかりとして、すべてを総合する自覚作用としての異熟識を見出して阿頼耶識の全体を感じとったというのであろう。しかも、現行としての業果の当位としては、そのことを感じとれるわけではないが、それを能く感じる「業の因」のところに「大きな自覚」があると考えられたので、そこのところを深く内観して、因と果と別体と見えていたところを翻して、阿頼耶識の自覚の現実相を感得したことになる。

一体如来といふものはどうして見出す、如来を見出す所の其の道程、其の原理が、詰り一切群生海である。此の一切群生海の果相を通して吾々は如来の因相を絵巻物の如く明瞭に知ることが出来るのである。如来の無尽の果上徳相は如来の因中に具足するものである。因を離れて如来はない。之を吾々がよく考へて見なければならぬと思ふのであります。

一体、法蔵菩薩はどこに見出すか。此の一切群生海の中に、群生海を通して、さうして群生海を超えて、そこに法蔵菩薩を見出す。群生海を通さずしては群生海を超えることは出来ない。群生海を超えるといふことは、群生海を通して、即ち群生海を通してさうして群生海を超えて、そこに如来があり、如来因位の行がある。[296]

如来を見出すためには、一切群生海の果相を通すしかないとあるところが肝要である。如来の因相を知ることができ、その因相の中に無尽の果上の徳相が具足していると見る。「因を離れて如来はない」として法蔵菩薩の発見にまで及んでいる。

阿頼耶の三相の第一の自相といふものは即ち本願の三心の全体として信楽である。果相異熟識は正に三心中の現実相を示す至心に当る。従つて三心の第三なる理想的要求を示す欲生といふものは、正しく阿頼耶の三相の第三相因相種子識に当る。（中略）三相といふも体が三つあるのでなくして一体二義である。即ち阿頼耶の自相の中に果相と因相との二つを成就綜合せられて、（中略）果相は有限なる義相であり、因相はこれ無限なる義相である。（中略）それと同じやうに、本願の至心信楽欲生の三心といふものも、其の体たるものは第二信楽、即ち信心、信心なる疑蓋無雑の純一なる一心であつて、至心といひ、欲生といふものは、たゞ其の信心の上の二つの意味である。乃ち宗教の先験原理なる本願の廻向の三心は、丁度全意識の総合原理なる阿頼耶の三相と同一なるもので、先づ三心の中の至心が阿頼耶の果相に当るものである(297)

続いて述べられる「唯識の立場」についての曽我の所論は非常に大事である。次のようにいわれている。

直接なる存在は識の外に何物もない。純粋意識といふものの外に何物もない。かういふやうに私は云ふのであります。意識は是れ直接自証の現行の事実である(298)。

これまでに幾度も考えてきたことではあるが、「考える」「言葉で現す」という行為で、我々にとってすべてが相分として対象化されてしまう。その事実を今、現に生み出している私なら私のもっとも直接的で純粋ともいえる「生きている」という事実そのもの、それは対象化できない見分の領域という私の主体に属することである。それが私の直接的な意識の事実であるというのである。

しかもそれは意識の自証の事実なので、識自身におけるいわゆる「自内証」である。再度いうが、ブッダの悟りがそのような言い方で示されることもあって、無明の闇が破れたことを内容とするとしても、その自証の自覚は、それ自身で完結していて他なる何物によっても証明される必要のない事柄であった。同様に識の自証も、それ自身でそれ自身を成り立たせるという自律性によって成り立っているのである。

それに対して、物についていえば、それは識の対象になる相分であって、間接的にしか存在しない。意識のように直接的なものではない。そのために他証になって、自証するはたらきなど物そのものにはないといっている。

そして、「意識は意識自らを意識するものでありまして、意識の外に自証の存在といふものはあるもので無いのでありまして、たゞ意識にのみ初めて自証といふものがある[299]」とされる。その「自証」の「原理」を『唯識論』の上に見出すことができたので、その基盤原理としての自証によって、宗教とか哲学の原理を建設するのが「唯識の主張[300]」である。

次いで、「有部[301]」のいうところについて、「識」があるといっているが、その「識に自証がある[302]」ことは「知らないので[303]」、その識は「識でも何でもない[304]」。「一つの物に過ぎない[305]」「其の物が三世実有であり法体恒有である[306]」とする立場としている。故に「精神即ち意識といふものも亦、三世実有法体恒有のものである[307]」と考えるのである。そしてそれは、

一寸面白いやうだけれども、悲しい哉や意識といふものは根本的になくなつてしまふ。（中略）だからして、彼等は識といふことは云ふ、識の名前はあるけれども本当の識といふものは彼等は全然知らんのである。詰り彼等は識といふことは云つて居る、けれども其の識には自覚の働きが無い[308]

のである。以上の論評は正確無比とでもいうべきか、肝心要をついている。ところでもっともこたえたのは、あたかも小乗阿毘達磨の立場といわれていることが、曽我の提起している問題に出会う前の私の実状そのものであり、

その点を鋭く言い当てられたことであった。
以上のような前提を踏まえた上で、次に述べられる曽我の唯識についての見解は、その真髄を言い尽くしているとしかいいようがない。

識の識たる所は、自覚的実在である。識の自覚が無いならば、それはもう了別はない。即ち識と名づけるけれども、識では無い。だからして識の識たる所、識の本質は、自覚といふものにある。自覚によつて了別がある。自覚のない所に了別はない。自覚の無い所に心といふものは無いのである。かういふ工合に、唯識はもう徹頭徹尾、自覚を離れて識は無い、自覚のある所に識があるといふことをおしたてて行き、終始一貫して万法唯識と立てるのが此の唯識の主張であります。(309)

ともあれ、唯識の識の真に識である所以は「自証」にあるのであり、その「自証自覚(310)」のはたらき以外に何ものもないという。しかもその「自覚的実在」こそが「識」であり、その「自覚」がないならば「心といふものは無いのである」とまでいう。このような論旨で述べられている唯識についての研究論文もしくは研究書が、果たして曽我以外にあるのであろうか。寡聞にして他の例を知らない私にとっては単なる憶測にすぎないことではあるが、現在刊行されている唯識についての数多くの著作の領域と世界が異なるということなのであろうか。
要するに自覚自証の深淵に触れるところにまで問題を掘り下げなければ、唯識といい、阿頼耶識といっても、ただいっているだけで、唯識でも阿頼耶識でもないということになるかと思われる。続いて、

唯識は道の問題でありますからして、たゞ自覚自証の真剣な内観を回らして、さうして万法唯識といふ、たゞ一つの問題を掲げて静かに内に歩いて行く。万法唯識といふ問題は自覚を離れないといふこと、(中略)寸時も自覚の光明を離れない、そこに万法唯識の真理があるのであります。(311)

と述べて、一応の結論と思われる説が以下のように展開される。

此の唯識観の上に於きまして初めて一切の独断妄執を徹底的に排し、経験を如実に批判し、現在有体過未無体、あるものはたゞ現在である。現在は唯根本意識事行の一刹那であつて、此の刹那現行の識に立つて、過去も未来も識の自証には無いのである(312)。

第三節　自相としての信楽

いよいよ三相の第二自相に入る。「信楽」の問題である。まず曽我はいう。

所が其の自覚のつき進む所の無限の自覚、識の歩み進んで行く所の前途には因相といふものがある。又自覚のつき進んで行く所の後ろにはこゝに果相といふものがある。（中略）自相の歩む所に予め因相があり果相があつて自相の歩みを可能ならしむるのでなくして、自相の歩む所には大虚空の如く何物も無く、全く無碍の一道を歩む。けれどもたゞ純一なる自相の歩みには前には無限の未来を包み、又後ろには限り無い所の果相といふもの、足跡をのこして行く。或は又無限の果相を超越して、さうして無限の因相といふものを求めて行く。予めさういふものを画いて進んで行くので無い。けれども進んで行く所に因相果相の二つがそこに現れて来るのである。かう思ふのであります(313)。

前には、因相と果相とは自相の二義であり、もしくは二の力用であるとあった。その点を少し角度を変えて見直しているともいえる。

続いて曽我は「至心信楽欲生の三心(314)」の「否定するもの(315)」を挙げて次のようにいう。

「至心の否定の対象(316)」は「吾々の業である(317)」。「もろもろの道徳的の悪業を否定するのである(318)」。それに対して、

「信楽の否定するものは疑ひである」[319]。それから、「欲生の否定するものは自力である。自力の発願廻向である」[320]。ここで自力と疑いについて注意が入る。「真宗の宗学では同じやうに」[321]みる場合もあるが、「区別して置く必要があらう」[322]として「自力といふのは我執である。我執は疑ひではない。一体、疑つたら我執が起らない」[323]。「唯識の法相が別であります。我執は即ち是れ我見煩悩である。疑ひは是れ疑ひの煩悩。（中略）種類が違つて居るのであります。だからして疑ひは信楽によつて否定せらるべきものである。我執我見は欲生によつて否定せらるべきものである」[324]と述べる。

以上のように否定の対象が明らかにされたのであるが、それらは「吾々の自覚といふものに対して見ると余程間接なものである。自覚程直接なものでない。此の直接な吾々の自覚を妨碍するものは何であるか、（中略）疑ひが吾々の自覚の直接の敵である」[325]。これが曽我の断言である。

然らば吾々の自覚意識といふもの、本質をなすものは何であるか、それは信である、信ずることである。吾々が普通信ずる信ずるといつて居るのは本当に信ずるのと違つて居る時に多い。私共は信で無い時に信ずる信ずると云つて居る。（中略）私はかう信じて居りますと云つて居るのは、詰り私は信じて居りませんと云ふことになるのです。情けないけれども、大概さうです。（中略）かういふことを推して行くと大変なことになります。だから親鸞聖人は、私はかういふ工合に信じて居りますといふことは殆ど云つたことは無いのです。（中略）『教行信証』の著者は、決してあ、いふ、一つには深く信ず、二つには深く信ず、などといふことはいはない。之は吾々が深く注意をしなければならぬこと、思ふのであります。[326]

といわれて、信楽釈[327]の引用がなされる。そして、

此の信楽の一段といふものは初めから終ひまで、徹底的に否定を重ねて、どこどこ迄も否定せずんばやまない

といふ、純正に否定的論理を以て一貫して居るといふことに吾々注意せしめられることである。(328)

とまで曽我はいう。

之は思ふに、阿頼耶の自相、法蔵菩薩の自覚体験、自覚的組織体を現して居るものが即ち此の信楽であるが故に、だからして善導大師の法の深信の中に書いて居られます所の乗仏願力、是が即ち信楽である。さうなければならぬのである。（中略）然るに今親鸞の三心の中、信楽釈を見るといふと、一向乗仏願力が無い。之はどういふ訳であるか。（中略）此の大事な乗仏願力を親鸞は忘れたのであるか。たゞたゞ否定に否定を重ねてどこどこまでも否定せずんばやまない。之は何故であるか。

彼は信楽釈に於て何処までも往生の可能を否定する。往生の否定は何を否定するか。生といふことを否定して不生といふことを云つて居る。往生を否定し否定して、最後に成仏の志願則ち願作仏心にまでもその自覚を推し進めて行かうといふ。此の論理が信楽の否定論理である。往生を否定せずんばやまないのは、安価な化土の往生に満足してはならぬ。どこまでも真実報土の往生を遂げなければならぬ。それにはどこまでも往生を否定しなければならぬ。詰り吾々の疑ひといふものを徹底的に打ち砕き、疑心といふものを否定して信心といふものを徹底せしめるためには、其の信心が安価であつてはならぬ。安価な信心は即ち疑ひである。だからして吾々が信心信心と思つて居るやうな、そんな信心はやはり疑ひである。それ故にどこまでもどこまでも吾々が信心だと思つて居る其の信心といふものに気をゆるしてはならぬ。吾々が信心と思つて居るそれをどこまでも疑ひとして無限に否定して、さうして、如来菩薩の行を行じたまひし時三業の所修乃至一念一刹那も疑蓋雑ること無し、其の一念一刹那も疑蓋雑ることなき所の法蔵菩薩の信行、法蔵菩薩の信心、そこまでつき進んで、信心仏性といふことまでも明かにして行く論理、それが此の信楽釈である。かういふ風にうかゞはれるのであ

ります。(329)

そして二種深信の中の機の深信を紹介して、

「無有出離之縁」といふ此の言葉は、「無縁の大悲」であると思ふ。（中略）私は明かに云ひます。無縁大悲といふことは無有出離之縁の大悲といふことである。それは出離の縁の無い所の大いなる悲しみである。（中略）私は本当の大悲心といふものは、さういふ楽天的のもので無いと思ふ。もつともつと本当にいたましい心が如来の大悲心である。此の無縁の大悲心は無有出離之縁の悲しみである。かくの如くにして、ひるがへつて善導の機の深信といふものは何であるか、即ち「我身」とは法蔵菩薩自身である。かういふ工合に見て来なければ、機の深信といふものは展開することが出来ない。我身は我が身だ、そんな風に読んで居る見方は、それは自力の見方といふものであつて、そんな風に見る二種深信は自力の二種深信であるといふことにならなければならんと思ふのであります。我身はといへば勿論我身は我身だけれども、其の我身は単なる我身でなく、即ち法蔵菩薩の我身である。我身は現に是れ罪悪生死の凡夫だ、曠劫より已来常に沈み常に流転して出離の縁あること無し、と深信する。そこが善導の機の深信であつて、其の言葉を本当に親鸞が読んで、さうしてこゝに信楽釈といふものを掲げたのでは無いか。私はさういふ工合に思ふ。（中略）軽く考へられて居る所の機の深信をもつて信楽の本質である、かういふ工合に見て来た所に私は非常に注意を要すると思ふ。

徹頭徹尾、否定に否定を重ね、最後まで否定を重ねて居る。（中略）此の法蔵菩薩の永劫の修行に於いて、三業の所修乃至一念一刹那も疑蓋雑ることなきによつて見るといふと、吾々のやうなものは到底阿弥陀の浄土へは往生することは不可能のことだ。此の法蔵菩薩の疑蓋無雑の心といふものによるならば、それによつて吾々往生せんであらう。一寸論理でいへば間違つて居るのではないか。法蔵菩薩が不可思議兆載永劫の中に於いて乃至一念一刹那も疑蓋無雑なるが故に、それによつて吾々の往生間違ひなしと信ずるかと云つて見るといふと、法蔵菩薩が疑蓋無雑であるが故に吾々の往生は到底駄目だと深信しなければならないといふことになるのであります。実に面白い深信だと思ふ。(330)

次いで、「往生を肯定する所の論理が信楽の論理か(331)」と尋ね、「往生を否定する所の論理が信楽の論理である(332)」と結論づけるのである。

信楽釈の趣旨を見事なまでに読み込んだ追究である。往生否定の論理もここまで極まるのかといえるほどの展開である。如来の大悲心にまで至りつき、「大いなる悲しみ(333)」、「底知れない所の大いなる悩み(334)」、「大いなる痛み(335)」、その心に真に共鳴し、同感するのが信楽といっている。しかもここでの悲しみも悩みも痛みも、いうまでもなく「大いなる」とあるように、如来に属するものである。小慈小悲もなき我々衆生にとっては、想像を絶する内容となっている。しかして、往生の要求を成仏の祈願にまで進めなければならぬという。往生が往生に止まってしまっては、自覚を離れてしまうからだという。ここは大事だと思う。無限に往生を否定するところに本当の信楽の自覚があるのだという主張である。そのようにして往生が成仏にまでつき進んだ時に、はじめて往生否定の信楽が、往生の原理となる。往生を否定できなかったならば往生を得ることはできないという論理である。何という逆転の論理であろうか。私などの発想の範囲では全く予測できない論調である。

如来の大悲心が開かれるという、そこまで我々の信仰の自覚が純粋・純正にならなければ意味がないということにもなる。それが純粋な機の深信として一貫されるということであり、そこでは法の深信は機の深信の中にかくれてしまうといわれている。この点にも深い意味があるといわなければならない。

第四節　因相としての欲生

次は欲生であるが、「欲生といふのは是れ願往生心である」[336]と曽我はいう。続いて「欲生は即ち願生と同じこと」[337]として、「信楽の願作仏心を通して欲生の願往生」[338]が成立すると述べ、欲生釈[339]の引用がなされる。それについて以下の所説は懇切を極める。

『浄土論』の「廻向を首とす」といふ文字に、僅かなことではあるが「心」といふ字を附加へた所に非常な注意があると思ふ。詰り往生を得ることによつて成仏の願がそこに満足する。其の成仏の願は、たゞ成仏の願だけでは、純なる願であつても、行がなければその願は満足することは出来ない。願作仏心は願作仏心のまゝでは行を超越せる純なる願であるからである。其の願作仏心を一転し、願往生心に展開することによつて、願作仏心が一大方便方法を成就する。吾等は往生によつて成仏の願をそこに成就することが出来る。往生しなければ成仏することは出来ないのである。成仏の願の無いものは真実に往生の願も亦無いのである。成仏の願があるものにして初めて往生の願を起すことが出来るのである。[340]

以上の視点を踏まえたうえで、これまでにも関説してきた「一切群生海」について次のように述べる。

一切群生海といふのは、単なる外的なる衆生でなく、宗教的自証の内在的果相であります。果相を明らかにして居るのが至心であります。至心に於きましては、この感覚意識の具象たる一切群生海に対して、至心を内に廻向して各自の内に自体満足の大光明を円満成就せしめ給ふたことを明らかにしたが、其の一切群生海は内に大智慧光明を廻向されながら、どうしても往生することが出来ない。それは真実の信楽がないからである。それは本願名号の至心は廻向せられても、その信楽を内に信楽する無我の自証がない。かくて法蔵菩薩の因位永劫の疑蓋無雑の真実信楽をあげて、徹底的往生否定といふものを明らかにして行くのが、即ち是れ信楽釈である。（中略）吾等衆生の現実相は如何なるものであるか、といふことを明らかにし、依て如来の真心を開いて光明無量の智願の成就せることを明らかにするが至心釈である。で更に進んで信楽釈は、而して其の一切群生海は、その信楽が真実でない故に、どうしても真実の往生が出来ないものであると、不生といふことを明らかにされたものである。[341]

そして次図を示す。

至心――有生
信楽――不生
欲生――得生[342]

阿頼耶識の三相と本願の三心、そして有生・不生・得生への展開を通してのそれぞれの意味づけは、曽我の思索の確かさを示して余りある。以下にあげるものである。

至心の所に於いては有レ生。此の生といふのは現在の生であります。感覚生活をして居る此の衆生である。それは現に救はれざる衆生なるが故に、法として往生を必要とし、救ひを必要として居る所の衆生である。茲に如来の因位に於いて此等の衆生をあるがまゝに大智光を以て照見し、それが上に円満成就の如来の徳相を発見認識し給うた。

所が信楽の範疇といふものに来つて、不生、即ち衆生の往生を否定する。此の生は無論往生である。衆生の往生である。衆生の往生は疑心自力の往生である。だからして、衆生が衆生の立場として往生を求めるのでありますからして、其の往生は化土の往生である。大菩提心、即ち無上菩提の心を発さずして楽を得んが為めの故に、其の楽といふものが、物質的幸福であつても、それが精神的幸福であつても、兎に角幸福を求めるため、安楽を求めるために、衆生が往生を求めるならば、是れ必ず不可なり。断じて往生しない。往生不可なることを説くのが即ち不生である。信楽の範疇は不生の賓語を作り出す所の範疇である。さうして不生といふことは往生の否定であると共に、これが成仏の自覚を現すのである。往生の否定は徒らに往生を否定して居るのでなくして、それは即ち成仏を願はない往生を否定するのである。其の往生を無限に高揚して成仏の願にまで高めるのであります。成仏の願にまで高められた所に信楽といふものゝ原理があると思ふのであります。

所が其の成仏の願はあつても、それが本当に吾々の現実成仏といふものゝ純正形式でありまして、そこに何等の内容がない。何等の内容が無いが、此の成仏の形式の中に真実の必然的内容といふものを見出して来なければならぬ。

其の真実の必然的内容を見出して来るといふことが、即ち此の欲生の範疇であらうと思ふのであります。即ち「欲生ト言フハ、則チ是レ如来諸有ノ群生ヲ招喚シタマフ勅命ナリ」。欲生といふものは吾々が如来に向つて往生を求める所の要求であるか。かういふ工合に尋ねて見るといふと、さうではない。是れ則ち如来が諸有の衆生を招喚したまふ所の勅命である。今や自覚は転じて覚他に移つたのであります。即ち純粋信心成仏の自覚を転じて、さうしてそこに衆生救済に出て来る所の範疇、其の範疇が即ち欲生の範疇である。即ち不生から得生といふものに転じて来る所の原理が詰り欲生である(343)。

不生は往生の否定であるが、そのことが成仏の自覚をうながすことになっている。その点を見逃すことはできない。したがって、いたずらに往生を否定するのではなくて、成仏を願わない往生を否定するのである。同時にその往生を無限に高揚して成仏の願にまで高める。そこに信楽の原理があるとしているところが重要である。

しかも成仏の願そのものは、我々の現実からいえば、純正な形式にすぎない面もあって、現に今その内容が満たされているということではない。そこでその真実としての必然的な内容を見出すためのものとしてあるのが欲生になる。それが真実報土の得生を実現するという構造である。

「一切群生海」として現にある我々衆生は、有生として感覚生活の中に埋没している。現に救われがたい衆生であり、救いを必要としている衆生である。そのことを明らかに示して如来の真心を開き、光明無量の智願の成就することを証明しているのが至心釈になる。

次の信楽釈は、群生としての衆生にとっては至心といわれても真実として受けとめられないために、真実の往生ができない。そのことを明らかにして、不生といわれたのである。それは衆生の往生は疑心自力の往生にすぎないので、化土の往生を求める楽を得るための往生であるから、真の往生は不可能ということになる。

そのような衆生を、あるがままに如来が因位において大智慧光明をもって照見し、衆生の不生のところに円満成就している如来の徳相を発見されて、自らの純粋なる信心成仏の自覚を転じて、衆生の救済に向かわれたのが欲生ということになる。

第五節　三願と三位

十八、十九、二十の三願と阿頼耶識の三位の関係については、「法蔵菩薩影現の歴程としての三願(344)」を見る必要がある。ここで特に注意したいのは、「影現」である。影のように現れているというのは夢・幻のようなもので、確かな実体があることにはならない。しかしそのことが思いもかけないキーポイントとなって法蔵菩薩の願行を支える可能性がある。その点は結章で検討することにして、ここでは問題の提起にとどめておく。ともあれ、「如来表現の範疇としての三心観」には今章での主題に展開がなされる論点について以下のような見解が示されていて参考になる。

兎に角、法蔵菩薩の主観開発の道程としての十八、十九、二十の三願三心を阿頼耶識の主観形式の三位に配当することが出来るならば、更にそれを内面化内容化して、所謂三位によつて三相を立てる、かういふ考によつて見ると、やはり第十八願の至心信楽欲生の三心といふものは、それを阿頼耶の三相といふものに丁度当てゝ、考へるといふことは、之は無論当然なことであらうと思ふのであります[345]。

法蔵菩薩の主観開発の道程を示すのが十八、十九、二十の三願、それを阿頼耶識の主観形式の三位に配当するというのである。

第一章で取りあげた「無人空曠の世界」に立つ「真我」の我は、ここでは「茫々たる理想の曠野に於て、忽然として主観の自己を発見する[346]」「現実的個体として、肉身を感得享受して居るところの無始の自然人である[247]」。その「自然人としての自己を知る時、理想的であつたところの自然界は、こゝに直接体験の現実の国土として、自己根本識の感ずる所[348]」となる。すなわち「現実の国土、山河大地は凡てわが現実的主観の業力の所感の果報として、また自己を照明する浄玻璃の鏡として、常恆に儼として我が胸に迫つて来る、私共は茲に於て始めて自己一人の世界を見る。而してどうしても逃るゝことの出来ない業報の世界の無限の曠野に立たしめられる[349]」。

惟ふにわれわれの諸の罪業はこの肉身のあるためである。無明と貪愛と瞋憎と、その外一切の欲望煩悩はたゞこの肉身に寄生する。諸の悪魔は悉くその養ひをこの肉体に取る。我々にして肉体がなかつたならば一切の煩悩は根本的にその根底を失ふて忽然として消え、人生問題は茲に全く生起しないであらう。人生そのものは本来ないであらう。肉体のない所に現実の自我は全くないであらう。かくして破壊すべき偶像の神ももはや現はれぬであらう。かく一切の問題は悉く唯一の肉体の上にか丶つて居る。

しかしながら此等の諸の迷妄が肉体に寄生することは決して肉体を呪ふべき理由とはならない。何故なれば妄想の生起するのは我々が徒に間接にして第二義的なる知覚の世界に眩惑せられて、この外的知覚の所依なる現実主観を感知せざるがためである。(350)

業報の世界において、具体的に肉身をもたざるをえない。そのために罪業の身となり、一切の欲望煩悩、諸の悪魔に悩まされることになる。だからといって、肉体を呪うべき理由とはならないというところは重要である。間接的第二義的な知覚に眩惑されて、その所依としての現実主観を感知していないところに問題があるといわれている。

げに我々が真に自己の肉体を内感し、現実的大主観の法眼を開く時、自己が現に立つて居る所の山河大地は直接に自我に対して、自我の業報の無窮極であつて、流転輪廻の無際を告知しつ丶ある。三千年の昔釈尊をして「常在霊山」を叫ばしめた、十方衆生を覚する所の智慧の眼、十方衆生を産む所の大慈悲心は、まことに自己の肉体を内感する所の現実的大主観を開眼することから生起するのである。

我々が自己の肉体を内感する時、まことに大自然の父に違逆して、無始の生死海に堕落したことを痛まねばならぬ。一度肉体を感受せる以上は最早我々は永久に天界から放逐せられたのである。絶対無限の法界から相対有限の衆生界に堕在せしめられた。我々は今や天界から懸絶して罪業の生死海になげこまれた。静に考ふれば日夜の辛労は畢竟肉身の為めに外ならぬ。頭を挙ぐれば遙なる青空には恆河沙の理想の光明は輝いて居れども、而もこれ等は徒に自己の黒い影を地上に印せしむるに過ぎない。我々は絶望の外はないであらうか。

しかし静に思念すれば、（中略）肉体を有することは（天の）父から放たれたる証であると共に、また（地の）母（の懐）に摂受せられたる証である。肉体は天の罰であるに対して地の愛の涙である。われ等はこの肉体に依つて自然の招喚の声を聞く。（中略）我々が肉体を受けた時に如来の救済の事業は成就したのである。我等の誕生は如来の本願成就の証明である。[351]

と曽我はいう。何という驚嘆すべき見解であろうか。恐れ入ったとしかいいようがない。したがって、法蔵菩薩の本願はその第十八、第十九、第二十の三願に於て、三度十方衆生の名を呼んで居る。此れ則ち法蔵菩薩が正しく現実的自己を覚し、自己の肉体を内感せられたのである。自己の全的罪業と永久の流転とを念ぜられたものである。而して法蔵菩薩は則ち我々の法蔵眼、原始的の現実主観である。さればこの三願は人間の真実の人生観を示すものであらねばならぬ。

我々は幾度も幾度も三願を読誦したてまつりて、現実的自己誕生の悲痛と困難とを思念し、如来の広大の大悲を感謝せねばならぬ。[352]

法蔵菩薩が自己の肉体を内感され、自らの全的罪業と永久の流転とを念ぜられたといわれている。ここのところは、特に強く印象づけられた。故にこの三願は人間の真実の人生観を示しているとの提言からも教えられるところが多い。

かくの如く十九、二十の二願を転じて、第十八願を成就し、この十八願に依つて、法蔵菩薩は、この現実世界の奥に影現し給ひたのである。されば三願は法蔵菩薩の三位であつて、あたかも印度論蔵の阿頼耶識の三位に相当するものであらう。阿頼耶識の三位は根本識の自覚の道程を示し、法蔵菩薩の上の三願は現実自我影現の三位を顕示するものである。空想的人生から真実人生を創建するものである。[353]

法蔵菩薩の三願
- 若不生者の願
- 臨終現前の願
- 不果遂者の願

蔵識の三位
- (一) 我愛執蔵現行位
- (二) 善悪業果位
- (三) 相続執持位[354]

どこどこまでも十方衆生の肉体の奥底に影現せんと欲する本願は遂に法蔵菩薩の大主観をして最後までも我愛の迷闇に執蔵せしむることなく、臨終現前の善友の応現に対して、かすかに厳粛なる大主観を開眼せしめたのである。（中略）

誠に法蔵菩薩の影現と云ふことは、則ち十方衆生の誕生てふことである。十方衆生の真実の誕生てふことは我々が信楽を獲得することである。而して信楽の獲得と云ふことは我々衆生が現実的大主観の眼を開くことである。（中略）

是故に信は自己罪業の自覚をその本領とし、まことの罪業の自覚の外に別に救済の自覚はないのである。衷心から救はれない自己を観ずる外に、永久の流転を知る外に、さらに救済の自覚てふものがあるならば、罪業の自覚は根底から破壊せられねばならぬ。（中略）たすからぬ自己と云ふことと、救済てふことは両立する筈がない。されば第十八願の面目は畢竟自分の永久の流転と云ふの外はないのである。機の深信と云ふことは決して地獄一定と云ふやうな概念ではなく、自己の全責任の自覚である。「現に罪悪生死の凡夫」てふことが機の深信の中心である。此煩悩具足の信知がすなはち本願力の乗托である。[355]

この文は機の現行した第十八願の信楽と、それに対する法の名号とを対観したものである。そこでは「内なる因を極めずんば止まぬのが真実信楽の面目である[356]」とし、その逆になるのが「真実大行の面目[357]」とする。それ故に、信は自己罪業の自覚をその本領とする。その自覚の外に別に救済の自覚はないという。先にもみた逆転の論理であるが、見事な急所の突き方である。「衷心から救はれない自己を観ずる」「永久の流転を知る」どうにも手の打ちようのない己の現実についてはこれまでにも触れてきたことではあったが、ここでの最終結論はまさしくその点に帰着する。それ以外に救済されるということはありえないということで「罪業の自覚」というものは、完全お手上げの状態であるが、それ以外に救済の成り立つ場はないというところが何といっても自覚の原点となるのであろう。

第十九願も第二十願もその自覚がない。自覚が徹底しないから理想と思われる仮の救済を求めるのではないか、といわれている。そして「たすからぬ自己」と「救済」とが両立するはずがないのである。故に「第十八願の面目」は「自分の永久の流転」の他にないのである。機の深信は概念ではなく、「自己の全責任の自覚」である。「現に罪悪生死の凡夫」ということが「機の深信の中心」であり、その「煩悩具足の信知」こそが「本願の乗托」を可能ならしめるといわれている。強烈極まりない示唆を呼び起こしての結論である。

結章　法蔵菩薩、自己批判の転入

第一節　曽我の独自の唯識観

曽我の特質溢れる唯識観ということになるのであろうか。その総括的な終章を記すにあたっては、私見を交えた試論になることをお断りしておきたい。残されてしまう課題のあることは気づいているのであるが、それは曽我の思索の広範さによることである。故にここでは、すでに各章において名目だけは示してあったり、最終章での予測ということで、その一端に少しばかり触れていた問題と、それ以外でも曽我の真意を知るためには、もう少し補ったほうがいいと思われる論説も多少あるので、それらを手がかりにしてのまとめとしたいと思っている。これ以上広げずに、私にとっての最も至要かつこの度改めて教えられたところを述べることにしたいのである。

そこでまず確かめておかなくてはならないのは、前章でも少し触れた曽我の「唯識の立場」に繋がるものに「因果同時」という原則がある。「種子生現行・現行熏種子・種子生種子」の「三法展転」[358]「因果同時」[359]の所説である。因と果とは異時のこともある。しかし同時に成立するというのが真の因果の関係であるという。たとえば母親が先にいて、子供が後と解する場合もあるが、真の意味では一人の女性が母親に成る時は寸時も違わない同時性において子供を産んだ時である。この見方には説得力があるといえよう。曽我はいう。

> かくて阿頼耶の根本的自証意識は一面には現行識であると共に、他面には同時に種子識である。則ち此の阿頼耶識に於て、現行の果と種子の因とは総合せられて、これは一つでありまして、因即果、果即因でありまして因果一体のものである。だからして種子といふものが因であり現行といふものが果である。かういふことをいふことが出来ると共に、又反対に現行が却つて因であつて種子が又果であるともいへる。之を即ち互為因果と名づけるのであります。現行は種子より生ずる、種子は現行によつて薫ぜられる。即ち種子生現行、現行薫種子といひ、さうして種子現行といふものは原因結果同時でありまして、因果同時といふ。因果同時であると共に又因果同体なのであります。因はやがて果であり、果はやがて因である。種子はやがて現行であり、現行はやがて種子である。種子や是れ現行、現行や是れ種子、かういふ工合に唯識の上に於ていふのでありまして、同体の上に於て其の意義について現行と種子と二つの概念を明瞭に区別して居るのであります。此の原因結果の法則をば同類因、等流果と名づけるのであります。因が同類であり、果が等流である。[360]

なお、この因果同時については曽我独特の難解な論説もある。参考までに次にあげる。

『唯識論』ではこの根本意志の分析を「種子が現行を生ずる」といひ、而してその総合を「現行が種子を熏ずる」といひ、此を「三法（能生の因たる本有種子、所生の果にしてまた能熏の因である所の現行意識、及び所熏の果なる新熏種子）は展転して、因果同時なり」といふて居る。この種子こそは根本意志の自己の無限反省の功能作用である。これこそ純粋なる概念名号である。就中本有種子は弥陀の名号であり、現行は即ち諸仏であり、新熏種子は諸仏の称名であり、この三法は次第に正、反、合の三つの判断である。すなはち種子生㆓ズ種子㆒ヲ（種子の純粋相続）は直観の判断であり、種子生㆓ズ現行㆒ヲは反省の判断であり、現行薫㆓ズ種子㆒ヲは総合判断である。[361]

次に見逃すことのできない曽我の了解の一つに、「安危共同」がある。左のものである。

　仏が十方衆生を喚びたまふ、即ち名号をもつて十方衆生を招喚し、さうして十方衆生を如来の体のなかに摂取したまふ。もう一つ云へば、仏は衆生を摂めて自体とする。これは私はいつも申すのでありますけれども、『成唯識論』を見ますといふと、阿頼耶識の用きの中に執受といふことがある。これはいはば阿頼耶識は衆生を執受して自体とする、即ち「摂為自体、共同安危」とあります。これは衆生を摂して自体とし、そして一切衆生と安危を共同にするといふのであります。摂といふのは執と同じで、一切衆生を取つて以て仏は自分の体とする。如来は大悲心によつて、衆生の体を以て自体となさるのである。仏には別に体があるのでなくて、衆生を取つて摂める、摂めることによつてそれを自体とするのであると、阿頼耶識のことに関してこのやうに書いてあるのであります。

『成唯識論』には、阿頼耶識のことを書いてあるのであつて、別に仏様のことを書いてあるわけではないのであります。けれども私は不図、「摂して自体となし安危を共同する」といふこの言葉が、非常に意味の深い言葉であるとして、既に十数年前から深い感銘を持つてゐるものであります。阿頼耶識は、衆生を自己に摂めて自体とし、衆生と安危を共同にする。安危といふのは苦楽・生死でありませう。衆生と苦楽を共にし、生死を共同にする。衆生と共に生き、衆生と共に死する。生きるも衆生と共に生き、死するも衆生と共に死す。生死常に衆生と一つである。[362]

御開山聖人が、第十七願を諸仏称揚讃歎の大行といはれるのは、単なる教ではなくて、諸仏が身を以て実験・実行・実践して、さうして得られたところの大行である、それで第十七願を選択本願の大行であると、かう云ふことができるのであります。（中略）事実としてはわれ〳〵人間の自力を捨てたところに直接に実証せられるわけであります。諸仏は遠いところにをられるのではない。われ〳〵の深い感激のところに最も近く諸仏称揚讃歎の言葉を感得するのであります。（中略）

われらは諸仏と等しい、しかしわれらが仏なのではない。われらは現実にこの煩悩悪業の結果であるところの迷ひの身を持つてをる限りは、いはゆる凡身、或は穢身、つまり有漏の穢身、有漏の凡身といふものを持つてをる。法相唯識などの言葉でいへば、異熟識といふものを持つてをる。根本識が異熟識である限りは、仏陀如来といふわけにはいかない。したがつて、われらはこの凡夫の身をもつてゐるといふところにおいて、純一無雑なるところの仏の御心をいたゞく。つまり私共は本当に自己否定といふことを通して、仏の本願の御心といふものをいたゞくことができる、かういふやうな道理であらうと思ふのであります。[363]

阿頼耶識のはたらきを以上のように理解する曽我の視点によれば、唯識の立場としては心でもあり識でありつつ、根を依り処とする身の事実にかかわるものであり、時間として見ればすでに確かめた「一刹那の現行」であった。それが因縁変としての疑いようのない我々の具体的現実である。その一瞬の絶えることのない一貫性が、連綿として転変していく。このことはすでに明らかになったはずである。ところが実際問題として我にはそのようなものとして自身の有り方を認識することはできない。確固として「我」という変わらない自我があるとしか思えない。変化して止まらない一刹那的存在でしかないなどとは到底認められないのである。それは何故なのか。そのことが最大の課題になるということで、自相としての執蔵である現行の我愛の自己が問われることになるのである。いわば「我」が固定化され、実体化されて、変わらない我があるとしか思えなくなる。その我ほど確かなものはないことになり、転変極まりない一瞬の我しか真の我はないなどとは、どう考えても納得できない。そのような現実になってしまうのは何故なのか。そこでこの点についての曽我の了解を次に確かめることにする。

　我々の所謂自然は悉く虚妄なる小我の理知の現作である。六塵の境界は内なる六根に繋縛せられ、更に虚妄の意に染汚せられたる、刹那の意識の影に外ならぬ。則ち彼等の超自然の一神と云ふも、畢竟第六の法境を出でない。その体は常に意識の所縁となつて我痴、我見、我慢、我愛の四煩悩を倶生して、自我を主張する所の理知の影に過ぎない。神を陣頭に立て、戦ふのは当然である。主戦と云ひ非戦と云ふ、単に外相の背反であつて、内実本性は同一である。是れ皆彼自然観の不徹底に出づる。自然観の不徹底は原始的光明の隠蔵に依る。しかし云何に深強の妄執も、たまたま原始的光明を反彰する逆縁たるに過ぎない。我々の自然観は到底徹せずんば止まないであらう。[364]

「小我の理知の現作」は第六意識の現行のことである。「虚妄の意に染汚せられたる、刹那の意識」が第七末那識である。「超自然の一神」など絶対といおうと無限といおうと「第六の法境を出でない」というのは第六意識の対象内のところでいっているので、その枠を抜け出してはいないというのである。「四煩悩を倶生して、自我を主張する」のは末那識である。その「理知の影」は第六意識になる。

　この謎を解くための曽我の視点は、すでに考察した問題とも関連しながら、次に紹介する論文として残されている。

前五識は五根による、第六意識亦所依なかるべからず。而も此を物質界に求むべからず。内にありて密に、常住に自我の観想をなす第七末那、此れ其所依たらざるべからず。末那は唯自己を縁じて他を縁ぜず。其作用や似現量にして似比量にあらず。自他の観念ありと雖ども、他我の観念なし。第六識が種々分別を起して、自他内外対立して我々所等の執をなす、其根底は常に此末那の思量によるものなり（中略）迷とは第八識が迷ふに非ずして、六七二識が第八識の意義に迷ふことの謂に外ならず。

　されば無明を帯び、無明と相応して活動するものは、第八阿頼耶識以外に求めざるべからず。此れ果して何物ぞや。他なし末那識なり。末那識は我てふ妄執を帯びて活動する最根本的のものなり。彼は阿頼耶識の主観作用を以て真自己其者となすなり。彼は二箇の意義に於て誤れり。一には彼の執する所は阿頼耶識の意義と矛盾する。何となれば、阿頼耶識は所謂自我に非ざればなり。（中略）次に又第七識と第八識とは、已に一体にあらずとせば、第七識の縁ずる所の境界は、其実自己所変の相分にして、第八識の見分其物にあらず。而も直に以て超主観的存在（第七識自己以外）となす。是れ彼が迷妄の第二の点なりとす。[365]
されば第六識は到底吾人に積極的に自己充足を与ふるものに非ず、真理の源泉に非ず。第六識は真と偽とに通じ、正と邪とに通じて、決して真理最後の批判者に非ず、即ち最終主観に非ず。第六識は消極的に自己充足の余地あるを示して、信仰確立の障害者に非ざると同時に、又他方に信仰の根底に対して確然たる根底なきを吾人に教ゆ。第六識は到底若存若亡の態度を免れず。[366]

なお、名号こそ至心の体であり、我々の現行と直接的にかかわるものであった。念仏は第二章でその手がかりは示した通りである。その名号がどのようにして我々を助けるというのか、我々の志願を満足させるというのか、その名号とはどのような内容のものとして曽我は捉えているのか。それらの点は曖昧なままであった。その点をここで多少とも、補うことにすると次の所論のいうところはかなり強烈である。

南無阿弥陀仏は印度民族の産んだ唯一最大の法である。人は釈尊、法は南無阿弥陀仏である。一小動物たる人間は此念仏の自覚と共に宇宙の大生命と一体となる。（中略）

我々の常識の上には南無阿弥陀仏は何の意味もない空虚の文字である。切なる時の念仏、それが何の力がありませう。況んや何の感もなくして徒に高唱する念仏に何の深旨や生命があらふ。私は今日念仏の宗門がある為に真に念仏を味ふことが出来ないのだと思ふ。（中略）念仏は易行である。しかし真の念仏は至難の行業であらう。徒の念仏は真の念仏の敵である。真の念仏は真の孤独の世界に於てのみ聞くことが出来る。真の念仏は如来の本願の条件ではなく、如来の本願そのものである、即ち如来の招喚の大命が念仏である。念仏と云へば必ず口に称へるものと思ふは常識の見地である。これは身口意の三業を分ち意と身の二つを以て全き自我を分たんとするものである。（中略）則ち真の念仏の声は他の人間に聞えない。唯唱ふる自己と所帰の如来とが此を聞くことを得る、他人の聞く所は念仏の死骸である。如実の念仏とは唯此全我の帰命の声を云ふのである。三業随一の口称や三業合体の口称は死せる自力念仏である。口業に現はれると否とは問題の以外である。[367]

ところで、識は転変するものであった。改めて原文に当たると「変といふは、謂く、識体転じて二分に似たり。相と見とは、倶に自証に依つて起るが故に[368]」とある。その転変が転入や転換と関係することはいうまでもない。見るものが見分であり、見られるものが相分である。その二つは共に自証分に依って成り立っているというのである。ここに証自証分を加えるといわゆる唯識の四分説になる。相分は対象になるものであり。見分以下は主観に属するものである。「阿頼耶識の見分を末那識が誤認して我と思う」と「三識之事」に述べられていたところである。

信を体とする願心は廻向を先験するが、その先験はもと廻向の名号を行体とするところの本願力の体験によつて、先験せしめられるのである。体験は先験の背後にあつて、後者をして可能ならしむる根本意志であるからして、此を後験と名ける。先験の理証の背後に後験の事証がなければならない。しかし後験の事証はそれに先だつ理証に依つて事証となるのである。唯識の論師護法氏が自証と証自証とが互に他を証して、自証の意義を全うし、やがて認識了別の意義を完成すると主張するは意義深いといはねばならない。護法氏の真精神を按ずるに、かれの「自証」は外的なる「見」の現行意識に対すれば正に種子意識即ち意根と名づくべきものであらう、而してかれの「証自証」は恐くは真如の理念である。事実なる自証は真理を証し、理念なる証自証は反つて事実を照明するといふのである。[369]

この「諸仏の称名」の行こそ真実なる絶対無限の自覚体系たる本願自体の法爾に等流せる現行、即ち覚体に即する義用であるからである。（中略）

若し『唯識論』の語を仮りて顕はすならば、意識の表象は相分であり、了別作用の衆生は見分であり、衆生を憶念する弥陀は自証分であり、弥陀の大行を教証するところの諸仏は証自証分であるであらう。されば衆生はその現前の相に於て弥陀を憶念称名することは出来ないのである。衆生は唯弥陀の本願の所為として彼に憶念せられるのである。弥陀は衆生を以て彼自らの痛ましき迷妄の作用として、否定的に親縁したまふのである。勿論衆生も亦仏を念ずるが、その念ずる仏は到底表象的化仏に出で得ないのである。[370]

ひそかに案ずれば、もし真実に自己の力としての自力があるならば、この機の深信、罪悪の自覚こそは、その唯一のものであらうと想ふ。何となれば、如来が法のまゝのすがたを隠して、全く無明の我として顕現し給ひたからである。（中略）如来の「汝」と呼ぶものは罪業の凡夫でなく、必定の菩薩であると決定してある。私はこゝに甚深の意義があると想ふ。すなはち、こゝに如来の甚深の誓願があると思ふ。もし如来が「汝、罪業の凡夫」と喚ぶならば、恐くはわれ等は永久に無姓有情として、真実に自己の為に泣くことすら出来ぬ筈である。しかるに茲に不可思議にも主客、機法、能所、心境の転換なる事実がある。まことに此主客の転換と云ふことが、人生上の唯一の不可思議である。「五種不思議中に、仏法最も不思議なり、仏法不思議は如来弘誓の名である」と云ふのは、誓願不思議は主客転換の原動力であるからである。機法主客の一体と云ふことは、畢竟主客の転換の行相の上にのみ、真実の意義を有する。主客はどこまでも明にせねばならぬ。主客の混濫は最も恐るべく謹しむべきである。主客の区別最も明にして、初めて主客転換の不可思議的真実に触れるであらう。極りなき主観客観の背反、永久に如来に捨離したる罪業の痛傷、究竟的に超越し得ざるべき自力我執の慚塊、（中略）主客仏凡の厳粛なる弁別の裡に、如来の主客転換の不可思議の祈願が表顕せられて在る。（中略）真実の他力、即ち直接に経験せらるべき他力は、この罪の自覚に在るのである。吾々はどこまでも此罪の自覚の大地を離れてはならぬ。罪の自覚の無底の底に、一切衆生の重障を荷うて、静に自己を観じつゝある法身の大菩薩の真主観を憶念せねばならぬ。吾々は徒に自己の幻の身の為めに祈る所の妄想の祈願を反省せねばならぬ[371]。

あゝ云何に我々の無明の闇の深くして、我執の業の強くして、雑毒と虚仮とを内観することが出来ずして、而も徒に賢善精進の相を現すにつとめつゝあるかを驚き悲むのであります。我々は自己の闇と業とを想ふならば永遠に浮べないのでありませう。しかしそれでも我は遂に自己を想ひきり、絶望することが出来ないのである。我々は到底やけくそになることが出来ないのである。所謂十方三世の諸仏に捨てられても、我の救に付て全く絶望することが出来ないのである。「何とかせずに居られぬ」と云ふ「仮令」の誓、「臨終現前」の願は、更に進んで「不果遂者」の誓となり「一度と云ふ一度は」と云ふ第二十の願を創造するものである。[372]悲いかなや、我々の理智の執蔵し得たる自我なるものは、要するに、我痴と我見と我慢と我愛との権化に過ぎないではないか。

しかし我々の理智が云何に無価値であつても、我々は此を容易に否定し得るであらうか。大兄よ。理智を否定せんとするものは亦理智ではないか。大兄よ。否定を要する理智は先天的であり、否定する理智は後天的ではないであらうか。根本的無明、即ち根本的我執は我々の生と同時に忽然として念起せるものである。此は此れ真生命の後影である、法蔵菩薩は常に此重影をひいて限りなく進み行く。黒面の影法師は真生命の菩薩を執蔵すべく限なく真生命を逐ふて行く。大菩薩は決して此に執蔵せられない。彼は無碍の一道である。彼は安んじて此黒影を摂取し、此を同情し、同化して進んで行く。彼は永劫に不断に進み行く。善悪浄穢の現行の幻を念々に平等に一切を摂取し遍照して捨てない。まことに彼の流転はそのまゝに還滅であつた。[373]

げに理想の実現と云ふことはその実は純客観から純主観への回向である。客観の如が主観に来ることである。真実の浄土教は彼の如来が親しく「我」の名乗を挙げることである。この如来の「我」の名乗りは正に客観より主観への転換であり、物質主義より精神主義への廻向であり、正覚から因位への向下であり、未来より過去への背向であり、光から闇への流転である。[374]

独特の感性によって異常といえるほどの鋭い掘り下げが可能になっていると思われる。四分についても唯識と真宗とが見事に呼応しあっていることは、凡愚の私にも多少は了解できる。ただしここでは曽我の感招に触れるだけにして、残さざるをえない課題としておくしかない。残念といえばいえないこともないが、補説はこの辺りで終わりにする。

第二節　影現する法蔵菩薩

法蔵菩薩と阿頼耶識を尋ねての我々の曽我の唯識教学への体当たりの試みも最終段階になった。そこで前章で予測していた「影現」の問題の意味するところを私見を交えて考えることにする。

『歎異抄』「後序」の「ただ念仏のみぞまことにておわします[375]」について、曽我はいう。

畢竟するに念仏即ち愛仏、信仏の一つのみが現実であつて、愛人の如きは一切理想にすぎないことを、最も痛烈に道破せられたものである。（中略）親鸞の絶叫は唯一句でつきる。曰く「念仏は唯一の人生の事実である、衆生利益は全く理想である」と。[376]

この視点を踏まえた上で次のようにいう。

惟ふに大自然の如来は現実界に於て二面に表現する。それは内界に影現し、外界に応現する。唯この二つのみ現実である。影現するものは自我の根本的主観であり、応現するものは自我主観の前に厳然として立つて叫ぶ所の教の声である。この教の声の背後に静に声を黙聴する所の主観、あ、それこそ内界影現の真実の救主である。もしそれ此二者の直接の感応の外に第三の如来を立てんとする如きは、正しく理想と現実と混同し、表現せざる本体的如来を信の対象とするものである。此れは偶象崇拝の迷信である。[377]

如来と我との関係を「自証の三願」とのかかわりでいえば、次のような自己認識も曽我にはある。

唯識学の言語をかりていふならば、「自己の自己」は主我の執であり、「自己の如来」は我所即ち客我の執である。この二つの人我の執に対して「如来の自己」なる法我は法自らの名のりである。この法我の執に依つて、「自己の自己」を執するのである。（中略）真の「自己の自己」は「如来の自己」であるが、一度び「如来の自己」にめざめるならば、それはもはや「自己の自己」ではないのである。何故ならばその如来は「自己の如来」ではなくして「如来の如来」であるからである。「自己の如来」を転じて「如来の如来」たらしめる契機として「自己の自己」は「如来の自己」であることを先験前念する。（中略）この極限概念は我々が如来を知る唯一の契機である。如来が我に現はる、唯一の理由である。回顧すれば明治四十五年の七月「我は我なり、如来は我なり、されど我は如来に非ず」と叫んだ語の意義は今更に深く感ぜしめられる。(378)

真の自己確認を求めての追究といえるのであろう。ここでの影像が影現に関係すると思われるが、特に第二十願の問題へ注目しなければならなくなっている。そのようにして「影現」の歴程という観点からここでの主題を見ることにすると、法蔵菩薩は我々の現実世界の奥に影現されるのであった。しかも、

十方衆生の肉体の奥底に影現せんと欲する本願は遂に法蔵菩薩の大主観をして最後までも我愛の迷闇に執蔵せしむることなく、臨終現前の善友の応現に対して、かすかに厳粛なる大主観を開眼せしめたのである。(379)

といわれている。その具体的なはたらきをなす場所が衆生の肉体の奥底であるというのも強烈な主張になるが、現実は我愛執蔵の真只中でありつつ、そこから脱出して厳粛なる如来の大主観を開眼せしめるといわれているところも印象に残る。

ではこの「影現する法蔵菩薩」をどのように理解すればいいのであろうか。「よろずのこと、みなもって、そらごとたわごと、まことあることな(380)」しといわれるような確かなところが何もないところへ、影のようなものが現れたところで、何ら意味をなさないとも思われる。そこで確実なものが要求されるために、無理に実体的固定的なものを造りあげてみても何の役にも立たないことはすでに確かめたことである。したがって実体的なものとして捉えるのではなく、影のように捉えどころのない面はあるにしろ、一見頼りなく思えるあり方をとりながら、そのこと

が道理としての裏づけをもって成り立っていることになれば、影は有力な手がかりになるであろう。たとえば『唯識論』の基本でいえば「仮によって我法と説く(381)」といわれていたが、この場合の「仮」が影に当たると解することもできる。「仮」は仮りに一時的に表現することであって、絶対的とか動かし難いものということではない。そのような現れ方をしながら、動かし難いものを求めて、身動きできない固定化に陥る我々の弱点を気づかせようとしているのである。いわばすべてが「そらごとたわごと」になってしまう、その「そらごと」のところへ似たようなあり方をとりつつ現れて、その真の意味を明らかにしようとする。そこには思いもかけない背景があることになる。「そらごとたわごと」には空しい流転を繰り返して来ただけということもあろう。しかし、「空ずる」という意味のところでいえば、執われや、こだわりを否定するはたらきにならないとは限らない。すなわち、ここに対応している「念仏のみぞまことにておわします」の念仏は凡夫の妄念・妄想によって築き上げられた「よろずのこと」が虚構の世界に過ぎないことを気づかせるものとしてあることになる。しかもそれが「まこと」であるというのは、そのように認めるしかない疑いようもない事実的行によって裏づけられているからであり、同時にそのあり方は「信の一念、行の一念、ふたつなれども、信をはなれたる行もなし、行の一念をはなれたる信の一念もなし(382)」とあるように、「行の一念」であり、「ひとこえ」の行であって、一刹那の現行における行である。故に瞬間的なものであって、まさに影現でしかない。それが真の意味での事実を成り立たせている「誓願の名号」の実体である。そうなると、その一瞬に自らの全体を托する法蔵菩薩の影現こそが、無常の世界という変転極まりない状況のもとでの真実に出遇うための手がかりになる。煩悩具足の凡夫の虚構に過ぎないことであっても、それを完全に転換して真なるものへの再生を実現することも可能になるのである。

ではその影現の体とは何か。それこそ真空であるともいえる。自相といい自体といっても、限定化された何ものかがあるわけではないとは細々注意されていた。だとすると我空、法空の「二空に於て迷謬有る者に、正解を生ぜしめんが為」[383]というのが『成唯識論』の出発点であったことに思い至る。

我々は今回、我執の問題から検討をはじめた。しかし最終段階で明らかになったのはそれを解決することであり、「空ずる」ことである。それが我空になる。そのために阿頼耶識を尋ねたのである。阿頼耶識は所知依ともいわれる。知らるべき依り処となるものの意である。それを障げるのが無明である。その無明の正体を見抜く必要がある。しかしそれは非常に難しい。まさに至難のわざとなる。不可能といえるほどの深みにあるものが無明である。根本的な無明は生易しいものではない。依り処がわかっていないといわれ、その依り処に気づくことを障げているのが所知障である。しかも何が難しいといって、所知障といわれる法執は悪業煩悩に比べても悪とはいえない面がある。悪と感じさせない悪である。その悪を二空として「空ずる」「批判する」「否定する」というのである。否定することのできないことを依り処とするのである。それが自覚されれば自証ともなり、依り処になるというのが曽我のいわんとするところである。外道との議論でよく知られているように、すべてを否定する（空ずる）ということは、空ずることまで否定してしまうことではない。否定できる立場にしっかり支えられることである。ただし畢竟空といわれるような徹底した空ということになれば、すべては消滅するということになる。同時にすべてがありのままにあるということにもなる。凡夫に真意を気づかせる如来と気づかされる凡夫とは同時的に成立する。

以上のような空と夢・幻や影との関係については、『大経』「東方偈」の次の経文によく示されている。

一切の法は、猶し夢・幻・響のごとしと覚了すれども、もろもろの妙願を満足して、必ずかくのごときの刹を成ぜん。[384]

この経文は、『往生要集』巻下末第十「問答料簡」の第四「尋常念相」四に、四には無相業。謂く、仏を称念し浄土を欣求すといえども、しかも身土は即ち畢竟空にして、幻の如く夢の如し、体に即してしかも空なり、空なりといえどもしかも有なり、有に非ず空に非ずと観じて、此の無二に通達して、真に第一義に入る。是を無相業と名づく、是最上の三昧なり。故に『双巻経』に、阿弥陀仏言わく。「諸法の性は、一切空無我なりと通達するも、専ら浄き仏土を求め、必ず是の如き刹を成ぜんと」(385)。と採用される。ちなみに源信は、法性である性空について『華厳経』の一切慧菩薩の偈頌を紹介する。次のものである。

「法性は本より空寂にして取るべきもの無くまた見るべきもの無し。性空なるは即ち是仏なり。思量することを得べからず」と。已上　応に念ずべし、我いずれの時にか本有の性を顕すことを得んと(386)。

浄土を建立して一切の悩める者を救済せんという妙願は、その成就によって必ず満足する。その本願の願力は無碍の光明を生み出す力でもあるので、これまでに確かめてきた自覚・自証の内観力でもあろう。すべては夢・幻のごときものであると覚了されることによって、その事実のもつ深い意味にまで通達できるのである。夢・幻のようなところに影現して、菩薩自らの内因力を究竟しようとする。さまざまな功徳の元がそこに具足している。それによって菩薩道の究極である成仏が成り立ち、成仏によって妙願は完結する。諸法は、性としてはすべて空・無我であることに通達しているからこそ、浄仏土を求めて必ずその刹土を成就するというのである。

以上の意味の経文に対する源信の了解は、称名・念仏し浄土を欣求・願生するとしても、その仏土も仏身も究竟的に空であると了知しているというのである。この場合、畢竟空というのは徹底的に否定されることであり、菩薩としていえば否定できることであろう。何ものかを実体化し固定的に捉えようとする。その執われに対して根底から否定する意味だと思われる。夢のごとく幻のごとくだということについて、はかないもの頼りないものとしか見えないとすれば、浅い捉え方になる。一切法はものそのものとしてのあり方としては、それ自体として捉われるべき何ものもないのであって、究極的に空であるというべきなのであろう。ただし、空であるからといって虚無的に無の邪見に堕することではない。前にも述べた妙有と関係する面もあって、虚空の如しといわれるところである。譬喩的にいえば、空気の厚い層に包まれている場合には包んでいるものは見えないであろうが、身に感ずることはできるということである。

以上のような感覚において空を見ることになると、畢竟空は「空なりといえどもしかも有なり」となり、真空としての畢竟性が確かめられれば、それは確実な依り処となって「畢竟依」になるともいえよう。だからといって、それが絶対的な有であるというわけではない。故に「有にあらず空にあらずと観」ずることになる。いわゆる「有無をはなるとのべたまう(387)」に通ずると思う。そうなると「無二に通達して、真に第一義に入る」ことも当然の帰結になるであろう。

そのようにして真の第一義に通達することになれば、その「一実境界」は「如来の法身」に相当するともいえる。その内容を正確に言い当てるのは非常に難しいとしてもである。源信が「助念方法・対治懈怠」の項で引用していた一切慧菩薩の偈頌の意味するところも重要になるのである。つまり法性とか法身といわれているそれは、空寂そのもののことなのであるから、執着されてはならないものである。それを見ることが重要な方法なのではあるが、見ることにこだわることではない。いわば「不見之見」である。そのような空そのものの自己批判とかかわるところで「性空」とされているのである。それが仏の自内証であり、通常的な意味での知の範囲を超えている証になるのである。その真空が真如でもあり、絶対とか無限ともいわれることになると、曽我の次の言は参考になる。

その顕はす所同一で、共に超現実、超経験の理想である。かくの如き理想は真実人生の事実の前には須臾も疑を容れぬ所、また須臾も忘れることの出来得ざるべき人生の理想である。さればかゝる理想は単なる形式であつて何等の内容なきものであらうか。爾り真実の究極理想には何の内容もあるべきではない。しかし何の内容もない為に一切の内容と矛盾しない。それは生滅の人生に対しては所謂消極的態度を取りて、而もそれに対して何等制限を加へない。一切生滅と撞著しない。常に超然として無色である。而してそれは不可思議であつて純なる相を以て意識の上にのぼらない。それが意識の上に来れば已に相対の姿であつて、已に何等かの内容を有する有色の概念である。真実の理想である所の自然や神や実在は淳なる姿をば決して人間意識の地上に印せぬであらう。(388)

第三節　不行の行

ところで仏を見る、あるいは法を聞くという場合でも、『華厳経』の場合は、諸法の体性は空寂であると知ることができれば、煩悩によって染著されずに如来を見ることができるといわれている。しかし凡夫はものの表面を見てその本質を了らないので、痴惑のために盲冥になり、真実の義を得ないという。法の立場からいえば当然のことであろう。現に愚惑の凡夫である我々の立場となると、批判的に反省するといっても容易なことではない。見る、知る、了るということをどのように解するかについてである。そこで曽我のいうところを尋ねることにする。

この身体はこれ法蔵菩薩であり法蔵菩薩を感ずるところの器である。法蔵菩薩の感覚と同じ感覚をもつところの尊い身体である。（中略）だから私は宿業の自覚に於て生身の法蔵菩薩を直感する。この身体四肢五体の全体に法蔵菩薩を直感する。(389)

四肢五体に感ずるものがなければ仏法はお伽噺と同じことである。我々の四肢五体の毛穴に法蔵菩薩をひし

〳〵と感ず、宿業を感ずる。(390)

曽我は、自らの身体を器として全身の毛穴で感ずるというのである。以上のような感覚に応同する毘盧遮那仏のはたらきが、一々の毛穴を通して現れるという経説が、『大方広仏華厳経』「毘盧遮那品」にある。

一一の毛孔に光雲を現じ、普く虚空に遍じて大音を発す。所有の幽冥の靡をも照らさざるはなし。地獄の衆苦も咸滅せしめたまう。(391)

この経文を源信は『往生要集』巻中、「助念方法」に引用され、

願はくは仏光我を照らして生死の業苦を滅せしめたまへ(392)

と自らの願いを述べる。それに対して、曽我の理解は一段と異彩を放つものとなっている。

方便的表現の教、我々は是教を身にして誕生した。我々は生れながらにして深重の業の所有者である。我は単なる、赤裸々でない。わが霊は未生以前に深重なる言教を全身に沁みて生れた。我は如来の大願業力が此肉体の一毛孔にも充ち満てることを思ふ。噫闇の業報よ、而して闇にかゞやける宿業よ。我の肉体は是れ現在の法蔵菩薩である。法身説法の道場である。我は小なる意識に依りて自己を制限すれども、肉体は是れ大なる我である。（中略）

如来はその皮を紙とし、その骨を筆とし、その血肉を墨汁として、生ける「聖教」を創作し給ひた。その「聖教」は我の肉体である。肉の声は聖教の自発である。天親論主が声を教体とすると云はれたのはその謂である。名号為体とは声を体とするの謂である。(393)

浄土真宗に生をうけてゐるものはみな法蔵魂を感得せねばならぬ。法蔵魂を感得する道が二種深信、機の深信である。宿業の自覚は法蔵魂を感得する道である。(394)

深く罪を感ずる。頭に考へるのではない。深信は深い感情であるが、仏と自分とが交流してゐる感情であるが、その中に与へられた肉体、この身体は歴史的なものである。肉体は親に依て生れたものに違ひないが、何千年、何億年の昔から伝統を以て続いてゐる。だからこの肉体に感ずる感覚は偽りないものであつて、この身体を通して弥陀の五劫思惟の願を感覚出来る。本願といふと理想といふがそんな無内容なものではなく、ひし〳〵とこの肉体、身体は歴史の主体、念仏を称へる主体であつて、みなこの身体に感ずるのである。弥陀の五劫思惟の願の昔から感覚して続いて来て、我々は生れ変り死に変りして来たが、その感覚は念として続いてゐる。それが伝統である。だから昔物語のやうな法蔵菩薩の四十八願をきくときに、なるほどと思ひ当る。思ひ当るのはこの身体がちやんと存してゐるからである。だからこの身体は我が身体であるが我が身でない。仏の身体であり、一切衆生のものである。仏のものであり一切衆生のものであるが同時にまた本当に私のものである。私のものとして頂いてゐる。これらのことが機の深信のところに展開される。信と念と相ひ応じてそして深信は即ち信、宿業の自覚は念である。内なる念と外なる信とこの二つが互に相応し感応して、我々をして本当に仏の御一人子として、煩悩具足の凡夫こそは仏の御一人子である(395)。

二種深信の開顕に於ては機の深信が眼目であるといふことを、我々は明かにしておく必要がある。こんなことを言ふと、機の深信のみでは地獄一定といふことになつて救はれぬのではないかといふが、その機の深信は法の深信より開いた機の深信である。機の深信は法の深信が根元で、法から機を開くに就て二種深信が出来る。故に二種深信としては機の深信が主なるものである。（中略）二種深信は法の深信から機の深信を開く。開くのは機の深信に法の深信を摂めんが為である。機の深信の外に法の深信なし、といふのが、二種深信を開顕する趣旨である(396)。

機の深信一つになれば、法と機は対立しなくなる。一体・一如である。その意味での弥陀の一身については、『往生要集』巻中に次の問答がある。

問ふ。言ふ所の「弥陀の一身は、即ち一切仏の身なり」とは、何の証拠か有る。答ふ。天台大師云く「阿弥陀仏を念ずれば、即ち是れ一切の仏を念ずるなり。故に『華厳経』に云く、一切諸仏の身は、即ち是れ一仏の身なり。一心、一智慧なり、力・無畏もまた然なり」と。(397)

ここで引かれる『華厳経』の経文は、

文殊の法は常に爾なり。法王は唯一法なり。一切無礙人は一道より生死を出ず(398)

に続いて述べられる「明難品」の文である。ちなみに『論註』の次の文が「行巻」に引用されていることはよく知られている。

「遍」に二種あり。一つには、聖心遍く一切の法を知ろしめす。二つには、法身遍く法界に満てり。もしは身、もしは心、遍ぜざることなきなり。「道」は無碍道なり。『経』(華厳経)に言わく、「十方無碍人、一道より生死を出でたまえり。」「一道」は一無碍道なり。「無碍」は、いわく、生死すなわちこれ涅槃なりと知るなり。かくのごとき等の入不二の法門は無碍の相なり。(399)

しかも機の深信は自己批判と関係する。そこで次にその問題について考える。曽我の教学の特質を示すものの一つにこれがあることは幾度か触れてきた。しかし際立って注目しなければならなかったのは阿頼耶識の自相が第十八願の三心の信楽に一致することにおけるその徹底的な自己否定であった。批判が徹底すれば否定になる。その否定を通してこそ、自己批判が成り立ち、そのうえで自己反省も可能である。そのように受け取ることはできたが、それはどういうことなのか。自覚し自証することのもつ驚くべき主張とも関連して単純に了解できることではない。故にその点を再度確かめたい。

その手がかりを先ほど触れた「真空」に求めると、「否定する」ことが「空ずる」ことに通ずると、徹底的に否定することの究極性を畢竟空といっていたことになる。有の見と無の見を超えることであった。それが単なる無化のことでないことは明らかであるが、譬喩的に「虚空の如し」といっても表面的な了解ではその真意を捉えられないことも明白であった。それらの諸点を含めて、曽我のいわんとするところに少しでも迫ってみたいのである。

そこで第四章で関説した「願心の自己荘厳」に再度目を向けると、「真仏土巻」の最後の御自釈の「真仮を知らざるに由って、如来広大の恩徳を迷失す(400)」について論じられている。今にして思えば、私の場合はまことにお粗末千万というしかない安易な出会いであったにもかかわらず、そこを機として思いもかけない展開を賜ったことは事実である。曽我の場合と比べれば余りの違いに愕然とするしかないほどのへだたりを痛切に感ずるのであるが、それはそれとして、

私は久しぶりに『教行信証』第五真仏土巻を披読して、この結尾の文字にいたり、一種の感激に打たれた。（中略）此を云はずに居られない彼の心の痛みと、此を云ひ得た彼の慶喜とを遙に推察し、われわれの現実の信意識の内容である所の化仏化土を観察して、これを深く慚愧すると共に、この信意識に微に顕彰する所の不果遂者、不虚作住持の本願力、それは遙に一切の個我的染穢を超越せる畢竟安楽清浄の国土であると同時に、一切の衆生の差別を容れて、究竟にして虚空の如くなる広大無辺の真仏土に荘厳せられる所の如来の本願力を憶念せしめられる(401)。

とある文言に何ともいってみようもないほどの感動を呼び起こされるのはどうしてなのであろうか。

「われわれの現実の信意識」は、方便化身土においてでしか成立しない。故に「これを深く慚愧すると共に、こ

の信意識に微に顕彰する所の不果遂者、不虚作住持の本願力」が、「広大無辺の真仏土に荘厳せられる」ものであることを「憶念せしめられる」といわれている。この意味の深さに多少とも感銘するところがあったといえよう。いずれにしても、「真仏土巻」が読めていないという指摘の重さを思い知らされた。と共に、自分の実体を言い当てられた次の文の響きも強烈である。

真の現実の信意識を以て単なる個別的なるものと独断し、それに回向せられたる超越的意義を観知せずして、徒にそれを肯定し、若くは徒に否認しようとするのは共に平面的な実体論者に過ぎない[402]。

ともあれ願心それ自身の無限の自己荘厳は法性清浄である一如の法性によるのである。一法句でもあるその本性としての清浄の願心が「自爾の行[403]」として「穢悪不浄を穢悪不浄とする[404]」といわれている。つまり自己否定の成立する根拠が願心それ自身に見出されるという鋭い指摘である。かくして願心が真実であれば、「願心が願心自己に覚醒[405]」することによる真の意義での「真空」の「真実不虚の批判がある[406]」ということであった。したがって、

批判の生活が唯一の真実行である。「不行にして行ずるを如実修行といふ」といふのは是の謂である。すなはち清浄願心の如実の修行といふのは無批判の行ではなく、真実の批判の生活である。是故に我々はその本性清浄の一如の鏡に照されて、願心の自己の穢悪を痛むが故に其一如の鏡を浄化荘厳するが、その一如の浄化荘厳はいよいよかへつて願心自己の穢悪を深めるばかりである。しからば我々はかくて絶望するべきであらうか。否々絶望して居ることすらも出来ないのである。この無限の穢悪の自覚こそは願心の自浄の自証であるからである[407]。

しかしながらその願に真と仮とある以上は報土の中に純粋なる真実の報土と自力我執の個別相を帯びる方便化土とがなければならぬ。されば願心に荘厳せられたる浄土も決して純粋の真仏土のみでないことは明である。

則ち願心に純不純の区別があるとすれば、その区別は何に依りて証知せらるゝか。願生偈の「一心願生」こそは「如実修行相応」であるは疑を容れぬ所であるが、論主はその離菩提障、順菩提門の二章に一如願心の清浄真実の意義を詳説してあるが、しかし単刀直入に此義を表明するものは既に述べたる「願心の荘厳なり」の一句であるはいふまでもない。すなはち一々の浄相に対して静に願心海を凝視せよ。一度是を凝視したならば恐くは永久に凝視を止むることは出来ぬであらう。げにこの願心海こそは先験の大涅槃であつて、真の自証の境である。その現実の相は常に貪瞋煩悩の濁流が限りなく流入するけれども、無作一如の三昧海水はいさゝかも為めに濁らず、反つて濁水を転じて、そのまゝに大悲仏心と成したもうのである。まことに願心は始終一貫して自己を反省して休まない。どこまでも自ら忍従柔和にして、常に微笑を以て煩悩に対し、衆生をして遂に悦んで信順せしめずに止まない。私は法蔵菩薩永劫修行の精神生活の基礎を偲ばれる。[408]

かくして一如である真如と真空が直結することになる。そうなると、

真如はこれ諸法の正体なり。体、如にして行ずれば、すなわちこれ不行なり。不行にして行ずるを、如実修行と名づく。[409]

とある『論註』の文を確かめなければならなくなる。真如・一如は無為法であるから、行・不行を超えているものであった。故にそれが如のままで行ずるというのは矛盾になる。ところがそうではないというのが曽我の所論である。何故ならば、それは如自身の自覚自証の法爾自然のはたらきによるからであるというのである。それは無理を通して強調していることではないという。それが如の自己否定であり、阿頼耶本識の信楽としての徹底的な批判力であった。本願力とはその本願自身の自証をいうのであり、仏の自内証の必然性によるともいうことができる。まさに達見というべきである。不行之行の如実修行をこのように読み込んだ例は前代未聞のことである。

如実修行である不行の行については次のようにいわれる場合もある。

総体が別義を新開することは即ち総体の進展であり、本願無生の生であります。無生之生とは能生者なくして独り所生があるの謂であります。それは本願力によるが故に別に能生の自我を要せずして、法爾因縁の自在神力（所生）が成就するのであります。又別義に於て総体が行ずる時、能行者なくして所行の法自然なるを、不行而行と名くるのであります。之を浄土真実之行といひ、又選択本願之行と名くるのであります。[410]

以上の点を「義なきを義とす」との関係からみると、

義と申すことは、行者のおのおののはからう事を義とは申すなり。如来の誓願は不可思議にましますゆえに、仏と仏との御はからいなり。凡夫のはからいにあらず。[411]

他力ともうすは、仏智不思議にてそうろうなるときに（中略）義ともうすことは、自力のひとのはからいをもうすなり。[412]

云々と親鸞はいう。この義と自然法爾との関係については、「行者のはからいにあらず、如来のちかいにてあるがゆえに[413]」とある。故に曽我のいう何らの主体も無くなるというところは「無上仏[414]」も「無上涅槃[415]」も「かたちもなくましま す[416]」に相当する。それが「自然」であるとし、そのことを知らせるための手がかりとして弥陀仏といえども仮に有るにすぎない。法爾自然である「かたちもましまさぬよう[417]」に捉われることを否定することになっている。

以上の意味での否定・批判のはたらきとしての信楽が、仏智不思議・他力不思議として透明化されることによって、何ら積極的意義をもっていないにもかかわらず、広大無碍の本願の真実を発揮するという曽我の次の所説は斬新である。

げに永遠に深く隠れて内に等流相続する所の憶念の至心と、普く現実の衆生界に廻向して、間断なき欲生心と、平面的には全く対角線的に正反対する二つの心を和合し、而してこの反対せる二心をして無礙自在に交流せしむる所の道理が疑蓋無雑の信楽である。それは何等積極的の意義を有つて居ないのであるが、そこが所謂「他力不思議にいりぬれば義なきを義とすと信知せり」と云ふ所である。全然白紙のやうな信楽の一念には広大無礙の内容を具し、本願真実を挙つて、十方衆生に廻向せずんば止まないのであります[418]。

以上の意味において曽我のいう不行之行を再度確かめると、自力の行が不行として否定されることによって、他力の行が如来の回向として実感されることのように思われる。第六意識による理知の分別が否定されて、自身の毛穴で聞くような身体感覚による了解になるので、第八阿頼耶識での認識になるといえよう。そうなると、当然謝るべきであると意識的には認めていても謝ることのできないことなどはいくらでもある。自己正当化する末那識に依ってしまうためであるが、「南無」することのできない「阿弥陀仏」の声か態度だけが蔓延ってしまうともいえる。しかしそれが「凡夫」であることを「仏かねてしろしめして、煩悩具足の凡夫とおおせられたること[419]」となると、謝るべきことを謝ることのできない自分であることが知られて、その自分のための「他力の悲願[420]」を「かくのごときのわれらがためなりけり[421]」と受けとめることができることもある。南無のない私のために阿弥陀仏が宿業の中に一つになって南無している。そのために、南無のできないままの私が、南無する私と一体となって、自己批判の自覚が不行之行として成立する。不行は自力の凡夫である「われら」であり、行は「他力の悲願」としての菩薩の行である。そこでは喜べないままに喜ぶことができるので、そのことに気づかせてくださった仏智の不思議が「いよいよたのもしくおぼゆるなり[422]」となるのである。

「如実修行」と「不如実修行」の関係については注目すべき了解が述べられる。二者は横並びに対立しているのでなく、縦並びの関係であり、下から支えているのであるというのは、常人の全く気づかないところではなかろうか。第六意識は必ず横並びに見る。第八阿頼耶識は縦並びに見るというのであろう。

如実修行と不如実修行とは反対であって、しかも離れんものでしょう。離れないとならば、つまり一つのものでしょう。如実・不如実というものは、二つ別々にあるものではない。これは義をもって分つけれども、体をおしてみると、如実も不如実も一つのものである。そこまでいうてよいか悪いかは問題があるでしょうから、皆さんが攻究して明らかにしてくだされればよいと思います。

考えてみると、反対のものは一番近いものである。仇は一番近いところにいる。自分の仇はどこにいるか、自分の心の中にいる。自分と一緒にいる。自分は自分の仇である。仇は外にもおるのでしょうが、もっとも怖ろしい仇は自分自身の中におる。そうでしょう。不如実修行が内におこっている。如実のあるところに必ず不如実がある。不如実がなくなったら如実もなくなる。如実と不如実とは相対して成立っておる。だから不如実がなくなったら、如実もまた消滅してしまう。これが私共の内面生活というものであろうと思います。そういうことを問題にしないで、如実修行になれば不如実修行は消えてしまうのだと考えて、悠々として煙草でも一服、やれやれ一服と自分を許す。ところが何時の間にか、如実が不如実に降参している。そのやれやれが、はや不如実修行である。そんな隙も油断もない。そういう微妙な関係をもっている。二十の願が不如実修行、十八願が如実修行。その如実・不如実の体は南無阿弥陀仏である。如実が南無阿弥陀仏を体としておるのは勿論であるが、驚くべきことには、不如実修行も南無阿弥陀仏を体としている。マイナスの南無阿弥陀仏である。南無阿弥陀仏には、プラスの南無阿弥陀仏もあれば、マイナスの南無阿弥陀仏もある。マイナスの南無阿弥陀仏を自力念仏という。こういうことを我々は、我《が》でもってはっきりできると考えるけれども、法は微妙なものであって、法は人間の分別の及ばぬところである。だから我でもって考えるように、法というものを単刀直入に領解できると考えるのは間違いであります(423)。

それにしても南無阿弥陀仏にもプラスの念仏のみならずマイナスの念仏もあるという了解には恐れ入るしかない。しかもマイナスの南無阿弥陀仏とは自力の念仏であるが、それがあるからこそ法としての南無阿弥陀仏がその本来性を発揮できるという。「法は微妙なものであ」るから、我々人間がその分別で考えても、「単刀直入に領解できる」ものではないといっている。どこからこのような発想が生み出されたのか。まさに兜率天で弥勒菩薩から伝授されたというしかないことである。

第四節　助からない者

かくして法蔵菩薩の実在は明らかになった。そこでその確証を曽我のいうところに求めると『本願の仏地』の次の文に目が止まる。四十八願の真と実の深い意味が、見事に活字されている。

私共には四十八願といふものそれだけでもう沢山である。これが成就しようがしまいが、そんなことは問題でない。四十八願といふものを見出したといふことそのことで沢山である。この四十八願が成就せずして、又阿弥陀さんが仏に成らうが成るまいが、自分が永遠に救はれようが救はれまいが、そんなことはどうでもよい。四十八願といふ尊い願ひがあり、その願ひを見出し、その願ひに自分が抱かれてゐる以上、自分はその願ひによつて永遠に生死の海の中に沈んでも構はぬ、さういふ心持であります(424)。

この文章の語るところで、特に私が迫力を感ずるのは、四十八願が成就するのかしないのか、「そんなことは問題でない」というところである。また、「阿弥陀さんが仏に成らうが成るまいが」、それもまた「どうでもよい」。

「四十八願といふ尊い願ひがあり、その願ひを見出し」た以上、「永遠に生死の海の中に沈んでも構はぬ」という、その決意のほどのすさまじさに圧倒されたのであった。しかもこの言葉が生み出されてくる素地にあるのは、四十八願といっても自分の本願のことだという点である。自分とは無関係な仏様のことではないというところであった。この法蔵菩薩の願心に出会って感動する。その喜びを与えるのは「信の一念」である。

求め求めて遂に求め得べからざる絶望のどん底に於て、図らずも、未だ夢にも求めざりしところの不可思議の浄土に生まれることを得たり、今にして自分の求めて居つたところの浄土といふものを思つて見ればまことに詰らんものであつて、この求めて居つたところのものより幾千万倍勝れた、心も言葉も絶えた偉大なる幸福といふものを得た、所謂求めずして得たり、未だ求めざりしものを得たり、求めたものは詰らぬものである。(425)

それに対して、今や得られたところのものは、比較することの出来ないほどの広大無辺な境地である。それは「願が即ち行であるといふ境地(426)」である。

願が願といふものの不純粋を見て、願が願を否定し来たつて、否定してしまつた否定の極致に現はれ来たつたところの願が、阿弥陀如来の本願といふのである。阿弥陀如来の選択本願といふものである。即ち法蔵菩薩の四十八願といふものである。絶望の極致に現はれ来たつたところのものが法蔵菩薩の選択本願といふものである。さうして見ると法蔵菩薩の選択本願といふものは、もう自分が描いたものでなくて本来あるところの願ひである。無始よりこのかた変らぬところの如来の大行である。(427)

願が願の内面の不純粋さを見て自己否定し、その極致に現れるものが阿弥陀如来の本願であるという。絶望の極致に現れたのが本来あるところの無始より已来の如来の大行だといわれている。

以上の論旨を踏まえた上で、次に述べられる「二種深信」への読み込みはまさに圧巻というしかない。

> 機の深信といふのはつまり――永劫尽未来際救はるべからざるものであるといふ自覚であります。永遠に救はるべからざる自分であるといふ信心であります。即ち自覚的信心である。法の深信といふのは、この救はるべからざる吾々を救はんがための本願である。（中略）救はるべからざるといふことは、徒らに救はるべからざるといふことの絶望をなすものではなうて、内に救ひと救主とを要請することを前提する。随つて救はるべからざる自分だといふことは、やがてそれを救はんがための本願といふことを喚び起すところの機会となり、喚び起すところの一つの自覚の原理となる。つまり何の働きもない単なる本願の道理ではなうて、正しく本願が事実として働きを起す、その働きを起すところの機縁、静止して動かぬところの本願を正しく活躍し活現せしめるところの動機となるものが、それが救はるべからざるものである。救はるべからざるといふことがやがてそれを救ふところの本願となる。それを救ふといふことが本願の動因である。
>
> 機の深信といふのは地獄一定といふことであり、助かるまじき者だといふこと。法の深信といふのは助かるに間違ひない、極楽へ往くに間違ひないといふこと。この二つが如何にも矛盾撞著するやうであるけれども、後生助け給へといふ願心のところにこの二つが全然統一せられて、地獄一定助かるまじき者だといふことが即ち機の深信が原因となつて、助かるといふこと即ち法の深信の結果を成就するのである。[428]

前章の最後のところで、助からないものは助からないのであるが、その助からないところで助かるといわれていた。その難問に対する駄目押しのような解答がここで改めて明らかになる。それが「本願の論理」である。有りえないことが有りうるので「有難い」ことになり、その有難いことが、我ながら情けない限りの「かくのごとくわれらがためなりけり」との本願の力用であるために、「勿体ない」「申し訳ない」となるのである。心の底からの懺悔にかかわる表白になるというのであろう。助かることも助からないことも「どうでもよくなる」ともいわれているのも、すさまじいとでもいうしかないほどの機の深信の深さである。

助からないとは、助かりたいが、しかしその方法がないといふことである。後生助け給へといふ要求といふものは、その原因には助からないといふこと助かるまじき者だといふことがあります。まるきり助かる縁、手がかりのないものだ、地獄一定だといふことであります。地獄一定なるが故に、これをどうしても助けずばおかぬ。形式的論理からいへば、この二つは矛盾撞著をするのであるけれども、要求の弁証的理論として見る時になれば、矛盾撞著する故にその二つが一致するといふことになるのであります。助からないものなればこそ、如来が助けようと行願なされる。助からない筈のものであるから、それを助けずばおかぬ。故に助かるといふことは内面的に間違ひがない。かういふことが要求の論理であります。つまり内面の論理でありまして、本願海の光景といふものは、かういふところに特別の面目があるのであらうかと思ふのであります。有難い、或は勿体ないといふ言葉がありますが、勿体ないとか有難いとかいふ言葉は、かういふ宗教の願の内面的必然の光景を率直に表はしたところの言葉でないかと思ふのであります。若し単になるやうになるのだ、あるやうにあるのだ、といふだけのことが自然必然であるならば、そこに勿体ないとか有難いとかいふ感情の泉が何処から湧くであらうか[429]。

父が曽我の法蔵菩薩に出遇うことができたのは、この辺の文章を読んだ時であったような気がする。落語の「寿限無」を暗記するように命じて、その中の「五劫のすりきれ」が必ずお前を助けるという確信がどこから生まれたのか。まさに「他力不思議」である。同時に、「助からないものなればこそ、如来が助けようと行願なされる」とある文をパンフレットに載せたのは、その意味の深く示しているところを父が納得したものだと思わずにいられなかったからである。常識的な論理からいえば、反発を感ずる主張であるが、自らの罪業の深さに悩んでいたはずの父にとっては、まさに青天の霹靂のような痛棒を与えられたのだと思われてならない。続いて述べられる次の文のいうところも、私のような凡俗の胸を打つものがある。一見矛盾しているように見えるが矛盾していない。それが「有難さ」の極致であるというのである。この指摘は、宗教的感情の最高の内容を言いあらわしているといえよう。これらの一連の言葉を生み出すためにこそ『本願の仏地』が語られたのにちがいないとの感を深くしたことである。

宗教の願の世界に於きましては、本当に矛盾撞著してゐるところに因果の関係がある。さうして矛盾撞著してゐるやうなことが矛盾撞著して居らんのである。実に之はまたあるべくしてない、まさにあるべくしてそれをあらしめる契機がないといふことが有難いといふことであります。あるべき筈であるけれどもそれは難い、有難いといふことは、無為自然の道理から言へば、まさしくかくあるべきことである。けれどもそれは願の力を信ぜざる故に実際難い、甚だ困難である。（中略）地獄一定の悪人が救はれる、之がつまり本願の論理であります。或は宗教的要求の論理であります。助かるべからざる悪人が即ち本願の正客である。要するに願の光景といふものは二種深信である。之を現せば機の深信と法の深信と矛盾撞著する。それが非常に有難いことだ。何が有難いか、有難いといふことは他でもない、それは宗教的論理の原則である。故に救はるべからざる者だといふことを痛切に感ずる程、救はずんばおかぬといふ本願が痛切な事実真理として感ぜられる。だから救はるべからざる者であるといふことは如何にも本願に矛盾したことのやうだけれども、それが即ち唯一なる本願の動因を示すのであります[430]。

想い起こせば四回生の時であった。卒論を書かねばならないことになって、何をどう書けばいいのか、全く途方に暮れてしまった。三回生になって「華厳」を学びはじめることで感じた巨大な壁については、これまでにも幾度か書いたことである。しかし特に今思うのは、私の問題は「菩提心」であると指摘された恩師が、『秀存語録』を貸してくださったことであった。華厳の大家であると同時に、真宗の安心にも深い造詣をもっておられた一蓮院秀存師の語録を、恩師の叔父・佐々木月樵が特に願力寺の母堂のために集めて出版された小冊子であるとのことであった。当時すでにノイローゼ気味であった私にとって、その中味を十分に読み込んだ記憶はない。数年後に教職についてから、その書が図書館にあるのを見つけて読み直した際、印象に残ったものが二、三箇所あった。その中の一つがこの逸話である。

> 三州牛田の玄衛云く、信次郎よりきけりと。
> 或時、一蓮院師の許へ四五人の同行参り御きかせに預りたしと願ひければ、師一同に対せられて
> 「そのまゝの御助けぞ」と授け給ひけり。
> 一人、「このまんまで御たすけで御座りまするか」といふ。御講師の云く、
> 「違ふ」。
> また、一人、「このまんまで御たすけで御座りまするか」といふ。御講師、また云く
> 「違ふ」。
> 暫くありて、また、他の一人、何卒今一度御きかせ下されたしと申しければ、師また一同に対せられて
> 「そのまゝの御助けぞ」と。
> 他の一人、声に応じて、「難有う御座ります」と御うけ申しければ、師は、非常によろこび給ひ、御浄土で逢ふぞと仰せられしと云云。(431)

「そのまま」とか「このまま助かる」という自然法爾にかかわりながら、『本願の仏地』の難題でもある、全く有

りえないことが有りうるから「有難い」というそのことのもつ深い意味に共通されるところがあることに気づかされて驚くほかないことであった。夢想だにしない出来事だったのである。

続いて述べられる曽我の「罪悪自覚の意義」での次の言葉の奥行きの深さには驚嘆する。ただ罪悪の中にあるだけでは罪悪を自覚することなどありえないというのである。

誠に驚くべき人生の記録である。この微小にして殆ど存在の価値なき如き自分がこの法蔵菩薩永劫の修行を背景として、茲に誕生の声をあげたと云ふことは夢の如き事柄である。(432)

罪悪を自覚するといふことは、罪悪を超えてゐる者でなければ罪悪を自覚するといふことはないでありませう。徒らに罪悪の中に身を没頭してゐる者は罪悪を知らない訳でありませう。更に再び罪悪といふものに立帰つて罪悪全体、一切衆生全体の罪といふものを負うて立つところの大いなる自覚ではないか、かういふ工合に考へらるべきものであらうと思ふのであります。本当に助かるまじき地獄一定の自分だといふことは、罪の極限を超えて更に再び罪の中に立帰つたところに初めて罪の自覚といふものは生ずるものでなければならんと思ふのであります。(433)

たゞ機の深信、俺は罪悪深重の者だといくら云つても、そんなものは自覚でも何でもありません。願求往生心が痛切に自分に自覚される程、愈々自分は助からん者である、現実の自分は愈愈助からざるものであるといふことを痛切に自覚する、その悲しみがあります。しかるに一切衆生をあはれむ慈悲のお方が法蔵菩薩だ、さういふことばかり多くの人は聞いて居りますが、本当に助からないといふことを悲しむ、その悲しみが法蔵菩薩の心そのものでありまして、この深き悲しみを本当に痛切に感ずるところが法蔵菩薩の衆生をあはれむといふところのあはれみの根元である。（中略）永遠に助かるまじき自分の悲しみを象徴したものが、法蔵菩薩の永劫の修行といふものであらうと思ふのであります。一切衆生のためならば、どうもかうも自分は浮ばれない。自分は浮ばれないといつて楽観して居るのではありません。浮ばれないといふそのことに、何とも言へない痛みがある。[434]

機の深信は口先だけのことではない。「本当に助からない」という自覚のことである。その深い悲しみを「痛切に感ずるところ」に「法蔵菩薩の衆生をあはれむ」その「あはれみの根元」があるという。そして「何とも言へない痛みがある」ともいっている。その痛みの質の深さを表すものが「法蔵菩薩の兆載永劫の御辛労御修行」だというのである。

求道者といふ人間の痛みは浅いものでありますが、道を求める心そのものの痛みといふものは更に深く掘つて見ますといふと何とも言へない深い痛みがありまして、それが法蔵菩薩の兆載永劫の御辛労御修行と申すものであります。この痛みが無駄の痛みでありませうか。この痛みは無駄の痛みではない。この痛みが後ろにあつて、この痛みが原因となつて、さうしてそれが原因となるがゆゑに、その結果といふものは、その永劫の御苦労に負けない、永劫の御苦労を償うて余りあるやうな大きな幸福、大きな果報といふものを得るといふことになるのであります。この大きな幸福をあらはすものがつまり法の深信といふものであります。それですから法の深信は願生の果相であります。[435]

それにしても、本願力のもつ底知れなさを改めて気づかされたともいえる。また、その願を掘り下げる曽我の視点の、予想もつかない展開については、絶句せざるをえないものがあった。次のようにいわれているところの内容の濃密さは特に印象に残ったところである。

本当の罪悪の自覚は法蔵菩薩が一切衆生の罪を荷うて、さうして一切衆生のためには自分は永遠に浮ばんでも構はぬ、永遠に沈んでも構はぬ、「仮令身止、諸苦毒中、我行精進、忍終不悔」。一切衆生の罪を荷うて、自分を衆生の中の一人として見出して、一切衆生一人たりとも救はれなければ自分は仏に成らぬ。そこに深い願心の自覚を表はしたものが無有出離之縁、出離の縁あること無しといふ深き悲しみでないかと思ふのであります(436)。

ここで述べられる「本当の罪悪の自覚」、「一切衆生のためには自分は永遠に浮ばんでも構はぬ」、「我行精進、忍終不悔」、「深き悲しみ」というのは、先ほど確認した四十八願さえあればそれだけで十分なのだということに連動しているように思われた。

一見しただけでは自分とは無関係な法蔵菩薩の願いとしかみえないものである。ところが、「自分自身の本当の願ひ(437)」が四十八願である、というのである。では、その「自分自身」とは何であるか。それは「宗教体験そのもの(438)」、すなわち、「尽十方無礙光如来に帰命するところの宗教的体験(439)」それ自体が「自分であります(440)」。また、「生死の中(441)」、「所謂貪瞋煩悩の水火の中に苦しみ悩んでゐるところの吾々の心の中からして燃えあがり浮びあがるところの純真なる願ひ(442)」、それが四十八願である、というのである。したがって、通常なら、願いがかなって満足できればいいという程度で終わるところが、全く異なるものになるのである。つまり、ここで曽我がいわんとしているのは、本願以外の何ものも求める必要がなくなることである。それ以外はどうなってもかまわないというところがまさに枢要となっている。

曽我の言に触れて、「自分がどうしても助かりようのない人間である。本当に助からないことがわかって嬉しくなった」という人に出会ったことがある。逆説的であるが、その自分をまさに助ける大悲の願心であることが納得できたというのであろう。その意味はこれまで、称名念仏は自分がしていると思っていたので、どうして助からないのかわからなかった。ところが、曽我の言葉に出会って、念仏の主体は法蔵菩薩であることがはっきりした。その菩薩が私のこの宿業の身のところに誕生して、私を場所として念仏して下さっていたのである。そのために、念仏のない自分にもその声が聞こえたのだと了解できた。「聞名欲往生」ということになれば、自分でどうこうしなければならないという自力が入る余地はなくなる。しかも、このような私までお救い下さるという「大悲の誓願」が身近に感じとれたので、「嬉しくなった」のである。ここで再び自力は捨てられないことがはっきりしたのである。そのことによって、そのままにしておくしかないことも納得できた。すると捨てられないままにスタルのである。自然のことわりにてスタル。スタルとは他力、他力によってスタルとは捨てる必要がなくなることである。捨てて助かりたいという自力の執心から解放される。助かる必要がなくなる。助からなくてもよくなる。「しらず、もとめざるに、功徳の大宝、そのみにみちみつ[443]」である。「悪を転じて徳を成す正智[444]」の成就である。「つみを、けしうしなわずして、善になすなり[445]」ともいわれている。その意味では助かりようのないところが、唯一の助かる手がかりになっているのである。助かっても助からなくても、どうでもよくなるのである。そのままのところである。「暴風駛雨」の次の文が参考になる。「自力執心は捨んとして捨つる能はず。此に絶対的自力無効に達した時、自力は捨てずして自然に捨たつたのである。則ち自力を捨つるとは迚も捨てられぬと自覚するが捨たつたのである。此自力の捨たらぬまゝに如来に立ち還る時にその刹那に自力はあつてなき状態となるのである[446]」。

最後に「五劫思惟を背景として」の中にみられる、法蔵菩薩の生死界への転入を宣する曽我の文を紹介する。

今や正に思惟と修行との交叉する所の現在の一点を発見し得たことを喜ぶ。久遠の大自然の郷土を憶念することに依つて、雄々しくも永劫の衆生の旅路に迷ひ出でんとする菩薩現前の一念、これこそ五劫と永劫とを貫く所の菩薩の大主観である。

今や我等は自己現在の誕生を祝福して、遙に菩薩永劫の修行の内的背景を痛感する時、忽然として、その永劫の旅路の源頭に立てる純一無雑の菩薩の御姿に触れるであらふ。（中略）すなはち自己に影現せるこの無限創造の霊的力用を想ふ時、いかでか衆生摂取の永劫の旅路に出でずに居られやうぞ。彼の衆生摂取の生死煩悩界の園林の旅路は誠にその久遠の無限創造力の経験証明の為めである。我等は現に五劫思惟の霊界を後にして、永劫修行の肉の世界に流転せんと決定せる悲痛なる菩薩の姿を拝するのである。[447]

まさに有りえないことが有りえたことへの甚深の謝意を現したい。同時に「無辺の生死海を尽くさんがためのゆえなり[448]」とあるように、私もまた曽我にならって、終わることのない流転の旅への参加を、名号の父と光明の母と共に希求して、この稿を擱筆する。

［註］

（1）『曽我量深選集』第二巻、彌生書房、三六五〜三六九頁所収。

（2）「我等が久遠の宗教」・『曽我量深選集』第二巻、三六八頁。

（3）「感招」という語について曽我は、

感招すると云ふ言語を使ふのは外界と内界の限界を確然と区別する言語である（「浄土荘厳の願心と願力」・『曽我量深選集』第三巻、三三九頁）。

とのべている。

（4）「我等が久遠の宗教」・『曽我量深選集』第二巻、三六八頁。

（5）同前。

（6）同前。

（7）同前。

(8) 同前、三六七頁。
(9) 新導『成唯識論』巻第一、法隆寺、一～二頁〈著者要約〉／『国訳一切経』印度撰述部瑜伽部七、大東出版社、九～一一頁〈筆者要約〉。
(10) 新導『成唯識論』巻第二、八頁／『国訳一切経』印度撰述部瑜伽部七、二八頁。
(11) 「一念多念文意」・『真宗聖典』東本願寺出版、五四一頁。
(12) 『唯信鈔文意』・『真宗聖典』五五二頁。
(13) 「我等が久遠の宗教」・『曽我量深選集』第二巻、三六八頁〈傍点筆者〉。
(14) 同前、三六九頁。
(15) 『曽我量深選集』第二巻、三六七～四〇一頁所収。
(16) 「三願より発足して十重の一体に到着す」・『曽我量深選集』第二巻、三八三頁。
(17) 「本願の仏地」・『曽我量深選集』第五巻、三一七頁。
(18) 「歎異抄聴記」・『曽我量深選集』第六巻、一六二頁。
(19) 「我等が久遠の宗教」・『曽我量深選集』第二巻、三六八頁。
(20) 新導『成唯識論』巻第四、三〇～三一頁／『国訳一切経』印度撰述部瑜伽部七、九六頁。
(21) 「我等が久遠の宗教」・『曽我量深選集』第二巻、三六八頁。
(22) 『正像末和讃』・『真宗聖典』五〇五頁。
(23) 新導『成唯識論』巻第四、一三頁／『国訳一切経』印度撰述部瑜伽部七、八三頁。
(24) 『唯識三十頌』・新導『成唯識論』二頁。
(25) 同前。
(26) 『成唯識論述記』『大正新脩大蔵経』第四十三巻、三〇二頁／『国訳一切経』和漢撰述部論疏部十三、二九四頁。
(27) 新導『成唯識論』巻第二、一四頁／『国訳一切経』印度撰述部瑜伽部七、三三頁。
(28) 「如来、我を救ふや」・『曽我量深選集』第四巻、二八頁、〈括弧内筆者〉。
(29) 同前。
(30) 同前。

(31) 同前、二九頁。
(32) 同前、三一頁。
(33) 同前、三二頁。
(34) 新導『成唯識論』巻第三、一五頁／『国訳一切経』印度撰述部瑜伽部七、五八頁。
(35) 『曽我量深選集』第五巻、一五一〜二一六頁所収。
(36) 「如来表現の範疇としての三心観」・『曽我量深選集』第五巻、一六六頁参照。
(37) 『歎異抄』・『真宗聖典』六二九頁。
(38) 「如来、我を救ふや」・『曽我量深選集』第四巻、二九頁参照。
(39) 同前。
(40) 同前参照。
(41) 同前。
(42) 同前。
(43) 新導『成唯識論』巻第三、三七頁／『国訳一切経』印度撰述部瑜伽部七、七四頁。
(44) 「如来、我を救ふや」・『曽我量深選集』第四巻、二九〜三〇頁。
(45) 『阿毘達磨倶舎論』・『国訳一切経』印度撰述部毘曇部二十六上、三八六頁。
(46) 『教行信証』「信巻」・『真宗聖典』二五一頁。
(47) 「業感の世界と法性の世界」・『曽我量深選集』第四巻、一〇六頁。
(48) 「如来、我を救ふや」・『曽我量深選集』第四巻、三〇頁。
(49) 同前。
(50) 同前。
(51) 同前。
(52) 『大乗起信論』『大正新脩大蔵経』第三十二巻、五七六頁／『国訳一切経』印度撰述部論集部五、六頁。
(53) 「如来、我を救ふや」・『曽我量深選集』第四巻、三〇頁。
(54) 同前。

(55) 教えを聞いて修行し、はじめて得られるさとり(中村元『仏教語大辞典』東京書籍)。
(56) 「如来、我を救ふや」・『曽我量深選集』第四巻、三〇頁。
(57) 『教行信証』「信巻」・『真宗聖典』二一〇頁。
(58) 「如来、我を救ふや」・『曽我量深選集』第四巻、三〇頁。
(59) 同前。
(60) 『大正新脩大蔵経』第三十二巻・五七六頁/『国訳一切経』印度撰述部論集部五、五頁。
(61) 「如来、我を救ふや」・『曽我量深選集』第四巻、三〇頁。
(62) 同前。
(63) 同前。
(64) 『教行信証』「信巻」・『真宗聖典』二二五頁参照。
(65) 「如来、我を救ふや」・『曽我量深選集』第四巻、三〇頁。
(66) 同前、一八頁。
(67) 同前、三三頁。
(68) 同前。
(69) 『曽我量深選集』第五巻、二一七〜三八四頁所収。
(70) 『歎異抄聴記』・『曽我量深選集』第六巻、三四四頁。
(71) 「如来表現の範疇としての三心観」・『曽我量深選集』第五巻、一五五〜一五六頁。
(72) 同前、一六一頁。
(73) 同前、一六二頁参照。
(74) 同前、一六二頁。
(75) 同前。
(76) 同前。
(77) 同前。
(78) 同前。

(79) 同前。
(80) 同前。
(81) 同前。
(82) 同前。
(83) 同前。
(84) 同前、一六二一～一六二三頁。
(85) 『唯識學研究』下巻（教義論）、永田文昌堂、二四六頁。
(86) 『浄土論註』巻下・『真宗聖教全書』一・三経七祖部、大八木興文堂、三三六～三三七頁。
(87) 『唯信鈔文意』・『真宗聖典』五四七頁。
(88) 新導『成唯識論』巻第三、八頁参照／『国訳一切経』印度撰述部瑜伽部七、五三頁参照。
(89) 『正像末和讃』・『真宗聖典』五〇五頁。
(90) 「如来表現の範疇としての三心観」・『曽我量深選集』第五巻、一六三頁。
(91) 同前。
(92) 同前。
(93) 同前。
(94) 同前。
(95) 同前。
(96) 同前。
(97) 同前。
(98) 同前。
(99) 「五劫の思惟を背景として」・『曽我量深選集』第三巻、三〇八頁。
(100) 『唯識學研究』下巻（教義論）、二四八頁。
(101) 「五劫の思惟を背景として」・『曽我量深選集』第三巻、三〇八～三〇九頁。
(102) 同前、三〇七頁。

(103)同前。
(104)同前。
(105)同前。
(106)同前。
(107)同前、三〇八頁。
(108)「法蔵菩薩影現の歴程として三願」・『曽我量深選集』第三巻、二九八頁。
(109)「五劫の思惟を背景として」・『曽我量深選集』第三巻、三〇九頁。
(110)同前、三〇七頁。
(111)同前、三〇八頁。
(112)同前。
(113)同前。
(114)同前。
(115)同前。
(116)同前、三一二〜三一三頁。
(117)「法蔵菩薩影現の歴程としての三願」・『曽我量深選集』第三巻、三〇五頁。
(118)『行信の道—『教行信証』総序講読—』・『曽我量深選集』第七巻、四六頁。
(119)同前。
(120)『曽我量深選集』第七巻、五〜一五〇頁所収。
(121)『行信の道—『教行信証』総序講読—』・『曽我量深選集』第七巻、四六頁。
(122)同前。
(123)同前、四六〜四七頁。
(124)同前、四七頁。
(125)同前。
(126)この課題については、太田久紀の『成唯識論要講—護法正義を中心として—』（第一巻、中山書房仏書林、二五七〜二六一頁）や、仲野良俊の『深層意識の解明』（北海道教務所、七一〜八〇頁）に詳しい。
(127)「如来表現の範疇としての三心観」・『曽我量深選集』第五巻、一七四頁。
(128)「法蔵菩薩影現の歴程としての三願」・『曽我量深選集』第三巻、三〇五頁。
(129)「五劫の思惟を背景として」・『曽我量深選集』第三巻、三二一頁。
(130)『教行信証』「行巻」・『真宗聖典』一九〇頁。
(131)「暴風駛雨」「如来は我也」・『曽我量深選集』第四巻、三四〇〜三四一頁。
(132)「暴風駛雨」「仏心凡心一体の幽旨を問はれて」・『曽我量深選集』第四巻、三四一頁。
(133)「地上の救主」・『曽我量深選集』第二巻、四一三頁。
(134)「暴風駛雨」「法蔵比丘の降誕は如来の人間化也」・『曽我量深選集』第四巻、三四一〜三四二頁。
(135)同前、三四二〜三四三頁。
(136)同前、三四三〜三四四頁。
(137)「光胎を出で丶」・『曽我量深選集』第三巻、二二一頁。
(138)「祖聖を憶いつ丶」・『曽我量深選集』第三巻、九五頁。
(139)『安心決定鈔』・『真宗聖典』九四七頁。
(140)「地上の救主」・『曽我量深選集』第二巻、四一〇頁。
(141)同前。
(142)同前。
(143)同前。
(144)同前、四一一頁。
(145)同前、四〇八頁。
(146)「浄土荘厳の願心と願力」・『曽我量深選集』第三巻、三三六頁。
(147)同前。
(148)同前。
(149)同前。

(150) 同前、三四五頁。
(151) 『末灯鈔』・『真宗聖典』六〇一頁。
(152) 同前。
(153) 「如来表現の範疇としての三心観」・『曽我量深選集』第五巻、一六七〜一六八頁。
(154) 「願心の自己荘厳」・『曽我量深選集』第四巻、四六頁。
(155) 同前、四一頁。
(156) 『修華厳奥旨妄尽還源観』・『大正新脩大蔵経』四十五巻、六三八頁。
(157) 『唯信鈔文意』・『真宗聖典』五五四頁。
(158) 『浄土論註』・『真宗聖教全書』一、三経七祖部、三三四頁。
(159) 『浄土三経往生文類』・『真宗聖典』四七〇頁。
(160) 『浄土和讃』・『真宗聖典』四七九頁。
(161) 「後記」・『曽我量深選集』第五巻、四七四頁。
(162) 「如来表現の範疇としての三心観」・『曽我量深選集』第五巻、一五七〜一五八頁。
(163) 同前、一五七頁。
(164) 同前、一六四頁。
(165) 『教行信証』「信巻」・『真宗聖典』二一五頁。
(166) 『尊号真像銘文』・『真宗聖典』五一八頁。
(167) 「如来表現の範疇としての三心観」・『曽我量深選集』第五巻、二〇三頁。
(168) 「地上の救主」・『曽我量深選集』第二巻、四〇八頁。
(169) 「一念多念文意」・『真宗聖典』五四三頁。
(170) 「如来表現の範疇としての三心観」・『曽我量深選集』第五巻、一六八頁。
(171) 「大無量寿経聴記」・『曽我量深選集』第七巻、二七八〜二七九頁。
(172) 『教行信証「信の巻」聴記』・『曽我量深選集』第八巻、七四〜七五頁。
(173) 『観経四帖疏』「序分義」・『真宗聖教全書』一、三経七祖部、四八九〜四九〇頁。

(174)『教行信証』「行巻」・『真宗聖典』一九〇頁／『定本教行信証』法藏館、六八頁。
(175)「教行信証講義第三」・『仏教大系』四八、中山書房、三四五頁参照。
(176)原典には「今云はく爾らず」（「教行信証講義第三」・『仏教大系』四八、三四五頁）とある。
(177)「教行信証講義第三」・『仏教大系』四八、三四五頁。
(178)「三識之事」・『真宗相伝義書』第十九巻、東本願寺出版部、三八八～三八九頁。
(179)同前、三八九～三九〇頁。
(180)同前、三八九頁。
(181)同前。
(182)同前。
(183)同前。
(184)『大正新脩大蔵経』三一巻、五七六頁／『国訳一切経』印度撰述部論集部五、五頁。
(185)『大正新脩大蔵経』三一巻、五七六頁／『国訳一切経』印度撰述部論集部五、四頁。
(186)「三識之事」・『真宗相伝義書』第十九巻、三八九頁。
(187)同前。
(188)同前、三九三頁。
(189)同前。
(190)新導『成唯識論』巻第二、二二頁／『国訳一切経』印度撰述部瑜伽部七、三七頁。
(191)『曽我量深選集』第三巻、二一一～二一四頁所収。
(192)「光胎を出で、」・『曽我量深選集』第三巻、二一一頁。
(193)『曽我量深選集』第四巻、二〇三～三八〇頁所収。
(194)「暴風駛雨」「如来は最上の自我也」・『曽我量深選集』第四巻、三四八頁。
(195)同前、三五〇頁。
(196)同前、三五〇～三五一頁。
(197)『親鸞との対話』・『曽我先生実語抄』九六～九八頁。

(198)「後記」・『曽我量深選集』第二巻、四六〇頁。
(199)同前。
(200)同前。
(201)「如来表現の範疇としての三心観」・『曽我量深選集』第五巻、一八七頁。
(202)同前。
(203)「後記」・『曽我量深選集』第二巻、四六〇頁。
(204)同前。
(205)同前。
(206)「原始の如来」・『曽我量深選集』第三巻、二七頁。
(207)「後記」・『曽我量深選集』第二巻、四六〇頁。
(208)同前。
(209)同前。
(210)「三識之事」・『真宗相伝義書』第十九巻、三九三頁。
(211)同前。
(212)同前。
(213)同前。
(214)「大自然を胸に」・『曽我量深選集』第三巻、一九一頁。
(215)「如来表現の範疇としての三心観」・『曽我量深選集』第五巻、一九六〜一九七頁。
(216)同前、一九七頁。
(217)「後記」・『曽我量深選集』第二巻、四六一頁。
(218)新導『成唯識論』巻第二、三四頁/『国訳一切経』印度撰述部瑜伽部七、四六頁。
(219)『唯識論講義』『大蔵経講座』第十一巻、上、一六六頁。
(220)同前、一六八頁。
(221)同前、一七〇頁。

(222) 同前、一七五頁。
(223) 同前、一六五～一六六頁。
(224) 「如来、我を救ふや」・『曽我量深選集』第四巻、二九頁。
(225) 『御文』四・『真宗聖典』八二七頁。
(226) 『曽我量深選集』第三巻、二六五～二八一頁所収。
(227) 「名号の世界」・『曽我量深選集』第三巻、二七一頁。
(228) 同前。
(229) 同前。
(230) 同前、二七一～二七二頁。
(231) 同前、二七二頁。
(232) 同前。
(233) 同前。
(234) 同前。
(235) 同前。
(236) 同前。
(237) 同前。
(238) 同前。
(239) 同前。
(240) 同前。
(241) 同前。
(242) 同前。
(243) 同前、二七二頁。
(244) 『末灯鈔』・『真宗聖典』六〇二頁。
(245) 「名号の世界」・『曽我量深選集』第三巻、二七三頁。

(246) 同前。
(247) 同前。
(248) 同前。
(249) 『曽我量深選集』第三巻、三三四～三四五頁所収。
(250) 「浄土荘厳の願心と願力」・『曽我量深選集』第三巻、三三八頁。
(251) 同前、三三九頁。
(252) 同前。
(253) 同前。
(254) 同前。
(255) 同前。
(256) 同前。
(257) 同前。
(258) 同前。
(259) 同前。
(260) 同前。
(261) 同前。
(262) 同前。
(263) 「浄土荘厳の願心と願力」・『曽我量深選集』第三巻、三四〇～三四一頁。
(264) 『大正新脩大蔵経』三十二巻、五七六頁／『国訳一切経』印度撰述部論集部五、四頁。
(265) 『大正新脩大蔵経』四十四巻、二五二頁／『国訳一切経』和漢撰述部諸宗部四下、五一頁。
(266) 「如来表現の範疇としての三心観」・『曽我量深選集』第五巻、一六八頁。
(267) 『教行信証』「信巻」・『真宗聖典』二一〇頁。
(268) 「如来表現の範疇としての三心観」・『曽我量深選集』第五巻、一六八～一六九頁。
(269) 同前、一六〇頁参照。

(270) 同前、一六四～一六五頁。
(271) 同前、一六九頁。
(272) 同前、一六五頁。
(273) 同前。
(274) 同前。
(275) 同前。
(276) 新導『成唯識論』巻第三、一七頁／『国訳一切経』印度撰述部瑜伽部七、五九頁。
(277) 新導『成唯識論』巻第二、一九頁／『国訳一切経』印度撰述部瑜伽部七、三六～三七頁。
(278) 新導『成唯識論』巻第二、二〇頁／『国訳一切経』印度撰述部瑜伽部七、三七頁。
(279) 新導『成唯識論』巻第二、二一～二二頁／『国訳一切経』印度撰述部瑜伽部七、三八頁。
(280) 『唯識論講義』『大蔵経講座』第十一巻、上、二七〇頁。
(281) 「如来表現の範疇としての三心観」・『曽我量深選集』第五巻、一七五頁。
(282) 同前。
(283) 同前。
(284) 同前。
(285) 同前。
(286) 同前。
(287) 同前。
(288) 同前。
(289) 同前、一七六頁。
(290) 同前。
(291) 同前。
(292) 同前。
(293) 同前、一七七頁。

(294) 同前。
(295) 同前、一七七〜一七八頁。
(296) 同前、一八一〜一八二頁。
(297) 同前、一八五〜一八六頁。
(298) 同前、一八八頁。
(299) 同前。
(300) 同前、一八九頁。
(301) 薩婆多有部。一切法は有ると主張する小乗仏教の有力な学派。天親菩薩は元、この部に属していて、大乗に転向する前に『倶舎論』を著作されていた。
(302) 「如来表現の範疇としての三心観」・『曽我量深選集』第五巻、一八九頁。
(303) 同前。
(304) 同前。
(305) 同前。
(306) 同前。
(307) 同前。
(308) 同前。
(309) 同前、一九〇頁。
(310) 同前。
(311) 同前、一九一頁。
(312) 同前、一九一〜一九二頁。
(313) 同前、一九七頁。
(314) 同前、一九八頁。
(315) 同前。
(316) 同前。

(317) 同前。
(318) 同前。
(319) 同前。
(320) 同前。
(321) 同前。
(322) 同前。
(323) 同前、一九九頁。
(324) 同前。
(325) 同前。
(326) 同前、一九九～二〇〇頁。
(327) 『教行信証』「信巻」・『真宗聖典』二二七～二二八頁。
(328) 「如来表現の範疇としての三心観」・『曽我量深選集』第五巻、二〇一頁。
(329) 同前、二〇一～二〇二頁。
(330) 同前、二〇二～二〇五頁。
(331) 同前、二〇五頁。
(332) 同前。
(333) 同前。
(334) 同前。
(335) 同前。
(336) 同前、二〇六頁。
(337) 同前。
(338) 同前、二〇七頁。
(339) 『教行信証』「信巻」・『真宗聖典』二三一～二三三頁。
(340) 「如来表現の範疇としての三心観」・『曽我量深選集』第五巻、二〇七～二〇八頁。

(341) 同前、二〇八頁。
(342) 同前、二〇九頁。
(343) 同前、二〇九～二一一頁。
(344) 『曽我量深選集』第三巻、二九七～三〇六頁所収。
(345) 「如来表現の範疇としての三心観」・『曽我量深選集』第五巻、一六〇頁。
(346) 「法蔵菩薩影現の歴程としての三願」・『曽我量深選集』第三巻、二九八頁。
(347) 同前。
(348) 同前。
(349) 同前。
(350) 同前、二九八～二九九頁。
(351) 同前、二九九～三〇〇頁〈括弧内著者〉。
(352) 同前。
(353) 同前、三〇二頁。
(354) 同前。
(355) 同前、三〇三～三〇五頁。
(356) 同前、三〇四頁。
(357) 同前。
(358) 新導『成唯識論』巻第二、二七頁／『国訳一切経』印度撰述部瑜伽部七、四一頁。
(359) 同前。
(360) 「如来表現の範疇としての三心観」・『曽我量深選集』第五巻、一九三～一九四頁。
(361) 「業感の世界と法性の世界」・『曽我量深選集』第四巻、一〇四頁。
(362) 『大無量寿経聴記』・『曽我量深選集』第七巻、二九四～二九五頁。
(363) 同前、三二〇～三二一頁。
(364) 「体験の教証」・『曽我量深選集』第三巻、二三二頁。

(365)「唯識宗の末那識観」・『曽我量深選集』第一巻、三六一～三六九頁。
(366)「仏教唯識論の基礎としての阿頼耶識の証明」・『曽我量深選集』第一巻、三七八頁。
(367)「釈尊と念仏」・『曽我量深選集』第三巻、三三～三五頁。
(368)新導『成唯識論』巻第一、二～三頁／『国訳一切経』印度撰述部瑜伽部七、四頁。
(369)「自証の三願について」・『曽我量深選集』第四巻、六六～六七頁。
(370)「本願の表現する四十八行」・『曽我量深選集』第四巻、一三五～一三六頁。
(371)「正覚より本願へ」・『曽我量深選集』第三巻、一二三～一二五頁。
(372)「未来の世界より」・『曽我量深選集』第三巻、一四五頁。
(373)同前、一五〇頁。
(374)「回向の本願と選択の本願」・『曽我量深選集』第三巻、二五八頁。
(375)『歎異抄』・『真宗聖典』六四一頁。
(376)「影現の国と応現の国」・『曽我量深選集』第三巻、二九二～二九三頁。
(377)同前、二九五～二九六頁。
(378)「自証の三願について」・『曽我量深選集』第四巻、六三～六四頁。
(379)「法蔵菩薩影現の歴程としての三願」・『曽我量深選集』第三巻、三〇三頁。
(380)『歎異抄』・『真宗聖典』六四〇～六四一頁。
(381)『唯識三十頌』・新導『成唯識論』一頁。
(382)『御消息集』・『真宗聖典』五七九頁。
(383)新導『成唯識論』巻第一、一頁／『国訳一切経』印度撰述部瑜伽部七、一頁。
(384)『大経』「東方偈」・『真宗聖典』四八頁。
(385)『往生要集』・『真宗聖教全書』一、三経七祖部、九〇〇頁。
(386)同前、八三〇頁。
(387)『浄土和讃』・『真宗聖典』四七九頁。
(388)「回向の本願と選択の本願」・『曽我量深選集』第三巻、二五七頁。

(389)『歎異抄聴記』・『曽我量深選集』第六巻、一五九頁。
(390)同前、一六〇頁。
(391)『大方広仏華厳経』・『大正新脩大蔵経』第十巻、五六頁。
(392)『往生要集』・『真宗聖教全書』一、三経七祖部、八二一頁。
(393)「大自然の胸に」・『曽我量深選集』第三巻、二一〇～二一一頁。
(394)『歎異抄聴記』・『曽我量深選集』第六巻、一六一頁。
(395)同前、一六四頁。
(396)同前、四〇～四一頁。
(397)『往生要集』・『真宗聖教全書』一、三経七祖部、八一〇頁。
(398)『大方広仏華厳経』・『大正新脩大蔵経』第九巻、四二九頁。
(399)『教行信証』「行巻」・『真宗聖典』一九四頁。
(400)『教行信証』「真仏土巻」・『真宗聖典』三二四頁。
(401)「願心の自己荘厳」・『曽我量深選集』第四巻、三九頁。
(402)同前、三九～四〇頁。
(403)同前、四一頁。
(404)同前。
(405)同前。
(406)同前。
(407)同前。
(408)同前、四七頁。
(409)『教行信証』「証巻」・『真宗聖典』二八八頁。
(410)『行信の道―『教行信証』総序講読―』・『曽我量深選集』第七巻、一〇八頁。
(411)『御消息集』(善性本)・『真宗聖典』五八九頁。
(412)『御消息集』(広本)・『真宗聖典』五八一～五八二頁。

(413)『正像末和讃』・『真宗聖典』五一〇頁。
(414)同前、五一一頁。
(415)同前。
(416)同前。
(417)同前。
(418)「五劫の思惟を背景として」・『曽我量深選集』第三巻、三一九頁。
(419)『歎異抄』・『真宗聖典』六二九頁。
(420)同前。
(421)同前。
(422)同前。
(423)『教行信証「信の巻」聴記』・『曽我量深選集』第八巻、一九五～一九六頁。
(424)『本願の仏地』・『曽我量深選集』第五巻、二七一頁。
(425)同前、二九一頁。
(426)同前、二九二頁。
(427)同前。
(428)同前、三一四～三一五頁。
(429)同前、三一六頁。
(430)同前、三一七～三一八頁。
(431)『秀存語録』・浩々洞出版部、二一五～二一七頁。
(432)「五劫の思惟を背景として」・『曽我量深選集』第三巻、三一一頁。
(433)『本願の仏地』・『曽我量深選集』第五巻、三一九頁。
(434)同前、三二五頁。
(435)同前、三二六頁。
(436)同前、三一九～三二〇頁。

(437) 同前、二七〇頁。
(438) 同前。
(439) 同前。
(440) 同前。
(441) 同前。
(442) 同前。
(443) 『一念多念文意』・『真宗聖典』五四四頁。
(444) 『教行信証』「総序」・『真宗聖典』一四九頁。
(445) 『唯信鈔文意』・『真宗聖典』一〇七一頁。
(446) 「暴風駛雨」「比叡及び吉水に於ける祖聖の問題」・『曽我量深選集』第四巻、三二三〜三二四頁。
(447) 「五劫の思惟を背景として」・『曽我量深選集』第三巻、三一一〜三一三頁。
(448) 『教行信証』・『真宗聖典』四〇一頁。

第二章　宿業

暗黙知として獲得される「宗教的なもの」の教育的意義

――曽我量深の「感応の道理」にみる教育の道理――

冨岡量秀

はじめに

近年、教育をめぐって、子どもの学ぶ意欲や学力・体力の低下、問題行動など多くの面で課題が指摘されている。そうした課題から、早急な教育改革の推進の必要性が希求され、平成二十年四月には「教育振興基本計画について――「教育立国」の実現に向けて――（答申）」が中央教育審議会から出されている。そして現在、教育の質の向上、特に教師の質の向上が希求され、さまざまな取り組みがなされている。では「教育」とは、そもそも如何なる課題をもって展開され、その担い手である教師には、如何なる資質が求められるのであろうか。このことが明確にならない限り、教育の質の向上など、実現しようがないであろう。

「教育」という営みは、教えるものと教えられるものとが一つになって、「まことの道」がどこにあるのかを明らかにしていこうということであると考える。それを本論では「宗教的なもの」と捉えている。この教えるもの（教師）と教えられるもの（子ども）が一つになって、「まことの道」を明らかにしていく関係が、教育の根源的な関係であると考える。そして「まことの道」とは、人間が人間として、この世界で自分自身の人生を生き切っていく道である。このことはすべての学問の学びに共通することではないか。そして教師とは、この「まことの道」を自分自身が求め続け、歩み続けている存在なのである。だからこそ子どもたちに受け継がれるのである。ここに教師の根本的な資質があると考える。

本論では、この「まことの道」がどこにあるのか明らかにしていく学びと、生きる姿勢ともいうべきものの獲得について、教育における「暗黙知」[1]という視点から展開を試みる。そして「暗黙知」としての学びの獲得は、教えるものと教えられるものとの「感応」によって受け継がれていくのだということを、曽我量深（一八七五～一九七一）の「感応の道理」への学びを通しながら確かめていく。

一　教育の課題とは——問い続ける力の獲得——

まず、わが国の教育の現状と今後の方向性について、国立教育政策研究所の調査・研究から整理してみる。まず現状の認識としては「現在の学校教育制度は、近代化のための人材育成政策により、明治五（一八七二）年の学制発布以降、全国規模で体系的に普及したものである。このような学校教育制度、とりわけ義務教育は、途上国の発展モデルの原型として、また、わが国が先進諸国と認知された後は、日本の著しい経済成長の原動力である人材を育成するものとして、諸外国から高く評価されるものであった。そして現在でも一定の教育効果を上げる役割を果たしており、その有効性はいまだ維持されている」[2]というものである。しかしながら、子どもを取り巻く環境の変化は著しく、特に人口減少、テクノロジーの進展、グローバル化、課題を抱える子どもの増加などから、教育の質の改善・向上などといった教育改革が推進されている。

以上のような現状認識から、今後の教育の方向性として「未来の学校では、教えることから学ぶことへの転換がなされ、子どもたちの主体的な学びが中心に据えられる。教育の目的は、義務教育段階で自立した社会人の基礎と義務教育以後の高度な人材育成に分けて教育を再定義した上で、不安定、不確実、複雑、曖昧という言葉に代表される社会を生き抜く力や、必要とされる知識を自ら獲得し活用できる柔軟な知性を育成することに主眼が置かれる」[(3)]ことになっていく。この調査研究でも指摘されているが、そもそも学習者（子ども）主体の教育の重要性は認識されてきたことである。一人ひとりの現場の教師の中には、「教育」という営みに、願いと責任感をもって、真摯に「子ども主体の教育」に取り組んでこられた方々がおられるであろう。しかし、教育の現場全体を見渡した時に、どうであろうか。そこには疑問が生じるのである。だからこそ「教師の資質」ということが、大きな課題となって、現在問われているのだと考える。

また、今後の教育の方向性の中で、「不安定、不確実、複雑、曖昧という言葉に代表される社会」という捉え方がある。これは、二〇〇七年の世界金融危機以降の状況を表す言葉として、用いられている。不安定さ（Volatility）、不確実さ（Uncertainty）、複雑さ（Complexity）、曖昧さ（Ambiguity）の頭文字を並べてＶＵＣＡと呼ばれている。私たちの生きる世界を表すこの四つの内容は、二〇〇七年以降に始まったことではない。そもそも私たちの生きる世界は、不安定であり、不確実であり、複雑であり、曖昧なのである。だからこそ大人（教師）から子ども（学生・生徒）へ、教育という営みを通して、「生き抜く力」を受け継いでいくのであろう。これが教育の使命と目的であると考える。

この教育の使命と目的の本質を、親鸞聖人は次の言葉で私たちに伝えてくれていると考える。それは、親鸞聖人の主著『顕浄土真実教行証門類』（以下、『教行信証』）を結ぶところに「『安楽集』に云わく、真言を採り集めて、往益を助修せしむ。何となれば、前に生まれん者は後を導き、後に生まれん者は前を訪ひ、連続無窮にして、願わく は休止せざらしめんと欲す。無辺の生死海を尽くさんがためのゆえなり、と。已上」と教えられている。「真言を採り集めて、往益を助修せしむ」とは、「わたしと生きている世界」の事実を照らし出す、人として学ぶべき大切な教えや言葉と出遇って、学び、修めさせたいということであろう。そしてそのことを受け継いでいってほしいという願いが、「前に生まれん者は後を導き、後に生まれん者は前を訪え、連続無窮にして、願わくは休止せざらしめんと欲す」に語られていると考える。「前に生まれん者」とは、「教師」という存在であろう。しかして「教師」は、「後に生まれん者」すなわち「子ども」を導く存在であり、そして「子ども」は、「教師」を信頼して「訪」ねてほしいというのであろう。「教師」は「子ども」から信頼され「訪」ねられる存在でなければならないのである。だからといって、教師は、大切な教えや言葉を完璧に理解していなければならないということではない。そうではなく、「人として学ぶべき大切な教えや言葉と出遇って」自ら生き、学び続け、歩み続けている存在という意味であり、その学びと歩みに開かれるのが「まことの道」である。そのような「教師」の後ろ姿を通して、「子ども」は「まことの道」に出遇うのである。「教師」は、いずれ「子ども」自身が「まことの道」に出遇って、主体的に歩んでほしいという願いをかけ、教育に携わる存在ということである。教育とは「まことの道」に立とうとする者同士の営みなのである。

現在、わが国の教育の方向性として「不安定、不確実、複雑、曖昧という言葉に代表される社会を生き抜く力や、必要とされる知識を自ら獲得し活用できる柔軟な知性を育成することに主眼が置かれる」ということが掲げられているが、その教育の本質的な目的と教師と子どもたちの関係のあり方は、親鸞聖人から教えられている「まことの道」に尽きると考える。そして「生き抜く力」とは、「わたしと生きている世界」の事実を照らし出すような学びを通して、自分自身の存在と「世界」との結びつきの事実を知っていくことである。「わたし」という存在は、「わたし」であって、同時に「わたし」ではない。「わたし」として存在しているが、その存在の基盤として、この「世界」のあらゆるものと「いのち」の結びつきがある。「いのち」が無数に結びつくことで、「今、ここ」に「わたし」は存在しているのだという事実を知り、向き合うことであると考える。つまり「生き抜く力」とは、「生かされて、今ここに在る」ということの根本的意味を問い続ける「力」であると考える。スキルやさまざまな知識を身につけることで「生き抜く力」は獲得されるものではないのである。

二　教育のいのち――真の仏弟子たらん――

では「教育」という営みを通して、「まことの道」を自己に明らかにするためには、私たちは「わたしと生きている世界」の事実を照らし出す大切な教えや言葉と出遇うことで、何を具体的に課題としていくのであろうか。それは「教育のいのち」ともいうべきものは何であるのかということでもあろう。そのことを確かめるにあたり、親鸞聖人のもとに「教育」を志す者にとって、大切な教育者がいる。それは沢柳政太郎（一八六五～一九二七）である。沢柳政太郎は、大谷大学（当時・真宗大学）の初代学長である清沢満之（一八六三～一九〇一）の親友であり、わが国の教育界に多大なる功績を遺し、そして「まことの道」の教育に尽力された人物である。

沢柳政太郎は、帝国大学（現・東京大学）を卒業後、文部省（現・文部科学省）に入りさまざまな重職を歴任し、文部省を退職した後、清沢満之の勧めもあって明治二十六年九月、京都の大谷尋常中学（現・大谷中・高等学校）校長に就任。そして浄土真宗大谷派教学部顧問も務め、清沢満之とともに、学制改革の計画を練り、そして僧風の刷新に尽力したのである。清沢満之と沢柳政太郎は、「大谷」の教育の礎となった、盟友であったと言えるだろう。沢柳政太郎は、大谷尋常中学校を一年で辞職するが、その後、日本各地の学校長として赴任し、学校改革に尽力していく。そして一九〇一（明治三十四）年、広島県高等師範学校校長になるのである。

この年、清沢満之は、真宗大学（現・大谷大学）の初代学長に就任し、現在の大谷大学の「教育のいのち」ともなっている「即ち自信教人信の誠を尽くすべき人物を養成するのが、本学の特質であります」(5)と開校の辞を述べたのである。「まことの道」とは、この「自信教人信の誠を尽くす」教育のことである。

清沢満之の「自信教人信の誠を尽くす」という信念の基底について、曽我量深は、「人生はほんとうに限りない矛盾から成り立っていて、こうだと思えばそうではなかったり、こうでないと思えばかえってそうであったりして、まことに矛盾に満ち満ちたものであります。そういうところから先生は、人生は不可解であるといわれる。しかしその不可解であるということに対しても、先生は敬虔な念をもっておられた。不可解といわれるところに、なにかしらないけれども、そこに尊い不可思議の光がみられるのであります。深い敬虔の念をもたれているのでありま す」(6)と語る。そしてそのような清沢が「如来まします」と言われる時に、「そこになにかしら非常に明るいものがはたらいているのであります。人生の限りない矛盾・撞着に接しても、懐疑論とか、驕慢とかにおちいらせないものが、そこにはある」(7)と指摘している。人間は自分の勝手な思い込みや捉え方で、懐疑論になったり、驕慢になってしまう。そして人生を、生きている世界を暗くしてしまう。しかし「如来まします」という信念とは、常に自身が謙虚に向き合い、懐疑や驕慢に陥らせず、そして「非常に明るいものがはたらいている」と言われるように、われわれの暗闇を打ち破る信念なのである。だから清沢は不可解な人生に、「如来ましまさぬならば、我われはたちまち、邪智、邪見、迷信におちいり、邪教のまどわしを受けるであろう、また自暴自棄におちいるであろう[8]」と言われるのだと曽我は指摘している。

清沢満之は「信念」と言われるのであるが、これは「仏法では通常、信心という[9]」ものである。信心については、「機の深信」と「法の深信」の「二種深信」として、われわれの大切な課題として教えられている。このことについて曽我量深は如来を信じ、また自己を信ずることを「二種深信」であるという視点を提示している。自分が自分を信ずることを「機の深信」であるというのである。そして「自信教人信」について、「自信即ち教人信、教人信といって自信の外にあるのではない。こういう思召しが拝せられるのである。あの「自信」という御言葉に合わせて、親鸞聖人は機の深信を考えておられたということを私は思うのである。「自信」というのは、「自己を信ずる」「己を信ずる」ということであろう。従って、この「自信教人信」ということはやはり「自身を深信する」、わが身を深く信ずるということでなければならぬ。これが親鸞聖人の御領解であろう[10]」と指摘している。この「自己を信ずる」ということは、自分の「力」を誇示・過信したりすることでは決してない。「わが身」の事実を知り続けるという内実をもったものであると考える。つまり、自分の「人生はほんとうに限りない矛盾から成り立っていて」、「如来ましまさぬならば、我われはたちまち、邪智、邪見、迷信におちいり、邪教のまどわしを受けるであろう、また自暴自棄におちいる」ような「わが身」であるという自覚であると考える。それは宿業の身の自覚と言われるものである。そこに「わたし」自身との「まこと」の出遇いがあるのだろう。この「わたし」自身との出遇いへと通じる道が「まことの道」であると考える。そして後述するが、すべての教育はこの道に通じるものであるし、そこに学びの意義があると考える。

このことから「自信（自ら信じ）」とは、「教師」自身が人として学ぶべきこと、大切な教えや言葉と出遇って、「わが身」と向き合いながら、生きている世界を主体的に生き、学び続け、歩み続けていく姿勢のことであると捉えられるのではないか。そして「教人信（人を教えて信ぜしめる）」とは、「教師」は一人ひとり「子ども」は尊い存在であるからこそ、いずれ「子ども」自身が「まことの道」に出遇って、この現実世界を主体的に歩んでほしいという願いをかけるのである。「子ども」は、そのような「教師」の願いを、教育という営みを通して触れ、受け取っていくのであると考える。その願いの受け渡しにおいて、「教師」は自身の全存在をかけるということであろう。なぜならば、「子ども」は、その願いを科目の授業内容として受け止めるのではなく、「教師」という存在そのものから見出していくからである。後述するが、そこに教育における「暗黙知」としての受け渡しという課題があるのである。

このことについて寺川俊昭は、「この「自信教人信（自ら信じ人を教えて信ぜしめる）」ということばも善導のことばであるが、親鸞はこれを「真の仏弟子」の生き方を表わすものとして、大切に読み取っている。その「自信教人信」に清沢は「誠を尽くす」ということばをそえて、敢えて「自信教人信の道を誠実に生きよ」と、自分自身と真宗大学に学ぶ者に期待される教誡として、それこそ誠実に聞き止めているのである。このような祖師たちのことばを、「仏弟子であれ」という自分自身に対して呼びかけられた教誡として受けとめ、その教誡に力を尽くして生きようとしたところに、清沢満之の求道の面目があったというべきであろうか[11]」と指摘している。この指摘に、清沢満之の教育者としての大切な姿勢がある。それは「求道」、すなわち前述したような「人として学ぶべき大切な教えや言葉を学び続け、歩み続ける」という姿勢であると考える。そして「自信教人信の誠を尽くす」という「まことの道」を自己に明らかにする者としての「真の仏弟子」たらんとするところに、教育の本来性を見据えていると思われるのである。このようにして「子ども」は、「自信教人信の誠を尽くす」という「教師」の「まことの道」を生きんとする歩みから、「まことの道」を学びとるのであろう。

この清沢満之の教育観に「感応」したのが、沢柳政太郎である。すなわち清沢の求道の姿勢を「感」じ、そしてそれに「応」じるかのように、わが国の教育を支えた沢柳政太郎は、「教育は人なり」の信念のもと、「教育」ということを徹底的に考えられた人であったと言えるだろう。そして自身を「吾は、人間をして、人間たらしむるの任を負ふ者なり」と、生涯を通して教育に「誠（まこと）」を尽くした人であった。沢柳にとって「誠（まこと）」を尽くすとは、「いつでも、どこでも、誰とでも駆け引きをしないこと」である。ここに教育を志す者の基本的な立脚地があり、教師と子どもたちとの信頼の基礎がある。

この「まことの道」の名のもとに受け継いできた教育の姿勢は、より積極的に捉えるならば、わが国の教育の礎として、言葉を換えながら各地に広まり、大切に受け継がれていったのではないだろうか。そのような自負を持ちながら、「まことの道」の教育に携わる者は、真摯に「教育」という営みに向き合い、そして「教師」を目指し学ぶ者へと受け継いでいくべきであり、「教師の資質」として広く社会へと広開されていくべきであると考える。

清沢満之の学びを受け継いだ教育者に出雲路暢良（一九二六～一九八九）がいる。出雲路暢良は真宗大谷派の僧侶であり、長年、金沢大学教育学部に奉職されていた。出雲路は「教育」について、「学習者に対し、その学習が成り立っていくように働きかけている働きかけだということでしょう。そこでまず「学習」というところで捉えていこうと思うのです。学習ということは、私は「人間の中における最も重要な営み」だと思います(12)」と端的に述べている。では、その「学習・学び」とは、どのような内実をもつものでなければならないのだろうか。このことについて出雲路は、「学習とは、「人間が人間になるための中核的営み」です。そういうものが私は学習というものであると思います。そこから逆に「教育とは何か」ということを明らかにするためには、ここにどうしても「人間とは何か」ということをひとつ明らかにしなければならない。そして、その人間にとって「教育とはその人にとっていったい何なのか」ということを明らかにしなければならない[13]」と指摘している。ここに「教育」という営みを通して、教師から子どもたちへ受け継いでいくべき課題が明確にされている。それは「人間」、言い換えれば「わたしとは何か」という課題である。

しかし、このような課題は一般的なのであろうか。真宗大谷派に関わる教育者ならではの視点なのであろうか。ここで、ある二人の「雑談」を取り上げてみたい。その「雑談」とは、日本を代表する文芸評論家・小林秀雄（一九〇二〜一九八三）と世界的天才数学者・岡潔（一九〇一〜一九七八）の「雑談」である。この文系的頭脳の歴史的天才と理系的頭脳の歴史的天才による、日本史上最も知的な「雑談」と評される「雑談」の中で、

小林…いまは学問が好きになるような教育をしていませんね、だから、学問が好きという意味が全然わかっていないのじゃないかな。

岡　…学問を好むという意味が、いまの小中高等学校の先生方にわからないのですね。好きになるように教えなくてはいけないといっても、どういうことかわからないのですね。

（中略）

小林…むずかしければむずかしいほど面白いということは、だれにでもわかることですよ。そういう教育をしなければいけないと僕は思う。

岡　…人には無明という、醜悪にして恐るべき一面がある。（中略）人は自己中心に知情意し、感覚し、行為する。その自己中心的な広い意味の行為をしようとする本能を無明という。（中略）小林さんの学問に関するお話は、いかにももっともと思います。それを無明ということから説明すると、人は無明を押えさえすれば、やっていることが面白くなってくると言うことができるのです。

（中略）

…このごろの人のやり方を見ておりますと、そういう崇高な人類史に対する謙虚な心がありません。

（中略）

…いまの人間には、たいていのことは肯定する力も否定する力もないのです。一番知りたいことを、人は何も知らないのです。自分とは何かという問題が、決してわかっていません。[14]

という「雑談」を展開している。ちなみにこの「雑談」は、近年、教育の質の低下が問題視されている中で行われた「雑談」ではない。一九六五（昭和四十）年の「雑談」である。この時代、二人はすでにわが国の教育の実態を「学問を好むという意味が、いまの小中高等学校の先生方にわからない」と指摘しているのである。これは非常に重たい指摘である。

では、この二人の「雑談」が行われた昭和四十年前後とは、どのような教育政策が展開された時代だったのであろうか。国立教育政策研究所の平成二十四年一月に出された「我が国の学校教育制度の歴史について（「学制百年史」等より）」によれば、「昭和三十四年頃～四十年代中頃は「教育の量的拡大」の時期である。それは高度経済成長に伴う経済・社会の急速な拡大、ベビーブーム世代への対応、教育の量的拡大を推進した時期である。その中で、ベビーブーム世代の入学に伴う児童生徒の急増により教育条件が悪化しないようにするため、いわゆる「義務標準法」を制定し、これを踏まえて小中学校の学級編成、教職員定数に関する最低限の条件を全国的に確保[15]」という政策を進めていた時代であった。さらに昭和四十年代中頃～五十年代前半にかけては、「教育の質の改善」を進めていた時代であり、「高度経済成長後の経済・社会活動の複雑・高度化に伴い必要とされた知識量の増大を、学校教育の質を上げることで対応[16]」していくことに取り組んだ時代であった。

小林・岡の日本史上最も知的な「雑談」が行われた時代、わが国の教育政策は「教育の量的拡大と質の改善」に邁進した時代だったのである。その中で、「教育のいのち」ともいうべきものが見失われていった時代であったのかもしれない。その見失われてしまった「教育のいのち」とは、宗教家であるとか、ないとか、あるいは文系の学びと理系の学びの異なりといった枠組みを超えて、「わたし（自分）とは何か」という課題であり、すべての学問に共通する課題なのである。その「わたし＝わが身」の事実は、岡潔が指摘するように「無明」ということであり、「人は自己中心に知情意し、感覚し、行為する。その自己中心的な広い意味の行為」する存在であるということである。これは清沢満之が「人生はほんとうに限りない矛盾から成り立っていて」、「如来ましまさぬならば、我われはたちまち、邪智、邪見、迷信におちいり、邪教のまどわしを受けるであろう、また自暴自棄におちいる」ような「わが身」の事実と通じているであろう。その人としての課題が明確になると、小林秀雄は「むずかしければむずかしいほど面白いということ」が理解できると言い、岡潔は「学問を好むという意味」がわかり、あらゆる学びの「やっていることが面白くなってくる」と指摘するのである。

このことを清沢満之は絶筆の論「我信念」の中で、「私の如来を信ずるのは、私の智慧の窮極であるのである、人生の事に真面目でなかりし間は、措いては云はず、少しく真面目になり来たりてからは、どうも人生の意義に就いて研究せずには居られないことになり、其研究は終に人生の意義は不可解であると云ふ所に到達して、茲に如来を信ずると云ふことを惹起したのであります[17]」と教示しているのであろう。「子ども」はいつ、どのようなことがきっかけで自分の人生について「少しく真面目に」なるのかわからない。また「教師」が決めるべき課題でもない。「教師」は教育を通して、いつか「子ども」が「少しく真面目になり来たりてからは、どうも人生の意義に就いて研究せずには居られない」という時を迎え、そして難しいけれども向き合ってほしいと願いを込めて教育をするのである。そしていずれ、この課題を「子ども」は「教師」の全存在から受け継いでいくのである。つまり、この課題に共に向き合う「教師」と「子ども」の間には、「暗黙知」として受け継がれる関係性があるのだと考える。そしてこの「教師」からの暗黙知が「子ども」たちへ受け継がれるという関係の根底には、教師の資質としての「宗教的なもの」ということがある。

三　暗黙知として受け継がれる「宗教的なもの」

ここで「宗教的なもの」と言っているのは、何かを信じ込んだり、排他的な姿勢となってしまうようなものではない。それは迷信である。それは本来の宗教ではない。しかし、わが国の宗教観は、この迷信的なものを「宗教」と捉え、科学的なものの見方と相反するものであるという思い込みがあるのではないか。しかしこの捉え方は、世界的な視点からみれば極めて特殊であると言えるであろう。「宗教はなぜ必要か」という問題提起がなされること自体、その特殊性がよく表れている。

では「宗教的なもの」とは何か。わが国の教育に多大な影響を与えている、ジョン・デューイ（一八五九〜一九五二）は、「宗教には、本来、人間経験の、部分的な移り変わり易い出来事に、全体的な見透し（perspective）を与える力がある。高い理想的な特性を顕著に備えた宗教は、すべて、これを充分に展開させている。併し、ここにも、我々は、通常の叙述を、逆にして考えなければならない必要を見る。即ち、若し、純粋な全体的見透しを持ち来たすものがあれば、それが何であろうと、それは宗教的なものであると云わなければならない(18)」というものである。前述したように、今後の教育の方向性として、不安定であり、不確実であり、複雑であり、曖昧なこの現実世界の事実と向き合い、教師から子どもたちへ教育を通して受け継がれる「生き抜く力」とは、この「人間経験の、部分的な移り変わり易い出来事に、全体的な見透し（perspective）を与える力」であると考える。この「宗教的なもの」にしか「生き抜く力」の本質は見出せないであろう。しかし、すべての「学校」に科目として「宗教」を設定すべきであるというのでは決してない。そういう問題ではないのである。あらゆる学び、科目等を通して、「宗教的なもの」は伝えられるのである。なぜならば、それは「教師」という存在そのものから見出されていくものだからである。

ジョン・デューイは「宗教的なもの」の獲得について、「それは、人間と環境との、自然的な交渉がより多くの知性を育くみ、より深き知識を生むことを確信している。もとより、その為には、活動している知性を把える科学的方法が、それ自身が活用されることによって、不断に向上し、改良されることが必要である。そして更に深く、世界の不思議の中に突き進んで行くことを、前提条件とする[19]」と指摘しているように、この「前提条件」は教師の学びに向かう姿勢としての「前提条件」であると考える。教師自身が、自分の専門に真摯に向き合い、「不断に向上し、改良されることが必要である。そして更に深く、世界の不思議の中に突き進んで行く」姿勢が子どもたちに受け継がれていくのである。「教師」のこの姿勢は、「教師」自身が人として学ぶべき大切な教えや言葉と出遇って、自身の生きている世界を主体的に生き、学び続け、歩み続けていくことで獲得されるものであり、この姿勢こそが、小林秀雄と岡潔の指摘する「学問を好むという意味」を子どもたちに伝える根本的な姿勢であると考える。だからこそ「教師の資質」としての「宗教的なもの」というのである。そしてその姿勢を通して子どもたちと共に向き合っていく課題は「わたしとは何か」である。

教師は「宗教的なもの」を自身の学びに向かう歩みに「全体的な見透しを与える力」として、子どもたちと向き合い、自身の専門を子どもたちに授業を通して伝えていく。その授業で展開される内容は、各教科内容であり、各専門の学びである。その学びの内容は、どんな教科であれ、すべてが「わたしとは何か」という課題に繋がっていく。それが「教育」の本質的な営みの内実である。しかし教師自身の「宗教的なもの」を授業内容として展開するのではない。そうではなく子どもたちは教師の内にある「宗教的なもの」を「暗黙知」として受け止め、受け継いでいくのである。

では、この暗黙知とは、どのように教師自身に獲得されるのであろうか。千々布敏弥は「教師の力量を暗黙知の視点から考えてみよう。教師に実践的力量を獲得させるための教員養成制度、現職教育制度はこれまで、前者は大学で、後者は任命権者である教育委員会が主に担ってきた。（中略）「教職の意義及び教員の役割」という講義を聞いたことにより、教職の使命を自覚するようになるかという疑問については、さほど議論されていない。熱心に子どもと取り組んでいる教師たちに、なぜそこまで懸命に努力を続けるのか尋ねると、小さい頃の担任教師の思い出やすぐれた先輩教師、校長との出会いなどを挙げる人は多い。大学で「教職が大事だ」と教わっても、教師の卵の心には響いていないのが大部分である。（中略）子どもとどう接すべきかという知識の大部分は暗黙知のはずである。暗黙知であるが故に、講義やテキストという明示的なことばの伝達だけではそれは獲得することはできず、それ以外の手法で獲得しなければならない[20]」と指摘している。最近では、興味の持てる講義や、見やすくわかりやすいテキスト作りが言われているが、この指摘にもあるように、そのことで「教職の意義及び教員の役割」、教育の本質、教師の姿勢などは獲得し得ないのである。

では、講義やテキスト以外に、どのように獲得していけるのであろうか。このことを考える研究として伝統芸能の継承に関する研究が挙げられている。「能・狂言・茶道・華道などの伝統芸能の継承にあたっては、「一器の水を一器に一滴も漏らすことなく移すがごとく」受け継がれることが目指される。また、芸の継承にあたっては、表面的な技能のみを伝達されたことをもってよしとはしない。弟子は表面的な技能を習得するだけではなく、技能の背後にある「世界」に身体全体で潜入することができるようになったとき、初めて芸を習得したと見なされる[21]」ということを挙げている。この師の背後にある「世界」を身体全体で受け止めていく内容が「暗黙知」である。そしてこの「暗黙知」を学校という場は、良くも悪くも教師から子どもたちへ受け継がれてしまうのである。例えば単純に言って、「学問が好きという意味が全然わかっていない」ということを内なる「世界」として抱えた教師から、「学問を好むという意味」を子どもたちは受け継ぎようがないのである。ましてや人として学ぶべき大切な教えや言葉を学び続け、歩み続けることなど、受け継ぎようがないのである。だからこそ繰り返すが、「教師の資質」としての根本的な課題と向き合う姿勢と豊かな学びを育む教師自身の内なる「世界」としての「宗教的なもの」が重要なのである。そのためには師教との「出遇い」が重要であり、その「出遇い」が、次の世代の教師を育てていくのである。そのことが「連続無窮にして、願わくは休止せざらしめん」と願われているのである。

四　暗黙知として受け継がれる「感応の道理」

――曽我量深の「感応の道理」への学び――

師教と「出遇い」、徹底して尋ね抜くという、求道の道を歩まれた方に、曽我量深がいる。曽我量深は、わが国の明治から昭和にかけて、現在の「真宗学」の学問の基盤を築き上げた真宗大谷派の僧侶であり、親鸞思想を徹底して探求した人である。真宗大学、東洋大学、そして大谷大学において長年、教壇に立ち、また全国各地の「法座」に立ち、仏教思想、親鸞思想を学生、そして広く社会の人々へ伝え、共に歩み続けた「教育者」であった。

曽我量深にとっての師教との「出遇い」とは、清沢満之との「出遇い」である。曽我は清沢の求道の姿勢について、「先生においては、信仰を得たか得ないのかということではなしに、どこまでも求道の道程を歩いていくというところに問題があった[22]」と述べている。そして清沢が語り、伝えた「言葉」について、「清沢先生の言葉は、先生の体験の言葉である。先生は、ただ聖典に言葉があるからといって、自分が領解しないことまでもたんに知っているにすぎない不徹底な論理をふりまわして話をするということはされなかった。しかしまた、そういう従来の仏教の学問の弊害をあまり非難もされておりません。先生はきわめて謙遜な態度で自分の信念を述べられるだけで、他の人の学問の進展をかれこれいわれない[23]」と清沢の「教育」の姿勢を述べている。この清沢の「教育」を「感」じ、それに「応」じるかのように自らの学びを深めていったのである。曽我量深が清沢満之から学んだことは「学び方」であったと考える。教師は、自分の知識を押しつけ、目の前の問題を解く解き方を教えるのが、本来の役割ではない。「学び方」を伝えるのが、本来の役割であろう。清沢から「学び方」を受け継いだ、曽我量深について寺川俊昭は、「この清沢先生の求道に圧倒的な感銘を受け、その感化のもとにあらためて親鸞聖人の信心と思想の探求を、渾身の力をこめて進めていったのが、われらが曽我量深師であった。その探求に際して曽我先生は、親鸞聖人を尋ねて聖人に遇い、親鸞聖人に励まされて如来を求めて如来に目覚めていく、この先生自身の求道の体験そして仏道の体験に、徹底して誠実であった。同じ清沢先生に感化を受けた同門の後輩に、金子大栄師がおられるが、金子師はその晩年に「私が清沢先生から学んだことは、すべて自分の体験を通すということであった」と述懐していた。その姿勢を曽我先生は徹底して貫いたと思う[24]」と指摘している。

曽我量深は清沢満之の「世界」そのものを、「一器の水を一器に一滴も漏らすことなく移すがごとく」受け継いだのである。そして学びを通して獲得した「自分の体験」を、徹底して反省し、吟味し、探求し、推究し、そして自覚していったのである。このような「思索する」という「学び方」を、寺川俊昭は「体験の内観[25]」と表現している。そしてこの「体験の内観」という創造的な思索の方法をもって曽我量深は、親鸞聖人があの『教行信証』を書いたとき貫いた学の方法である「聞思」、すなわち聞法にはじまり聞法に導かれた思索である「聞思の学」に遙かに呼応し、またよく相応したのである[26]。

曽我量深は「学び・学問」について「学問とは、明瞭であるべき事柄を錯雑混乱にすることが学問だと思ひ、はつきりすることは浅薄だと思つていることは、学問の邪道であります。われわれはまず足もとをはつきりしなければならぬ。学問とは、高遠なところへ競争することだと思つている者があるが、さうではなく、学問は最も近いところに立場を置かねばなりません[27]」と述べている。この「最も近いところに立場を置く」とは、「わたし・自分」に学びの視点を置くということであろう。そこにすべての学問が具体的になってくるのだろう。そして「わたし・自分」への向き合い方として、「初は個人を機とする。機は個人である。さうして時の単位は一刹那である。後はみな理性の弁証したものである。その弁証を止めよ、たゞ本当の刹那のものを摑まえよ。後は理知の分別妄想である。本当の純正の個人に接せよ。その個人は個人主義の個人ではない。個人主義と個人は違ふ。個人主義ではない個人、自我主義を離れた個人に接せよ。我が身の現在刹那に接せよ。我が身の一番初に端的に接せよ。生まれてしまうてからの我が身ではない、将に生れんとするところの我を見よ。個人主義を超えた個人、一切の弁証を超えた本当の本能の個人を見よ、そこに歴史がある。そこまではつきりして、そこに担ふものは何ぞや、それは即ち本能宿業である。そこに初めて宿業といふものをば一刹那の端的の個人が担ふ。この宿業の世界に於て、本当の感応道交の世界といふものがある。すなはち感あるところに応がある[28]」というのである。理性によって弁証するような

「わたし」との向き合い方ではなく、それを超えて本来の純粋なる「わたし」と向き合えというのだ。そこに「わたし」と「世界」が「感応」し合うことで、今まで見えなかった「宿業の世界」が見えてくるというのだろう。それが「世界」の本当の姿なのだ。

しかし「宿業の世界」というものは、眼に見えるものではない。講義やテキストの言葉で伝えられて、理解できるものでもない。そうではなく見えない世界を「感」じるのであろう。「感」じることで、見えなかった本来の「世界」が初めて見えてきた、だからこそ「世界」に「応」じることができるのであろう。「わたし」と向き合うことで「感」じられてくる「宿業の世界」とは、「我が身体といふところで現実といふものがそこからはじめて出て来たのであります。我あるがゆえに世界がある。山がある川があるといふことも現実、我あるが故に他のあることも現実である。我身が現にあるといふことが、世界の事々物々があると感ずる、これ即ち感知・感応といふものであります。世の中に我身がなかつたら何もないであらう。我身あるが故に親が有難くまた子が可愛いのである。即ち我身が一切を知る因である。その我身とはどんなものか。一切をしてあらわしめるところの我身とは一体如何なるものか。善導大師は、我身とはどうすることもならぬと言ふ。我はどうかなつても、我身といふものがある以上これはどうすることも出来ぬものである(29)」と曽我が語られるものではないだろうか。「わたし（我身）」というところにあらゆる自然現象も社会で起こっている現象も現実であるとはっきりと見えてくる。あるいは親子の関係や友人との関係、ひいては出会ったこともない世界中のすべての人々の存在が現実として見えてくる。「世界の事々物々」を現実として「感」じられる。それが「感応」ということなのである。この「感応」なくして、「わたし」という存在の基盤として、この「世界」のあらゆるものと「いのち」の結びつきがあるという、「わたしと生きている世界」の現実を知ることができないのである。知ることができないから、世界中でさまざまな問題、悲しい出来事を引き起こしているのではないか。それが「感応の道理」というものではないだろうか。であるならば、講義やテキストでは決して伝えられない「感応の道理」は「教育」における大問題である。

「学ぶ・学問」における「感応」について曽我は、「今の学問は感応を教へない。感応のないところに誠といふものはありません。そこで人間は生まれて食べて、果実の熟して地に落ちて終わりを告げるやうに死んでゆく、人間もそんなものだと大体考へているやうである(30)」と今の学問、すなわち教育には「感応」ということが受け継がれていないと指摘している。だからいくら教育を受けて学んでも、感応がないから感激もない、感激のないところには感謝もない、「世界はたゞ砂漠(31)」のようなものになってしまっているのではないか。そこには学ぶ楽しさも、意味も、そして、「世界の不思議の中に突き進んで行く」ような力も獲得されないであろう。

「感応の道理」が開く、「世界の不思議の中に突き進んで行く」道について曽我は、「宇宙は不可思議の感応道交であり、五つの不思議は感応道交であります。また感応道交を不思議といふのであります。不思議とは何のことかと思ふが、感応道交に外ならない。衆生多少もこれ感応道交。生まれて死に、生まれて死ぬがこれ感応の用きであります。親が子を産むも感応、夫婦・親子の情これみな感応である。宇宙は皆感応で成立つ。感応は不思議、感応の道理はいくら調べても分らぬ。どんなに科学の研究が進んでも人間をつくることは出来ない。生命をつくることは出来ない。生命はこれ感応、不思議は感応であります。たゞ分らぬと言ふのではない、不思議は感応であります。(中略)自然現象も社会現象も感応道交なしには説明することは出来ない(32)」と語る。「感応の道理」は、身近な親子の関係から、社会の関係、自然界のあらゆる現象、そして宇宙全体で起こっていることへの「不思議」を開いてくれる、豊かな道なのである。この豊かな道は、講義内容やテキストを学ぶことで獲得されるものではなく、教師と子どもたちとの間で、「暗黙知」として受け継がれるものなのである。それは教育における教師と子どもたちとの根源的な関係である。

おわりに

本論では、現在の学校教育の場が抱える課題、すなわち「教育の質の向上」と「教師の資質」という課題の根本を、「真宗」に「出遇い」、人間が人間として、この世界で自分自身の人生を生き切っていく「まこと（真）の道」を求め続け、歩み続けた先達たちの教えを聞きながら考察を展開してきた。そしてあらゆる学問に共通する根本課題である「わたしとは何か」との具体的な向き合い方を、曽我量深の「感応の道理」に尋ねていった。そこで明らかになってきたことは、現在の教育の場のもつ「世界」、すなわち教師自身の「世界」の脆弱さである。「感応の道理」によって開かれてくる「真の世界（宿業の世界）」は、いくら講義やテキストを学び、問題の解き方を修得したとしても、見えてこないのである。「わたし（我身）」と徹底して向き合うこと、つまり「誠を尽くし」て向き合うことでしか、「感」じられない「真の世界」なのである。それは、「後に生まれん者（子どもたち）」は「前に生まれん者（大人・教師）」を訪ね、「一器の水を一器に一滴も漏らすことなく移すがごとく」受け継ぐことでしか獲得できない「暗黙知」なのである。

この「感応の道理」によって開かれてくる「世界」にこそ、世界の不思議さへの感激もあり、そして、生かされて「今・ここ」に「わたし」が存在している事実への深い感謝が生まれるのである。それが「世界」の豊かな受け止め方なのである。今後の教育の方向性として確かめられるべきは、この事実を受け止め、一人ひとりの内に豊かな「宗教的なもの」を育むことの意義を知ることであると考える。

この「感応の道理」の学びは、いわゆる学校教育の場のみならず、「真宗」に生き、学ぼうとする者、すべての課題なのであろう。しかしそこには曽我量深が、「私はこの頃感応道交といふことが真宗の中に根元をなして居ることを確信して居るのでありますが、しかし昔から真宗の学者にはそれが一向に分らぬらしい(33)」と語る現実が、「わたしたち」自身にあるのではないか。

曽我量深に「感応」し、求道し続けた安田理深（一九〇〇～一九八二）は、真宗教学における「教育」の意義について、本願成就の意義、すなわち第十八願の願心成就と、その願心を行として成就する第十七願成就の意義について、それは宗教における「教育」という意義であると指摘している。そして教団における教学とは教育であるとし、「信心というものが教育をもつということである(34)。信仰は教育の歴史をもつということである。そこに段階性ということと、飛躍性ということが非常に密接に関係してくるところに、宗教教育、つまり教化ということの重要な意味がある。こういうことを離れては教団の意味はない。教育は教団の唯一無二の事業である(35)」と位置づけている。このように安田は、教育の具体的な内実を「段階と飛躍」であると的確に捉えている。教育は段階的に展開されるものである。そこに知識の伝達の基礎がある。しかし、本論でも視点としてきたように教育の本質的課題はそれだけではない。見えなかった「真の世界」への道を開くことである。しかしそれは段階的な教育カリキュラムとして開かれるものではない。「感応」によって開かれる道であるから、いつ開かれるかわからないのである。それが段階的な教育を打ち破って「飛躍」するということである。この「段階と飛躍」が密接に関係してくるのが、「教育」という営みなのである。

「わたしたち」には、このような「教育」という営みが「連続無窮にして、願わくは休止せざらしめん」と願われているのである。そしてその「教育」によって育まれながら、求め続け歩み続けながら、次の世代へ受け継いでいく。「前に生まれん者」も「後に生まれん者」も、ともに人間が人間として、この世界で自分自身の人生を意義あるものとして生き切ってほしいと、「わたし」自身の課題として願われているのだと、学ばせていただいたことである。

[註]

（1）「暗黙知」…ハンガリー出身でイギリスで活躍した物理学者・哲学者ポランニー（Polanyi, M.）が『暗黙知の次元』（一九六六年）で使い始めた言葉。暗黙知とは、言語的・分析的な知に対し、非言語的・包括的な知のことをいう。その出発点はわれわれが「語ることができるよりも多くのことを知ることができる」という事実にある。岡本夏木他監修『発達心理学辞典』ミネルヴァ書房、二〇〇三年、三〇頁。

（2）工藤文三（研究代表者）『平成24年度プロジェクト研究調査報告書　未来の学校づくりに関する調査研究』国立教育政策研究所、二〇一三年、三頁。

（3）同前、七頁。

（4）真宗聖典編纂委員会編『真宗聖典』東本願寺出版部、一九九七年、四〇一頁。

（5）大谷大学編『清沢満之全集』第七巻、岩波書店、二〇〇三年、三六四頁。

（6）真宗教学研究所編『曽我量深集』上、東本願寺出版部、一九七七年、一〇九頁。

（7）同前。

（8）同前。

（9）同前、一一〇頁。

（10）曽我量深『曽我量深選集』第十一巻、彌生書房、一九七二年、三九九頁。

（11）寺川俊昭『寺川俊昭選集』第十巻、文栄堂、二〇一〇年、一六一頁。

（12）出雲路暢良『出雲路暢良選集Ⅳ　教育のいのち』樹心社、二〇〇九年、一二頁。

（13）同前、一六頁。

(14) 小林秀雄・岡　潔『人間の建設』新潮社、二〇一三年、一〇～五〇頁。
(15) 徳永保「我が国の学校教育制度と教育政策の変遷」について」『国立教育政策研究所紀要第141集』所収、二〇一二年、二六三頁。
(16) 同前、二六四頁。
(17) 大谷大学編『清沢満之全集』第六巻、岩波書店、二〇〇三年、一六一頁。
(18) 鶴見俊輔『人類の知的遺産60　デューイ』講談社、一九八九年、二四〇頁。
(19) 同前、二四一頁。
(20) 千々布敏弥「教師の暗黙知の獲得戦略に関する考察――米国における優秀教員認定制度に注目して――」『国立教育政策研究所紀要第134集』所収、二〇〇五年、一一二頁。
(21) 同前、一一五頁。
(22) 真宗教学研究所編『曽我量深集』上、一一八頁。
(23) 同前、一一九頁。
(24) 寺川俊昭『寺川俊昭選集』第十巻、三七三頁。
(25) 同前。
(26) 同前、三七四頁。
(27) 曽我量深『曽我量深選集』第十一巻、一〇二頁。
(28) 同前、九二～九三頁。
(29) 同前、一三一頁。
(30) 同前、一三〇頁。
(31) 同前、一二四頁。
(32) 同前、一〇五～一〇六頁。
(33) 同前、八三頁。
(34) 安田理深「出遇い」『親鸞教学』二十三号、大谷大学真宗学会、一九七三年所収、一三～一四頁。
(35) 同前、一四頁。

曽我量深　晩年の思索
――第十七願と第二十願との対応――

藤原　智

はじめに

曽我量深（一八七五～一九七一）の思索は多岐にわたるが、本論文では特に晩年の思索として「第十七願と第二十願との対応」について考えたい(1)。

曽我は、記録にある限り昭和二十一年の十二月からおよそ月に一度、京都の東本願寺のお膝元にある高倉会館の日曜講演に出講している(2)。そこでは毎年ある一つのテーマを掲げて一年間講話を行うという形式をとっていたのであるが、亡くなる前年の昭和四十五年度、すなわち高倉会館での最後のテーマが「宿縁と宿善」であった。このテーマは「前年度の最終講において提起された問題を継承されたもの(3)」とされるが、「宿縁と宿善」ということが初めて語られるのは、その前年度最終講（昭和四十四年十二月二十一日）の直前の大谷大学大学院での講義（同年十二月十一日）である。「宿縁と宿善」の内容は、その時に「十七願と二十の願という二つの願があります。二十の願は宿善の願で機につき、また十七願は宿縁の願で法につく(4)」と端的に述べられているように、『大経』に説かれる第十七願（法）と第二十願（機）との対応についてであった。ただし第十七願と第二十願の関係について、同年十一月二十日の講義では「法は伝統、機は宿善」[5]と述べ、また同年十二月四日の講義でも単に「過去生」[6]と述べるのみであり、「宿縁と宿善」という言葉で領かれたのはこの昭和四十四年の十二月四日から十二月十一日の間と推測できる。[7]曽我は最晩年に至って、いよいよ思索を展開させるのである。

以上のように、曽我の最晩年の思索は第十七願と第二十願との対応を「宿縁と宿善」として確かめていく点に見出すことができる。さらに、第十七願と第二十願との対応自体、後で詳説するように昭和二十二年頃から語り始められるのであり、七十歳代以降という曽我の晩年[8]に特徴的な思索であると言ってよいと考えられる。[9]

この第十七願と第二十願との対応について、曽我は実に驚くべき発言をする。

十八・十九の二願をへだてて、そうしてこの十七願と二十の願とが対応しておるのである。そういうご解釈はですね、別に『教行信証』の「化身土巻」を読んでみても、別にそのようなお釈も、ご解釈もない。また、この『三経往生文類』をみても、別にそのような、これについてのお話も出ておらんようである。で、ご開山さまの上になにもこうお話がないもんだから、だからしてまあ『六要鈔』でありましても、そうでありましょう。それから蓮如さまでありましても別にその、十七願と二十の願とがこう対応しておる、そういうようなことは蓮如さまも別にお話なさらんようである。（中略）ずうっとこの蓮如上人以前のですね、祖師たちに、つまりご開山さまでも法然さまでも善導大師さまでも、別に十七願と二十の願との対応――、どう対応するかというようなそういうことの教えはない。教えがないもんだから、東本願寺の学匠たちも西本願寺の学匠たちも、なにも宗学の上においても別に話がない。[10]

曽我は自身が問題提起した第十七願と第二十願との対応について、東西本願寺の学匠のみならず、祖師と呼ぶ親鸞から善導・法然に至るまで誰も問題にしていないと言うのである。これは曽我の他の発言と比べてもかなり極端な発言であるが、[11]『教行信証』に第十七願と第二十願との対応は明示されておらず、それ故に真宗学の歴史において大きく取り上げられる問題でなかったことも確かであろう。それを踏まえつつ曽我は大学院での講義において、若き学徒に対して、

祖師聖人は、十七願と二十願の関係をハッキリとは教えていないのであります。けれどもやはりめいめい感じておる。深い感というものがあるに違いないと思います。だからしてまあ諸君がよく考えて、自分の信念を確立していくことは大切だと思うのであります。[12]

と述べ、第十七願と第二十願の関係をよく考えることを勧め、さらにまた、

なおこのこと（引用者注…第十七願と第二十願の関係）については、我々はもつともつと深く研究して真宗学を完成していく必要があると思います。[13]

と、この点を研究するところに真宗学の可能性を見出しているのである。

曽我が第十七願と第二十願との対応で確かめていることは何なのか。さらに、親鸞も明示していない事柄を敢えて考えなければならなかった曽我の必然性は何であったのか。そしてそれが最晩年になって「宿縁と宿善」と確かめ直されるのは何故なのか。これらに見られる晩年の曽我の思索の軌跡を明らかにし、求道とはいかなるものであるのかを確かめていくのが本論文の目的である。

一　第十七願と第二十願との対応

親鸞教学の中心は『大経』下巻冒頭の本願成就文にある。親鸞はその文を第十一願・第十七願・第十八願の成就

文と押さえるのであるが、曽我が繰り返し指摘する存覚（一二九〇～一三七三）の『六要鈔』での「十七・十八更不相離、行信・能所・機法一也」[14]という記述に始まり、第十七願（行）と第十八願（信）の対応が真宗学の中心問題であった。当然、曽我にとってもこの問題は生涯にわたる根本問題であったであろう。

しかし晩年の曽我はこれに対し、第十七願と第二十願との対応を問題にしていく。この問題に関する曽我の最初期の発言に、問題点が次のように指摘されている。

十八願に対して二十願といふものがある。之を果遂の誓と云つてゐる。（願文中略）二十願には聞我名号、成就文には聞其名号。十八願になくて、二十願にこの事がある。至心廻向も二十願にある。二十願と十八願成就の文とは深い関係がある。聞といふ字についても深い注意をはらつてゐられる。（中略）本願成就の文と、二十願の文はその言葉は同じでもその差は天地の違ひである。これは御開山が永い間の身をもつての体験でよまれたのである。開山は本願成就文では「至心に廻向したまへり」とよまれた。これは御開山が永い間の身をもつての体験でよまれたのである。十七願に諸仏称名の願があつて聞かしめるのである。自分では但聞しか出来ぬが、歴史的現実でどうしても聞かせずにはおかぬ。こちらからの廻向ではない。本願成就の証拠はあなたの方から成就したまへりとよむのである。[15]

これが語られたのは昭和二十二年頃であり、この頃から第十七願・第十八願・第二十願の関係が思索されていくと考えられるのである。その問題点は、本願成就文の「聞其名号」や「至心回向」が、因願文においては第十八願ではなく第二十願に見出される点である。

（第十七願文）設我得仏、十方世界　無量諸仏、不悉咨嗟　称我名者、不取正覚。

（第十八願文）設我得仏、十方衆生、至心信楽、欲生我国、乃至十念。若不生者、不取正覚。唯除五逆　誹謗正法。

（第二十願文）設我得仏、十方衆生、聞我名号、係念我国、植諸徳本、至心回向、欲生我国、不果遂者、不取正覚。

（本願成就文）十方恒沙　諸仏如来、皆共讃歎　無量寿仏　威神功徳　不可思議。諸有衆生、聞其名号、信心歓喜、乃至一念。至心回向。願生彼国、即得往生、住不退転。唯除五逆　誹謗正法。(16)

親鸞思想の核心は曽我の指摘のように、本願成就文における「至心回向」の一句を、「至心に回向して」と自力的にではなく、「至心に回向したまえり」と如来の回向として読んだことにある。それは「聞」の質の違いである。すなわち、ただ聞いて自分から信じて念仏を浄土に回向していく先に救済があるというのではなく、信心それ自体が諸仏の称名を聞かしめられる所に獲得するもの、つまり如来からの回向されたものと自覚されるのであり、その信心に救済の事実が証されるのだとするものである。この親鸞の理解からすると、本願成就文において第十七願と第十八願とが明確に対応していることになる。しかしながら、因願文においては明らかに第十七願（称我名者）と第二十願（聞我名号）とが対応しているのである。この因願文と成就文との齟齬が最晩年まで展開する曽我の問題意識となる。(17)

曽我は、昭和二十年台前半に第十八願が法の面で第十七願と、機の面で第二十願と関わるということを語るのであるが、(18)昭和三十年頃から第十七願と第二十願とが直接対応するということを積極的に語るようになる。おそらくこの頃に思索のまとまりができたのであろう。当時は親鸞の七百回御遠忌を目前に控え、昭和三十一年四月三日には真宗大谷派宗務総長宮谷法含により「宗門白書」が発表されて、宗門が真宗再興に向けて動き出した時期であった。(19)この動きの中、「我々は、真宗第二の再興をなしとげねばならない」(20)と述べていた曽我は、伝道研修会などで熱意ある若い教師に向けてこの第十七願と第二十願との対応を主題的に語るのである。曽我はここに宗門の進むべき方向性を見出していたと言えよう。以下、この頃に真宗大谷派の教化研究所（教学研究所）が発行する『教化研究』に掲載された、「鏡の発見」「公共性」と題する曽我の講話を中心に見ていきたい。

先述の通り曽我は第十七願と第十八願ではなく、第十七願と第二十願との対応を思索する。何故そのように考えなければならなかったのか。これについて曽我は「鏡の発見」で次のように語っている。

とにかく十八願は私どもにわからぬ。もし十八願がわかると思えば、もはや二十願におちている。十八願がわかるという心が二十願である。わが自力のはからいをもって本願をみている。つまり私どもは知らず知らずのうちに二十願を鏡にしている。我らは十八願のために二十願を鏡とするか、十七願を鏡とするかにある。

私どもは法を鏡とすることができなくて機を鏡としている。だから法を鏡とするか、機を鏡とするかに問題がある。この意義は長いあいだ明瞭でなかった。我らは法を鏡とすることによって信心の智慧をうる。機を鏡とすることによって我らは自力に堕する。(21)

第十七願の諸仏の称名を聞いて衆生は第十八願の信心を起こすと当然のように言うけれども、そのように頷いた時には実は第二十願の自力に堕しているのだと曽我は述べるのである。因願文において第十七願の「称我名者」に対応するのが第二十願の「聞我名号」であるということを、曽我はこのように了解する。これはおそらく親鸞の『教行信証』「化身土巻」における、

おおよそ大小聖人・一切善人、本願の嘉号をもって己が善根とするがゆえに、信を生ずることあたわず、仏智を了らず。かの因を建立せることを了知することあたわざるがゆえに、報土に入ることなきなり。(22)

と、本願の名号を己の善根にしているのだという記述に依っている。衆生は教えを自分の思いにうつして聞くことしかできず、不可避的に第二十願の機としてあるのである。しかし、その聞いた所を第十七願の法の鏡にうつすこ

とにより、その自力のはからいが超克され、そこに信心の智慧の獲得があるのだと曽我は言う。そしてこの第二十願の超克における自覚内容こそ、後に、

善導大師が機の深信・法の深信ということをお立てなされたのは、それは二十の願に立場を置いて、そうして機法二種深信というものをお立てなされた(23)。

と言われるように、真宗の伝統で最も大事にされてきた善導の二種深信、特に機の深信である。第十八願の信とは、このような第二十願の超克という動的な場における現前の一念としてのみ衆生の上に顕わとなるのである。この二願の関係は次の曽我の言葉によく示される。

第十八願というのは自覚せる二十の願である。自覚しない二十の願と自覚せる二十の願とある(24)。

曽我において第十八願とは第二十願の自覚にのみ求められるのであり、第二十願を離れて第十八願の立場になるのではない。本質的に人間は、自覚の有無にかかわらずすべて第二十願である。それゆえに曽我は第二十願にその立場を置き、それと第十七願との対応において本願のはたらきを捉えようとするのである。

しかし、そこで語られる第十七願の法の鏡にうつすとは、いかなる事態なのであろうか。これについてはその後の「公共性」に示されている。そこで曽我は、教えの言葉を聞く者が本願を個人的な願として都合よく利用しようとし、本願の公共性が理解できていないと指摘して次のように述べる。

十七願と二十の願とのあいだにくいちがいがある。そういうところに自覚の問題がでている。十七願と十八願はくいちがいがないから、自覚の問題はでてこない。二十の願と十七の願とはくいちがいがあるので、自覚の問題がでてくる(25)。

本願の公共性を明らかにするためには、どうしても十七願がなければならぬ。四十八願においては、とくに

十七願の鏡にうつすことが大切である。こういうので、六方恒沙の諸仏の証誠を必要とするというのである。そこにはじめて阿弥陀の本願が、まさしく生きてはたらく我われの世界の歴史、世界の正しい求道の歴史、そういう歴史の事実として本願が成立してくるということであろう。(26)

二十の願というものは、十七願と関係をもつものであるけれども、しかし二十願にとどまっておる人は、諸仏の証誠なさるおぼしめし、どういう意味をもっておるのであるかという十七願の意義をよく了解しないで、すぐに本願を独占的に速断する。(中略)ともかく、十七願がなければ、信心は個人的なものになる。宗教とは公のものだということである。(中略)仏の本願は公の事実、永遠のまことである。(27)

ここで曽我が問題にしていることは、我々が本願を聞く時にそれをどこまでも「個人的」に「独占的」に「速断」してしまうということである。しかし本願とはそのような個人的な願ではなく、世界人類の求道の歴史として普遍的な公のものであると曽我は力説する。(28) 第十七願は空虚な理念ではなく、人間の言葉として歴史上に具体化する。このことを曽我は次のように述べている。

釈尊の教え、すなわち「真実之教大無量寿経」によって十八願を私どもに知らしていただく。これは人間の宿業を身につけて、阿弥陀如来の言葉を人間の言葉に翻訳して教えてくださる。人間の体をもって阿弥陀如来の本願を感得し教えてくだされた。これが十七願にあらわれている。(29)

歴史の事実の上に釈尊を代表とせる諸仏の証誠を見出し、(30) そして個人的・独占的に速断する自己を自覚して、現在の人生をつつむ永遠のまことを明らかにせよ、このように曽我は言わんとしているのである。それが第十七願の法の鏡にうつすことであり、ここに「至心回向」が自力の「至心に回向して」ではなく、正しく如来の「至心に回向したまえる」事実として頷かれることになる。それは、親鸞が称名念仏について「この行は、大悲の願より出でたり」[31]と述べているように、諸仏の歴史に通底している如来の大悲を知り、これに共感して、また親鸞が「悲しきかな、愚禿鸞」[32]と述懐したように、我が身の懺悔・悲しみに生きていくことである。[33]

こうして曽我は本願のはたらきを第十七願と第二十願との対応として捉え、我々にはどこまでも第二十願の自力のはからいしかないこと、そしてこの個人性を超克せしめる法として第十七願の諸仏証誠という大悲の歴史の公の事実が我々に与えられてあることを明らかにする。こうして、念仏者はまさに公明正大な世界に「悲しきかな」と自覚的に生きていくことを示すのであった。

二　晩年の曽我の課題

これまで見てきたように、曽我は晩年になって第十七願と第二十願との対応ということを思索していったのであるが、何故曽我はこのような思索を展開せねばならなかったのであろうか。そこで考えられることは、曽我がこの問題を語り始めるのは昭和二十年代になってからだということである。昭和二十年が敗戦の年であることを考えると、敗戦が曽我の思索に転換をもたらした一つの契機だったのではないかと推測される。[34]

管見の限りにおいてであるが、敗戦前に曽我が第十七願と第二十願との対応を語っているところを見ることはできない。それだけではなく、曽我の前半生を代表する論集『救済と自証』（大正十一年六月）に発表された「念仏の意義」第三講では、次の記述がある。

つらつら機法の六願を対観するに、十九の至心発願は十二の光明に対し、二十の至心廻向は十三の寿命に対し、十八の至心信楽は近く十七の名号に接して居る。これ等の関係に就ては猶深く考究を要すると思ひます

が、兎に角是の如き相対はおぼろげに認め得る所である。(35)

このように、大正の時点では第二十願は第十三願と対応するものと捉えられており、やがて第十七願との対応を考えるに至るまでに何らかの転換が曽我にあったと考えられるのである。(36) ただし注意しておきたいのは、ここでの法の三願と機の三願の対応、特に第二十願と第十三願との対応は、最晩年に「宿縁と宿善」を考える際に再び意味を持ってきたということである。これについては後述する。

そして昭和になってからも「宗教的信が内に展開する願の世界」（昭和二年。昭和八年『本願の仏地』〈大東出版社〉として刊行）、「親鸞の仏教史観」（昭和十年。同年『親鸞の仏教史観』〈文栄堂〉として刊行）、真宗大谷派安居本講『歎異抄』（昭和十七年。昭和二十二年『歎異抄聴記』〈大谷出版協会〉として刊行）など、曽我の思想を代表する講演がなされていくが、それらにも第十七願と第二十願との対応は言及されない。昭和二十年代以降、最晩年に至るまで繰り返し語られることと比べると、非常に対照的である。そうであれば、昭和二十年前後に曽我に思索の転換をもたらした契機があったと考える他なく、敗戦こそそれに当たると考えられるのである。しかしまた、曽我は敗戦に際して「私は看板を塗りかえる必要はない(37)」と述べたことも伝えられている。ここに言う「看板」とは何であったのか。このことも含め、曽我が第十七願と第二十願との対応を思索するに至った課題を考えたい。

1　曽我量深の思索の立脚地——自己を弁護せざる人、清沢満之——

曽我の求道の歩みにおいて、決定的なある一つの出来事がある。それは生涯の師である清沢満之（一八六三〜一九〇三）との値遇である。曽我は清沢没後五年目の明治四十一年に「我に影向したまへる先師」と題する論文を発表して、次のように述べる。

吾人は唯肉を有する現実界の聖者に遭ふことに依りて、初て僅にその人格の奥底に潜在して、而もその三業の根本たる信念を知ることが出来るのである。（中略）我々は幸に親鸞聖人の遺弟として、幼少の時より常にその遺訓たる漢文和文の聖教を拝読するの栄誉を負ふものである。されどされど、悲しむべし我は極愚の凡夫であつた、不幸にして七百年前の聖者の教説は、専ら物質界に迷執しつゝある我等の俚耳に入らぬのであつた。然るに云何なる宿縁にや、我が尽十方の如来は遙かに聖子清沢先生を降して我等の親教和上として下されたのである。嗚呼宿善は茲に開発して善知識に遭い奉つた。(38)

曽我はここで幼少の頃より親しんでいた親鸞の教説に対し、されどそれを聞き取ることのできずにいる極愚の凡夫たる自己を懺悔し、清沢出現の意義を語る。それは「肉を有する現実界の聖者」として如来が自己のために降された善知識であった。その清沢の宗教的人格に直接することによってのみ、親鸞の教えに触れることができたのだと曽我は言うのである。先掲の「鏡の発見」の一節、「人間の体をもって阿弥陀如来の本願を感得し教えてくだされた。これが十七願にあらわれている」もこの文脈において理解されよう。(39)真理は具体的な目前の事実においてその生命を有する。清沢との値遇は、曽我にとってまさにそのような体験であったのである。

では、その曽我が目前にした清沢の姿とはどのようなものであったのだろうか。曽我は明治四十二年、清沢満之の七周忌記念講演会において「自己を弁護せざる人」と題し、自らが出遇った明治三十五年の清沢の姿を次のように回想している。

想へば今を去る八年の前の二月、上野精養軒に於て京浜仏徒の会があつた。当時先生の主義に関して論難甚だ盛であつた。先生則ち一場の食卓演説をなされた。要は「我々が精神主義を唱へて、諸方の高教誡に感謝の至に堪へぬことであるけれども、我々は何等をも主張するのでなく、唯自己の罪悪と無能とを懺悔して、如来の御前にひれふすばかりである、要は慚愧の表白に外ならぬ」との御語であった。その森厳なる御面容髣髴として忘るゝことが出来ぬ。先生の如き論理的なる頭脳を以てせば如何なる巧妙の弁護も出来たであろう、一言の弁護すらなされぬ所、此正に深く自ら慚愧に堪へざると共に大に恃む所あるが為である。我は已に如来に依りて弁護せられ終りたではない乎。此れ恐くは先生の確信である。私は先生に付て想ひ出すは彼の一事である。私は則ち「自己を弁護せざる人」として先生を忘るゝことが出来ぬのである。(40)

上野精養軒での「唯自己の罪悪と無能とを懺悔して、如来の御前にひれふすばかり」と述べるだけで一言の弁護もしない清沢の姿を見て、ここに生きた信心というものがあることを知り、曽我は清沢の門下に入るのであった。ここで曽我が見出したのはいわゆる機の深信である。機の深信は『歎異抄』において、親鸞の「つねのおおせ」を案じて、

聖人のつねのおおせには、「弥陀の五劫思惟の願をよくよく案ずれば、ひとえに親鸞一人がためなりけり。さればそくばくの業をもちける身にてありけるを、たすけんとおぼしめしたちける本願のかたじけなさよ」と御述懐そうらいしことを、いままた案ずるに、善導の、「自身はこれ現に罪悪生死の凡夫、曠劫よりこのかた、つねにしずみ、つねに流転して、出離の縁あることなき身としれ」という金言に、すこしもたがわせおわしまさず。(41)

と記される、親鸞が「そくばくの業をもちける身」と述懐した「自身はこれ現に罪悪生死の凡夫」という自覚である。これを曽我は昭和十七年の『歎異抄聴記』において、「如来の本願の中に自分がそれと対立してゐることを証明する、それが機の深信(42)」だと述べる。どこまでも罪悪生死の凡夫として如来に背き、流転を続ける自己の姿・分際を如来によって知らされた自覚、それが機の深信であり、そのことを「自己を弁護せざる人」において「我は已

に如来に依りて弁護せられ終りたではない乎。此れ恐くは先生の確信である」と述べたのである。この上野精養軒での清沢の姿こそ、曽我の一生を貫くことになる。(43)

昭和四十五年五月十一日、「真実の教え」と題された曽我の最晩年の講話がある。そこで曽我は『歎異抄』を通して「二種深信では機の深信が特に大切なことになっておる」(44)と語るのであるが、それに続けて「自己を弁護せざる人」と同じ明治三十五年の上野精養軒でのエピソードについて、「こう清沢満之先生がテーブルスピーチをなされた。これは昔の話だけれども私はよく覚えておるのでございます」(45)と述べるのである。まさに曽我が見出した清沢は機の深信を徹底せる人であり、さらに「他のことはいろいろのことが問題があっても、とにかくそれだけは間違いないと私は思いまして」(46)と述べ、どこを向いても頭の上げようがないと表白する清沢の姿を、善導・法然・親鸞・蓮如といった真宗の祖師方と同じ安住の大地に立っているのだと確かめていくのである。そしてこの講話は、最後に次の言葉で締めくくられていく。

「悪しきいたづら者」であるというところでそこで一切を如来の本願に乗託していくというと、その人はもう阿弥陀如来の御徳を全部廻向していただくのでありまするから、その人は誰のお世話にもならんで、自分が一人前の人間となって独立ちをしていくことができるのである。そういうのが機の深信の徳というものであると、こういうふうに教えてくだされてあるわけでございます。(47)

機の深信こそは、いつわりへつらう必要のない真実なる自己の姿を知り、独立者として公明正大に生きていくことのできる力をその徳として持っているのだと述べ、曽我はこの講話を閉じるのである。それは正に曽我が出遇った清沢の宗教的人格そのものであった。

以上のように、清沢との出遇いこそ曽我の一生を貫くものである。「私は看板を塗りかえる必要はない」という曽我の言葉は、清沢との出遇いに頷かれた機の深信を通して親鸞の自覚的世界を尋ねていくという、その思索の方向性を改める必要のなきことを宣言したものであろう。しかし、曽我にとって清沢の信念が自己の一生を貫くものであったとしても、自己自身の自覚とおよび親鸞の教えを受ける人々の自覚が間違いなく一貫しているかと問えば、おそらく曽我はそうだとは言えなかったのではないか。

2　自覚の不足——敗戦という契機——

昭和二十七年六月五日、京都の岡崎別院における清沢満之の五十回忌の法要で曽我は「如来について」という講演を行っている。これは後に同年九月の講話と合わせて「分水嶺の本願」という題で一冊の本に纏められる。この講演で曽我は、清沢の明治三十五年五月の日記に「卅一年秋冬の交、エピクテタス氏教訓書を披展するに及びて、頗る得る所あるを覚え」(48)とあることを受け、ここで清沢にとって初めて分限ということを了解し信仰の問題に新しい道が開けたのだとして、続けて次のように述べる。

勿論先生は自分等が相対有限であるとは夙に考えておられた訳であったが、それは一般論であって、正しく御自身の問題になるとなかなかはっきりしなかつたのであろう。それが『エピクテタスの教訓』を読まれて、始めて自己の分限を自覚することが——実際において自覚することが——真実の救済であると了解できたのである。(49)

曽我は清沢について、自己の有限なることを知ってはいたけれど、実際においてそれを自覚することはなかなかはっきりしなかったのだと述べている。確かにここで曽我は清沢について語っているのであるが、しかし客観的に清沢について語っているのではなく、曽我は自分自身のことを清沢に託して語っているのではなかろうか。つまり、曽我は清沢から分限の自覚を教えられ知っていたけれども、それを曽我自身の実際において自覚することはできていなかったのだと。「実際において自覚することが」とわざわざ言い直しているのは、曽我自身の実感がそこにあるからである。

昭和二十七年に清沢の法要を迎えるに当たって、実は自分たちが清沢の教える分限の自覚をはっきりさせていなかったことが暴露された。その契機が敗戦ではなかったか。

清沢の五十回忌法要以前に、曽我が分限について語っていることがある。昭和二十三年三月の蓮如上人四百五十回御遠忌記念講話「蓮如教学の根本問題」である。そこで曽我は教学の混乱を指摘する。具体的には南無阿弥陀仏の六字について、蓮如は南無の二字は機の方、阿弥陀仏の四字は法の方と分けているのに、機にあっても六字、法にあっても六字だという誤った理解があるという。そうして次のように述べるのである。

機法の分限を明にする。南無と阿弥陀仏との分限分際を判然するのが蓮如教学の中心である。機と法との分際をぼかすことは、真宗教学の恐るべき事柄である。こんなことは、蓮如上人の『御文』を拝読してそれ位のことが分らないでは相済まぬことである。長い間に教学が乱れて仏法の正しい道理が乱された。これ極めて悲しむべきことである。今回の蓮如上人の四百五十回忌を機縁として間違つた考えを訂正せねばならない。二字四字に決つたことで、六字六字などあらう筈がない。(50)

蓮如の、真宗の教えは南無の機と阿弥陀仏の法とが一体でありつつ、その分限を判然とさせるところにある。しかしこれをぼかしていくような間違った教学がはびこっているのだと曽我は指摘するのである。そして蓮如以降の歴史の中で、公の社会から仏法は消えてしまったと言う。そしてその結果何が起こったか。曽我は次のように慚愧の言葉を述べるのである。

我々日本人は無宗教の世界、無宗教の政治社会の中に住んで明治四十五年大正十五年、すでに昭和に入つて恐ろしい戦争にぶつかつた、あゝいふ戦争をしてもそれを良い戦争であるか悪い戦争であるか批判力がない。唯お国のため漠然として東洋平和のためといふ名義の下に幾百万の人が命を捧げた。そして戦争はみじめな敗戦を以て幕を閉ぢた。此の戦争は誰か或る特種な指導者があつて指導されたのだとさういへばさういふことになると思ふけれど、結局各自々々の責任である。戦争を正しく批判する眼を失つてゐた、さういふ風に教育されてゐたと云へばそれまでであるが、結局こんな状態になつたのは各自々々の自覚の不足に帰着する。(51)

「戦争を正しく批判する眼を失つてゐた」と、絶大な惨禍をもたらした戦争について、曽我は自己の自覚の不足していたことを慚愧するのである。親鸞の教えは、自己の罪悪を見つめ、その懺悔の自覚に立って、そこから人間悪・社会悪を見抜いていく智慧を獲得するものではなかったか。それが時代に流され、自己の罪悪を誤魔化し、自他共に教えに背いていったのではなかったか。この自己の自覚の不足を慚愧する曽我の言葉は十分に注意しなければならない。そしてこの慚愧の言葉が語られる昭和二十三年とは、まさに本論文が主題としている第十七願と第二十願との対応が語られ始める時期なのである。

さて、清沢の五十回忌法要において清沢の分限の自覚を再確認した曽我は、その清沢が分限の自覚を通し真宗の教えのどこに着目したかについて、続けてさらに次の指摘を行う。

清沢先生は先程から考えておりますが、『大無量寿経』の「下巻」の本願成就文から始まり三毒段五悪段と続くあの「下巻」に眼を開いていたに違いない。(52)

清沢が『大経』下巻の三毒五悪段に注意していたことは、亡くなる直前に暁烏敏に宛てた手紙から知れることであるが、(53)この『大経』下巻への曽我の視点はその前年に次のように述べられている。

浄土真宗の根本聖典――『大無量寿経』。その見方に於て従来の宗学は根本的な誤りを犯している。ただ上巻下巻を平面的に見る、すると上巻の方は真諦門、下巻の方は始めの本願成就文のところと終りの真仮分判は真諦門で、中間の悲化段（三毒五悪段）は俗諦門であると、極めて軽く扱われている。（中略）それ以上の責任、自覚は社会の安寧を妨げる。俗諦門はただ上からの命令を奉ずればよい。その御用をつとめるために教学は全く歪曲されて今日に及んだ。明治になっても教育勅語をただおとなしく頂いておればよい、それ以上の何ものでもない。これが我等の信心とどんな関係を持つかなど夢にも触れようとしない。(54)

『大経』下巻こそこの五濁悪世の現実に釈尊が出現した意義を持つものであるにもかかわらず、その精神が見失われ、「選択本願浄土真宗は久しい間現実というものから全く遊離されて来ている」(55)と、明治以後の浄土真宗の現実的意義の喪失を繰り返し確かめつつ、

釈迦の出現によってのみ弥陀の本願は始めてこの地上に根を下して、阿弥陀の神話が現実の歴史に編み込まれたのである。このことを今日特に明らかにすべき時が来たのである。(56)

と、現実の歴史と切り結ぶ場を『大経』下巻、特に釈尊が此土の人間悪を説く三毒五悪段に求めていくのである。当然、清沢が『大経』下巻の三毒五悪段に眼を開いていったと述べる時、曽我の頭にこのことがあったのは言うまでもない。そして曽我はやがて、

御開山さまは、『大無量寿経』三毒五悪段をよくお読みになったのであろうと思うのであります。（中略）御開山聖人は五悪段第二のことばをよりどころにして、「主上臣下、法に背き義に違し」云々という厳しい批判を加えておられるのであります。このように、御開山聖人が五悪段で時代の批判に用いられたことは、確かに考えられることだと思うのであります。(57)

とも述べ、親鸞の『教行信証』「後序」の精神を『大経』三毒五悪段に求め、ここに現実の時代社会と批判的に対峙していく視点を見出していくのである(58)。

再び昭和二十七年の「分水嶺の本願」に戻ろう。清沢の五十回忌法要の後、曽我は全国を巡錫し、やがて七月七日に根室の別院で未だ講和ができていないソ連(当時)との国境線を前に、「本願における分水嶺」ということを感得する(59)。そしてその感得した分水嶺を受けて、同年九月、清沢の精神を改めて確認していくのである。

清沢先生はエピクテタスの教によって始めて一つの分水嶺を感得されたに違いない。分水嶺は清沢先生の言葉には無いが、先生はきっと分水嶺を感得されたに違いない。そして仏教に帰って真実の分水嶺を感得されたのであろう。そして他力に到着した。そこで他力だから何をしてもよいとは、先生の精神ではない。なるほど清沢先生の「我が信念」には何をしても差支えないとあるが、放縦をしてもよいとはない。何をしてもよいというのであると誤解してはならぬ。とにかく与えられたところに満足するのが本位本分ということである。そこで無軌道になるのではない。間違いないレールがしかれてある。間違いはある筈はない。先生は魚も食べたし、苦行なども止めて安楽行、自然法爾の行をされた。言葉では「何をしても差支えない」とは言われたが、精神はそんな安易なものではない。先生の風格は随分あやまり伝えられている(60)。

曽我は、自分が今感得した分水嶺を清沢は確かに感得していたのだと述べる。そしてそこから述べることは、自分たちが今まで清沢の精神を誤って伝えてきたということであった。確かに清沢は「何をしてもよい」と言っていた。しかしその精神は明確な分限の自覚に基づくものであり、厳しさを持つものであって、そんな安易なものではなかったのである。しかし自分たち清沢の教えを受けてきたものは、その清沢の言葉に甘えてきたのだと曽我はここでも慚愧の表白をするのである。

このように蓮如や清沢といった先達の厳しい分限の自覚というものを誤魔化してきたと述べる曽我は、真宗の教えについて次のように語っていくのである。

清沢先生は『エピクテタスの教訓』で始めて眼りを醒し、眼を開いて仏教を見直した。『エピクテタスの教訓』を読む人は沢山あるが、それで自覚の分水嶺を明らかにする人はない。清沢先生あって始めてエピクテタスによって眼を開かれたのであろう。

蓮如教学は専ら機法一体という。何故機法一体というか。我等に有限を成立たせようというのである。無限のところに有限が成立つ。有限の場所を与えるのである。（中略）四字は仏の領域。二字は衆生の領域。如来の廻向であるから「南無」の二字に満足すると四字の徳は満入する。我等の安住すべきところは二字である。機法の分限をはっきりするために蓮如は機法一体を教える。有限ということを明らかにする。これ『大無量寿経』の仏々相念である。「仏の所住に住したまふ」。そして衆生をして衆生の住するところに住せしめたもう。仏が衆生の住するところに手を出すと危険である。仏は衆生の住すべきところを明らかに教えて下された。これ『大無量寿経』の教である。これを親鸞が「大無量寿経真実教」と明らかにして、浄土真宗を立てて下された所以である。今の真宗学はそれと反対のことを言うて浄土真宗と言うている。根本から考え直す必要がある。それでないと他の宗教に誤魔化される。誤魔化される方にも罪がある。間違えている元に罪がある。正しい教を聞いていない。今迄正しい教を聞く因縁がない。今まではこの小さい島国で「自法愛染故、毀呰他人法、雖持戒行人、不免地獄苦」（『智度論』）と地獄に堕ちていて極楽と思っておったのである。昔は仕方がない。しかし今日我々はその教を正しい親鸞、蓮如の教に帰して明らかにせねばならぬ。(61)

こうして清沢や蓮如の教えるところは分限を明確に自覚するところにあり、それこそ『大経』の教えそのものであることを確かめつつ、今の真宗学がこれと全く反対のことを言ってきたのだと指摘する。そしてそれ故に正しい教えを聞く因縁がなかったのであり、日本という小さい島国の中で地獄を極楽と勘違いしてきたのだと言うのである。そうであるから、過去は仕方がないけれども、これからは教学を根本から考え直し、正しい親鸞の教えを明らかにしなければならないと、曽我はこれからなすべきことを述べるのである。

ではその教学を根本的に考え直していく際に、どのような方向性を持てばよいのか。これが晩年の曽我の課題だったのである。先述したように、親鸞の七百回御遠忌を前にした昭和三十一年に曽我は「真宗第二の再興をなしとげねばならない」と述べているが、その真宗再興の指標について次のように述べている。

今日、真宗学は非常に煩瑣な学問になっている。宗学というものが一向に要領を得ない。聞く方は迷惑するばかりである。どうしても、真宗の教えを単純化しなければならない。そのことを表明するものが、清沢先生の「我が信念」である。(62)

真宗学は煩瑣な学問ではない。進むべき方向性は、分限の自覚という清沢の信念にこそある。(63)単純にこの一点を明らかにする教学を構築しなければならない、と曽我は訴えるのである。その為に曽我が思索したことこそ、本論文の第一節に示した第十七願と第二十願との対応なのであった。そして、我々には第二十願に示される自力のはからいしかないことを自覚せしめる所に教えの眼目があるのだと、曽我は本願の構造から明確化させていくのである。

こうした一連の思索を通して、曽我は一つの言葉を「感得」(64)する。その言葉こそ、昭和三十六年四月二十一日、親鸞聖人七百回御遠忌記念講演会において掲げられた、曽我量深を代表する言葉「信に死し願に生きよ」(65)であった。

三　宿縁と宿善──最晩年の思索──

これまで曽我が晩年に第十七願と第二十願との対応について語るその課題について確かめてきたのであるが、はじめに示したように、曽我は最晩年にこの二願の関係を「宿縁と宿善」という表現で確かめようとする。最後にこのことについて考えたい。

そもそもこの「宿縁」という言葉は、親鸞の主著『教行信証』の「総序」において次のように使われる言葉である。

ああ、弘誓の強縁、多生にも値いがたく、真実の浄信、億劫にも獲がたし。たまたま行信を獲ば、遠く宿縁を慶べ。もしまたこのたび疑網に覆蔽せられれば、かえってまた曠劫を径歴せん。(66)

言うまでもなく、曽我は昔からこの言葉に注目している。(67) しかし、はじめに示したように、「宿縁と宿善」という対応関係が語られるのは、管見の限り昭和四十四年十二月十一日の大谷大学大学院での講義が初めてであり、それ以前においては「宿縁」と「宿善」との区別はほとんどつけられていない。さらに、何故「宿縁と宿善」ということを考えたのかの説明がないため、この時の曽我の課題も容易には理解しづらい。

「二十の願は宿善の願で機につき、また十七願は宿縁の願で法につく」というのが曽我の定義であるが、この場合の機と法とはどのような意味であろうか。曽我は次のように言う。

「聞我名号係念我国」という限りは、やはり仏様に帰依しておる。やはり善知識を粗末にしない。善知識からの教えというものはあるに違いない。その善知識の教え。それがすなわち第十七願である。第十七願がなければ、やはり二十の願というものはあり得ないと思います。(68)

これを見ると、仏・善知識の教えを「法」であり「縁」だとし、その教えを受けた自己の事実を「機」であり「善」だとしているようである。しかしそれに「宿」という過去世を意味する言葉を付けるのは何故なのか。これは「宿縁と宿善」という表現をとる前から、曽我がしきりに問題としていたことである。(69) 勿論、第十七願と第二十願との関係を過去世に求めるべき典拠はある。この二願の対応は、そもそも因願文における対応から考えられたのであるが、やがて親鸞が『教行信証』「化身土巻」に第二十願と並べて引用する『大経』の「東方偈」後半について、曽我は次のように述べることになる。

「東方偈」の後半は、全体としては第二十願成就の文でしょうが、しかしその中に第十七願の成就文の言葉が摂まると言うことをもって、我々は第十七願と第二十願との関係を考える必要があるし、又どう言う関係を持っているかということを知ることが出来ると思うのであります。(70)

このように曽我は、「東方偈」後半にも二願の対応を見出すのである。親鸞はこの「東方偈」後半の文を、異訳の『平等覚経』から「宿世の時、仏を見たてまつれる者、楽んで世尊の教えを聴聞せん」(71)と『教行信証』の「行巻」と「化身土巻」に二度引用しており、ここに「宿世」における第十七願と第二十願との対応を見出すことはできよう。

しかし問題は、何故曽我は「宿世」を問題としなければならなかったのか、である。ここでもう少し曽我の言葉を聞きたい。

法は十七願、機は二十の願と、そういう風に十七願と二十の願とが対応して、そうして今日仏法を聴聞するような御縁をつくって下された。仏法は急に信心決定という事はあるのではなくて、私共自覚しないけれども、機には宿善あり、法には宿縁あり、宿善と宿縁というもののお育てがあって今日仏法を本当に聴聞するということが出来るようになった。

十九の願と十八願は、これは私共この生にあります。二十の願と十七願は、この生だけではなしに、この生已前から世々生々の永い間に仏様のお育てを頂き仏法を聴聞して来た、そういう事があって今日始めて「聞其名号、信心歓喜、乃至一念」とそういう信心の華が開けるということが出来る。これは永い間のお育てというものがあって今日在るのであると感謝する――わが力ではなくて、これ皆仏様の永い間のお育てによって今日仏法を分らせて頂いたのだと――こういうのが「有難い」という言葉であろうと思います(72)。

曽我がここで問うているのは、罪悪生死の凡夫である自分が何故仏法を聴聞することが出来たのかということである。そしてそれを、「わが力」ではなく、自分が自覚する以前、生まれる以前からの仏のお育てにあるのだと述べる。自己が今日始めて頷くことが出来たのは、この迷いの身に寄り添い教化し続けて下さった諸仏証誠の御苦労があったからであり、自己は無始より今現在に至るまで仏の教えに背き続ける身に他ならない。仏恩の自覚とは、真に極難信ということを知らされることである。それ故に、

極難信ということは第二十願をのり超えている。自力の疑心というものをのり超えるということは、容易なことではありません(73)。

と、この極難信という自覚に至って本当に第二十願、すなわち自力のはからいをのり超えることになるのだと言う。極難信こそ他力救済を逆に証するものなのである(74)。ここに親鸞が「たまたま行信を獲ば、遠く宿縁を慶べ」と述べた意義がある。これが、曽我が問題にしていたことであった。

この自覚しないままにお育てを頂いていたというのは、曽我の実感である。昭和四十年、九十歳の記念講演において曽我は、若い頃に清沢から或る問題を与えられていたのであり、そのことを最近になって思い出したと述べ、

次のように続けている。

明治三十四年から三十五年の間に、とにかく、そういう問題を掲げて、みんな考えていた。つまり、わたしはその頃は、三十にならない。二十七歳から二十八歳。それが、今年は、数え年で九十一歳。その間全く忘れておったようなものである。もし思い出さなければ、全く忘れておったということになるわけですけれども、しかし、思い出した。（中略）何十年たって、忽然として思い出した。もし思い出さんで死んでしもうたら、全く忘れていたんだけれども、思い出したということを考えますというと、それは、忘れておったのでないのでしょう。やはり、この心の深いところ、いわゆる深層意識とでもいうのでありまするか、とにかく心の深いところに、先生の掲げられた問題、そういうものが生きておった。生きておって、そうして自分を育てた、自分を指導してくださったのにちがいない。(75)

若き頃、清沢から与えられた問題を自分は忘れていた。しかしそれは、自分が自覚しないまま心の深いところに生き続け、自分を育て聴聞に促したに違いないと曽我は言う。この自己の根底における清沢の指導の意義を思索し、そこに宿縁としての第十七願を見出しつつ、それが今の自身の自覚に至った点に宿善として第二十願を見出したのではなかろうか。

さて、「宿縁と宿善」を考える上で、最後にもう一つ重要な事柄がある。それは、昭和四十五年五月三十一日の高倉会館での講話「宿縁と宿善」(76)第二講において、曽我が「二十願と十七願並二十二、十三の関係に付て」という副題を付けていることである。第十七願と第二十願との対応に、第十二願（光明無量）・第十三願（寿命無量）という真仏土の願を関連させることは、この頃に初めて出てきた考えである。(77)(78)

曽我は、第十二願・第十三願・第十七願を法の三願、第十八願・第十九願・第二十願を機の三願として、これらの対応を生涯にわたって思索している。第二節の初めに述べたように、論集『救済と自証』（大正十一年六月）に発表された「念仏の意義」では、第十七願と第十八願、第十二願と第十九願、第十三願と第二十願という対応を考えていた。しかしおそらく第十七願と第二十願との対応を考えた時、この構図は崩れてしまったのではなかろうか。また昭和四十四年には、親鸞が「光明寿命の誓願を　大悲の本としたまえり」[79]と述べ、第十七願について「この行は、大悲の願より出でたり」と記すことから、法の三願の関係について、

機と法とが直接相接するのは十七願と十八願でありましょう。ところがその十七願の背景において、十二の願と十三の願、光明・寿命の二願というものがある。また真実信心の機の方から見るならば、真実信心の背景に疑心自力の十九の願と二十の願というものがある。[80]

と述べ、第十七願の背景に第十二願・第十三願を見出していた。しかしこの時にも第十七願に対応すると考えられていたのはあくまで第十八願であり、第二十願はその背景に見られていたのである。

このようなそれまでの考えと変わり、曽我は昭和四十五年五月頃から第二十願に対応する第十七願とその背景としての第十二願と第十三願という位置付けをすることになる。この理解は「宿縁と宿善」という考えが定まった時に初めて出てきたのではないか。つまり、自らの聴聞の背景に宿世と言うべき久遠劫来の仏陀の苦労を感得した時、その背景となる大悲の歴史を証明する願として寿命無量の願が見出されてきたのである。そうすると、第十七願と第二十願との対応関係においてこそ、その背景として第十三願は意味を持つことになる。ここにおいて曽我は、第二十願文にある「係念我国」について、

「念を我が国に係ける」、それは第十二の願と、第十三の願とに対応するんでありましょう。[81]

と述べることになる。それは、「宿縁と宿善」という自覚以前におけるその関係性において、如来が衆生に念を係

けて欲しいと願い続けてきた「我国」である。それ故に我々からすれば真実報土（真仏土）とは信の一念において、それまで自らが求めていた世界を方便化土であったと否定することと離れずに、「求めずして而も既に得たり」[82]という世界なのである。ここに曽我は、第十七願と第二十願との対応を中心にして法の三願と機の三願との関係を再構築するのであった。

最晩年の「宿縁と宿善」というテーマで久遠劫来の仏の養育を感得した曽我は、昭和四十五年十月十八日、高倉会館での最後の講話に「二種ノ三世」という副題を付けている[83]。また同じく昭和四十五年には「未来」をテーマにした講話を多く行っている[84]。それらは「宿縁と宿善」という過去への思索が、反対に未来へと展開していったものに違いない。そこでは、金子大榮（一八八一～一九七六）の言う「彼岸の世界」を「純粋未来」として受け[85]、その意義を「未来から現在に現れて来なさる仏様、過去からこの現在へ出て来た私、それが両方が遇う、――信心決定の一念の時に仏様と私どもが遇う」[86]と、信の一念に現在せる未来の浄土を語るのである。曽我が金子と最後に言葉を交わした際、金子の言う「彼岸の浄土」を「未来の安楽浄土」として「いま、やっと、少しばかりわかりました」[87]と述べたことも、単純な意味ではなく、この「純粋未来」という曽我独自の用語から理解されなければならない。ただし、これについては紙幅の都合上指摘するに止めたい[88]。

おわりに

本論文は、曽我の晩年の思索として第十七願と第二十願の対応について考察してきた。曽我自身が言うように、それまでほとんど言及されることのなかったこの問題を敢えて思索していったところに、曽我の課題が浮き彫りになった。それは五濁悪世と言われる時代社会と対峙しうる視点として、自己の分限の自覚の徹底が如何にして為し得るのかということの一点であった。そのために曽我は教学を「根本から考え直す」のであったが、その時どこまでも清沢満之の信念を指標として思索していったところに、曽我にとって清沢との出遇いが如何に重大な事柄であったかが知られよう。それは親鸞が『歎異抄』第二条において、「親鸞におきては、ただ念仏して、弥陀にたすけられまいらすべしと、よきひとのおおせをかぶりて、信ずるほかに別の子細なきなり」(89)と断言したことと軌を一にする。ここでよき人法然とは、弥陀の本願のまことが釈迦・善導・法然として歴史的世界に現れたその先端であった。(90)まことに仏法との出遇いは、大悲の願より出でたる諸仏証誠の歴史を背景とし、その先端としてこの娑婆に出現せる宗教的人格との出遇いに究竟するものなのである。ここに曽我は、「宿縁と宿善」として自己の求道全体が仏の一人働きであったと、止むことなき自力のはからいを懺悔するとともに、諸手を挙げて「有難い」と仏の恩徳を讃嘆するのであった。この思索こそ、親鸞が「至心に回向したまえり」と己証した事実に迫るものと言えるのではなかろうか。

なお、本論文は曽我の晩年の思索を総体的に捉えようとしたために、個別の論点に関しては深く追求できていない。特に、この曽我の思索が親鸞の『教行信証』の「行巻」や「化身土巻」と如何に関わり得るかについて、今後の課題としたい。

最後に一つだけ注意を述べておきたい。曽我が第十七願と第二十願との対応を思索したのは、第十七願と第十八願との対応として親鸞が語る信が、教学の歴史のなかで次第に概念化し固定化していって、その宗教的生命を喪失していることに対してであった。すなわち、第十七願との対応に第十八願ではなく第二十願を置くことにより、自己にどこまでも仏の教えに背き続ける者として常の緊張関係をもたらし、聴聞における自力の超克という動態においてのみ第十八願の信があるのだと明らかにすることによって、信仰の生命を回復させせんとするものであった。そうであるから、第十七願と第二十願との対応も、もしそれが教学的に概念化されるのであれば、曽我の思索を無意味とすることになってしまうだろう。そのことを指摘する曽我の言葉を紹介し、この小論を閉じたいと思う。

第十八願が、一方には十七願と連続し、他の一方には二十の願と連続しておると思うのである。けれどもそんなことをいうと理屈になるから、今回はこれだけでやめておく。(91)

［註］

（1）戦後から曽我が没するまでの二十六年間曽我に随行した藤代聡麿は、「十七願を開く鍵が二十願にあるというのが師の教の眼目になっている」（昭和五十三年『曽我量深説教随聞記』月報4、法藏館、二頁）と述べる。さらに『浄土仏教の思想』第十五巻（講談社）で曽我の伝記を担当した伊東慧明は、「曾我先生がお教えくださいますとおり、第十七願から宿縁をたまわり、第二十願から宿善をたまわる」（昭和五十二年六月十九日『仰せをこうむりて』文栄堂書店、一七八頁）と確認している。また、曽我の「教えを受けた者の代表」（同前、二三頁）と言われ、「私の全部が教えを受けたと言っていい」（同前、二四頁）と述べる安田理深は、「十七願の意義を見出したのは親鸞が始めてである。思うに、二十願と共に、十七願を見出されたことは、非常に重要な意義を持つものであろう」（昭和三十一年「既にこの道あり」・『安田理深選集』補巻、文栄堂書店、七三頁）、「第十八願は第十七願で明らかにし、また第二十願をもって明らかにされる」（昭和三十五年前後『正信偈講義』第一巻、法藏館、二四三頁）などとこの二願の重要性をしばしば指摘している。この点について曽我の影響を認める安田の発言を見たことはないが、曽我について「先生の文章自身に歴史的意識が漲っている」（昭和四十六年十二月十二日「歴史への発遣」・『親鸞教学』第二十号、大谷大学真宗学会、八九頁）、「「始めに行あり」というのが曾我先生の叫びです」（昭和五十一年四月二十六日『親鸞における救済と自証』第二巻、東海相應学会、三一四頁）、「二十願というものの意義は曾我教学を待って始めて開示されたということが出来る」（昭和四十八年五月十二日「随想ノート」・『安田理深選集』別巻二、三〇二頁）との安田の言葉から曽我の影響が指摘できよう。

（2）『曽我量深説教集』第八巻（法藏館）あとがき、昭和四十六年八月発行『ともしび』第二二七号（真宗大谷派宗務所）参照。

（3）『曽我量深説教集』第八巻、二七九頁。ただし丸括弧内は省略した。

（4）昭和四十四年十二月十一日大谷大学大学院「第二十願の内景」・『親鸞教学』第三十三号、六七頁。

（5）大谷大学大学院「伝統と果遂」・『親鸞教学』第二十八号、一一四頁。また、続けて第二十願について「宿縁とか宿善というものをなした」（同前）と述べるように、この時は宿縁と宿善に区別を設けてはいない。

（6）大谷大学大学院「諸行と念仏」・『親鸞教学』第二十九号、一〇〇頁。

（7）勿論、「宿縁」や「宿善」という言葉自体は以前から使われており、例えば昭和十一年二月発行『開神』には「宿善開発」と題して「三願転入の道程こそは宿善開発の論理」といった表現がある（『曽我量深選集』第五巻、彌生書房、二四頁）。

（8）本論文では第十七願と第二十願との対応を語り始める昭和二十二年頃以降を晩年と呼び、特に「宿縁と宿善」を語る昭和四十四年頃以降を最晩年と呼ぶ。なお水島見一は昭和十年の六十歳還暦記念講演である「親鸞の仏教史観」を画期として前期と後期を分けているが（「曽我量深の自覚道（上）」・『親鸞教学』第九十八号、二頁）、本論文においてはそれは取らない。後に述べるが、昭和二十年の敗戦を機として曽我の思索が大きく動いたと考えるからである。

（9）管見の及ぶ限りではあるが、第十七願と第二十願との対応について少しでも語った文章を、以下に年代順に列挙する。

昭和二十二年一月発行『民衆自覚の道』・『曽我量深講義集』第一巻、彌生書房。

昭和二十二年十一月発行「本願成就」・『曽我量深講義集』第一巻。

昭和二十三年二月発行『教学』第一巻第五号「三願転入の課題」・『曽我量深講義集』第一巻。

昭和二十三年五月二十六〜二十八日講話「三願転入について」第三講、第四講・『曽我量深説教随聞記』第二巻。

昭和二十三年七月発行『真人』第三号「能立能廃」・『曽我量深講義集』第一巻。

昭和二十三年七月講話、昭和二十八年十一月刊行『大無量寿経聴記』第六講、第八講・『曽我量深選集』第七巻。

昭和二十三年八月九日講話、昭和二十四年十一月刊行『本願の国土』第三日（二）・『曽我量深講義集』第二巻。

昭和二十三年九月九、十日講話「仏国土の建設」第四講・『曽我量深説教随聞記』第三巻。

昭和二十四年三月発行『大谷学報』第二十八巻第二号「機法の問題」・『曽我量深講義集』第二巻。

昭和二十四年十月四、五、六日講話、昭和三十二年九月発行『曾我量深法話集』第一巻、同信学舎出版部。

昭和二十五年六月講話、昭和二十八年四月発行『二つの世界』第四講・『本願に救われていく』教育新潮社。

昭和二十五年七月八日講話、同年十月発行『廻向表現』第二日「本願成就」・『曽我量深講義集』第三巻。

昭和二十九年九月発行『真人』第七二号「願生道」・『曽我量深講義集』第八巻。

昭和二十九年十二月発行『真人』第七四号「仏恩報謝の念仏」二・『曽我量深講義集』第八巻。

昭和三十年三月発行『教化研究』第八号「真実の信楽」・『曽我量深集』上、真宗大谷派出版部、『曽我量深選集』第四巻。

昭和三十年七月十、十一日講話、同年十一月発行「念仏と信心」第二講・『曽我量深講義集』第九巻。

昭和三十年九月八日講話「正信偈講話（八）」・『曽我量深先生講話集』第一巻、月愛苑。

昭和三十年十二月発行『教化研究』第十一号「明信仏智」・『曽我量深集』上。

昭和三十一年五月六日講話、同年六、七月発行『真人』第九一、九二号「教法の領受」・『曽我量深講義集』第十巻。

昭和三十一年十月発行『大世界』第一一巻第一〇号「本願の象徴」四・『曽我量深講義集』第十巻。

昭和三十二年四月二十八日講話、昭和三十三年一月発行『曾我量深法話集』第二巻　第二節　第二講。

昭和三十三年一月発行『真人』第一〇八号「浄土の真証」一・『曽我量深講義集』第十二巻。

昭和三十三年・講話月日不詳「本願と光明」第二講・『曽我量深説教集』第十巻（なお講話日は一月十二日、二月二日、三月二日のいずれかか。あとがき参照）。

昭和三十三年五月講話、昭和三十四年一月発行『真人』第一一九号「本願と光明」五・『曽我量深講義集』第十三巻。

昭和三十三年六月発行『教化研究』第二十号「鏡の発見」・『曽我量深集』上。

昭和三十三年九月発行『教化研究』第二十一号「人間の自覚」・『曽我量深集』上。

昭和三十三年十月一日、二日講話「浄土と本願」第二講・『曽我量深選集』第十二巻。

昭和三十五年一月発行『真人』第一三一号「三一問答論」一・『曽我量深講義集』第十五巻。

昭和三十五年五月発行『教化研究』第二十七号「公共性」・『曽我量深集』上。

昭和三十五年五月発行『大法輪』第二七巻第五号「本願成就」三・『曽我量深講義集』第十五巻。

昭和三十五年七、八月講話、昭和三十八年十月刊行『教行信証「信巻」聴記』第一講、第六講、第九講、満講・『曽我量深選集』第八巻。

昭和三十六年六月発行『真人』第一四六号「浄土真宗」真人社。

昭和三十七年六月十九日講話「教行信証大綱」第九講・『曽我量深講義録』上、春秋社。

昭和三十八年四月四日講話「釈迦と阿弥陀（二）」・『中道』昭和三十八年九月号、中道社。

昭和三十八年十一月十二日講話「宿業（二）」・『中道』昭和四十年五月号。

昭和四十年九月三十日講話「本願の名号―氷上燃火の譬喩によりて―」・『親鸞教学』第七号。

昭和四十一年六月講話「至心信楽の願」・『大地』別冊Ⅳ、大地の会。

昭和四十一年九月十七日講話「果遂の誓い」・『親鸞教学』第九号。

昭和四十二年六月講話「至心信楽の願」・『大地』別冊Ⅴ。

昭和四十二年六月二十九日講話「往生と成仏（二）」・『中道』昭和四十二年十月号。

昭和四十二年十月二十八日講話「往生と成仏」・『信に死し願に生きよ』百華苑。

昭和四十三年四月十八日講話「真宗大綱―行に就いて信を立つ―」・『親鸞教学』第十二号。

昭和四十三年五月二日講話「已証の開展」・『親鸞教学』第三十七号。

昭和四十三年五月二十七日講話「誓願の不思議３」・『願海』第二巻、願海舎、第十号。

昭和四十三年七月十八日講話、昭和四十四年八月刊行『正信念仏偈聴記』第七講・『曽我量深選集』第九巻。

昭和四十三年十一月一日講話「大行（二）」・『中道』昭和四十四年四月号。

昭和四十四年十一月六日講話「教団と浄土」・『親鸞教学』第十五号。

昭和四十四年十一月二十日講話「伝統と果遂」・『親鸞教学』第二十八号。

昭和四十四年十一月二十八日講話「深く信ずる心」・昭和四十五年二月発行『真宗』第七九三号、真宗大谷派宗務所、『曽我量深説教集』第一巻。

昭和四十四年十二月四日講話「諸行と念仏」・『親鸞教学』第二十九号。

昭和四十四年十二月十一日講話「第二十願の内景」・『親鸞教学』第三十三号。

昭和四十四年十二月二十一日講話「横超の菩提心」第九講・『曽我量深説教集』第八巻。

昭和四十五年五月七日講話「信における未来の問題」・『親鸞教学』第二十一号。

昭和四十五年五月十一日講話「真実の教え」第二講（原題「二種深信（二）」）・『中道』昭和四十五年八月号、『曽我量深選集』第十二巻。

昭和四十五年五月二十六日講話「親鸞教学の眼目」・『平常心是正念』曾我量深先生追憶会発起人会。

昭和四十五年五月三十一日講話「宿縁と宿善」第二講・『曽我量深説教集』第八巻（昭和四十五年八月発行『真宗』第七九九号「宿善と宿縁」は同講義か）。

昭和四十五年七月十九日講話「宿縁と宿善」第四講・昭和四十五年八、九月発行『ともしび』第二一五、二一六号、『曽我量深説教集』第八巻。

昭和四十五年九月三日講話「遠慶宿縁」・『法隆治教師還暦記念講演集』法隆治教師還暦記念出版刊行会、津曲淳三『親鸞の大地　曽我量深随聞日録』彌生書房、三〇三頁。

昭和四十五年十月六日講話「本願成就の文」第二講・『大地』別冊Ⅶ。

昭和四十五年十月二十五日講話「宿縁と宿善」・『行信の道』第一輯、『曽我量深選集』第十二巻。


これを見る限り、昭和二十年以前には第十七願と第二十願との対応への言及はない。ただし、あくまで「第十七願と第二十願との対応」であり、第二十願自体は曽我の前半生から一貫する課題である。詳しくは水島見一『近・現代真宗教学史研究序説』（法藏館）第二章　第二節　第二項参照。

（10）中略引用者、昭和四十五年七月十九日高倉会館「宿縁と宿善」第四講・『曽我量深説教集』第八巻、一八一～一八二頁。

（11）親鸞に関して言えば、曽我には次のような積極的発言もある。「十七願と二十の願とはどのような関係のものであるかを我われは知り、十八願と二十の願とはどのような関係をもつものであるかを明らかにしなくてはならぬ。『教行信証』に、それについてのねんごろなるご指導がのべられてあるということを、我われは知らなければならぬのである」（昭和三十五年五月『教化研究』第二十七号「公共性」・『曽我量深集』上、二〇〇頁、改訂版、東本願寺出版部、二一五頁）。

（12）昭和四十四年十二月十一日大谷大学大学院「第二十願の内景」・『親鸞教学』第三十三号、七〇頁。

（13）昭和四十五年五月七日大谷大学大学院「信における未来の問題」・『親鸞教学』第二十一号、三八六頁。

（14）『真宗聖教全書』第二巻、大八木興文堂、一三三頁。

（15）中略引用者、昭和二十二年一月発行『民衆自覚の道』・『曽我量深講義集』第一巻、五一頁。講話日は不明だが、一連の講話の中で象徴天皇制に触れていることから、発行日よりそう遠くないであろう。

（16）傍線部引用者、『真宗聖典』、東本願寺出版部、一八頁、四四頁。

（17）昭和四十五年七月十九日の高倉会館での講話「宿縁と宿善」第四講では次のように述べている。「本願成就の文では、第十七願と第十八願とがこう対応しております。ところがですね、この四十八願、因位四十八願というものをみまするというとですね、別にこの十七願と十八願とは、なにも関係はないように思われる。（中略）ところがこの十八・十九の二願をへだててですね、二十の願へきますというと、「設い我仏を得たらんに、十方の衆生、我が名号を聞いて、念を我が国に係け、諸の徳本を植え、至心に廻向して我が国に生まれんと欲う。果遂せずんば正覚を取らじ」。これはまさしくですね、二十の願というものがですね、十八・十九の二願をへだててですね、十七願と対応しておるのである。そういうことは明らかである」（中略引用者、『曽我量深説教集』第八巻、一八一頁）。

（18）例えば、昭和二十三年二月『教学』第一巻第五号「三願転入の課題」では次のような理解が見られる。「親鸞教学にあつては、第十八願に於て、法の方には第十七願の諸仏称名を見出し、機にあつては第二十願の果遂の誓を見出す」（『曽我量深講義集』第一巻、一四九頁）。

（19）水島見一『近・現代真宗教学史研究序説』第六章参照。

（20）昭和三十一年二月十三、十四日講話「真宗第二の再興」・『曽我量深講義集』第十巻、四五頁。

（21）昭和三十三年六月『教化研究』第二十号、伝道研修会講義「鏡の発見」・『曽我量深集』上、一六三頁、改訂版、一七五頁。

(22)『真宗聖典』、三五六頁。

(23)昭和四十四年九月三日講話「深く信ずる心」第一講・『曽我量深選集』第十二巻、二六六頁。

(24)昭和三十年八月二十六日講話・昭和三十一年二月発行『香草』第一七号「香草院忌講話　五、退一歩の信」・『曽我量深講義集』第九巻、一五七頁。

(25)昭和三十五年五月『教化研究』第二十七号「公共性」・『曽我量深集』上、二〇〇頁、改訂版、二一五頁。

(26)同前、二〇二頁、改訂版、二一七頁。

(27)中略引用者、同前、二〇五頁、改訂版、二二〇頁。

(28)ここに清沢満之の『有限無限録』における「無限的行為ハ善ナリ（公ノ為ニスル行為ナリ）（中略）正義公道ハ善ナリ　不正義私道ハ悪ナリ」（中略引用者、『清沢満之全集』第二巻、岩波書店、一〇二～一〇三頁）という言葉の影響も考えられよう。なお『有限無限録』が収められた法藏館版『清沢満之全集』第七巻が昭和三十年に出版されている。

(29)昭和三十三年六月『教化研究』第二十号、伝道研修会講義「鏡の発見」・『曽我量深集』上、一五九頁、改訂版、一七一頁。

(30)第十七願と歴史との関係については、昭和十年五月十～十二日講演『親鸞の仏教史観』（『曽我量深選集』第五巻）の特に第五講を参照。

(31)『教行信証』「行巻」・『真宗聖典』、一五七頁。

(32)『教行信証』「信巻」・『真宗聖典』、二五一頁。

(33)曽我は、昭和四十二年六月二十六、二十七日の岡崎教務所での講話において、『歎異抄』第九条を第二十願にとどまっていることを「深く懺悔」し「転入の道」を教えたものとしつつ、その懺悔と「信巻」悲歎述懐の「悲しきかな……」との言葉が「相呼応している」とし、それがまた仏と「悲しみ」を同じくしているのだとも述べる。そして、その「悲」に善導の「前念命終」を見つつ、そこに終らず「信に死し願に生きる」という言葉で「更に本当の仏法の世界と信心の生活が開けてくる」と信心の積極性を述べていく（「真宗の人間像Ⅳ」・昭和四十二年十一月発行『真宗』第七六六号、『往生と成仏』、法藏館、第四講）。この「悲」について、昭和四十二年六月二十八、二十九日の東京大谷会館での講話において、北森嘉蔵『神の痛みの神学』の名を挙げつつ、さらに展開させている。そこでは、機の深信に言われる「無有出離之縁（出離の縁あることなし）」という衆生の信心の自覚と、如来の大悲が「無縁の大悲」と言われることを一つに見た「無有出離之縁の大悲」という曽我独自の解釈を出しつつ、その意義を次のように述べている。「われら衆生は出離の縁あることなしであるが、われら衆生のみならずですね、阿弥陀如来様もやはり無有出離之縁というところまで、こう自分を掘り下げた。われわれと同じ悲しみをなされたのです。つまり、本当に悲しみを共にしたと。その悲しみを共にしたところに、ほっと、不思議に、両方とも浮かんで来た。それを南無阿弥陀仏という」（「往生と成仏（二）」・『中道』昭和四十二年十月号、九頁）。この衆生と如来との「悲しみ」の共感として信心が成立することについて、曽我は続けて第十七願と第二十願を挙げて、「転入の道」を教える第二十願の意義に尋ねていくことになる。このように曽我が第二十願を語る際「悲しみ」を取り上げていることは注目されよう。ちなみにこの講話を受けて昭和四十三年十月二十八日に増谷文雄と北森嘉蔵との座談会「慈悲について」（『中道』昭和四十三年十二月号・昭和四十四年一月号、『曽我量深対話集』彌生書房）が行われている。なお、「無有出離之縁の大悲」という曽我独自の解釈は、津曲淳三が指摘するように（『曽我量深対話集』、一七二頁）、すでにその四十年ほど前「本願の表現する四十八行」において「衆生と共に無有出離之縁の大悲痛を甘受し給ふの大精神」（大正十五年二月発行『仏座』・『曽我量深選集』第四巻、一四三頁）と語られていたものであり、続けて「如来の表現する自証の道程」（大正十五年三月発行『仏座』・同前、一六〇頁）や「如来表現の範疇としての三心観」（大正十五年秋講話・『曽我量深選集』第五巻、二〇三頁）、『本願の仏地』（昭和二年十一月講話・同前、三二〇頁）などに繰り返し語られていた解釈である。

(34)　昭和四十四年六月六、七、八日の名古屋別院での臘扇忌に当たって、曽我は清沢満之の「他力の救済」についての講話をしている。その中で、大体平安時代を生きた法然と鎌倉時代を生きた親鸞という、その時代思想の違いを強調しながら次のように述べている。「今昭和四十四年でございますが、昭和の四十四年の間において、あの未曽有の大戦争というものが行われてきたのであります。で、この、戦争以前と戦争以後との間に、大へんな時代の思想の変化というものがある。非常にはげしい変化が行われた、と思うんであります」（『他力の救済』文明堂、五二頁）。ここで曽我は、法然と親鸞との違いを自らが生きた戦前と戦後とに比定しているのだが、それは曽我自身が敗戦を契機に大きな思索の変化があったと自覚しているということであろう。そして、その曽我自身の思索の変化は、法然的な思索から親鸞的な思索への変化であったと後から自覚化されてくるものであったと考えられる。この法然と親鸞の思想の違いとは、次の言葉から知られるように、晩年の曽我にとって第十七願と第二十願の問題であったのである。「法然上人は、専ら第十八願だけを重んじておいでになり、十七とか二十願の意味ははなはだ明瞭を欠いていた。親鸞聖人にくると、法において第十七願、機においては第二十願というものの、大事な意味が明らかにされたのである」（昭和三十八年四月四日講話「釈迦と阿弥陀（二）」・『中道』昭和三十八年九月号、二三頁）。

(35) 大正十一年六月発行『救済と自証』「念仏の意義」第三講・『曽我量深選集』第十巻、五〇頁。

(36) ただし、同じ大正十一年六月発行『救済と自証』に発表された「救済の信仰と自証」に、明確ではないものの後に繋がる次の記述があることは指摘しておきたい。「已上は法蔵菩薩四十八願の中、十八、十九、二十の三願によりまして、法蔵菩薩とは何者であるかといふやうなことに就きて、少しく自分の意見を述べたやうな次第でありますが、その法蔵菩薩は自己の姿を明かにする為に、一つの大きな鏡の前に立つて居ります。その鏡とは即ち、かの第十七願であります」（同前、八三頁）。

(37) 藤代聡麿、昭和四十六年十一月「終戦の頃の先生」・『教化研究』第六十六号、大谷派宗務所、一一一頁。

(38) 中略引用者、明治四十一年六月発行『精神界』・『曽我量深選集』第二巻、一五八～一五九頁。

(39) ここで「人間の宿業を身につけて、阿弥陀如来の言葉を人間の言葉に翻訳して教えてくださる」（「鏡の発見」）と述べられる第十七願の用きについて、寺川俊昭が「よく読むべき曽我先生の代表的な論文」（『寺川俊昭選集』第十巻、文栄堂、三五九頁）と指摘する「自己の還相回向と聖教」と合わせて考えたい。そこで曽我は、「釈尊は十七願の諸仏称名の願に応じ、第二十二願の還相回向の弘誓に乗じて、此世に興出し、真実之利を恵まんと欲せられたのである。此欲の文字は釈尊の本願を示す。彼の『大経』開説は静的には十七願に応じ、動的には二十二願に乗ずるのである。全体我々は教を静的に見るは不徹底である。教は直に教主の人格の表現である。教主の人格を離れて存在しないのではないか」（大正六年三月発行『精神界』・『曽我量深選集』第三巻、一六九頁）と述べるように、第十七願と第二十二願は静的と動的として対応関係にあることを指摘する。またこの二願について、「第十七願と云うものがあつて、はじめて阿弥陀の本願と云うものが歴史的現実という意義をもつようになつてきた」（昭和三十三年十月講話、昭和三十四年五月十日発行『如来と衆生との感応』、同信学舎、七〇頁）と指摘しつつ、「還相廻向と云うことは客観的な歴史的現実と云うものである」（同前、七四頁）と述べて、共に「歴史的現実」として位置付けることもある。このように第十七願は第二十願と関わるとともに、第二十二願と関わるとされる。この三願の有機的関係を曽我は「十七願というものを本として、そうして二十二の願をみ、また二十の願をみていく」（昭和三十七年七月十五日講話「始めに行あり」第四講・『曽我量深説教集』第三巻、四九頁）と僅かに述べている。このことはさらに考察されていくべきであるが、紙幅の都合上別稿で論じたい。

(40) 明治四十二年六月発行『精神界』・『曽我量深選集』第二巻、二二八頁。

(41) 『真宗聖典』、六四〇頁。

(42) 昭和十七年七、八月講話『歎異抄聴記』・『曽我量深選集』第六巻、三八九頁。

(43) 松原祐善は晩年の曽我の姿を思い出して次のように述べている。「高倉会館で曾我先生が例の一件で懺悔告白なされた時、「上野精養軒でのあの清沢先生のお姿がひょっこりあらわれてくださった」と仰せられました」（「曾我量深先生を憶う」『松原祐善講義集』第二巻、文栄堂書店、四二頁）。おそらくここで松原が言う「例の一件」とは、『中道』昭和四十五年十月号に掲載された「宿縁と宿善」に端を発する「『中道』誌差別事件」を指す（参照『部落問題学習資料集』真宗大谷派宗務所）。この時、曽我は直ちに談話として「自分が差別者として機の深信を欠いていることを暴露した」（『部落問題学習資料集』、九五頁、『親鸞の大地』、三一五頁）との懺悔を表明するのである。

(44) 昭和四十五年五月十一日講話「真実の教え」第一講（原題「二種深信（二）」『中道』昭和四十五年八月号）・『曽我量深選集』第十二巻、三八〇頁。

(45) 同前、三八二～三八三頁。

(46) 同前、三八三頁。

(47) 同前、三九二～三九三頁。

(48) 『清沢満之全集』第八巻、岩波書店、四四一頁。

(49) 昭和二十七年六月五日講話『分水嶺の本願』・『曽我量深選集』第十一巻、二五一頁。

(50) 昭和二十三年三月二十九日講話「蓮如教学の根本問題」（一）・『曽我量深講義集』第一巻、一六〇頁。

(51) 昭和二十三年三月三十日講話「蓮如教学の根本問題」（三）・同前、一九六～一九七頁。

(52) 昭和二十七年六月五日講話『分水嶺の本願』・『曽我量深選集』第十一巻、二五七頁。
(53) 明治三十六年六月一日付書簡『清沢満之全集』第九巻、岩波書店、三〇四〜三〇六頁。
(54) 中略引用者、昭和二十六年六月『真人』第三二号「真俗二諦」・『曽我量深講義集』第五巻、一七八〜一七九頁。
(55) 同前、一七七頁。
(56) 同前、一八〇頁。
(57) 中略引用者、昭和三十四年十一月『真人』第一二九号「ひかりといのち」三・『曽我量深講義集』第十四巻、一九二〜一九三頁。
(58) この昭和二十年代半ば頃に、曽我は「往還の対面」や「二つの世界」という題で多くの講話をしているが、このことは曽我の思想展開上注目すべきである。なお、三毒五悪段と親鸞との関わりについては拙論「「顕浄土方便化身土文類六」に展開する「教誡」という課題」(『現代と親鸞』第二十七号、親鸞仏教センター)を参照。
(59) 昭和二十七年九月講話『分水嶺の本願』・『曽我量深選集』第十一巻、三〇〇〜三〇一頁参照。
(60) 同前、三〇二〜三〇三頁。
(61) 中略引用者、同前、三〇八〜三〇九頁。
(62) 昭和三十一年二月十三、十四日講話「真宗第二の再興」・『曽我量深講義集』第十巻、四六頁。
(63) 曽我は「我が信念」の本義を分限の自覚による第二十願の超克にあると見ている。「私どもは相対有限を知らないから煩悶する。相対有限を知らせて下さるのが絶対無限であり、そこに転入という道がある。(中略)二十願の境地から十八願の境地に転入する。そういうことを清沢先生は『我が信念』の中で述べられております。信ということは、自分自身の相対有限を知る。自分の分限を知る。(中略)それが『我が信念』の本義であるということを感ずるのであります」(中略引用者、昭和三十六年六月四日高倉会館講話「清沢先生と『我が信念』」・同年七月発行『真人』第一四七号、四頁。なお本講話は『曽我量深説教集』第二巻には闕となっている)。
(64) 「自分の作ったというよりは、自分の感得した言葉でございます」(昭和三十六年十月七日講話「信に死し願に生きよ」・『信に死し願に生きよ』、二三九頁)。
(65) 『親鸞の世界』(東本願寺出版部)、『曽我量深選集』第十二巻。なおこの講演会の日時は、『親鸞の世界』や『曽我量深選集』では二十日となっているが、改訂版『親鸞の世界』(東本願寺出版部)や『近代大谷派年表　第二版』

（東本願寺出版部）では二十一日となっており、今はこれによった。
(66)『真宗聖典』、一四九～一五〇頁。
(67)昭和十三年講話『行信の道―『教行信証』総序講読―』・『曽我量深選集』第七巻、第四段など参照。
(68)昭和四十四年十二月十一日大谷大学大学院「第二十願の内景」・『親鸞教学』第三十三号、六八頁。
(69)昭和四十四年十一月二十日大谷大学大学院「伝統と果遂」・『親鸞教学』第二十八号。
(70)昭和四十五年五月七日大谷大学大学院「信における未来の問題」・『親鸞教学』第二十一号、三八五頁。
また同様の指摘をするものとして以下を挙げることができる。

昭和三十八年十一月十二日講話「宿業（二）」・『中道』昭和四十年五月号。

昭和四十一年六月講話「至心信楽の願」・『大地』別冊Ⅳ。

昭和四十二年六月講話「至心信楽の願」・『大地』別冊Ⅴ。

昭和四十三年四月十八日大谷大学大学院「真宗大綱―行に就いて信を立つ―」・『親鸞教学』第十二号。

昭和四十三年五月二日大谷大学大学院「己証の開展」・『親鸞教学』第三十七号。
(71)『教行信証』「行巻」・『真宗聖典』、一六〇頁、『教行信証』「化身土巻」・『真宗聖典』、三四八頁。なお『大経』には「宿世見諸仏　楽聴如是教」（『真宗聖典』、五〇頁）とある。
(72)昭和四十五年十月二十五日講話「宿縁と宿善」・『曽我量深選集』第十二巻、四〇八～四〇九頁。
(73)昭和四十五年五月七日大谷大学大学院「信における未来の問題」・『親鸞教学』第二十一号、三八七頁。
(74)「難信の理由が獲信の理由になる」（昭和三十五年七、八月講話、昭和三十八年十月刊行『教行信証「信巻」聴記』第四講・『曽我量深選集』第八巻、九三頁）とはこの意味である。
(75)中略引用者、昭和四十年十月十六日講話「我如来を信ずるが故に如来在ます也」第一講・『曽我量深選集』第十二巻、一四七～一四八頁。
(76)『曽我量深説教集』第八巻、あとがき参照。
(77)親鸞は『教行信証』「真仏土巻」に、真仏土を誓う願として第十二願・第十三願を示している。『真宗聖典』、三〇〇頁。
(78)なお五日前の昭和四十五年五月二十六日の講話「親鸞教学の眼目」においても、第二十願の「我国」を「光明無量・寿命無量というものを表している」(『平常心是正念』、六四頁)と述べている。

(79)「正像末和讃」・『真宗聖典』、五〇二頁。

(80)昭和四十四年九月三、四日講話「深く信ずる心」第三講・『曽我量深選集』第十二巻、三一二頁。

(81)昭和四十五年五月三十一日講話「宿縁と宿善」第二講・『曽我量深説教集』第八巻、一四五頁。

(82)昭和二年十一月講話『本願の仏地』第三講・『曽我量深選集』第五巻、二九六頁。

(83)『曽我量深説教集』第八巻、あとがき、昭和四十六年八月発行『ともしび』第二二七号参照。

(84)昭和四十五年には、題に「未来」を掲げた講話だけでも、以下のものが挙げられる。

昭和四十五年五月七日大谷大学大学院「信における未来の問題」・『親鸞教学』第二十一号。

昭和四十五年十月十五日大谷大学大学院「純粋未来の象徴」・『親鸞教学』第十八号。

昭和四十五年十月二十八日講話「真実の未来の法界」・『中道』昭和四十六年一月号。

昭和四十五年十一月九、十日講話『未来について』文明堂。

(85)昭和四十五年十月十五日大谷大学大学院「純粋未来の象徴」・『親鸞教学』第十八号、五頁。

(86)昭和四十五年十月二十八日講話「真実の未来の法界」・『中道』昭和四十六年一月号、一七頁。

(87)昭和四十六年三月十七日『曽我量深講義録』下、三二五頁。

(88)なお関連する論考として、安富信哉「曾我量深の未来観」(『大谷学報』第五十九巻、第四号、大谷学会、六二～六五頁)がある。そこで安富は、曽我は清沢の門下に入る以前には清沢の精神主義に対し「未来観がない」という疑念を持っていたという。それがやがて精神主義を血肉化する過程のなかで、大正五年に再上京して以後「未来に極めて積極的な意義を発見することになる」としつつ、大正十二年七月に発表された「業感の世界と法性の世界」(『曽我量深選集』第四巻、一〇六頁)において「純粋未来」という曽我の独自の語に結実したと指摘している。

(89)『真宗聖典』、六二七頁。

(90)同前。

(91)昭和三十五年五月発行『大法輪』第二七巻第五号「本願成就」三・『曽我量深講義集』第十五巻、一一五頁。

信に死し願に生きん

――三一問答における曽我量深の思索――

佐々木秀英

序

親鸞の仏道の核心は、本願成就の一心にあることは論をまたない。『歎異抄』によれば「念仏もうさんとおもいたつこころ」(1)の発起である。親鸞の回心を通じての『大経』への聞思によれば、衆生の上に発起する「念仏もうさんとおもいたつこころ」とは、涅槃から法蔵菩薩が衆生を場として阿弥陀と成るという本願の成就である(2)。しかし、それは衆生の自覚において、どのように実験されることなのか。教理ではなく、実際の実感としてどう自覚されるのか。

曽我量深は唯識の学問での思索方法(3)によって親鸞の三一問答を尋ね、「如来表現の範疇としての三心観」という講題で講演を行っている。「如来表現の範疇」という語は曽我自身、

之は如来の本願を主語とする現行的総合判断の賓辞だと云うて差支ないのだけれども、三心は単なる賓辞ではないので、如来の本願の体験上の賓語は一心帰命である。この「如来の本願」と「一心帰命」との、其の主語と賓語との関係の必然的道程を示すものが、この三つの概念である(4)。

と解説している。すなわち、如来が衆生の上に表現してくる（＝一心帰命の体験）範疇が三心として明らかにされている、ということである。換言すれば、一心帰命の体験に立って、如来の本願が衆生に表現してくる必然的道程を探るという営みである。さらに曽我は、

此の本願の三心といふのは、御承知の通り『大無量寿経』の中に法蔵菩薩の第十八願に於て至心信楽欲生の三心を発起して居られるのであります。所が此の三心といふものも、之は吾々人間が別々に三つの心を発すのでない、具体的事行としてはたゞ一心である。唯、「如来たすけましませ」と云ふ帰命する念仏の一信心である。其の一念の信心に、自然に三心といふ理由が具足し成就して居るのである。斯ういふ工合に親鸞聖人は見られまして、詰り三心といふのは如来が吾々に信心を発起せしめる所の本願の自証の道程である、随て我々が如来の願心に転入する自覚の道程であるといふやうに、親鸞聖人は見られたのでありまして、それらのことは親鸞の「信巻」の三心一心問答、殊に其の第二問答の中に其事をば詳しく示されて居るのであります。⑸

と述べ、「如来が吾々に信心を発起せしめる所の本願の自証の道程」はそのままで「我々が如来の願心に転入する自覚の道程である」と言うのである。三一問答、特に仏意釈は、

仏意惻り難し、然りといえども竊かにこの心を推するに⑹

との語から始まる。これは一見、本願の三心を推求しているかのごとくであるが⑺、それは曽我に従えば、「唯、「如来たすけましませ」と云ふ帰命する念仏の一信心」という一心帰命の体験の内観なのである。しかして曽我は言う。

本当に親鸞聖人が講釈して居られるのは経文にある文字の講釈ではなくて、具体的なる斯の心のさながらの論理的展開である。斯の心を推し極め、斯の自覚の一心、所謂形式的分析の論理ではありません、此の体験の一

心、体験の論理的道程を推して行つて斯の心と云つて居るのであります。（中略）斯の心を推し推し、推し極めて行つて遂に法蔵菩薩の因位本願の三心、至心信楽欲生の三心といふもの、論理を明らかにして行くのである。(8)

ここに親鸞が「しばらく疑問を至してついに明証を出だす(9)」と述べ、三一問答を開顕せねばならなかった必然がある。形而上の如来の願心を観念するのではない。自己に発起せる一心帰命という宗教体験の「論理的道程を推していく」のである。それは、一心帰命の体験を手掛かりに、さらに自己の暗愚を知らしめられていくということであろう。そしてそれは同時に、常に今の一念に「法蔵菩薩といふもの、正態を(10)」「自分の意識に求めて行(11)」くということである。この営み（思索）をしなければ、一心帰命という宗教体験は、人間に起きる体験が故に体験主義となり、自己を縛る胎宮となり得る。(12)

本論では、三一問答という「至心信楽欲生の三心といふもの、論理を明らかにして行く」営みにおいて、曽我がどのような思索を展開し、「我々が如来の願心に転入する自覚の道程」を明らかにするのかを尋ねたい。このことは、衆生に発起せる一心帰命の信が、一心願生の信へと展開相続し、願生浄土という仏道を開いていく道程の探求とも言い得る。(13)そしてそれは、「信に死す」ということと「願に生きる」ということの必然的展開の内実であり、固定化されたものでない如来と衆生の分限の思索である。

一　至心の範疇

「斯の心を推」してまず見出される至心の願心の推求(14)において曽我は、「清浄の真心をもって、円融無碍・不可思議・不可称・不可説の至徳を成就したまえり」と、「諸有の一切煩悩・悪業・邪智の群生海に回施したまえり」との語に注目し、前者を「法体の成就」、後者を「衆生への廻向」と捉え、至心が「至徳の尊号をその体とせるなり」と述べられる内容の二義としている。(15) そして、次のように結論する。

至心は名号が即ち本願の廻向表現であることの本願の自証作用に外ならない。名号に於て光明摂取の意味を表現して居ると云ふことは、衆生が正しく転悪成徳の作用を自証するの外に意義はない。この正しく作用する自証を離れては名号は単なる光明の意味に過ぎないのである。(16)

曽我によれば、衆生における「転悪成徳の作用」の自証こそ、「名号が即ち本願の廻向表現であることの本願の自証作用に外ならない」。すなわち、「法体の成就」というも「衆生への廻向」というも、形なき本願が、衆生の上に名号として顕現したということであり、名号とは、外在的な言葉ではなく、衆生に一心帰命の体験として、「転悪成徳の作用を自証」せしめてくる如来の表現なのである。親鸞は至心を、

「至心信楽」というは、至心は、真実ともうすなり。真実ともうすは、如来の御ちかいの真実なるを至心ともうすなり。煩悩具足の衆生は、もとより真実の心なし、清浄の心なし。濁悪邪見のゆえなり。(17)

と、「真実」と註釈する。そして間髪入れずに、「煩悩具足の衆生は、もとより真実の心なし」と言うのである。すなわち、親鸞にとって真実とは、衆生の「煩悩具足の衆生は、もとより真実の心なし、清浄の心なし。濁悪邪見のゆえなり」という自覚の他にはない。そしてその不実の自覚自体が、「転悪成徳の作用」の自証であり、本願が名号（念仏もうさんとおもいたつこころ）として「回向表現」するという「本願の自証作用」なのである。この自証がなければ、名号は「単なる光明の意味に過ぎない」のである。形なき本願が名号として具現化する、すなわち、一如が南無阿弥陀仏となる（＝如来が如来を表現する）ということは、衆生における南無（＝帰命）の自覚の成就であ

る。ゆえに、衆生の自覚より言えば、至心は、「宗教的体験の果相」である。衆生の口業として現前する名号は、「もうさんとおもいたつこころ」を因とした果相なのである。換言するならば、一心帰命の体験とは、「万劫の初事」と言われるように、「無始より已来乃至今日今時に至るまで、穢悪汚染にして、清浄の心なし。虚仮諂偽にして真実の心なし」という自己を初めて知ることである。しかして曽我は言う。

至心の否定の対象になるものは、之は吾々の業である。もろもろの道徳的の悪業を否定するのである。（中略）至心によつて否定せらるべき所のものは悪業、道徳的罪悪、詐り虚偽の心、虚偽の生活といふものであります。(19)

私たちの現実の業生活の悪業を白日の下に曝すのが、真実なる如来の至心なのである。繰り返すが、曝された悪業、それは、衆生の自覚から言えば「宗教的体験の果相」である。「噫」（「総序」）という自力無効の一念における悪業生活の自覚こそ、至心の顕現である。

今一度曽我に聞こう。

名号は至心の等流の果であり、至心は名号の平等の因である。純真なる宗教的原理にあつては実行の理性は絶対自由の果成の行智である故に、常に表現の果体と倶時同時に並存し、大自然はさながらに彼の行智の性起表現である。則ち一点の同情のないやうに穢悪汚染の現実生活を照し、虚仮諂偽の衆生の業を観ずる所の至心は是こそ無限の大悲であらねばならぬ。衆生海に於ける善悪業道の因果を以て徒に無自覚なる、冷酷なる原理として、如来の至心の本願の原理を疑ふてはならぬ。業道自然は個人の感覚意識に於てこそ無自覚であるが、それを裏づける全人知識に於て自覚的なる願力の自然である。本願の行智を離れて衆生はない、随つて衆生海を包む業道の原理は則ち是れ本願廻向の原理の内容である。誠に限りなく徳を転じて悪業を成ずる衆生の自証こそ、限りなく衆生の悪業を転じて如来の徳を成ずる菩薩の正智の現実的反影である。是れ則ち永劫修行の法蔵菩薩が森厳なる精神界の事実として、私達に絶対の承認の権威を以て迫る所以である。(20)

衆生が名号に帰したところに開かれる自覚は、「限りなく徳を転じて悪業を成ずる衆生の自証」であり、それが「限りなく衆生の悪業を転じて如来の徳を成ずる菩薩の正智の現実的反影」なのである。業道自然とは、私たちの「個人の感覚意識に於てこそ無自覚」なものであるが、「それを裏づける全人知識に於て」は「自覚的なる願力の自然」なのである。私たちは、理知ではなく業による生活を送っている。しかし、それに無自覚であり、常に生活を理知で引き裂くのである。その理知が丸ごと虚偽であったことを自覚化させ、私の一切の生活が理知による悪業生活であることを自証せしめるのが「本願の行智」であり、これこそ「至心の等流の果」としての名号の妙用である。まことに「衆生海を包む業道の原理は則ち是れ本願廻向の原理の内容」なのである。

二　信楽の範疇

1　否定の論理

曽我によれば、至心は衆生の「宗教的体験の果相」であった。すなわち、至心は、一心帰命の体験の果相であり、名号の顕現であり、虚偽生活の否定の覚知である。しかして曽我は言う。

併しそれ（至心の範疇）は名号に内在して、即ち名号をその果体とするが故に則ちそれは果であり、行であり、法である。依つて更に此を行体として一層深く清浄真実の正因を内に求め行かねばならなかつた。茲に菩薩永劫の勝行の中に、第二の「信楽の範疇」を、祖聖親鸞は見出した(21)。

「宗教的体験の果相」、すなわち「無始より已来乃至今日今時に至るまで、穢悪汚染にして清浄の心なし。虚仮諂偽にして真実の心なし」という自覚は、その自覚に止まらずに、その内因をその自覚の中に求めていく。何故ならば、果相は果相であり、それが果であり続けるならば、いくら名号の顕現という実験が鮮烈であっても、固定化してしまい、それでは前提的に阿弥陀の救済を立てる恩寵的な信仰と何等変わらなくなるからである。ここに「信楽の範疇」を見出さねばならない必然性がある。

信楽釈を見てみると(22)、信楽は如来の願心でありつつも、「信心海」と述べられるように衆生に発起せる信心としても語られる。そして、「利他回向の至心」をその体とするということが述べられ、そこから「しかるに」とうけて、「一切群生海」の在り方がどこまでも否定されていく。曽我は、

　此の信楽の一段といふものは初めから終ひまで、徹底的に否定を重ねて、どこどこ迄も否定せずんばやまないといふ、純正に否定的論理を以て一貫して居るといふことに吾々注意せしめられることである(23)。

と述べている。信楽釈では、「一切群生海」の心は常に貪愛と瞋憎にまみれており、少しく真面目にしてみても、その行為全体が、「雑毒・雑修の善」であると述べられる。そして、ついには私たちの救済として想定される、浄土往生さえも否定されていくのである。これは、如来の至心との出遇いにおいて白日の下に曝された、どこまでいっても決定的に「清浄の信楽なし」という事実である。すなわち、如来との断絶であり、真面目に仏道を歩まんと「急作急修して頭燃を灸うが如く」すれどもそれすらも「雑毒・雑修の善」であるという自力無効の自覚の徹底である。このように、衆生の側から起こす全ての思案や行為を完全に否定し尽くして、

　何をもってのゆえに、正しく如来、菩薩の行を行じたまいし時、三業の所修、乃至一念・一刹那も疑蓋雑わる

ことなきに由ってなり。[24]

と、「何をもってのゆえに」と文が展開するのであるが、「何をもってのゆえに」という接続詞では、「一切の群生海は、何をしても虚仮雑毒である。何の理由によってそのようなことが言えるのか。それは如来が菩薩の行を行じられていた時、一切疑蓋が雑わることがないということによってである」（取意）という意味となる。至心釈では衆生が虚仮雑毒であることをもって法蔵が修行をしたという意味であった。[25] ところが、信楽釈では法蔵の修行を理由として衆生の往生は不可であるということが決定されていくという意味となっているのである。このことは、衆生に往生不可ということが定まるということは、法蔵の兆載永劫の修行のはたらきであるということを意味している。すなわち、この否定の論理こそ法蔵菩薩の兆載永劫の修行の、我等の自覚の上への実験であると言い得る。

では、その信楽によって何が否定されるのか。曽我は、

信楽の否定するものは何であるか、信楽の否定するものは疑ひである。疑ひを否定するものである。（中略）本当に吾々の自覚の敵となるものは何であるか、かう申しますといふと疑ひである。疑ひが吾々の自覚の直接の敵である。[26]

と言う。信の一念の体験の果相は、悪業生活の自覚であったが、その自覚の内景は「疑ひ」を見出すのである。ここでの「疑ひ」とは、一般的な意味での不審や疑念という意味とは全く質が違う。何故ならば、信の一念においてのみ見出される疑いだからである。至心の範疇において直覚されるのは、一切が虚仮不実である自己の業生活そのものである。ここにおいて、仏教への不審や疑念は全て、妄念妄想として否定される。つまり、頭で思い描くような信仰のすべてが虚仮であり妄念であることが知らされることが、転悪成善の名号の力用なのであるから、そこに仏説に対する疑いなどなくなるのである。それが名号の力用を、第一義的に「破闇満願」として表される所以であ

ろう(27)。しかし、「疑いがなくなる」ということがさらなる疑いの顕現なのである。何故ならば、仏説に対して疑いがなくなるということは、仏と肩を並べるということであり、それこそ疑城胎宮そのものだからである。この問題は第十九願から第十八願に転入した後の、第二十願の「仏智疑惑(28)」の問題であると考えられる(29)。

ともかく、名号に帰し、その名号に至心を直覚することによって、初めて「仏智疑惑」が問題となるのである。むしろ、一心帰命の体験を持たなくては、親鸞の言う「仏智疑惑」という問題は問題にすらできないのである。そして、この疑いこそ「信楽の範疇」である。よって、この疑いはどこまでも否定されねばならない。曽我の了解を聞こう。

信楽釈に於て何処までも往生の可能を否定する。往生の否定は何を否定するか。生といふことを否定して不生といふことを云つて居る。往生を否定し否定して、最後に成仏の志願則ち願作仏心にまでもその自覚を推し進めて行かうといふ。此の論理が信楽の否定論理である。往生を否定せずんばやまないのは、安価な化土の往生に満足してはならぬ。どこまでも真実報土の往生を遂げなければならぬ。それにはどこまでも往生を否定しなければならぬ。詰り吾々の疑ひといふものを徹底的に打ち砕き、疑心といふものを否定して信心といふものを徹底せしめるためには、其の信心が安価であつてはならぬ。安価な信心は即ち疑ひである。だからして吾々が信心信心と思つて居るやうな、そんな信心はやはり疑ひである。それ故にどこまでもどこまでも吾々が信心だと思つて居る其の信心といふものに気をゆるしてはならぬ。吾々が信心と思つて居るそれをどこまでも疑ひとして無限に否定して、さうして、如来菩薩の行を行じたまひし時三業の所修乃至一念一刹那も疑蓋雑ること無し、其の一念一刹那も疑蓋雑ることなき所の法蔵菩薩の信行、法蔵菩薩の信心、そこまでつき進んで、信心仏性といふことまでも明かにして行く論理、それが此の信楽釈である(30)。

曽我によれば、「吾々が信心信心と思つて居るやうな、そんな信心はやはり疑ひ」なのであり、「信心といふものに気をゆるしてはなら」ないのである。一心帰命の体験をこの信楽の絶対否定まで深めなければ、すなわち体験の果相に居直れば、そのような体験は、往生という目的のための切符に過ぎず、そのようなものを持てば、人を責める道具にはなるかもしれないが、自身の真の満足にはならない。すなわち、宗教体験すらも「虚仮・雑毒の善」であり、そのような体験をもって、「無量光明土に生まれんと欲する」ことは、「これ必ず不可」なのである。一心帰命の体験により、信心を推求するのであるが、その推求そのものが衆生における体験性を無限に否定してくるのである。曽我の言う「安価な信心」とは、私たちが平素無意識に想定する「概念化された信心」や、過去に体験した宗教体験のことではなかろうか。そんな衆生が思い描くような信や過去の体験など、所詮意識に過ぎない。私たちの「安価な信心」を「どこまでも疑ひとして無限に否定」してくるのが「三業の所修、乃至一念・一刹那も疑蓋雑わることなき」法蔵菩薩の兆載永劫の修行なのである。そして、その絶対否定の底に「法蔵菩薩の信心」を見出すのである。

この法蔵菩薩の兆載永劫の修行に象徴されているのは、観念的な信仰を許さない、宿業の身の事実ではなかろうか。観念を破る「破闇満願」の体験とも言える名号の顕現を、ほんの少しでも自分の体験として捉えてしまえば、それは再び観念の信仰と堕す。それを許さないのが宿業の事実であろう。この無限の過去を持つ宿業の事実は、一切の衆生の分別を許さない。この宿業の身こそ、常に私をして事実の世界に帰らせる体なのである。

2　如来の大悲心

至心の範疇において覚知された悪業生活は、根源的に「自己肯定」の生活であるから、名号に帰した一念に、

「自己肯定」者である自己をはっきりと知らされる。そこには挙体の懺悔と、それを見抜き、知らしめた仏智への讃仰がある。ところが、一度「自己肯定」を知らされた者は、今度は「自己肯定」を知らされた自分、という形で、自己を肯定していくのである。人間は、仏智によって知らされた虚偽生活者である自己にすら愛着を持つのである。ここに人間は永遠に救われ得ないことに泣く他ない。しかし、絶望の涙にすら執着をしているのであるから、もう人間からはどうしようもないのである。「無有出離之縁」(31)とはまさにこのことである。曽我は、

　信楽に於る親鸞の釈語はたゞ終始一貫して否定の一筋道を取り、私達の凡情よりすれば、読むに随つて疑は深められ闇は濃厚となるばかりである。(32)

と闇なる自己に立ちつつも、

　併し疑が深めらるゝと共にいよいよ信楽は内に深く表現せられ、闇が濃くなればなる程、内在の如来の御心には濃厚なる大悲の光明は輝くのである。(33)

と、その闇が深まり徹底するほど大悲が輝くと述べ、そして、

　衆生が自ら無有出離之縁と深く悲しめば悲しむ程、内在の如来は深き無有出離之縁の大悲を以て悲れみ給ふであらう。(34)

と、衆生の「無有出離之縁」が如来の「無有出離之縁の大悲」を感得すると結論するのである。

　ここで注意せねばならないのは、如来の大悲を、自己にはたらく「はたらき」として捉えてはならない、ということである。(35)自己にはたらくはたらきである以上、自己とは別の存在であり、それは自己においては外在である。しかし、それでは二元的な信仰となり、どこまでも理想主義、恩寵主義から脱し得ない。そうではなく、「無有出離之縁」の自覚が、そのままで「無縁大悲」の自覚なのである。曽我は言う。

かくの如くにして、ひるがへつて善導の機の深信といふものは何であるか、即ち「我身」とは法蔵菩薩自身である。かういふ工合に見て来なければ、機の深信といふものは展開することが出来ない。(36)

すなわち、どこまでも自己に愛着する不断の執着力こそ、仏の摂取力そのものではなかったか。「無有出離之縁」がそのままで「無縁大悲」であり、機の深信として表白される「我身」が法蔵菩薩の「我身」である、という驚嘆の事実の秘密は、ここにあるのである。

自己の不実を知らされ、自己に絶望し、その自己より出ようと「急作急修して頭燃を灸うがごとくすれども」、それ全体が自己肯定であり、自己愛着であるから、その絶望すらも希望の影である。そのように、どこまでも徹底的に自己が否定され尽くしてみれば、そこにあるのはすでに本能として備わっている自己執着であった。しかし、絶対的な否定を潜ったところに表顕する本能的な自己執着こそ、仏の摂取力そのものなのである。私は私を捨てることはできない。それがゆえに、仏は私を捨てないのである。私の不断の執着力こそ仏の無限の大悲力なのである。(37)ここに「この心はすなわち如来の大悲心」と、衆生の信心と如来の願心が一つであると断定する親鸞の確信があり、その確信に立って曽我は、「無有出離之縁」がそのままで「無縁大悲」であると言うのである。

「無始より已来」一切救いなし、という、どうにもならない底なしの無明性から一歩も出ることができない自己の事実への覚知、それがそのままに、如来の大悲心なのである。衆生にあるのは無明の事実だけである。そこには「無明であるからこそ、そのような衆生を如来が救う」という理屈すらない。絶対無救済の自覚こそ、理知無効にして宿業落在の自覚である。これを曽我は「如来我となりて我を救ひ給ふ」(38)「如来我となるとは法蔵菩薩降誕のことなり」(39)と言うのである。まことに無救済の自覚とは、如来の大悲心の具体的表現であったのである。これが分限の自覚ということであろう。分限とは、どこまでも如来との断絶における、如来と一つの自覚である。「如来に自己の分限を知らされる」ということは、自己の外在の如来に照らされて自己を知るのではなく、如来が直に我となることである。ここに理知では背負うことのできない宿業の全責任を荷負し得るのである。まことに宿業荷負とは、運命論などではなく、最早存在に何の不足もないという、「如来は我なり」[40]という絶対満足の自覚なのである。

この分限の自覚、すなわち絶対的無明存在者にして如来と一つであるとの決定が、

信楽というは、如来の本願、真実にましますを、ふたごころなくふかく信じてうたがわざれば、信楽ともうすなり。[41]

と語られるように、如来の本願が真実であることを「ふたごころなくふかく信じてうたがわ」ないということなのである。そして、この覚知は、

この至心信楽は、すなわち十方の衆生をしてわが真実なる誓願を信楽すべしとすすめたまえる御ちかいの至心信楽なり。凡夫自力のこころにはあらず。[42]

とあるように如来の心そのものなのである。ここで言う「ふたごころなく」とは、「表面に私を汝と呼ぶと共に、隠彰には私をば直に我と観じ下された[43]」と曽我が法蔵菩薩を自覚するように、法蔵が直に我と成るということであり、私の主観と法蔵菩薩が一つになるということである。そうでなければ、「ふたごころなく」とは言い得ない。「我一心」とは、法蔵が我となる自覚であり、それは全宿業荷負の自覚である。

3　自己の内奥に見出す法蔵の願作仏心

ここに改めて、信楽の自覚内容を曽我に聞こう。

信楽は如来の大悲心、大いなる悲しみである。此の信楽といふものは、その如来の大なる悲しみに同感するこ

と、如来の底知れない所の大いなる悩み、大いなる悲しみ、大いなる痛みに本当に同感し、真実に共鳴する、其の心が即ち信楽である。(44)

至心において、照らす光明と照らされる悪業生活という断絶した関係としてあった仏と衆生が、信楽において、その断絶の悲しみを媒介として一つとなる。そして、その信楽の自覚について曽我は、

此の信楽の如来の大いなる悲しみに同感するならば、吾々はたゞ徒らに安価なる往生、化土の往生といふやうなものを肯定し、それに止まつて居ることは出来ない。どこまでもどこまでも此の自覚の光をかゞやかして、吾々の願ひ、吾々の自覚といふものを無限につき進めて行かなければならぬ。自覚は止まつてはならぬ。止まり得るものは自覚ではない。自覚は無限の自覚であらねばならぬ。かくの如くしてこゝに信心仏性といふ最高の宗教的原理を開かれたのであります。(45)

と述べ、また、

今や私達は信楽の範疇によつて、自力不生の限りなき否定を通して、内に深く「信心成仏」の自証を進展せしむるに至つた。誠に此信心こそは能く仏に作る心であり、此れやがて仏の心の自証である。(46)

と述べる。すなわち、信楽の自覚は「限りなき否定」であり、固定化した自覚ではない。そして無限の否定の底に、「信心仏性といふ最高の宗教的原理」を見出す、と曽我は言うのである。私たちが思い描く「安価な信心」における「安価な救済」はどこまでも否定される。否定するのは宿業の身そのものである。宿業の身の事実が、理知を限りなく否定してくるのである。この宿業の身の持つ自浄作用こそ、信楽の「否定の論理」であろう。そしてその否定を媒介として、法蔵が衆生の主観となる。この衆生の宿業に身を捨てた「法蔵菩薩の信心」は、有限である衆生の内奥より出ずる自覚であるが、「能く仏に作る心であり、此れやがて仏の心の自証」という無限を根拠とす

る自覚と言い得るのである。曽我は次のように言う。

茲には個別的実体的なる衆生は本願念仏の浄土に於て全くその存在の価値を否認せられ、先きに至心に於て「念仏往生」を対象として、一切衆生は如来の本願力の自然の内容として、あるがまゝに、真実浄土の眷属無尽を荘厳して、「如来の浄華衆は正覚の華より化生し」、絶対的にその性徳を肯定円満せられたが、今は衆生の小自我的欲生の道路は、如来の満足大悲の御心に於て、貪瞋の水火に湿ほされ焼きつくされて、往生願求の希望は茲に全く一箇の煩悩妄念に過ぎなかつたことを自証せしめられた。茲に於てか衆生の「往生の自証」は全く破滅して、新に久遠の「成仏の自証」なる「願作仏心」としての信心が廻向展開せしめられた。此は全く不思議の極である。(47)

「至心に於て」悪業生活がそのままで「真実浄土の眷属無尽」として荘厳され、「絶対的にその性徳を肯定円満」される。「個別的実体的なる衆生は本願念仏の浄土に於て全くその存在の価値を否認せら」れるという、自力無効における往生浄土の仏道の開示こそ、浄土門の救済である。ところが、それは宗教体験の果相であり、永劫に続くものではない。しかし、至心に触れた衆生は、一刹那においてその仏力に触れたがゆえに、その浄土に生まれ続けようとする。それを曽我は「小自我的欲生の道路」と言う。そしてその「小自我的欲生の道路」は、「如来の満足大悲の御心に於て」「往生願求の希望は茲に全く一箇の煩悩妄念に過ぎなかつたことを自証せしめられ」るのである。ここでも「如来の満足大悲の御心」のはたらきが「貪瞋の水火に湿ほされ焼きつくされて」とあるように、煩悩のはたらきと一つとして表現されている。宿業こそ理知で把握せんとする信仰を破ってくるのである。仏智に触れることによって理知無効の宿業が知らされれば、「往生願求の希望は茲に全く一箇の煩悩妄念に過ぎなかつたことを自証せしめ」られるのである。この求道の要請すらも煩悩として否定せられる絶対否定によって、一切の「往生の自証」を否定し尽くすことによって「久遠の「成仏の自証」なる「願作仏心」としての信心」が開かれるのである。

これは、宿業の身がそのままで仏と一体であるということではないか。宿業とは、粛々と現に存在するのみで、そこには人間の理知は届かない。宿業を仏智によって知らされるとは、法蔵が衆生の宿業に身を捨て、「汝」としてあった衆生を直に「我」と見ることであり、衆生の主観上での法蔵菩薩の実験である。理知による自己把握は、常に事実から遊離し、身の事実と自己認識が一つとならない。ここに衆生が宿業に泣かざるを得ない所以がある。すなわち理知からすれば泣く他ない宿業に満足落在せしめられるということは、衆生からは絶対に不可能なのである。ここに法蔵菩薩の「御身労」(48)がある。そして、宿業と法蔵菩薩が一つとは、何も特別なことではなく、初めて自己を「事実のままの自己」として稟受することである。事実に落在せしめられてみれば、理知の一切を超えた宿業こそ「成仏の自証」なのである。曽我は続ける。

元来私達は聖道自力の成仏の道に断念し、往生の道に於て救済の自証を求め、而して至心に於て一度は此希望が成満せられたと思ふたが、清浄の至心は疑蓋無雑に内に信楽を発起して、反対に浄土定散自力の往生の道を否定して、逆に新なる久遠の成仏の道を廻向せしめた。(49)

この「成仏の原理」は、私の中にあって私を超えた原理であり、これは私を根拠とするものではなく、仏からの原理である。願作仏心とは、衆生が仏に成ろうとする心ではなく、衆生の自力願生を無限に否定したところに見出される法蔵菩薩の願作仏心である。自己の内奥に、自己の無限の否定を通して、自己を超えた願を見出すのである。信楽の否定の論理は、ついに自己の内奥にある如来本願を見出すのである。(50)そして、その願の内容として「欲生の範疇」が必然されるのである。

三　欲生の範疇

1　始めに欲生あり

欲生釈を見てみると、[51]まず「欲生」というのは「如来、諸有の群生を招喚したまうの勅命」であり、信楽を体とすると述べられる。これは、これまでの至心信楽の自証の道程を鑑みれば、信楽の徹底否定を媒介として、自身の内奥に「願作仏心」すなわち、「成仏の原理」を見出すということであろう。曽我はその「成仏の原理」について、

所が其の成仏の願はあつても、それが本当に吾々の現実成仏といふもの丶純正形式でありまして、そこに何等の内容がない。何等の内容が無いが、此の成仏の形式の中に真実の必然的内容といふものを見出して来なければならぬ。其の真実の必然的内容を見出して来るといふことが、即ち此の欲生の範疇であらうと思ふのであります。[52]

と述べ、欲生の範疇を見出すのである。如来と宿業が一つである、ということは、「現実成仏といふもの、純正形式」であるが、「そこに何等の内容がない」のである。すなわち、「此の成仏の形式の中に真実の必然的内容といふものを見出して来なければなら」ないのである。如来と宿業が一つである、という自覚は、我が如来となるのではなく常に「如来、我となる」自覚であり、「不取正覚」の勅命でなければならない。これが、欲生が「如来、諸有の群生を招喚したまうの勅命」とされる所以であろう。そして曽我は次のように結するのである。

即ち「欲生ト言フハ、則チ是レ如来諸有ノ群生ヲ招喚シタマフ勅命ナリ」。欲生といふものは吾々が如来に向

つて往生を求める所の要求であるか。かういふ工合に尋ねて見るといふと、さうではない。是れ則ち如来が諸有の衆生を招喚したまふ所の勅命である。今や自覚は転じて覚他に移つたのであります。即ち純粋信心成仏の自覚を転じて、さうしてそこに衆生救済に出て来る所の範疇、其の範疇が即ち欲生の範疇である。即ち不生から得生といふものに転じて来る所の原理が詰り欲生である。(53)

至心信楽の信の自覚の底に「如来、諸有の群生を招喚したまうの勅命」を見出すのであるが、しかし「今や自覚は転じて覚他に移つた」のである。ここに、大転換がある。欲生を見出すのは衆生の信楽であるが、欲生は「吾々が如来に向つて往生を求める所の要求」ではなく、如来が「諸有の衆生を招喚したまふ所の勅命」なのである。(54) このことを踏まえての曽我の欲生についての了解を聞こう。

欲生といふものが、これがつまり仏願の生起本末仏願生起の始め、即ちもとは欲生我国にある。私はいつもかう言ふ。至心信楽に始めなし、至心信楽は欲生我国に始るとかういふ。(中略) 信楽より欲生を開く。これは即ち信楽の始りを明かにする。至心信楽を抽象的な理からして具体的な歴史的現実といふものにしようといふことからして、仏は欲生の体は信楽なれども、その信楽の始めを明かにし、信楽を廻向し、真実信楽を衆生に廻向せんが為に欲生といふ。(中略) これを明かにして、「欲生といふは、則ちこれ如来、諸有の群生を招喚したまふ勅命なり」といはれる。至心信楽も勅命、欲生も勅命であると、百万陀羅ならべても何にもならぬ。たゞ至心信楽を事実として衆生に至心信楽を呼び覚ます。単に至心信楽といつても衆生は永遠に眼覚めない。永遠に無明の闇に眠つてゐる衆生をして、至心信楽に目覚めしめんとして欲生を開顕し給うた。その衆生の信心仏性、永遠にして久遠なる信心仏性をいかに目覚めしめるかといふ所に仏の五劫思惟の御苦労がある。(55)

ここまでの曽我の論究によって明らかなように、体験という衆生に属する事象においてのみ願心は推求され得る。しかしその推求は、ついにその体験すらも如来からの回向表現であることにまで突き当たるのである。親鸞が「回向心を首として、大悲心を成就することを得たまえる」と言うのは、大悲心としての信楽が回向心を感得するのであるが、感得してみれば、「回向為首」として衆生に大悲心を成就する、ということである。すなわち、「我如来を信ずるが故に如来在ます」[56]のであるが、信が実現するには、信に先立ってはたらいてやまない如来がなくてはならないのである。むしろ、より根源的には欲生から衆生の自覚は始まると言ってよい。「至心信楽に始めなし、至心信楽は欲生我国に始る」とは、この意味を指すと考えられる。ここに大転換がある。

ここまで一心帰命の体験に立って、三心を推求すると述べてきたが、むしろ、如来本願によって一心帰命の体験は一心帰命の自覚として明確化するのである。すなわち、宿業に落在せしめられ、その根源に自身の求道に先立って衆生を呼んで止まない欲生の願心を見出してみれば、そこに如来の欲生の願心から始まる仏道が開かれてくるのである。だからこそ親鸞は、欲生釈に引かれる『論註』の往還二回向をもって、浄土真宗の綱格とし、浄土真宗を回向の仏道として顕揚するのであろう。そこには、最初からすべてが他力の掌中であるという大きな方向転換がある[57]。

信とは、体験の有無、人間の心理作用としての信疑の自覚などが擲たれ、無一物の宿業に落在せしめられるということである。この宿業と一体となった大悲心は、「回向心を首」として必ず如来から成就するのである。まことに宿業とは如来賦与であったのである。

2　欲生が開く聞法生活

ここで再び、曽我に聞きたい。

欲生とは何ぞや。欲生といふのは是れ願往生心である。欲生は即ち願生と同じことである。此の願作仏心が更に転じて願往生心となる。信楽は願作仏心であるが、其の信楽の願作仏心を通して欲生の願往生といふものが、そこに成立して来るのである。(58)

曽我は、至心は有生、信楽は不生、欲生は得生であるとしている。(59) 信楽の不生という無限の否定を潜って、法蔵の願作仏心を見出すのであるが、

成仏の願は、たゞ成仏の願だけでは、純なる願であつても、行がなければその願は満足することは出来ない。願作仏心は願作仏心のまゝでは行を超越せる純なる願であるからである。其の願作仏心を一転し、願往生心に展開することによつて、願作仏心が一大方便方法を成就する。吾等は往生によつて成仏の願をそこに成就することが出来る。往生しなければ成仏することは出来ないのである。成仏の願の無いものは真実に往生の願も亦無いのである。成仏の願があるものにして初めて往生の願を起すことが出来るのである。(60)

と述べるように、衆生に具体的生活として往生生活を開いてこないのであれば、それは「純なる願」に過ぎなく、行とはならない、と指摘する。「願作仏心が一大方便方法を成就する」とは、衆生の迷いの悪業生活がそのままで「成仏の願」を実験する「成仏の道路」(61) となるということであろう。この衆生からの往生をすべて否定し尽したところに、新たに往生が開かれてくる。それは成仏のための往生ではなく、成仏の願から始まる往生生活である。これが、曽我が「信に死」した者が、「願に生きん」者と喝破したことの内容であろう。まことに理知による往生の絶対否定を潜らなければ、往生という宗教生活は開かれないのである。

親鸞は欲生への自釈を「ここをもって」と受けて、「本願の欲生心成就の文」を引く。

『経』に言わく、至心回向したまえり。かの国に生まれんと願ずれば、すなわち往生を得、不退転に住せんと。

唯五逆と誹謗正法とを除く、と。已上[62]

親鸞は、この欲生という如来の願心に、自己の仏道の根源を見定める。「至心回向したまえり」とは、如来の衆生の上への自己限定であり、表現なのである。衆生は宿業の内奥に如来を見出すのであるが、それは宿業にはたらくはたらきとして如来の回向心を前提と置くのではない。往生を限りなく否定された衆生に往生生活が開かれることがそのままで如来の欲生の表現なのである。曽我は「不生から得生といふものに転じて来る所の原理が詰り欲生である」と見定めて、

それは即ち願成就文に於ける「願生彼国即得往生」である。得生といふのは「即得往生」でありまして、欲生の範疇に対して吾々は得生の賓語を得るのであります。得生は即ち欲生の賓語である。[63]

と言う。そして、欲生の「生」に着目して、

欲生の生といふのは不生を転じて生といふものを見る。即ち純粋の生を見出す。即ち欲生の生は是れ即ち此の真実報土の得生でありまして、吾等の自力の往生でないのである。自力の化土の往生でなくして、若不生者不取正覚といふ所の如来の純粋なる所の真実報土の往生である。如来が諸有の衆生を招喚するのである。此の如来が諸有の衆生を招喚するといふ、是れが詰り浄土を荘厳する所の原理でありまして、又之は廻向する所の心である。[64]

と述べ、自力の往生を不生と否定したところに開かれる「若不生者不取正覚といふ所の如来の純粋なる所の真実報土の往生」こそ、得生の内容としている。衆生には往生の根拠は何一つないのである。根拠は完全に如来にある。繰り返すが衆生の責任は「不生」の実験にある。そしてその「不生」の実験、すなわち、宿業の身への落在は、「浄土を荘厳」という意味を持つのである。曽我は言う。

廻向するといふのは何であるか。即ち此の願作仏心を成就せんがために、願往生心を荘厳して――願作仏心の方便の荘厳として願往生心を設定したのである。之は如来方便の建設である。さうして、此の願作仏心は、純粋に法性法身を求めるのである。此の法性法身を求める心を転じて方便法身を建設する。法性法身の理想を満足するために方便法身を成就したのであります。方便法身を成就する所の道、即ち其の原理が此の願往生心でありまして、二十九種の依正主伴具足の浄土を荘厳するのは如来の願往生心であります。それ故に吾等の真実の信心に欲生を具するが故に、吾々は信心一つによつて真実報士に往生して、さうして、そこに自ら無上涅槃の悟りにかなひ、願作仏心の悟りを成就して、所謂廻向心を首として大悲心を成就する。かういふ工合にいつて居るのであります(65)。

信楽において自己と如来の不一にして一であることが明かされたが、それは法蔵菩薩が我の真主観となることであった。すなわち、我を超えた真の自己である法蔵は、無論無限を根拠としつつも、無限を志向する。曽我が「願作仏心は、純粋に法性法身を求めるのである」という所以はここにある。しかし、無限は無限のままでは無限たりえない。無限は無限の性質をそのままに、真に有限であるものに表現されねば観念に過ぎない。「若不生者不取正覚」とは、この無限の有限への自己限定であろう。そうであるから、法性法身は「法性法身の理想を満足するために方便法身を成就」せねばならないのである。これは有限の内奥にありつつも有限をもってしては絶対に満足しない心である宗教心(欲生心)(66)が、衆生の宿業の身を「荘厳」の場としていくということであろう(67)。親鸞が欲生釈に、法蔵菩薩の願心荘厳の文を引く(68)のはこれを意味するのであろう。

衆生には宿業の身しかない。宿業の身は、衆生の意識を超えて生死する。衆生に許されているのは、宿業を如来によって知らされ、それを稟受し、業を尽くしていくことである。そして、その宿業すらも如来賦与なのである。

この一切をあげての絶対受用の道こそ、如来の欲生によって実現する絶対他力の大道である。理知で捉えると消極的であるように見えるが、宗教心の要求からすれば積極窮まりない道である。宿業に理知を砕かれて、自己の宿業に最早何の不満もないのである。曽我が生涯師と仰いだ清沢満之が、「人生の意義は不可解であると云ふ所に到達して、茲に如来を信すると云ふことを惹起した(69)」と言い、「私は私の死生の大事を此如来に寄托して、少しも不安や不平を感ずることがない(70)」と言い切る所以はここにある。

曽我の言う「願に生きる」とは、宿業を願心の荘厳の場として生きることであろう。浄土の荘厳とは、宿業荘厳なのである。もし衆生が宿業の身を持たなければ、浄土の荘厳は存在しないと言い得る。ここに浄土教が、「浄土」という概念を重要視する所以があると思われる。理知を破ってくる重い宿業の身が、願心荘厳の場という積極的な意味を持つのである。そして、衆生に許されていることは、宿業の身を聞くという聴聞道だけではなかろうか。だからこそ、曽我は、欲生に願心荘厳の原理を見出しつつも、

「欲生の範疇」こそは自証の終極に立つて「聞法の原理」を内に求め内に展開したのでなければならぬ。故に欲生の内容は「聞法生活」であると云はねばならぬ。(71)

と述べるのである。

至心信楽において見出された如来と断絶のままに一如という自覚は、「生死即涅槃」の自証とも言い得よう。それは親鸞が、「しらず、もとめざるに、功徳の大宝、そのみにみちみつ(72)」ると述べた自覚である。その一念に衆生はすべての妄念から解き放たれる。しかし、その満足は一念である。常にあるのは宿業である。ここに宿業を担い、宿業を聴聞の場としていく往生生活が必然されるのである。(73)

結　願生浄土

これまでの三一問答における曽我の思索の展開からいえば、一心帰命の体験における宗教体験の果相とは、名号を体とする真実が衆生の虚仮生活を照らすことであった（至心の範疇）。そして、その至心において明確となった宿業の身が、一切の理知における往生を否定し、その否定こそ如来の大悲心であった（信楽の範疇）。そしてその如来の大悲心は「回向為首」としてはたらくのであって、信楽において、如来招喚の勅命である欲生心を見出されてみれば、欲生から始まる仏道が開示されるのである（欲生の範疇）。すなわち、仏道を求めるということが衆生の上に起きるというのは、欲生心がはたらいているからであり、仏道とは如来の回向から始まらねばならないのである。

また、親鸞は「欲生我国」を「他力の至心信楽のこころをもって、安楽浄土にうまれんとおもえ」(74)と釈している。また、親鸞は『一念多念文意』において、本願成就文の「願生彼国」を、

「願生彼国」というは、「願生」は、よろずの衆生、本願の報土へうまれんとねがえとなり。(75)

と、「欲生我国」と同質の註釈をする。つまり、願生といっても衆生が浄土に生まれんと願っていくことではなく、自力無効が徹底され信心の根源に如来の欲生の願心を見出したときに「本願の報土へうまれんとねがえ」という勅命に随順していく歩みが始まる、ということを意味していると考えられる。つまり、信心に感得される「本願の報土へうまれんとねがえ」という宗教心の要求に随順していく歩みが、三界を超えた境界である浄土を生きていくという意味を持つのである。それは、浄土への歩みでありながら、浄土を背景として、この穢土において自身の内奥より出づる自身を超えた要求にしたがっていく歩みである。具体的には、この娑婆を娑婆として、分を尽くしなが

ら、生涯聴聞道に立つ、ということである。

曽我は言う。

　如来の本願が私どもに自覚され、如来の本願というものが至心回向ということを頂けば、この如来の本願が、願生彼国となって来る。すなわち自覚というものでありましょう。だからこの如来の本願が、すなわちわが願いになる。(76)

ここに為楽願生とは質の違う、如来の欲生から始まる願生道があるのである。

しかしここで注意しなければならないのは、親鸞が「本願の欲生心成就の文」に「唯五逆と誹謗正法とを除く」という唯除の文も引用されているということである。それについて曽我は、

　十八願にかぎって衆生の本願が仏の本願に対抗している。五逆誹謗正法が一つの相であると思う。私どもは五逆誹謗正法と、簡単にうけとっているが、これが衆生の本願そのものの正体である。その衆生の本願が反逆の形をもってでている。つまり仏の本願に対して、衆生の本願がまったく反対にでてきた相である。(77)

と喚起している。自己内奥に如来本願を見出さねば、永久に如来本願と衆生は断絶の関係であるが、自己の内奥に如来本願を見出すというと、自己の内奥に無限を指向する心があるように考える。しかし、曽我は、衆生の本願の正体を、「五逆誹謗正法」と見定め、唯除とは、「仏の本願に対して、衆生の本願がまったく反対にでてきた相」である、とするのである。自己の内奥に無限はたらいてやまないのであるが、それが衆生の意識として自覚化された瞬間、自我に汚れ、「五逆誹謗正法」という相となる。当然、自己内奥の無限を志向する宗教心を理知によって想定すれば、それは忽ちにして観念である。衆生に許されているのは、唯除という形として表顕する自己の具体相を、仏の本願の「反逆の形」として禀受することだけなのである。ここに、曽我が、

衆生は五逆の罪をもち、なにか機会があれば五逆が頭をあげ、なにか機会があれば誹謗正法が頭をあげる。その五逆誹謗正法があるから、絶対信心がある。(78)

と断言する所以がある。よって、衆生が如来本願と関係するということは、

十八願は一心に絶対信順せよとおっしゃる。そうするとこちらの方で信順するものか、阿弥陀如来なんかしるものか、これが自力本願の正体である。このことが唯除五逆誹謗正法にしめされている。私どもはこの阿弥陀の本願によって、反抗する自信力を転ずるのである。そのまま転ずるところに大懺悔が生ずる。懺悔するということはありがたい。自身が道に迷うという自覚、ここで仏に負けないという力がでる。これを絶対信心という。(79)

とあるように、「反抗する自信力」を「そのまま転」ぜられた「大懺悔」によってのみである。そして、「自身が道に迷う」という絶対的な迷いが、「仏に負けないという力」という意味を持つ。ここに、迷いの身がそのままで「絶対信心」なのである。「阿弥陀如来なんかしるものか」と仏の教えなど一つも信用しないほど自己を信用している、その自信力が、そのままで仏の本願への「反逆の形」であり、「反逆の形」として仏の本願を感得するのである。よって、私たちの「なにか機会があれば五逆が頭をあげ、なにか機会があれば誹謗正法が頭をあげる」生活全体が、仏の本願の象徴であり、仏願の生起本末を聞く場となるのである。

ここに一切の迷いを断たずして、娑婆を一切改変することなく、迷いのままに生涯それを超えんと聞き抜いていくという法蔵菩薩と共なる道がある。これが曽我が生涯をもって思索し、生きた実践道であり、「信に死し願に生きん」という願生浄土の仏道の内実ではなかろうか。

［註］

(1)『真宗聖典』東本願寺、六二七頁／『定本親鸞聖人全集』四・言行篇(1)、法藏館、四頁。

(2)親鸞は次のように述べている。

一如宝海よりかたちをあらわして、法蔵菩薩となのりたまいて、無碍のちかいをおこしたまうをたねとして、阿弥陀仏と、なりたまうがゆえに、報身如来ともうすなり。これを尽十方無碍光仏となづけたてまつれるなり。この如来を、南無不可思議光仏とももうすなり（『一念多念文意』『真宗聖典』、五四三頁／『定本親鸞聖人全集』三・和文篇、一四五～一四六頁）。

このことについては拙論「大行が開く大般涅槃道―本願成就に立って因願を探るという方法論を通して―」（『真宗研究』第五十六輯）に詳しい。

(3)曽我は自身の唯識学を、

大体に於きまして、唯識といふことは自覚である。自覚だから即ち現在である。現在に於いてのみ自覚といふものがある。意識といふものはたゞ現在に於いてのみある。たゞ現在一刹那の連続より外何物も無いのである（「如来表現の範疇としての三心観」『曽我量深選集』第五巻、彌生書房、一九四頁）。

と述べている。本論では唯識の学問の内実に深入りしないが、「唯、識のみがある」という唯識という語が象徴するように、自覚として仏道を捉えることとして了解しておきたい。

(4)「如来表現の範疇としての三心観」『曽我量深選集』第五巻、一五六頁。

(5)同前、一五六～一五七頁。

(6)『真宗聖典』、二二五頁／『定本教行信証』法藏館、一一六頁。

(7)先学の代表的な解釈を挙げれば、円乗院は「斯心とは三心なり」（『仏教体系』「教行信証第六」、二九五六頁）と述べており、香月院は「是れは総じて三信を指し。別しては至心を指すと見るが善い」（『仏教体系』「教行信証第六」、二九五八～二九五九頁）と述べ、ともに「斯の心」を如来の願心と見ている。

(8)「如来表現の範疇としての三心観」『曽我量深選集』第五巻、一七二～一七三頁。

(9)『真宗聖典』、二一〇頁／『定本教行信証』、九五頁。

(10)「如来表現の範疇としての三心観」『曽我量深選集』第五巻、一五八頁。

(11) 同前。
(12) このことについては、拙論『願生浄土―信に死し願に生きん―』(博士論文〈大谷大学ホームページ・学術情報リポジトリ「ＯＵＩＲ」〉)の第三章を参照。
(13) 一心帰命の信は、「本願信心の願成就」であり、一心願生の信は「本願の欲生心成就」であると考えられる。これについては、以後の考察によって詳説する。
(14) 『真宗聖典』、二二五頁／『定本教行信証』、一一六～一一七頁。
(15) 「如来の表現する自証の道程」『曽我量深選集』第四巻、一五三頁参照。
なお、至心の推求における「一切の群生海」という語についても曽我は論究しているが、それについては紙幅の関係上本論では省略する。拙論『願生浄土―信に死し願に生きん―』の第二章を参照。
(16) 「如来の表現する自証の道程」『曽我量深選集』第四巻、一五三頁。
(17) 『尊号真像銘文』『真宗聖典』、五一二頁／『定本親鸞聖人全集』三・和文篇、七三～七四頁。
(18) 「如来表現の範疇としての三心観」『曽我量深選集』第五巻、一七三頁。
(19) 同前、一九八～一九九頁。
(20) 「如来の表現する自証の道程」『曽我量深選集』第四巻、一五一～一五二頁。
(21) 同前、一五五～一五六頁(括弧内補足著者)。
(22) 『真宗聖典』、二二七～二二八頁／『定本教行信証』、一二〇～一二一頁。
(23) 「如来表現の範疇としての三心観」『曽我量深選集』第五巻、二〇一頁。
(24) 『真宗聖典』、二二八頁(傍点著者)／『定本教行信証』、一二一頁。
(25) 至心釈では、衆生の「真実の心なし」という事実を、「ここをもって」とうけて、如来の「不可思議兆載永劫」の修行が語られている(『真宗聖典』、二二五頁参照／『定本教行信証』、一一七頁)。
(26) 「如来表現の範疇としての三心観」『曽我量深選集』第五巻、一九八～一九九頁(中略著者)。
(27) 「行巻」の「破闇満願」の文の直前に『悲華経』の文言が引用されるが、それが二十願の問題を示唆していると考えられる。それについては今論では触れ得ない。別稿にて論じたい。
(28) 『正像末和讃』『真宗聖典』、五〇五・五〇七頁／『定本親鸞聖人全集』二、和讃篇、一九〇・一九七頁。

(29)それについては、拙論『願生浄土—信に死し願に生きん—』の第三章を参照。

(30)「如来表現の範疇としての三心観」『曽我量深選集』第五巻、二〇一〜二〇二頁。

(31)『真宗聖典』、二一五頁／『定本教行信証』、一〇三頁。

(32)「如来の表現する自証の道程」『曽我量深選集』第四巻、一六〇頁。

(33)同前。

(34)同前。

(35)曽我は次のように喚起する。

他力の文字は我々が親しく自己の胸中に如来利他の力を実験した時にのみ意味あるものである。即ち客観には厳密に他力なるものはない。他力は唯我々の主観の自覚にのみ存するのである。如来の自力は我が胸中に回向せられて初めて他力の名を得たのである。我々は客観の他力に救はるゝのではない、主観上の他力救済の念に救はるゝのである。否救済てふ実験を客観化して他力の名を与へたに過ぎぬのである。救済の信念の外に救済なく、又他力はない。我等の実験する所は唯現在救済の信念ばかりである。此信念が則ち唯一の救済である、唯一の他力である。他力は外より来らずして胸より涌く（「他力は胸より湧く」『曽我量深選集』第二巻、三六三頁）。

(36)「如来表現の範疇としての三心観」『曽我量深選集』第五巻、二〇三頁。

(37)曽我は「無縁の大悲」について、『観経』で韋提希が、阿闍世に幽閉せられても尚、阿闍世を想う心に着目して、次のように述べる。

如来の無縁の大悲とは何ぞや。此れ今日の多くの人々の疑問である。否現に私の疑である。否過去の聖賢の疑問であつた。誠に王妃韋提の衷心の疑問であつた。而して釈尊は此に向て高遠なる説明を下し給はなかつた。形而上的空想何の要かあらん、何の功かあらん。韋提は正しく現在の実証を要求して居る。而して実証は正しく韋提の心中に在る。一切衆生は是れ疑見の劍を以て親ら大悲如来を害せんとする阿闍世太子ではない乎、如来の大悲とはかゝる悪子の上に偏に同情の想をそゝぐ慈母韋提汝自らではない乎、韋提よ、汝が真に悪子を想ひ捨つることの出来ぬことが事実である限りは、汝を救済し給ふ如来大悲の実在は何ぞ疑を容れんや、確証は汝が胸に在り、諸仏如来は今や汝の心想中に入り給へるを見よ。是れ『観経』一部の所説である。而して是経が実功ある所以である（「空中の仏、地上の仏、心中の仏」『曽我量深選集』第二巻、二七四〜二七五頁）。韋提希は、阿闍世によって、夫である頻婆娑羅は殺され、自身も殺されかけ、幽閉されている。しかし、それでもなお、「悪子を想ひ捨つることの出来」ないのである。この母が子を思うという本能ともいえる執着の深さ、これこそ「如来大悲の実在」なのである。どこまでも愛着を離れ得ることのできない私のこの執着力こそ、如来大悲の摂取力の証明なのである。

(38)「地上の救主」『曽我量深選集』第二巻、四〇八頁。
(39)同前。
(40)同前。
(41)『尊号真像銘文』『真宗聖典』、五一二頁／『定本親鸞聖人全集』三、和文篇、七四頁。
(42)同前。
(43)「地上の救主」『曽我量深選集』第二巻、四一七頁。
(44)「如来表現の範疇としての三心観」『曽我量深選集』第五巻、二〇五頁。
(45)同前。
(46)「如来の表現する自証の道程」『曽我量深選集』第四巻、一六六頁。
(47)同前。
(48)『御文』（第五帖・第八通）『真宗聖典』、八三六頁。
(49)「如来の表現する自証の道程」『曽我量深選集』第四巻、一六六頁。
(50)長谷正當は次のように述べる。

本願とは、人間に触れて変質した如来の心である。（中略）至心信楽の真心とは、人間精神の最内奥に出現し、そこに映った本願であり、その根源において如来に連なっている。人間は信楽において如来の心に触れるのである（「場所的論理と浄土教」『西田哲学会年報』〈中略著者〉）。

(51)『真宗聖典』、二三二〜二三三頁／『定本教行信証』、一二七〜一二八頁。
(52)「如来表現の範疇としての三心観」『曽我量深選集』第五巻、二一〇頁。
(53)同前、二一〇〜二一一頁。

(54) しかし、「吾々が如来に向つて往生を求める所の要求」がなくなるということではない。「吾々が如来に向つて往生を求める所の要求」の絶頂、無限の否定によって否定される「吾々が如来に向つて往生を求める所の要求」が、そのままで「諸有の衆生を招喚したまふ所の勅命」として転換されるのである。ここに往生不可における成仏の原理の発見から、得生、すなわち、願生の仏道が開示されるのである。
(55) 『歎異抄聴記』『曽我量深選集』第六巻、四二～四三頁（中略著者）。
(56) 「我如来を信ずるが故に如来在ます也」『曽我量深選集』第十二巻、一四三頁。
(57) しかしここで、すべてが如来に集約される仏道というと、ともすれば没我的なものとして捉えられるがそうではない。信楽釈で明らかにされたように、どこまでいっても救済されることのない宿業の身を持つ「我」にこそ一心は成就するのである。そのことを指示しているのが「本願の欲生心成就の文」に「唯五逆と誹謗正法とを除く」という文が含まれているということである。つまり、すべての根拠は如来にあるという回向の仏道とは、どこまでも本願に除かれる「我」が明確になったところに開かれてくるのである。
(58) 「如来表現の範疇としての三心観」『曽我量深選集』第五巻、二〇六～二〇七頁。
(59) 同前、二〇九頁。
(60) 同前、二〇七～二〇八頁。
(61) 『浄土論註』『真宗聖教全書』一、三四〇頁。
(62) 『真宗聖典』、二三三頁／『定本教行信証』、一二八頁。
(63) 「如来表現の範疇としての三心観」『曽我量深選集』第五巻、二一一頁。
(64) 同前。
(65) 同前。
(66) ここまで自己の内奥に欲生心の範疇として「願作仏心」や「成仏の原理」を見出すと論じてきたが、それは清沢満之の言葉によれば、「人心の至奥より出づる至盛の要求」（御進講覚書）『清沢満之全集』、岩波書店、第七巻、一八八頁）という宗教心のことであると考えられる。
そもそも欲生というのは、『大無量寿経』の法蔵菩薩が「十方衆生」に呼びかけられている第十八・十九・二十願にある「欲生我国」の教言である。つまり、衆生が「菩提心を発し、もろもろの功徳を修し、心を至し発願して

（第十九願）」（『真宗聖典』、三二七頁／『定本教行信証』、二七〇頁）という在り方であっても、「念を我が国に係けて、もろもろの徳本を植えて、心を至し回向して（第二十願）」（同前、三四七頁／同前、二九六頁）という在り方であっても、決して止むことなく「欲生我国」と呼び続けている法蔵菩薩の呼び声である。このことは、欲生の願心が常に衆生の迷妄に寄り添い目覚めを促し続けているということを意味する。

すなわち、決して娑婆の心に塗れることのない、「人心の至奥より出づる至盛の要求」こそ欲生の呼び声である。本論では宗教心と欲生心との関係を詳説することは紙幅の関係上割愛した。詳細は拙論『願生浄土―信に死し願に生きん―』参照。

(67) 願心荘厳と宿業の関係については『教行信証』「証巻」に引かれる浄土の功徳との関係の中で見ていかねばならないが、本論では紙幅の関係上割愛した。詳細は拙論『願生浄土―信に死し願に生きん―』参照。
(68) 『真宗聖典』、二三三～二三四頁／『定本教行信証』、一二九頁。
(69) 「我は此の如く如来を信ず（我信念）」『清沢満之全集』岩波書店、第六巻、三三一頁。
(70) 同前、三三四～三三五頁。
(71) 「如来の表現する自証の道程」『曽我量深選集』第四巻、一六八～一六九頁。
(72) 『一念多念文意』『真宗聖典』、五四四頁／『定本親鸞聖人全集』三、和文篇、一四八頁。
(73) 涅槃道と往生道との関係については、拙論『願生浄土―信に死し願に生きん―』参照。
(74) 『尊号真像銘文』『真宗聖典』、五一二頁／『定本親鸞聖人全集』三、和文篇、七四頁。
(75) 『真宗聖典』、五三五頁／『定本親鸞聖人全集』三、和文篇、一二七頁。
(76) 「信に死し願に生きよ」『信に死し願に生きよ』百華苑、二五一頁。
(77) 「人間の自覚」『曽我量深集』上、東本願寺、一八二頁。
(78) 同前、一八三頁。
(79) 同前、一八四頁。

曽我量深出現の意義
――宿業の実験――

安西　廉

はじめに

親鸞は、『教行信証』「信巻」に引かれる信楽釈において次のように述べる。

「信楽」というは、すなわちこれ如来の満足大悲・円融無碍の信心海なり。このゆえに疑蓋間雑あることなし、かるがゆえに「信楽」と名づく。すなわち利他回向の至心をもって、信楽の体とするなり。しかるに無始より已来、一切群生海、無明海に流転し、諸有輪に沈迷し、衆苦輪に繋縛せられて、清浄の信楽なし。法爾として真実の信楽なし。ここをもって無上功徳、値遇しがたく、最勝の浄信、獲得しがたし。一切凡小、一切時の中に、貪愛の心常によく善心を汚し、瞋憎の心常によく法財を焼く。急作急修して頭燃を灸うがごとくすれども、すべて「雑毒・雑修の善」と名づく。また「虚仮・諂偽の行」と名づく。「真実の業」と名づけざるなり。この虚仮・雑毒の善をもって、無量光明土に生まれんと欲する、これ必ず不可なり。(1)

ここで信楽とは、「疑蓋間雑あること」のない「満足大悲・円融無碍」たる如来の願心でありながらも、「信心海」と語られるように、衆生に発起する信心としても示されている。しかし親鸞は、そこから「しかるに」と続け、煩悩に塗れた衆生の立脚地を「一切群生海、無明海」として否定し尽くしていく。つまり自我を起因にして生き、その自我に汚染されていることすら自覚し得ない「一切群生海、無明海」に身を置く我等にとって、その一切の行為が、どんなに真面目であっても、「虚仮・雑毒の善」にしかなり得ないことを明言するのである。それはまた、先に置かれた至心釈において、虚仮不実の衆生のために法蔵の兆載永劫の修行があると示されている、救われる衆生と救う如来として相対的に想定された救済すらも否定しているのである。(2)親鸞は、このように否定され尽くす無救済の衆生の実相を、「仏智疑惑」(3)の機として見定めたのではないか。そしてこの疑惑とは、我々が自覚するような疑念とは異質であり、信の一念において明確となる衆生の闇、すなわち宿業そのものであると考えられる。(4)

続いて信楽釈では、この絶対否定を潜り、

何をもってのゆえに、正しく如来、菩薩の行を行じたまいし時、三業の所修、乃至一念・一刹那も疑蓋雑わることなきに由ってなり。この心はすなわち如来の大悲心なるがゆえに、必ず報土の正定の因と成る。如来、苦悩の群生海を悲憐して、無碍広大の浄信をもって諸有海に回施したまえり。これを「利他真実の信心」と名づく。(5)

と語られていく。ここで「何をもってのゆえに」と前半の文が接続されることから、先の一切が否定され尽くす「虚仮・雑毒」たる衆生の相は、「三業の所修、乃至一念・一刹那も疑蓋雑わることなき」法蔵の修行によって決定された事実として示されている。つまり、衆生の往生不可の決定は、法蔵の修行のはたらきであるという意味となるのである。このことから、どこまでも「必ず不可なり」との衆生の事実は、衆生から決定されるのではなく、「如来の大悲心」によって、はじめて決定されるのである。信楽とは「必ず不可」として我等に発起する「如来の大悲心」なのである。

思うに、一切の行為が「虚仮・雑毒の善」にしかならない我等が、真面目に仏道に生きんとして、自ら「必ず不可」であると暴露したところで、それは自己の不実さと傲慢な自負心を露呈する居直りにしかならないのではないか。そのいかにも真面目な自己内省の裏には、仏道を求める我が身こそ救われるという、いわば「必ず可なり」と浮上せんとする傲慢で尊大な自己執心が常に蠢いているのではないか。常に自己保身と自己弁護の域からは脱し得ない有限存在たる我等から「必ず不可なり」と自覚することは絶対に不可能であるといえよう。親鸞はこのような度し難き機の実相を「仏智疑惑」として看破した。そして、そのような自我中心に生きる我等にとって、我が身が「必ず不可なり」であるとの感得は絶対否定を体とする、「如来の大悲心」そのものであった。我等は「必ず不可なり」の如来の大悲心の実験にのみ、自己の「虚仮・雑毒の善」として否定される実相が如来からの絶対肯定へと転ずるのである。つまり、この往生不可と決定された「必ず不可なり」として「如来の大悲心」は生き生きとはたらき、我等からは担うことのできない宿業の身への安住があるのである。ここに我等の小さな自我や劣等感からの解放があるのではないか。この「必ず不可なり」としての「如来の大悲心」の自覚こそ、本願成就の仏道の救済の核心であり、何をやっても「虚仮・雑毒の善」にしかなりえない我等の自力妄執の行き詰まりからの脱却があると考えられる。

本論文では、この「如来の大悲心」によってはじめて決定される「必ず不可なり」の自覚に着目し、そこに明らかになる具体的救済の内景を、曽我量深の仏道の歩み、詳細には郷里越後における「食雪鬼」[6]の自覚を中心にして考察していきたい。

一　曽我量深における求道の源泉――「疑の子」の自覚――

親鸞が明らかにした凡夫に開かれる仏道の原点は、「帰本願」の自覚を端緒とするものである。親鸞は衆生における本願成就の宗教体験を、「よきひと」(7) 法然との値遇における「念仏もうさんとおもいたつこころ」(8) の発起であると語る。つまり凡夫の仏道の成就には、必ず面授の師との値遇が伴うのである。

この本願成就の伝統の仏道を歩んだ曽我が生涯にわたって讃仰し続けた師は清沢満之である。曽我は清沢との出遇いを以下のように述懐する。

先生御在世の時他の門弟の人々が、師と起居を共にし、師の精神主義を讃仰しつゝあつた時、われは、嗚呼われは果して何処に何事をなしつゝある乎。嗚呼われは想へば八年の昔、巣鴨の天地に在りて、筆なる剣を以て先生並に現在の同人を害せんと企てつゝあつたのであります。嗚呼われは釈尊に対する提婆達多也、親鸞聖人に対する山伏弁円であつたのであります。誠に因縁不可思議である。親鸞聖人の「信順を因とし、疑謗を縁とす」との御言の如く、他の兄弟が信順の順因に依りて先生の室に入りしに対し、私一人は疑謗の逆縁を以て、同一の地位に登りましたことは、一に不可思議なる如来大悲の恩寵と感泣することであります。(9)

「筆なる剣」とは、一九〇〇（明治三十三）年から一九〇二（明治三十五）年にかけて行われた、曽我の、精神主義に対する批判である。(10) 曽我は、清沢を批判していた自身を「釈尊に対する提婆達多也、親鸞聖人に対する山伏弁円」であったと回顧しつつ、自身にとっては精神主義批判という「疑謗の逆縁を以て」清沢を讃仰すると述べるのである。

このように曽我が清沢を仰ぐこととなった契機は、一九〇二年二月、上野精養軒で開催された京浜仏徒の会における、清沢の食卓演説にある。後に曽我が「当時先生の主義に関して論難甚だ盛んであつた[11]」と洩らしていることからも、清沢が精神主義に対するさまざまな非難にどのように応答するのか、会の参加者からは注目されていたのであろう。しかし清沢は、批判の内容に応答することなく、精神主義に対する批判の一切を自らのこととして受け止め、「我々は何等をも主張するのでなく、唯自己の罪悪と無能とを懺悔して、如来の御前にひれふすばかりである、要は慚愧の表白に外ならぬ[12]」と述べたのである。曽我は、幾多の批判に対しても一切の弁護を要さず、ただ自らの「罪悪と無能とを懺悔」するのみの清沢の姿に今まさに仏道を生きる主体の具体相を見出し、「自己を弁護せざる人[13]」として清沢を生涯仰ぎ見るのである。

かくして曽我は清沢を、主体的求道を実践する師として仰ぐのであるが、「自己を弁護せざる人」においては、さらに続けて、

想へば私は慚塊に堪へぬ。私は独り御生前に於て疑謗したのみならず、今も亦疑謗を断じ得ぬのである。（中略）我は徹頭徹尾疑の子である。悲しむべき極である。けれども深く考ふれば、信ずるものは信に依りて先生を忘れず、疑ふ者は疑に依りて先生を忘れぬことが出来る。疑もつまり先生を憶念する一大善巧に外ならぬのである。想へば疑は無意識の信であり、信は無意識の疑である。われが先生を疑ふは已にその中心に潜在せる信念あるを証するのである。感謝極りなきことであります[14]。

と語られていく。曽我は清沢を絶対の師として一旦崇めながらも、清沢亡き今においてなお「疑謗を断じ得ない」とここで告白し、師を疑い軽んずる自己を「徹頭徹尾疑の子である。悲しむべき極である」とその悲痛の感を語る。このように曽我が清沢を師と念じながらも疑謗を抱いたのは、浩々洞で清沢の信念の表白でもある「不生則不

死」という文字をみた際に、「浅薄なる話」と咄嗟に自らの理知分別をもって軽く嘲ったことにある。(15) 曽我は清沢を師と信順しながらも、理知においては瞬時に軽んずる驚くべき不純な自己の実相をここで慚愧するのである。ここに信順する師すらも疑謗してやまない、曽我の恐るべき自己存在の本性が露呈されたのである。

しかし曽我は、このような「疑の子」たる自己において改めて「疑ふ者は疑に依りて先生を忘れぬことが出来る。疑もつまり先生を憶念する一大善巧に外ならぬのである」と述べ、痛むべき疑謗の身であるからこそ、清沢を師と仰ぐことができると示す。つまり、曽我は如来からも信順する師からも背き続ける、先の信楽釈における「虚仮・雑毒の善」に塗れるしかない「必ず不可」たる自己の本性をここに発見し、その悲痛な自己に「われが先生を疑ふは已にその中心に潜在せる信念あるを証する」と述べるのである。

このように「徹頭徹尾疑の子」たる「必ず不可」の身は、どこまでも仏道の師によってはじめて炙り出されるのである。そして自己執心の自覚による、徹底的に否定される救われ難い自身の宿業の事実が「如来の大悲心」の感得の実感なのである。つまり曽我において驚嘆せざるを得ない「疑の子」たる自己存在への自覚は、恥ずべき、痛むべき我が身への懺悔であり、同時に如来大悲の顕現の讃美に他ならないのである。この偽らざる「疑の子」の自覚が唯一師との値遇を許すのではないか。

この清沢との値遇に伴う「徹頭徹尾疑の子」としての機の自覚が、曽我の求道の源泉であり、近くは法蔵菩薩を自己の宿業の内奥に降誕せる真主観として推求した「地上の救主」にまで底流しているといえよう。

かくして曽我は清沢を、主体的求道を現に実践する師として仰ぎ、真宗大学で教鞭をとりつつ、宗教的信念確立の仏道に基づく論文を数多く発表するのであった。しかし、一九一一(明治四十四)年九月に実行された真宗大学の京都移転開校に伴い、曽我は教職を辞し、越後へと帰郷するのである。

二　郷里越後での求道

清沢との値遇によって自己の本性を「必ず不可」なる「疑の子」として自覚した曽我であったが、その後郷里越後での求道は、「必ず不可」たる自己の宿業と真っ向から対峙し、その絶望と孤独の中で我が身に本願力を感得するという、いわば自覚的救済の本質をその身をもって証明するものであった。帰郷による師友との離別に、曽我一人の信念確立の求道が問われてきたのである。しかしてここからは、曽我の悪戦苦闘の求道にますます顕わとなる「必ず不可」たる自己への自覚と、救済の己証について尋ねていきたい。

帰郷した曽我は、金子大榮に宛てた一九一二（明治四十五）年一月三日付けの手紙において新年の所感を以下のように告白する。

雪の中に旧き生活を営める流人には新年の感なし　今や賀状を受けて忽然春光を拝す　感謝何ぞ堪へん　小弟は大兄の清高なる行動に対して深く自ら慚愧するものに候(16)

また、同月十七日付けの手紙では、

自己を顧みれば　一も大兄を激励するの資格はない　過る一箇年自分は何をした乎　自分は昨年四月以来一文を草したこともない　誠に哀れ果なき体たらくではない乎　特に田舎の人となつて以来自分は全く死人である（中略）嗚呼自分はかくして葬られて仕舞ふ乎　今後師友の提撕に依りて一歩づゝ進んで行き度と思ふ　郷里の人となつて以来孤独の感愈深い　時に堪へられぬと思ふこともある　悶々の情を懐いて独り死の門に向ふのである乎(17)

と述べている。師友の存在しない越後は、堪えがたい孤独と絶望に塗れた場であった。曽我は自身の絶望的心境を、「田舎の人となつて以来自分は全く死人である」「自分はかくして葬られて仕舞ふ乎」と吐露するのである。曽我にとって越後での生活は、「地獄の実験」[18]とも言うべき絶望と苦難に満ち溢れていたことが、これらの書簡から窺える。この「地獄の実験」の象徴としての孤独生活の果てに、曽我は本願成就をにわかに実験するのである。

また「自分は昨年四月以来一文を草したこともない」との述懐から、曽我の思索は停留していたことが窺える。事実、一九一一（明治四十四）年九月に『無尽灯』に寄稿された「観無量寿経と親鸞聖人」を最後に翌年一月まで曽我の論稿は見ることができない。この手紙での曽我の言葉を素直に受けるならば、およそ九か月に亘って、曽我の思索の筆は止まっていたと考えられる。そのような中で唯一、大兄と親しむ金子とは、書簡を通じて自身の心境を吐露していたのである。

このように自己の悲痛な絶望感を書簡に認めた曽我であったが、その孤独の只中におよそ一年ぶりに筆を執り、一九一二（明治四十五）年二月十五日発刊の『精神界』に「暴風駛雨」を四篇発表する。[19]そしてその四篇の中のひとつ「比叡及び吉水に於ける祖聖の問題」において、郷里における絶望感の中で対面せざるを得ない自己の微細な自力心を、吉水教団における親鸞の求道と重ね合わせながら告白するのである。

これについて、まず曽我は次のように言及する。

自力の否定により比叡山を降り、吉水の法然門下に加わった親鸞は、忽ちに雑行雑修を捨て去り、「如来行力の肯定に依りて究竟の充足を得」[20]た。しかし、親鸞の信念上の問題はここで消滅したのではなかった。吉水教団における法然の門弟たちは、親鸞と同様に、「如来行力の肯定に依りて究竟の充足を得」てはいたが、殆どは皆「一時の狂熱の信仰に驚き、自らは仏の願力に乗托すと思惟しつゝ」[21]「自己の信行の力に驚酔」[22]する者ばかりであった。

いわば吉水教団には仏教に触れた一念の感動に留まり続け、ただ理想的な都合のよい如来の願力を恩寵的に語るもので溢れかえっていたのである。しかし、その中で唯一親鸞は、「自己信行の力の弱きに迷悶しつゝ」(23)、自己の消えない自力執心について深く凝視していたと曽我は語るのである(24)。

そしてさらに次のように述べる。

> 細微なる自力疑心、則ち自我の妄執は至深至細である。此至深の自力執心は我等の現実生活の根本主義であつて、所謂根本無明と云ふべきものである。一切罪悪の至深の基礎は此である。祖聖は吉水に来り、初めて、心の自力の事実に到着せられたのである。今にして自力疑心の甚深に驚かせられたのである(25)。

親鸞にとって吉水教団での生活は、「根本無明」である「至深至細」な「自力執心」「自力疑心」との出会いであった。法然と値遇し自己の自力を捨て、一度「究竟の充足を得」たにもかかわらず、むしろ得たがゆえに蔓延る「至深至細」な「自力執心」を、親鸞は悲歎し、その深さに驚嘆するのであったと、曽我は指摘するのである。

そして、このような自我の最後の牙城たる「根本無明」としての「自力執心」について曽我は、

> どこまで罪深く執念強き我心であらう。真に我自ら苦むは此自力執心である。衷心より踊躍の念生ぜぬのも此執心の力である。よく〳〵煩悩の興盛にこそである。自我に執する為に現世に於て報恩感謝の想なく、自我に執するが故にかゝる苦しき生に着して死を念ぜず、一に現生に執着して永生の浄土を願はぬのである。而も捨てんと欲して捨て難きが為に、茲に我は最後の自力無効に到着したのである(26)。

と、いくら捨てようと願っても捨て難き「自力執心」の強さと深さを述べる。そして「現生に執着して永生の浄土を願はぬ」という永劫に仏道から背き続ける深い「自力執心」に、「最後の自力無効」の姿を見出すのである。すなわちそれは、信楽釈に「必ず不可なり」と示される「仏智疑惑」の我が身の明証ではないか。

さらに曽我は、親鸞の心中に深く尋ね入りながら、

此至深至細の自力無効の自覚は則ち直に一転して他力本願に向はしむるのである。「弥陀の五劫思惟の願をよく〳〵案ずれば」とは此処である。此至深至細の自力無効に達して、始て「親鸞一人が為なりけり」としみじみと味ひ給ひたるではない乎。嗚呼徹頭徹尾捨て難き自力執心、此に始めて真の徹底的なる自力が無功を観照することが出来る。(27)

と述べる。この「最後の自力無効」として他力本願は感得され、ここに親鸞は本願を「一人が為」と受領したのである。そして「嗚呼」と嘆息せざるを得ないほどの、絶対に手放すことが不可能な「徹頭徹尾捨て難き自力執心」への全面降伏に、はじめて徹底した自力無効が我一人の上に明確となると曽我は指摘する。かつて師によって見破られた「疑の子」という自覚の根本に潜む自力執心が、今、一人孤独の郷里越後においていよいよ曽我に顕わとなったのである。正に親鸞の吉水教団における現実生活は、信楽釈にて「虚仮・雑毒の善をもって、無量光明土に生まれんと欲する、これ必ず不可なり」と示されていた自力の行き詰まりと、こちらからは如何ともすることのできない苦悩をその身に突きつめられるものであり、それは同時に「如来の大悲心」の実験であった。言うなれば、曽我の語る「徹頭徹尾捨て難き自力執心」の自覚そのものが、法蔵の本願修行の顕現であったのである。

曽我は、この「徹頭徹尾捨て難き自力執心」の自覚に、唯一明確となる自力無効について、さらにこのように述べる。

則ち我等は唯捨て難き自力を如来本願の御前に投げ出すばかりである。此浅間敷き胸中をそのまゝに如来の願船に乗托するのである。此に至りて明となつた。自力執心は捨んとして捨つる能はず。此に絶対的自力無効に達した時、自力は捨てずして自然に捨たつたのである。則ち自力を捨つるとは迚も捨てられぬと自覚するが捨

たつたのである。[28]

仏道を歩まんとする真面目な求道者は、その主体的な求道によっていよいよ明確となる「捨て難き自力」に煩悶し苦悩するのではないだろうか。自らの力では背負うことのできない、「必ず不可なり」としか言いようのない深い自力無効の自己を持て余し、その身や環境を改善、改良しようと企てるところに、我等の迷いの根元があるのではないか。曽我は、そのような迷いの只中に「如来の大悲心」を実験すると述べるのである。それは、恰も親鸞が欲生心釈において、「回向心を首として、大悲心を成就することを得」[29]と述べる如来回向の大悲心との出遇いである。現前の利益を貪り続け、迷いの身から脱し得ない人間が、出離生死の道を求めるということは、人間における最高の求道心を示すものであろう。しかし人間の求道心の本性は、無意識で底のない自力執心を起因とするため、いくら純粋に真面目に仏道を求めたとしても、常にエゴの手垢に汚染されているのではないか。人間からは絶対に迷いの生を超えることはできないのである。どこまでも宿業の身への落在は、人間の反省から及ぶものでなく、仏智疑惑の身への決定は、如来回向として決定された明るい境涯なのである。

曽我は、そのような人間の一切の理想的救済の要請が断たれ手も足も出ず、ただ泣くしかない身に五体投地する行き詰まりの一念に、如来回向の大悲心によって我が身に自力無効が自覚されると示す。つまり「徹頭徹尾捨て難き自力執心」は、自力を捨てんとする人間の真面目な求道心によっても、絶対に捨て去れないと曽我は自覚したのではなかったか。この一切の改変を用さない、換言すれば仏智疑惑の身から一歩も動かない自己のまま、「如来の願船に乗托する」として、「絶対的自力無効」と如来の回向心を感得したところに、自力は「自然に捨た」るのである。そして、自力を捨てるとは、自力は到底捨てられるものではないとの自覚、すなわちそれは、永劫に救われることのない仏智疑惑の身への落在に他ならないと曽我は述べるのである。これらの曽我の思索は、親鸞が「そくばくの業をもちける身[30]」という機の自覚に、「たすけんとおぼしめしたちける本願[31]」たる本願力を感得したように、互いに矛盾しながらも、一如である本願成就による救済の道程を、郷里において仏智疑惑に沈む我が身に推求していくものであったのである。

思うに、宗教的信念の獲得のためには、逃げ出したくなるほどの孤独の只中で、一人「徹頭徹尾捨て難き自力執心」を本性とする絶望的な己と出遇うことが必須の関門としてあるのではないか。曽我は郷里においてこの自力執心を誤魔化すことなく、一人真っ向から対峙し、自己の内奥に潜む闇黒からの解放を思索していったのである。この一人における解放の思索を潜り、浄土真宗の救済の本源たる「食雪鬼」の自覚へと展開されていくのである。

三 「食雪鬼」の自覚――浄土真宗の開顕――

かくして、求めても求めても離れることができない自己の無能感と絶望感を抱え、拭い去ることができない仏智疑惑に沈み迷う曽我であったが、郷里越後での悪戦苦闘の求道の果てに、そのような自己の真相を「食雪鬼」として発見する。曽我における「食雪鬼」の自覚とは、先の他力救済の思索の果てに感得した、宿業の自覚としての本願力の成就である。曽我はその感得を、赤裸々な自己告白を交じえながら、「食雪鬼、米搗男、新兵[32]」として翌月の『精神界』に寄稿する。

自分は昨年十月四日にいよ〳〵郷里北越の一野僧となり終りた。我郷土は雪の名所である。自分は時々全く往来杜絶せる原野の中央に、唯一人蒙々たる大吹雪と戦ひつゝ進む所の自己を発見する時、悲絶の感に打たるゝ。自分を顧みれば全身多く雪に包まれ、雪を吸ひ、雪を吹く所の一箇の怪物である。此時我は宗教家たるを忘れ、学生たることを忘れ、国家社会を忘るゝ。而して遂に人間たることも忘るゝ。自分は此時唯一箇の野獣に過ぎぬ。此時は如来も忘れる、祖師も、師友も忘れる。嗚呼自分は従来口には愚痴と云ひ、悪人と云ふと雖ども、心には慥に堂々たる宗教者、一箇深玄の思想家を以て、密に自負しつゝをるものである。口には一肉塊と卑謙しつゝ、心には如来に依りて活きつゝあると自任しつゝあるものである。然るに今大吹雪の中に発見せられたる自己は唯一箇驚くべき物力に過ぎぬ。自分は年三十八歳、始めて、自ら白雪を呼吸する食雪鬼なるに驚いた。嗚呼此食雪鬼、此れ七百年の昔、藤原の貴公子聖光院門跡、吉水の上足たりし我祖の深き実験であつた。浅間敷哉也食雪鬼、我等は久遠の食雪鬼である。嵩き哉也食雪鬼の自覚、此自覚は浄土真宗を生んだ。此自覚に入らしめん為に如来の本願修行がある。自分は今にして如来の願行の少分を実験させて貰うた。我は今や現実なる自覚無作の大法林に在るではない乎。(33)

曽我は、雪深い越後の大地において、雪を吸い、雪を食らい、吹雪の中で暴れまわるしかないほどの苦悩と孤独を抱えていた。曽我は、郷里の大雪原においてはじめて暴露されたやるせなき自身の姿を、「大吹雪と戦」う「一箇の怪物」「一箇の野獣」と表白し、このような自己の前には人間の道義も消し飛び、宗教家、学生たる立場、「人間たることも忘」れ、如来も、師と仰ぐ清沢も、同じ道を志す友人すらも忘れ去られると述べるのである。このように曽我が吐露した姿こそ、親鸞が、「浄土真宗に帰すれども　真実心はありがたし　虚仮不実のわが身にて　清浄の心もさらになし(34)」と詠った、「浄土真宗に帰」しても、なお離れられない不実なる自己すなわち、仏智疑惑の身の具体相であり、また「悪性さらにやめがたし　こころは蛇蝎のごとくなり(35)」と詠まれる恐ろしき悪性をもった自己存在そのものである。

そしてこの自覚に至り自己を鑑みれば、口では簡単に愚痴無智と卑下しつつも、その裏では満々たる自信のもとに「堂々たる宗教者」、「深玄の思想家」たる自負があった。さらには己を「一肉塊と卑謙し」つつも、心では「如来に依りて活きつゝある」と都合のよい自己是認のための恩寵的な如来讃仰に陶酔し、「我こそは救われる」という自力心の元に、如来回向の信すら我が物にせんとの企みがあった。我こそは三界の大導士たらんとする恐るべき執心をここで告白するのである。曽我は、この孤独の大雪原において、先の『和讃』で悲歎される自身の深い自力執心を実感したのである。つまり、このような孤独な郷里での求道によって、自己の黒闇へと眼が向けられたとき、曽我に露わとなったものは、我こそは仏教をわかっているのだという尊大な自負心と、「如来も忘れる、祖師も、師友も忘れる」ほどの自己執心であったのである。ここに曽我は、表には殊勝な顔をしつつも、その裏では清沢を軽視し、その信念すら自負心と自己執心の前には見下げる、自己の本性を発見したのである。このようにして曽我は、師と仰ぐ清沢よりも高く聳え立とうとする自己の内奥に蠢く耐え難い自力執心を、郷里越後の雪原で自覚したのであった。すでにこの痛むべき自己存在の本性は亡き師によって「疑の子」と見破られていた。「食雪鬼」の自覚に曽我は改めて清沢と再会したのではなかったか。

そして曽我は、越後での苦悩の生活実験のもとに露呈した自身の真相を、「浅間敷哉也食雪鬼」と悲歎する。曽我は、その悲歎のままに「此自覚は浄土真宗を生んだ。此自覚に入らしめん為に如来の本願修行がある」と示し、「至深至細」な自我妄執に嘆くしかない、どうにもならない「食雪鬼」の自覚の底に、如来の十方衆生の呼び声を聞いたのである。つまり曽我にとって、「食雪鬼」の自覚における徹底した自力無効の自覚が、そのまま如来本願の実験なのであった。それは親鸞が、悲歎述懐和讃において、

無慚無愧のこの身にて
まことのこころはなけれども

弥陀の回向の御名なれば
功徳は十方にみちたまう(36)

と詠んだように、無始以来の自己の実相に悲歎するその時に、如来回向を仰いだことに相通するものであると言えよう。すなわち曽我は、この「食雪鬼」の自覚に、摂取不捨の如来救済の事実をわずかに実験し、「食雪鬼」として絶対無救済と決定される自己そのものに、一切を救いとらんとする如来の大悲心を感得したのである。そして「自分は今にして如来の願行の少分を実験させて貰うた」と述べ、「食雪鬼」なる自己に、おぼろげながらも如来の本願修行の一端を感知し、この自覚こそ親鸞が浄土真宗なる仏道を開顕した根本があると語るのである。つまり曽我は、「如来の本願修行」の場として「食雪鬼」たる自身の相を受領し、煩悩に塗れるしかない無明存在である衆生が、絶対無救済の自己の事実に目覚めるという、本願成就の仏道を身をもって実験し、その仏道を現実において再発見したとも言えよう。

四　一念における他力救済の内実――「食雪鬼」の自覚における主観的救済――

曽我は、未だ晴れ渡ることのない絶望の黒闇の只中にあって、その暗室において「此自覚は浄土真宗を生んだ」と述べたように、「食雪鬼」の自覚に揺るがぬ信念と浄土真宗における救済の本源を実感した。曽我はこの「食雪鬼」の告白の二か月後、『精神界』に「他力は胸より湧く(37)」を発表する。この論稿では、「食雪鬼」の自覚のもとに隠微に感得した他力救済の内実について論じられている。

他力救済の源泉は遥遠なり、極楽界より流れ来ると迷執するものがある。随て信仰と云ひ、念仏と云ひ、遥に彼岸なる他力光明を憧憬し、専ら未来の救済を希求するの一手段なりと心得居るものがある。（中略）平生業成を骨子と教へられたる親鸞聖人一流の内に、至る所に発見するは怪異痛歎に堪えざることではない乎。（中略）我祖聖の平生業成の絶叫は過去幾千年間の浄土教史上に現はれ、特に政事宗教両界に於て全く現在の光明を認め得ざりし祖聖当代の時代思潮の産物なる未来救済、臨終業成の浄土教に反抗して起りしものである。勿論西方浄国の憧憬は果敢なき人生の背景なる死の想念に対する究竟の隠場所である。而も空漠なる彼岸の憧憬希願は健全なる信念ではあるまい。単なる来世希求の浄土教は現在の人生に於て何等の確証を握らず、生涯疑惑不安の念に悶へつゝ、唯偏へに正念なる臨終の一念を要期し、仮令なる如来の来迎をたのむの結果を生むは止むなき勢ではない乎。(38)

曽我は「他力救済の源泉」を、衆生から全くかけ離れた「極楽界」から溢れ出るものとして捉えることを「迷執」と述べ、そして信心や念仏は、救済を憧憬的、理想的に希求するための手段ではないと、自らの実感として否定する。親鸞が開顕した他力救済の仏道は、そのような「未来救済、臨終業成の浄土教に反抗して」起こったものである。「西方浄国」に対する憧憬は、「果敢なき人生の背景」たる死に対する「究竟の隠場所」であるかもしれないが、「健全なる信念」では決してない。単なる「空漠なる彼岸の憧憬希願」は、「現在の人生に於て何等の確証」を与えることなく、「生涯疑惑不安の念に悶へ」ながら「臨終の一念」に至るまで憧憬的如来救済をたのむのみであると曽我は述べ、憧憬的信仰は、「現在の人生」における我が身の救済たり得ないことをここで示す。

そして次のように述べる。

爾り人生最深の問題がよく死後の救済に在りとするも、その解釈決定の確証は是を現在の人生の裡に求めねばならぬ。茲に未来救済の浄土教は現在救済の教とならねばならぬ。「たすからうずることのありがたや」の想

は、「たすかつたことのありがたや」の事証を待つて初めて成就する。(39)

つまり「食雪鬼」の自覚における、本願への確かな手ごたえをもった曽我の宗教心からの要求は、常に「現在の人生」における我一人の救済にあり、それは「たすかつたことのありがたや」の事証」を、現実の苦悩に惑う我が身に実験することに他ならない。さらに続けて曽我は、

抑も衆生救済の本願を念じつゝ、而も未だ救はれざるは何の故である乎。その念想せる本願が現実の御本願でなく、空虚なる憧憬希願の対象であるからである。彼等の希願が現実の確証なきが為である。而してその現実の確証なき真実信心の欠けたるが為である。願の対象は未来に在り、信の対象は現在にある。願の対象は客観に在り、信の対象は主観に在る。未来の往生浄土や、浄土の教主なる如来は直接なる信の対象ではなく、正しく願の対象に過ぎぬ。正しく信の親証、実験の対象は自己の主観中の本願力と現在的救済とあるばかりである。勿論円満完全の信念には必ず客観的にして未来的なる希願憧憬の具備すべきは自然の勢である。信念の立場よりは願求の対象を迷妄として排斥すべきではない。而も願求の対象は若し信を離れては何等の実在性を有せざる幻影に過ぎぬ。それは唯現在的確証を与ふ所の信仰に依り、始めて真実々在の価値を得るのである。(40)

と述べる。本願を念じながらも、その身に救済が実現されないのは、「念想せる本願」が、現実に我が身に生きてはたらく本願ではなく、「空虚なる憧憬希願の対象」でしかないからである。迷いの衆生を余すところなく救わんとして建立された本願の対象は、未来の衆生である。その故に一切衆生という客観性をもつものである。しかし、衆生はその客観たる本願のはたらきを、一人ひとりの宿業因縁に即した現実かつ主観的な信心として稟受するため、救いを求める我等にとって実験すべき対象は、客観的未来的本願ではなく、あくまでも「自己の主観中の本願力と現在的救済」なのである。そして、この自らに実験された「円満完全の信念」において、我等にとって「客観

的にして未来的なる希願憧憬」の本願は自然に具備されるものであるから、願求の対象たる本願は、迷妄として徒に排斥すべきものではない。しかし、どこまでも本願は我等の主観の信念を離れては「実在性を有せざる幻影に過ぎ」ない。本願は、主体的信仰において「真実々在の価値」を有するのである。

このように「食雪鬼」の自覚を潜った曽我における救済とは、「自己の主観中」に「踊躍歓喜のこころ」(41)として生き生きと発揮する「本願力と現在的救済」の躍動であり、それは「円満完全の信念」の確立にのみ求められるものであった。この主体的信念の確立において、はじめて客観の対象たる本願は我一人に自証され得ることを、曽我は「嵩き哉也食雪鬼の自覚、此自覚は浄土真宗を生んだ」と述べたのであった。つまり曽我はここで、「食雪鬼」の自覚に実験した、本願成就による主観的救済の内景を示し、さらにその救済の実験において、憧憬的かつ恩寵的にしか理解されることのなかった本願は、そのはたらきを現実の我が身に発揮することを述べるのである。

曽我は、このようにして「食雪鬼」に実験された現実的救済について、

如来の救済を忘るゝ時、我身は生死大海に沈溺しつゝある。一念如来の救済を念じ、招喚の大命を聞く時、我は現に願船上の人である。我等は生死大海に溺れつゝ救済を思念するに非ず、願船上に救済の大命を聞くのである。聞えた時が信じた時であり、又救はれた時である。救の船は眼前にあらずして足下に在る。救の船を真に念ずるとは自己が現に救はれたる自覚である。(42)

と、一念の救済であると述べる。どこまでも信念とは曽我が「忘る丶時」「沈溺しつ丶ある」と示す迷いの現実生活の只中における「一念如来の救済を念じ、招喚の大命を聞く」という一念に確立されるのである。ここで曽我の言及する一念とは、親鸞が『歎異抄』において、「念仏もうさんとおもいたつこころのおこるとき、すなわち摂取不捨の利益にあずけしめたまうなり」(43)と示す一念と相応するものであろう。この一念に、我等からは覚知すること

のできないほど深く、恐ろしき仏智疑惑の自己存在を、無涯底の仏智によって照破されるのである。そして、その自覚は「摂取不捨の利益」としての「如来の大悲心」の感得である。また、「生死大海に溺れつ丶救済を思念するに非ず」と述べられているように、我等は都合のよい為楽願生としての理想的救済を念ずるのではなく、「我は現に願船上の人」という如来に証明された宿業因縁の事実において一念に「救済の大命を聞」き得るのである。すなわち、「必ず不可」たる仏智疑惑の落在の一念に救済は我等に実現されるのである。闇はこの一念に明らかになるのである。このように曽我が述べる一念とは、「食雪鬼」に実験された直覚的他力救済の内景であろう。この一念の救済の実感を、曽我は「聞えた時が信じた時であり、又救はれた時である」と述べるのである。

我等は「救の船は眼前に」あると憧憬的に理想的な未来救済を求め、如来を念ずるのであるが、娑婆に埋没し、エゴに汚染された我等が求める救済は、どれだけ真面目であったとしても、自らの欲望を充足させるものにすぎないのではないだろうか。曽我の実感する救済とはそのような憧憬的未来救済ではなく、現在の迷いの生活に「沈溺しつ丶ある」自己を、その宿業因縁のままに「救の船」として「足下」から丸ごと救済せんとするものである。つまり「食雪鬼」として嘆かざるを得ない自己そのものに本願を実験すると曽我は示すのである。それは、我等のエゴや自力は差し挟む余地のない広い世界であろう。言わば、「如来の救済を忘る丶時」という、永遠に如来から背き続ける自己であるからこそ、その迷いのごとに一念一念に命尽きるまで「救済の大命を聞く」という聴聞道が成り立つのである。どこまでも根深い自力執心こそが、「如来の大悲心」の証明なのである。このように曽我の救済観は、憧憬的な救済を脱却して、徹底的に自己の主観に実験された事実に基づいて語られているのである。

そして曽我は、この救済に感得した他力について、次のように言及する。

我々は他力の名を深く味は丶ねばならぬ。他力の名字は如来にありては利他の力と云ふべきもので、他力の名は唯我等の方に来りて初めて云ひ得べき文字である。我々の他力は如来の方に在りては寧ろ自力と云ふべきではない乎。されば他力の文字は我々が親しく自己の胸中に如来利他の力を実験した時にのみ意味あるものである。即ち客観には厳密に他力なるものはない。(44)

曽我は他力とは、人間の分別や理性をもって憧憬的に理解されるものではなく、実際に我が身の上に「深く味は、ねばならぬ」ものであり、「自己の胸中」における如来の利他の実験にのみ、衆生からは他力と言い得ることができると示す。そうであるから、正確には客観の上に一切衆生を救わんとする他力などは存在しないのである。つまり、曽我は徹底して、他力とは我が身における「本願修行」の実験としての「食雪鬼」の自覚の上に明らかになると訴えるのである。さらに曽我は続けて述べる。

他力は唯我々の主観の自覚にのみ存するのである。如来の自力は我が胸中に回向せられて初めて他力の名を得たのである。我々は客観の他力に救はるゝのではない、主観上の他力救済の念に救はるゝのである。否救済てふ実験を客観化して他力の名を与へたに過ぎぬのである。救済の信念の外に救済なく、又他力はない。我等の実験する所は唯現在救済の信念ばかりである。此信念が則ち唯一の救済である、唯一の他力である。他力は外より来らずして胸より涌く。他力と云ひ、救済と云ふは畢竟他力救済てふ信念の大事実が自ら表明せる霊的文字に過ぎぬのである。(45)

ここで曽我は、「主観上の他力救済の念に救はる、」として救済を我が身に実感する。つまり、他力とは、我が「胸より涌」き出るものであり、すなわち救われざる「食雪鬼」の自己がそのまま、「念仏もうさんと」する一念に如来が我を救済せんと回向する「大事実」の実験の「場所」(46)と化すのである。

これらから窺えるように、曽我は「食雪鬼」の自覚、すなわち「至深至細」な自力執心を場として、他力救済を実感するのである。つまり他力の救済とは、客観的に理解されるものではなく、曽我においては「食雪鬼」という救われざる自己実存に初めて実験された、厳粛なる主観的事実そのものなのである。このようにして曽我は、「食雪鬼」の我を実験の場所として「如来の本願修行」を感得し、他力救済の内実を示したのである。曽我は「食雪鬼」と叫ばざるを得ないほどの仏智疑惑の自己に、法蔵菩薩の兆載永劫の修行を実験し、また、その身こそ『大経』下巻に説かれる、本願成就を現に感得する場所として自覚したのである。ここに、約一年後に曽我が感得する「地上の救主」における法蔵菩薩降誕の自証の原形をみることができよう。

五　曽我量深出現の真宗的意義

さてここで、これまで尋ねてきた曽我の求道を鑑みて、真宗における曽我量深出現の意義を示すならば、それは憧憬的信仰からの脱却であると考えられる。憧憬的信仰が「食雪鬼」の自覚によって破られたとする曽我の求道的背景については、一九二四（大正十三）年六月に出版された『曽我量深論集』第二巻の「序文」において、曽我自身、以下のように回顧している。

顧みれば本巻に収むる所は明治の末葉から大正の初期にわたり、特に明治の末年はわが祖師親鸞の六百五十回の遠忌に正当し、かつわが母校真宗大学は此年を以て京都に移され、先師清沢の遺業なる浩々洞の瓦解の遠因をなした。さればその前半は真宗大学の教壇に立つの余暇に、同人と議論談笑しつつ、その折々の感想を録し、その後半は郷里北越の草庵にあつて四方の師友を憶念し、そのやるせなき感懐を洩したのである。その内容について云へば私は初め『観経』を一貫せる「仏心大悲」の教説を讃仰し、それが上に開顕せられたる第十九の願、臨終来迎の本願を憧憬して止まなかつた。しかしながら私はこの『観経』の隠彰の実義なる弥陀大悲の本願を徹底して、遂に因位法蔵菩薩の自証に進まずに居られなかつた[47]。

真宗大学時代の曽我は、清沢との値遇によって、ますます露わとなる離れ難い自力執心に惑いながら、『観経』に説かれる「仏身大悲」の経説に基づく伝習的救済へと憧憬の念を懐いていた[48]。しかし曽我の現実的苦悩は、このような救済を前提とした理想的信仰に居座らせることを許さなかった。これまで詳説したように、郷里越後において絶望に沈む曽我一人の求道は、清沢から継承する信念確立の仏道によって、「至深至細」な自己執心の黒闇へと眼が向けられていくものであった。この徹底した仏智疑惑の自己の闇に向かう求道によって、曽我は自らを「食雪鬼」と告白し、現実の自身に発揮される本願力を感得した。この永遠に救われざる「食雪鬼」の叫びこそ、曽我の自力無効と如来救済の実験の表白とも言える。

このような曽我の主観的かつ具体的な実験は、福沢諭吉が真宗の信仰について、

かの一向宗の輩は自から認めて凡夫と称し、他力に依頼して極楽往生を求め、一心一向に弥陀を念じて六字の名号を唱るの外、更に工夫あることなし[49]。

と述べ、思想の近代化が進んでも、なおも真宗界に蔓延る憧憬的信仰を乗り越え、また暁烏敏が「罪悪も如来の恩寵なり」において、

私は世の中の一切の出来事は、順逆共に如来が私に降したまふ恩寵と喜ばして頂いて居る。私は讃めらるる時に如来の恩寵を感ずると共に、誇られる時にも如来の恩寵を喜ぶのであります。(中略)私の為して来た罪悪の総べてが恩寵の方便であつたと味はゝずとするも味はゝぬわけにはまゐらぬのであります[50]。

と述べるような、江戸の封建時代から続く、情緒的にただ如来の恩徳に感涙し咽び泣くのみの無自覚な伝習的信仰

を脱するだけの力を兼ね備えるものであった。またその内実は、「他力は胸より湧く」として、現実の苦悩に惑う我一人における救済と「自己の主観中の本願力」、すなわち他力の本源を人間心から奪還したものと言えよう。つまり曽我は、「食雪鬼」たる我に覚知される現実的救済にはじめて本願は自証され得ることを明確にし、主観的な一人の信心の禀受において、極めて曖昧で都合のよい憧憬的伝習的信仰は脱却されることをその身に示したのである。

また曽我自身「他力は胸より湧く」において、当時の真宗界を次のように言及する。

真宗教界の無力、腐敗は畢竟祖聖の真精神の埋没の為である。静に我胸中に問へ、平生業成、現生不退、信心為本、他力回向の祖聖の叫びは云何の意義である乎と。此等の叫は唯「如来は我胸に在り」との一語に尽くるではない乎。煩悶も罪悪も救済も救済主も信念も我胸を離れて何の意義ありや。「如来に往け」とは法然上人の教である。「我に返れ」とは我祖聖の叫である。憧憬願楽の浄土宗は茲に信楽感謝の浄土真宗となつた。（中略）狂熱的なる念仏行者なることは、徒に未来の浄土を憧憬しつゝ、臨終の如来の来迎を要期する所の、出家為本の浄土宗の理想である。静に自己の胸中に現在の救済主を念じつゝ、勇健に与へられたる人生を享受し、罪業と仏恩とを併せ実験しつゝ、何時にても如来の招喚に応ずるは在家為本の真宗の生活である。(51)

「祖聖の真精神の埋没」とは、曽我における「食雪鬼」の実験の喪失ではなかろうか。つまり「至深至細」な自己執心の闇という、実存的な救済の場所を見失った仏道が、真宗教界を無力にし、腐敗させていることを述べるのである。どこまでも「食雪鬼」なる自己の本性を、「我胸中に問」わなければ「煩悶も罪悪も救済も救済主も信念も」実際的には何の意義をも有さないのである。

このように曽我の求道は、当時「愚夫愚婦の宗教」として見下げられてきた真宗の自覚的救済、すなわち仏智疑惑の機の自覚にはたらく、本願成就の事実を近代において生活実践を通して表明するものであった。換言すれば、曽我が自らの求道実践をもって、親鸞の開顕する本願成就の仏道を蘇らせたのである。曽我の「嵩き哉也食雪鬼の自覚、此自覚は浄土真宗を生んだ」との述懐の如く、仏智疑惑の「食雪鬼」の自覚において、真宗の仏道の命は恢復した。それは恰も親鸞が、浄土宗建立のために念仏為本を勧励した法然の本義を他力回向として明確にし、「憧憬願楽の浄土宗」から「信楽感謝の浄土真宗」として完成させた思想的営為と同様に、憧憬的自覚なき真宗の信仰を立ち超え、「食雪鬼」たる宿業の自覚による現実的救済へと近代に他力の仏道の真意義を発揮するものであったと言えるのではないか。つまり、常に実存的満足を渇望して止まなかった曽我は、親鸞の実験し得た他力救済の具体的歴程を「食雪鬼」の自覚を通して近代に明示したのである。後に「闇へ闇へ(52)」等の論稿へと展開されるような深淵な自己の黒闇に向かう求道と、そこに僅かに覚知された本願力たる如来の救済の内景を明らかにしたところに曽我量深出現の真宗的意義があるのである。「自己の胸中に現在の救済主を念じつゝ勇健に与へられたる人生を享受し、罪業と仏恩とを併せ実験しつゝ、何時にても如来の招喚に応ずる」ための主体的求道こそ、「在家為本の真宗の生活」そのものなのであると言えよう。ここに卑小な自我を擲ち、自己の胸中にて「十方衆生」、「欲生我国」と獅子吼せる法蔵菩薩に応じて、自らの宿業を受容し、宿業因縁の現実に立ち上がり生きていく願生の生活が開かれるのである。

おわりに

これまで尋ねてきた曽我の如来救済の己証は、「食雪鬼」と自覚された、如来に永劫に背き続け疑惑して止まない、偽らざる自己の実相のもとに実験された本願力の事実である。そしてこの自覚は、どこまでも曽我が「徹頭徹尾疑の子」と告白する、師との値遇によって露呈した離れがたき自己執心の自覚を源泉とした、如来の本願修行によって開かれたものであった。つまり清沢との出遇いによって明確となった「疑の子」としての「必ず不可」なる自覚が、曽我を黒闇の我が身の事実へと眼を向かわせ、自らの宿業を「食雪鬼」と表現したのである。またそれは同時に我が身一人の宿業の自覚でありながらも、浄土真宗開顕という一切衆生の普遍的救済の実践であり、「如来の大悲心」、すなわち一念における他力救済の主観的感得であった。ここにおいて、当時「愚夫愚婦」として揶揄される真宗界に浸透する憧憬的、恩寵的な如来讃仰の信仰を突破して、『大経』の本願の経説に基づく自覚的凡夫救済の仏道を近代において恢復したのである。

以上のように、本論文では曽我の越後帰郷において、「必ず不可」なる宿業に実験された他力救済と、そこから明らかとなる曽我量深出現の意義について論じていった。清沢との値遇による「疑の子」の自覚を端緒として、「食雪鬼」にまで深化された曽我の思索は、この後に法蔵菩薩の降誕へと展開していく。それは曽我が「此自覚は浄土真宗を生んだ」と述べたように、如来救済の原理としての「食雪鬼」の自覚を礎石に具現化する、我一人を救う主体として誕生する法蔵菩薩の探求である。

またこれまで尋ねてきた曽我の歩みは、『教行信証』「総序」において、

もしまたこのたび疑網に覆蔽せられれば、かえってまた曠劫を径歴せん。誠なるかなや、摂取不捨の真言、超世希有の正法、聞思して遅慮することなかれ。(53)

と語られる聞思の営みに相応するものであろう。「もしまたこのたび疑網に覆蔽せられれば、かえってまた曠劫を径歴せん」とあるように、曽我の歩みは、清沢という善知識と遇うことによって、いよいよ自力執心に囚われ「疑網

に覆蔽」する「必ず不可」なる仏智疑惑の身と徹底的に対峙するものであった。曽我はそのような身に、「摂取不捨の真言、超世希有の正法」を「聞思」すべく、自己の宿業の身を場所に如来の救済を実験し、さらに後には自己の内奥に降誕する法蔵菩薩の推求へと深化していくのである。このような救済の感得から本願の自証へという営為が、真宗の仏道を歩む者にとっての必然的求道であると言えよう。

この聞思の営みに基づく思索により、曽我は法蔵菩薩降誕の意義として、自己の信念の主体として誕生する法蔵菩薩を感得し、その一端を一九一三（大正二）年七月に「地上の救主」として発表するのである。絶対に救われない自己と、絶対に救う如来の二つが絶対に矛盾しつつ、かつ一如であるという「自我の真主観」(54)として降誕した法蔵菩薩の発見、すなわち無救済の自己こそが、法蔵菩薩降誕の主体に他ならない実験の告白を、曽我は「如来は我なり」と宣言するのである。曽我は「食雪鬼」の自覚としての現実的主観的救済の実験をまって、いよいよ自己に発起した信念の主体を推求していくのである。「如来は我なり」と、我等の宿業を已に担っている法蔵菩薩を実験し得た曽我だからこそ、その身に自力無効の現実を歩む力を得たのである。つまりは、我が身の宿業に自身の意欲を超えた法蔵菩薩を感得できれば、そのままで迷いの現実を生きていけるのである。法蔵菩薩の我が身への躍動こそ願生浄土の生活なのである。

［註］

（1）『教行信証』「信巻」『真宗聖典』東本願寺出版部、二二七〜二二八頁。

（2）至心釈においては、
　仏意測り難し、しかりといえども竊かにこの心を推するに、一切の群生海、無始よりこのかた乃至今日今時に至るまで、穢悪汚染にして、清浄の心なし。虚仮諂偽にして真実の心なし。ここをもって如来、一切苦悩の衆生海を悲憫して、不可思議兆載永劫において、菩薩の行を行じたまいし時、三業の所修、一念・一刹那も清浄ならざることなし、真心ならざることなし。如来、清浄の真心をもって、円融無碍・不可思議・不可称・不可説の至徳を成就したまえり。如来の至心をもって、諸有の一切煩悩・悪業・邪智の群生海に回施したまえり。すなわちこれ利他の真心を彰す。かるがゆえに、疑蓋雑わることなし。この至心はすなわちこれ至徳の尊号をその体とせるなり（『教行信証』「信巻」『真宗聖典』、二二五頁）。

と語られる。ここでは一切衆生の相が、無始にわたって「穢悪汚染」「虚仮諂偽」であることが示され、その故に衆生には、「清浄の心」も「真実の心」もないことが述べられる。そして「ここをもって如来」と受け、このような真実のかけらもない虚仮不実の衆生の救済のために、如来は兆載永劫の発願修行を行じたことが示され、至心とは「至徳の尊号」を体とすることが述べられている。つまり至心釈においては、「穢悪汚染」「虚仮諂偽」の不実の自覚に、如来（無限）のはたらきが名号として衆生に感得されることが示されているのである。この自覚を親鸞は「念仏もうさんとおもいたつこころのおこるとき」と述べ、師との値遇における一心帰命の体験の内実を至心として明らかにしたのである。

（3）『正像末和讃』『真宗聖典』、五〇五、五〇七頁。

（4）曽我は、信楽釈において否定の対象となるものについて、次のように述べる。

信楽の否定するものは何であるか、信楽の否定するものは疑ひである。疑ひを否定するものである。（中略）吾々の自覚を妨碍するものは何であるか、本当に吾々の自覚の敵となるものは何であるか、かう申しますとふと疑ひである。疑ひが吾々の自覚の直接の敵である（「如来表現の範疇としての三心観」『曽我量深選集』第五巻、彌生書房、一九八～一九九頁）。

（5）『教行信証』「信巻」『真宗聖典』、二二八頁。

（6）曽我は一九一二（明治四十五）年三月、『精神界』（精神界發行所）に「食雪鬼、米搗男、新兵」という文章を寄稿し、郷里において顕わになった自己の真相を「食雪鬼」と語り、その悲痛な不実の自覚に浄土真宗は開顕されたことを述べている。その詳説は本論において示す。

（7）『歎異抄』『真宗聖典』、六二七頁。

（8）同前、六二六頁。
（9）「自己を弁護せざる人」『曽我量深選集』第二巻、二二五頁。
（10）その概略を簡潔に示すならば、直覚的信仰にいかにして無限の智慧、慈悲、能力がはたらきでるのかという、直覚派と称される精神主義の信仰に対する明確な申し開きと、『精神界』の同人らが紙面で度々語る極めて恩寵的、直覚的な体験主義に対する批判であると考えられる。
（11）「自己を弁護せざる人」『曽我量深選集』第二巻、二二八頁。
（12）同前。
（13）同前。
（14）同前、二二八～二二九頁。
（15）同前参照。
（16）『両眼人―曽我量深　金子大榮　書簡』春秋社、一五頁。
（17）同前、一六～一七頁。
（18）「生きながらの堕獄」『精神界』第十一巻第六号、『曽我量深選集』第四巻所収。この論稿において曽我は、釈尊を害せんとして、生きながら地獄に堕ち、そして生きながら地獄を実験した悶絶の果てに南無仏と唱え、救済された提婆達多に着目し、その相こそが、『観経』下々品における救済の相であると論じる。そして、

されば生きながらの地獄とは現生に於ける地獄の実験である。現生の地獄を実験し、現生に如来の力を実験す。此れ生きながら地獄に堕る、生きながら如来に救はるゝのである。「生きながらの堕獄。」我は提婆の臨終に於ける此森厳の心中の光景を描きて遺憾なしと信ずる。彼の如き雄々しき悪人はない、又彼の如き雄々しき懺悔の人はない、又彼の如き壮烈なる臨終の光景はない。彼の如き深き地獄の実験者にして初めて一喝の念仏が無量劫の大罪と大闇とを伝ふる力があつた（『曽我量深選集』第四巻、三二五頁）。

と「現生に於ける地獄の実験」がなければ、「生きながら如来に救はるゝ」ことはないとここで述べている。さながらこの論稿は、翌年からの郷里における曽我の求道を予見するものであった。
（19）「比叡大学の卒業者と退学者」、「強盗と掏摸」、「分かると言ふ人と分からぬと言ふ人」、「比叡及び吉水に於ける祖聖の問題」一九一二（明治四十五）年二月『精神界』第十二巻第二号所収。

(20)『曽我量深選集』第四巻、三一九頁。
(21)同前、三一九～三二〇頁。
(22)同前、三二〇頁。
(23)同前、三二一頁。
(24)同前、三一九～三二一頁取意。
(25)同前、三二一～三二二頁。
(26)同前、三二三頁。
(27)同前。
(28)同前、三二三～三二四頁。
(29)『教行信証』「信巻」『真宗聖典』、二三二頁。
(30)『歎異抄』『真宗聖典』、六四〇頁。
(31)同前。
(32)一九一二（明治四十五）年三月『精神界』第十二巻第三号所収。
(33)「食雪鬼、米搗男、新兵」『精神界』第十二巻第三号。
(34)『正像末和讃』『真宗聖典』、五〇八頁。
(35)同前。
(36)同前、五〇九頁。
(37)一九一二（明治四十五）年五月『精神界』第十二巻第五号・『曽我量深選集』第二巻所収。
(38)『曽我量深選集』第二巻、三五九～三六〇頁。
(39)同前、三六〇頁。
(40)同前、三六一頁。
(41)『歎異抄』『真宗聖典』、六二九頁。
(42)『曽我量深選集』第二巻、三六一～三六二頁。
(43)『歎異抄』『真宗聖典』、六二六頁。

(44) 『曽我量深選集』第二巻、三六三頁。
(45) 同前。
(46) 西田幾多郎は、「対象論理の立場に於ては、宗教的事実を論ずることはできない」(『西田幾多郎全集』第十一巻、岩波書店、三七四頁)、「場所的論理によつてのみ宗教的世界と云ふものが考へられる」(同前、四一五頁)と指摘している。すなわち、曽我においては実存的求道の末に感得した「食雪鬼」の自己を場所として、西田の語る「宗教的事実」、「宗教的世界」としての如来救済の事実を、俄かに感得したと考えることができるのではないか。
(47) 「後記」『曽我量深選集』第二巻、四六〇～四六一頁。
(48) 真宗大学時代に、曽我が発表した『観経』に関する論稿をみてみると、「凡人の右胸より誕生したる如来の宗教」、「他力教の二大本尊」、「空中の仏、地上の仏、心中の仏」、「浄玻璃鏡上の釈尊としての『観経』の下々品」等がある。
(49) 「文明論之概略　巻之三」『福沢諭吉選集』第四巻、岩波書店、一〇二頁。
(50) 「罪悪も如来の恩寵なり」『暁烏敏全集』第二十一巻、涼風学舎、四九七～四九九頁。
(51) 『曽我量深選集』第二巻、三六四頁。
(52) 『曽我量深選集』第三巻、八七頁。
(53) 『教行信証』「総序」『真宗聖典』、一四九～一五〇頁。
(54) 「地上の救主」『曽我量深選集』第二巻、四一三頁。

宿業因縁に乗托する他力の大道
――田舎寺での悪戦苦闘に聞く――

橋本彰吾

序

曽我量深は、大正二（一九一三）年に発表された「地上の救主」という論稿において、次のように述べている。

私は昨年七月上旬、高田の金子君の所に於て、「如来は我なり」の一句を感得し、次で八月下旬、加賀の暁烏君の所に於て「如来我となりて我を救ひ給ふ」の一句を回向していただいた。遂に十月頃「如来我となるとは法蔵菩薩降誕のことなり」と云ふことに気付かせてもらひました。こんなことは他の御方々には何でもないことであらふが、二十年来脳の病に苦められ、心意常に散乱妄動し、日々聖教読誦を課業としながら、さらにその意義が分らず、特に近来浮世の下らぬ問題に迷悶しつ丶ある所の私には、誠に千歳の闇室を照すの燈炬を得た心地がしたのである。(1)

ここに曽我は、自分自身が如来のはたらきを生きる者であったことを感得したとして、その実感を遺憾なく述べている。それは特に、「二十年来脳の病に苦められ、心意常に散乱妄動し」と述べられるように、妄念妄想に悩まされ、また、「日々聖教読誦を課業としながら、さらにその意義が分らず、特に近来浮世の下らぬ問題に迷悶しつゝある」と述べられるように、世間の中において自らの自我執心を超える仏道に立つべく悪戦苦闘し続けてきた曽我にとっては、無始已来の闇が生まれてはじめて破れた心地がしたものだとされる。またそれは、「こんなことは他の御方々には何でもないこと」だと述べられる。如来の救済は、自我執心に苦悶することのない人の知る由もないことなのである。我々は目先の浮世の問題の解決に追われて日々悩むが、曽我は単にそのような浮世の問題の解決に苦悶していたのではない。如来の救済とは、一時の問題を解決する小さなものではなく、永遠の迷妄を晴らして、生まれて死ぬ我が存在自体を明らかにするものなのである。

そこで、曽我にこの一連の自覚を開いてくる端緒となるものを窺うならば、それは前年の明治四十五（一九一二）年に、曽我が郷里越後での求道実践を通して「食雪鬼の自覚」を経験したことにあると思われる。曽我は次のように述べている。

我郷土は雪の名所である。自分は時々全く往来杜絶せる原野の中央に、唯一人蒙々たる大吹雪と戦ひつゝ進む所の自己を発見する時、非絶の感に打たるゝ。自分を顧みれば全身多く雪に包まれ、雪を吸ひ、雪を吹く所の一箇の怪物である。此時我は宗教家たるを忘れ、学生たることを忘れ、国家社会を忘るゝ。而して遂に人間たることも忘るゝ。自分は此時唯一箇の野獣に過ぎぬ。此時は如来も忘れる、祖師も、師友も忘れる。嗚呼自分は従来口には愚痴と云ひ、悪人と云ふと雖ども、心には慥に堂々たる宗教者、一箇深玄の思想家を以て、蜜に自負しつゝをるものである。口には一肉塊と卑謙しつゝ、心には如来に依りて活きつゝあると自任しつゝあるものである。然るに今大吹雪の中に発見せられたる自己は唯一箇驚くべき物力に過ぎぬ。自分は年三十八歳、始めて、自ら白雪を呼吸する食雪鬼なるに驚いた。嗚呼此食雪鬼、此れ七百年の昔、藤原の貴公子聖光院門跡、吉水の上足たりし我祖の深き実験であつた。浅間敷哉也食雪鬼、我等は久遠の食雪鬼である。(2)

このように曽我は郷里越後において、「宗教家たるを忘れ、学生たることを忘れ、国家社会を忘るゝ。而して遂に人間たることも忘るゝ」として、今現在の赤裸々なる自己の姿に驚いている。それは「唯一箇の野獣に過ぎぬ」、あるいは「唯一箇驚くべき物力に過ぎぬ」と述べられるように、執着や理屈を超えた、ただ生死する身の事実の発見である。その宿業の身の事実に、「宗教家」や「学生」、「国家社会」、そして「人間たること」といったような妄念妄想が晴らされているのである。それゆえこの食雪鬼の自覚には、従来の自分自身がいかに無意味な一家言を掲げ、宗教者であることを堂々と誇るかのようないらぬ自負を持っていたかという、曽我自身の奥底にある自我執心が抉り出されて告白されている。あるいはまた、親鸞が「本願の嘉号をもって己が善根とする」と悲歎したように、心の奥底では「如来に依りて活きつゝある」との「自任」を抱いて、如来のはたらきを我が手柄とするような「浅間敷」自己であることが自覚されている。すなわち「食雪鬼の自覚」とは、従来は気づきようもないほどに深く根ざしている自我執心が抉り出された機の自覚なのである。そして、そのような悲歎すべき自己が明るみに出る機の深信こそが、そのまま自己に深く根ざす自我執心からの解放なのである。それゆえ曽我は、続けて次のように述べる。

崇き哉也食雪鬼の自覚、此自覚は浄土真宗を生んだ、此自覚に入らしめん為に如来の本願修行がある。自分は今にして如来の願行の少分を実験させて貰うた。我は今や現実なる自覚無作の大法林に在るではない乎。(3)

曽我はここに、この機の深信に如来の願行を実験したとして、食雪鬼の自覚こそが浄土真宗の誕生であることを述べる。また如来の願行の実感を、「我は今や現実なる自覚無作の大法林に在るではない乎」と述べている。食雪鬼の自覚において、何も付け足す必要のない赤裸々な食雪鬼の我は、そのまま法を生きる者であったことに目覚めるのである。ここに、曽我が如来の救済を、「如来は我なり」、「如来我となりて我を救ひ給ふ」、「如来我となるとは法蔵菩薩降誕のことなり」と、より深く明確な感得をもって語っていくところの原体験がある。「地上の救主」を見ると、それは次のように述べられている。

> 如来の本願力とは何ぞや。現実に自己を救ひ給ふ能力である。徒に美しき画餅ではいかぬ。大悲観音の力は畢竟画餅である。何等の現実の基礎を有せぬ。美しき比喩の外何物もない。法蔵菩薩の本願は全く此と異なりて居る。彼は一面には人間仏としてそのまゝ久遠実成の阿弥陀如来にして、又同時に他の一面にはそのまゝ救を求むる所の自我の真主観であらせらる。私は此理りをば「如来は則ち我也」と表白し、又「如来我となる」と感じたのである。（中略）我々は一箇の法蔵菩薩の上に久遠実成の法身如来の威神力を拝し、又罪業の裡に罪業の自己に覚めて一心帰命する自己の姿を観る。則ち彼の上に一面に御親の姿を拝すると共に、寵児の姿をも観る。法蔵菩薩は久遠の父の如来と我々衆生との間の第三者としての仲保者ではなく、一身則ち如来にして則ち我々衆生である。則ち第一者にして則ち第二者である、則ち我々の信念の客体たると同時に、信仰の主体であらせらる、[4]。

「罪業の裡に罪業の自己に覚めて一心帰命する自己の姿を観る」とは、従来さまざまな「自負」や「自任」といった自我妄執に囚われていた罪業の自己に目覚め、「唯一箇驚くべき物力に過ぎ」ないという宿業の身に帰る、食雪鬼の自覚のことであろう。曽我はここで、その「浅間敷」食雪鬼であることを自覚する「自我の真主観」こそが、法蔵菩薩であると述べる。法蔵菩薩とは、一切の貧苦を拯わんとして本願を起こし、無始已来兆載永劫の修行をする阿弥陀如来の因位の菩薩であり、その菩薩の精神は『大経』に、「たとえば大海を一人升量せんに、劫数を経歴して、尚底を窮めてその妙宝を得べきがごとし[5]」、あるいは「たとい、身をもろもろの苦毒の中に止るとも、我が行、精進にして　忍びて終に悔いじ[6]」などと説かれている。すなわち、宿業の身をそのままに担い、拯い遂げんとする精神なのである。

曽我は、阿弥陀如来は人間に交渉のない「画餅」としてあるのではなく、因位法蔵菩薩となって、宿業の身をそのままに荷負する第一者の一心帰命の心として、実際に人間に誕生するものであることを述べるのである。如来の救済とは、何かに救われるというような漠然とした観念論ではない。それは現実界の人間に起こる食雪鬼なる宿業への目覚めであり、その事実に、自我妄執の闇を晴らされて、誰も代わる者のない一人の宿業そのままに満足して、それを荷負していかんとする主観の発見なのである。それが一心帰命の心である。

曽我は、さらに続けて次のように述べる。

私は此法蔵菩薩の人格と、その御誕生の理由と、誕生の意義とに想ひ至る時、不可思議の驚異と、痛感とに堪へないのである。

私は此不可思議なる法蔵菩薩の御姿に驚く時、則ち久遠の如来の不可思議の御姿に驚き、同時に自己の不可思議の存在に驚くのである。

法蔵菩薩とは何ぞや。他でない、如来を念ずる所の帰命の信念の主体がそれである。彼の第十八願とは如来が親しく能帰の衆生の子心の実験の表白である。(7)

ここでは、先に述べた帰命の一念の発起は、如来と一体となった生を生きているという「自己の不可思議の存在に驚く」ものだとされる。ここに「我は今や現実なる自覚無作の大法林に在るではない乎」との、私的な生を超えて、すでにして法のはたらきの中にあったという法の感得があるのである。

さて、このように見てきて明白なように、明治四十五年三月から翌大正二年七月にかけての一連の感得は、曽我の仏道において、如来の本願力を実験した重要なエポックであった。しかし、思うに我々は、ともすればこのような如来の本願力を感得することを、人生における求道の到達点と考えたり、あるいは目標にしたりしている面があるのではないだろうか。そのような我々の思い描く仏教に反して、これ以降の曽我の論稿から知られてくるのは、いよいよ自我執心が至深至細に亘り、それに苦悩しながらもその妄執を超えていかんと悪戦苦闘する曽我の姿である。なぜなら、「画餅」ではない、「現実に自己を救ひ給ふ能力」を常に感得するには、その時々において自身の宿業の身の自覚を通した帰命の一念を確立する他にないからである。ここに、たとえひとたび如来の本願力を実験しようと、それが到達点となるのではなく、むしろそこから本当に法蔵菩薩の精神を自身に掘り起こしていかんとする悪戦苦闘の求道の始まる根拠がある。仏道とは、本願力を少分実験してこそいよいよその苦悩の歩みが始まり、求道が徹底して信心が深まっていくものなのである。

本稿では、この一連の実験以降、曽我が東洋大学教授に就任して浩々洞に戻る大正五年十月までの、曽我の郷里越後での研究に着目することによって、如来の本願力を実験した信念確立以降の仏道の歩みがいかなるものであるのかを浮き彫りにしたい。そして、仏道実践とはいかなるものであるのかを明らかにしたい。また、その曽我の悪戦苦闘の歩みを追うことによって、私自身が自らの宿業に目覚めるべく聞思することが目的である。

一　「田舎寺の研究生活」――仏道における苦悩――

曽我は、「田舎寺の研究生活」（大正二年十一月）と題された論稿において、「如来は我なり」との感得を経て一人越後の田舎寺に帰った自分自身と、吉水の法然のもとで信心獲得して後に、一人越後の地に流罪に処された親鸞とを重ね見て、自身がいかに仏道を歩めばいいのかを尋ねている。

されば吉水御入室の御時、「たちどころに他力摂生の旨趣を受得し、飽くまで凡夫直入の真心を決定しまし」たことは云ふまでもないが、我祖聖の信念生活は茲に最後を遂げ、茲に永く御足を止め給ひたのではなかった。惟ふに三百八十余人の御方々はその抜群の方々までも皆此入室と云ふ所に歩を止めて仕舞ふたのであった。彼等は此時から第二義なる所謂伝道に腐心して居った。（中略）誠に現在内観の基礎なき念仏は死せる念仏である。吉水門下諸師が早や新時代の大導師の名に酔ひつゝ、ありし時に、我祖聖独り他力念仏の声の裡に甚だ強き久遠の自我妄執に驚き給ひたのである。(8)

自分が信心を獲得して、如来の本願力を一人の宿業の身においてはっきりと感得したならば、今度は誰一人として実験していないその如来の救済を、ようやく伝道・教化できると勇み立つのが人間の自然な思いではないだろうか。また、そのように如来の本願力に目覚める人を生むことほどの仏弟子冥利に尽きることはないであろう。しかし曽我は、そのような「伝道」などは「第二義」であり、親鸞以外の法然門下は、皆この伝道に堕落して信心を腐らせていったのだと述べる。それは曽我が「誠に現在内観の基礎なき念仏は死せる念仏である」と述べるように、今現在の自分自身に、食雪鬼の自覚を通した一心帰命の一念を生むものでなければ、如来の本願力はまた死んだ「画餅」へと退転するからである。我々は伝道などに横目をやる暇もないほどに、常に自らの信心決定を第一義とすることに帰らなければならないのである。

そして曽我は、「我祖聖独り他力念仏の声の裡に甚だ強き久遠の自我妄執に驚き給ひた」と述べる。思うに、自らにはっきりと実験した法蔵菩薩の精神を喜び、如来の本願力を讃嘆して大法林にあったことに思いを馳せていることの裏には、「本願の嘉号をもって己が善根とするがゆえに、信を生ずることあたわず、仏智を了らず(9)」と親鸞が述べるように、すでにその喜びを我が手柄にし、不可思議の驚きであった如来の救済を概念化して、さらにはそれを自分自身の宿業における生々しい苦悩を塗りつぶす道具にするような利用心があるのではないだろうか。すなわち、自分の中に「念仏もうさんとおもいたつこころ」がはっきりした途端に、もうすでに微細な自我が暗躍しているのである。そのような今現在に暗躍する自我妄執に驚くか、それとも無自覚なのかが、第二義なる伝道に腐敗していった法然門下の諸氏と、常に自らの信心を第一とした親鸞との決定的な差であると、曽我は述べる。また、そのように他力念仏すらも自我を膨らませる善根にしようとすることについて、次のように述べられる。

況んや止むなき師命に依つて結婚の礼を挙げさせられてからは、一面には蜜の如き甘き肉欲の酒に酔ひつゝ、早や他の一面には儼然たる現実の浄玻璃鏡前に立つの苦き経験をなめさせられた。甘き酒に酔ふの歓楽と、酔へる醜態に醒めたる悲痛と、此二つは日夜痛烈に奮闘した。此自我分裂は我祖聖をして、いよ〳〵その最後の隠場所を本願の念仏に取らしむると共に、自己の念仏を讃仰することを得せしむることが出来なかつたのである。(10)

曽我は、現実生活における苦痛を、妄執に囚われる「甘き酒に酔ふの歓楽」の自己と、「現実の浄玻璃鏡前に立つ」事実の自己との「自我分裂」にあるとする。そのような日々の「痛烈に奮闘」する「自我分裂」において本願他力の念仏に帰ろうとするのは、すでに「念仏もうさんとおもいたつこころ」を実験した者にとっては当然のことであろう。しかしそのように現実生活における苦痛からの脱却を期待して念仏に帰ろうとするのは、念仏を、現実生活からの「隠場所」にしているに過ぎないと述べられるのである。それは、「罪福を信ずる心をもって本願力を願求す」(11)と親鸞が述べるように、世間の煩悶を解決するものとして念仏の立脚地を求めているからである。

曽我は、続けて次のように述べる。

念仏は面である、自我は鬼でないか。念仏は生涯脱ぐことの出来ぬ面である。念仏が面であり自己が鬼であると知れば、面を脱ぐことが出来ないと共に、面を被るの苦痛は愈々深い。茲に我祖聖の内心には不断の戦が行はれて、その心界は念々刹那に革新せられた(12)。

すなわち、念仏という概念化された面の裏には、自我の鬼が低迷しているのである。ここに、「他力念仏の声の裡に甚だ強き久遠の自我妄執に驚き給ひた」親鸞がいる。念仏が真実であることは実験上の事実であるから「念仏は生涯脱ぐことの出来ぬ面である」。しかしそれゆえに、ひとたびその裏に低迷する自我の鬼に眼が向けば、「面を被るの苦痛は愈々深い」。ここに曽我は、獲信後の仏道の歩みにおける苦悩を見定めている。

そして曽我が「内心には不断の戦が行はれて、その心界は念々刹那に革新せられた」と述べ、あるいは、

我祖聖に在りては生涯旧人生と絶縁遊ばされなかつたのである(13)。

と述べるように、決して自我の「旧人生」と決別して救われた者となってしまうのではなく、念々に帰命の一念に帰らんとして内心の自我との悪戦苦闘を繰り広げる営みにおいてのみ、日々新たに信心が革新されるのである。すなわち微細な自我妄執に眼が向いてこそ仏道は始まるのである。常に自我の妄執に足をつけて迷う者でなければ、仏道は歩めないのである。

よって曽我は、

彼は茲に赤裸々の人、霊界の破産者となつて新しく如来の勅命に聞き給ひた。而して祖聖の御生活の至大の激変は北越御配流である(14)。

と述べる。獲信後にも至深至細に起こる妄執に苦悩するという、「霊界の破産者」となった「至大の激変」の生活にこそ、真に実践の仏道があるのである。

曽我は、そのような親鸞の仏道の歩みについて、次のように述べる。

かくて祖聖の一念帰命の信念は常に自力執心の最後であつて、不可思議願力顕現の最初であつた。則ち全我の否定であつて又全我の肯定であつた。最も痛烈なる煩悩の自我の顕現にして又最も熾炎なる如来本願の表顕であつた。罪悪深重、煩悩熾盛、此は叡山々頭に於ける祖聖の内観の事実でなくして、吉水入室以後に於て、今更の様に驚き、猶一日々々に深重に経験し給へる所であつた。[15]

我々は、常に今現在の「全我の否定」という食雪鬼の自覚を潜る一念がなければ、宿業の身に満足する「全我の肯定」には立ちようがないのである。「一日々々に深重」に「最も痛烈なる煩悩の自我の顕現」という自我の汚い根性を思い知ることなくして、「熾炎なる如来本願の表顕」に立っていくことはできないのである。それゆえ曽我は、

今や我が信念は実際の試金石に逢はねばならぬ。[16]

と述べる。実際の生活における具体的な「種々に起り給ひた[17]」妄念妄想に逢い、そこに自己の闇が晴らされることなくして、本願の大道には立ち得ないのである。

そして曽我は、試金石という具体的な自我の妄念妄想について流罪の親鸞に肉迫し、次のように述べている。

此時より以後彼は始めて六塵の夢より醒め給ひた。妻子に別れて始めて底知れぬ愛欲の広海に沈没せる自己を知り、名利の途絶えて始めて名利の大山に迷惑せる自己に接し、如来の家に入れるを喜ばずして愛欲の家を念じ、涅槃の故郷に近けるを喜ばずして名利の他郷を歓ぶ身なるを悲み給ひた。[18]

「六塵の夢より醒め給ひた」とは、生活におけるさまざまな人や事象を、食雪鬼なる自身の事実を覆い隠す自我の肥やしにしているという妄執を知り、そのように無自覚に夢の人生を送っていた自身に恐れ戦いたということであろう。すなわち、妻子と別れて初めて妻子への愛欲という自我妄執に囚われて苦悩する自分がいることを知り、

あるいは、流罪となって築き上げてきた人望や僧侶の資格を破棄されて初めて、他人に認められたくて仕方がないという名利を求める自分や、自分は本願力を実験した者だと過去の栄光にすがるような自負を抱えている自分を知るのである。そして、そのように今現在の一人の宿業に満足できておらず、全く仏道など歩めていなかった自分自身に驚愕したのだと、曽我は親鸞の求道に内迫する。このように、念仏の面の裏に潜んでいる自我の鬼は、自分からは気づきようもないほど深く根ざしているのであり、そのような「六塵の夢」を醒まして自我妄執を自覚の明るみにまで引き出すのは、具体的な娑婆生活の苦労を惜いて他にはないのである。そしてその苦労において、自我妄執の拭えない自身に悲しみ泣くところでしか、仏教は聞けるものではなく、念々刹那に革新される帰命の心などは起こり得ないのである。

曽我は、そのような悪戦苦闘の求道において獲得される帰命の心について、次のように述べる。

一心帰命は曠劫以来現在に流転せる我を統一して如来の光明海に入らしむる力である、又恋しき浄土の如来を我妄念海に現来せしむる力である。(19)

このような苦悩の渦中において獲得される一心帰命は、種々に妄念妄想を抱いて「自我分裂」し、流転する我を、統一するものである。至深至細に亘って妄執がはたらく現実生活にこそ聴聞道がある。世間の「六塵の夢」に拘泥するのではなく、そのような具体的な試金石を聴聞の場とするのである。

二　「出山の釈尊を念じて」――善知識の意義――

曽我は、「出山の釈尊を念じて」（大正三年一月）という論稿において、善知識の意義を確かめている。

我は久しき間、ひたすら教主釈尊を逐ひ奉りつゝあつた。我は聖者の後を逐ふた。我は専ら釈尊と親鸞聖人との行き給ひし道を尋ねた。我は如来本願の大道を忘れて、偏に聖賢の後を尋ねた。誠や我は徒に出家入山の釈尊を逐ふて、出山の釈尊を知らなかつた。釈尊は已に山を出でゝ、聚落に来り、又霊山法華の会座を没して王宮に降臨ましましたではない乎。[20]

我々は前節で確かめられたような「自我分裂」の苦悩において、自身が進むべき道を先達に尋ねるのが自然であろう。しかし曽我は、そのように自身の苦悩において先達の言葉を聞こうとすることは、むしろ苦悩において先達の言葉にすがることであり、一人がための如来本願の大道を忘れた姿であるとするのである。また、「釈尊は已に山を出でゝ、聚落に来り、又霊山法華の会座を没して王宮に降臨ましましたではない乎」と述べられるように、聖賢に尋ねて明らかになるのは、聖賢はすでにさとりの境地を捨て、仏法をも捨てて、娑婆に処しているではないか、ということなのである。

つまり曽我が、

「一心帰命せよ」、此れ一切の聖者の教である。決して「我に来れ」との教はない。[21]

と述べるように、苦悩において聖賢を尋ねることの裏には、聖賢にすがろう頼ろうとする自我の甘えがあるのであって、そうではなく聖賢は、「一心帰命せよ」、一人の地獄一定を往け、としか語らないのである。我々は、現実生活における自身一人の宿業からどうにか楽になろうとして、聖賢の教えに依ろうとするのであるが、聖賢の教えをもってしても宿業の改善は許されないのである。

それでは師の教えの意義はどこにあるのかというと、曽我は善導が信の内景を説いた二河譬に、次のように聞思している。

我は善導大師の「二河白道喩」を読み、西に向ふ旅人なる求道者が、その初め教主の教説を聞かず、已にして貪瞋水火二河の前に立つて、死を決して、中間の白道を進まんとする一刹那に、東岸上の教主の教命を聞きたることを意味深く思ふ。而して此時聞きたる教主の言が西岸上に非ずして東岸上にあり、自己の背後に至ることを思ふて、茲に常在霊山の文字を偲ぶものである。（中略）而して現に自己内心の貪瞋二河と中間の本願白道とを自覚し、死の中に真生命を求め、四五寸の白道に進まんとする時、初めて現在の釈尊、常在霊山の釈尊の御声を聞くのである。而して此時に過去一切聖賢の御声を聞く。我等は此等の先賢は勿論今此自己の背面に居り給ふに驚くのである。(22)

自分から教主である聖賢の教えを聞こうとしても、それは聞こえることはない。なぜなら我々は自らの苦悩において聖賢の教えを聞こうとする時に、必ずその苦悩を解消するために聞こうとし、あるいはその聖賢の教えを概化して苦悩を処理するために聞いてしまうからである。つまりどこまでも得手に、自我を満たすため、楽になるためにしか教えを聞くことができないのである。そうではなく、ここに「死を決して、中間の白道を進まんとする」と述べられるように、自らの宿業因縁に降参することが先でなければならないのである。曽我は、その地獄一定において初めて、聖賢の教えの声が背後にあらわれることに驚くのだと述べる。

それでは、その「一刹那」が開かれるまでの師の教えというのは、全く何も意味を為さないのかというと、そうではない。曽我は、続けて次のように述べる。

我等は久しく先賢の御語を口にしつゝ、一度も御語を聞かなかつた。今や「汝、我に先ちて一心に往け、我等は汝の後より同じく進むべし」との御語も聞いたのである。『観経』下々品の逆悪の人が臨終に地獄一定を覚悟する時、始めて今更に善知識に遭ふたと云ふのは、彼れ豈に先きに教を聞かなかつたと云ふのではない、彼とても豈に全く善根がなからふや。彼とても豈に念仏せなかつたと云ふことが出来やうや。而も真の自己に接する一刹那の外に真の善智識に遭ふことは出来ず、又真の念仏もないのである。（中略）善知識に遭ひ、真の教を聞くと云ふは決して容易の事ではない。善知識の教を信ずると云ふことは教権者流の云ふやうに軽々しきことではない。唯自己に内省する刹那に善知識にあふのである。則ち自己に当面するものは即ち善知識に遭はねばならず、真の善知識に遭ふものは即ち一心正念の真の如来に直進せねばならぬ。(23)

「一刹那」の地獄一定の覚悟に立つまでは、真の念仏も真の善知識との値遇も有り得ず、先賢の言葉は聞いたことになっていないのである。しかしまた、その「一刹那」に踊り出るまでに先賢の教えをよく聴聞するという因縁がなければ、地獄一定の覚悟が発起することも有り得ず、何を思い何を為しても自我妄執の域を出ないであろう。本当に教えを真の教えとして決定づけ、真の善知識との値遇を果たすのは、自身に帰命の心の発起する一刹那以外にはないのだが、それにも必ず先に教えを聞いていることがなくては「一刹那」のおとずれようがないのである。すなわち、曽我は、地獄一定を覚悟する時に「過去一切聖賢の御声」が背面にいたことに驚くのだと述べているが、我々の聴聞道というのは、聞いて聞いて聞き溜めてきた先賢の教えが、苦労を通して自らの宿業に落在する時に初めて聞こえ、溢れ出てくるものなのだと思われる。真の善知識との値遇は、そのようにして果たされるのである。

そしてこれが「決して容易の事ではない」のだと曽我は述べる。たとえそのような獲信のプロセスが明白になっても、ひとたび自己一人の宿業において善知識との値遇を果たすという実際問題になると、「唯自己に内省する刹那」を実験するには、必ず信念を確立すべく悪戦苦闘することを潜らなければならないのである。

曽我は、二河譬への聞思を通して、次のように述べる。

我は「二河喩」に依りて善知識の意義を明にし得ることを感謝する。則ち善導大師の一念の信心の告白なる「二河喩」の文字は現在一念の信の上に過去未信の位をその後景とし、又未来の信後起行の位を前景として、三世を一念に観じ給ふことを観る。蓋し唯現在の信の一念に立て、始めて未信の過去と、已信の未来とあるのである。(24)

我々は、真の善知識の意義を明らかに知ることによって、仏道とは決して、「教権者流」に先賢の教えの奴隷となり、その念仏という面を被って生々しい自我を押し殺していこうとするものではなく、むしろ「師教」も「念仏」も間に合わないような、煩悩熾盛の一人の地獄一定に落在することだと知ることができるのである。

また曽我はここで、現在の一念において初めて未信の過去と已信の未来とがあるのであり、そのように自己の三世を一貫して観ぜられることを述べている。これは「田舎寺の研究生活」で、「一心帰命は曠劫以来現在に流転せる我を統一」する、と述べられていたことであろう。ここではそれが、未信の過去、すなわち私が迷っていたということも、已信の未来、すなわち私が自己の宿業そのままを荷負していくということも、現在の帰命の一念にしかないのだと述べられているのである。我々は、自我妄執の渦中にあるうちは、自分が覚っていないということも迷っているということも決定できずに、ただ流転しているだけである。そして本当に地獄一定の自覚がはっきりすることとは、そのような迷いを迷いとして知り、覚りを覚りとして知ることなのである。よって、偏に地獄一定を決定する現在の一念を、我が身にはっきりと実験することが急がれるのである。

曽我は、次のように述べていく。

我々は最早必堕地獄を期して、唯有一道を求めねばならぬ。我は徒に死を待つことは出来ぬ。我は虚偽の生に固執することはならぬ。(25)

「必堕地獄」「唯有一道」の事実に立たない流転のうちは、三世のどこにも自己がいない、「虚偽の生」なのである。

そして曽我は、そのような「必堕地獄」「唯有一道」が決定した獲信後の光景について、次のように述べている。

仁者廻り来れ、此道嶮悪にして過ぐるを得ず、死せんこと疑はず、我等衆て悪心ありて相向ふことなし、と。此人喚声を聞くと雖ども亦廻顧せず、一心に直に進んで道を念じて行けば、須臾に即ち西岸に到りて、永く諸難を離る。善友相見て愛楽已むことなし。

此は第四段で信後行業を示したものである。中に東岸の群賊喚言など一種の波瀾を添へてある所意味深い。蓋し信後生活と云ふも、畢竟信の一念より見たる信の前景に過ぎぬ。誠に信の前景は深々として春の海の如くである。(26)

ここに、地獄一定が真に自己の進むべき大道であると知れば、「信の前景は深々として春の海の如くである」と述べられる。そこには「東岸の群賊喚言など一種の波瀾を添へてある所意味深い」と注目されるように、「教権者流」に念仏をたのんで自我分裂の煩悩を覆い隠してしまうのではなく、群賊悪獣の煩悩は消えぬままに、それに囚われることのない無碍の大道として獲信の光景が開かれるのである。(27)「群賊喚言など一種の波瀾」がなくなるのであれば、それは出家して聖者となる「霊山法華の会座」の境地であろう。すでに確かめたように、釈尊はそのような悟りの境地を捨てたのである。そのような悟りの道は、赤裸々な現在の自己の事実とはかけ離れている。群賊悪獣の声が残りつつも、それに囚われず障碍されずに、それを妄執と知って自己一人の地獄一定の大道を闊歩できる、そこに「永く諸難を離る。善友相見て愛楽已むことなし」というような、聖衆も往った「一心帰命」の白道が開かれるのである。

このように二河譬によって善知識の意義の示唆を受けた曽我は、次のように結んでいく。

我等は釈尊の教ふる故に信ずるに非ず、又弥陀の招喚を預定して進むのではない。又死を決して先進するのである。死を恐れて逃避するのではない。死を決して真生命を求むるものである。而して此求むる心の前に弥陀は現はれ、その背に釈尊が励まして居らるゝ。豈に独り釈尊のみならんや。霊界の諸聖は皆我が背後に現はれて我を発遣し給ふ。

弥陀如来は決して我が背後より来れと喚び給はぬ。如来は必ず死を決して進む者の前に現はれ給ふ。我々の進むべき究竟の道が如来の大道である。如来の宗教は人生の逃避ではない。人生の逃避者は釈尊や親鸞の方に行かんとする人達である。されど聞け、釈尊は「行け」と命じ給ふ。若し夫れ釈尊にして「我に来れ」と命じたとすれば、それは教主善知識でなくて悪魔である。我は決して此に随ふてはならぬ。(28)

曽我は、「釈尊の教ふる故に信ずるに非ず、又弥陀の招喚を預定して進むのではない」と述べる。我々は生活において「自我分裂」する苦悩を超え、苦悩からのがれる道を師教に求め、念仏に求めようとするのだが、そのような仏教の聞き方の裏にあるのは、「弥陀の招喚を預定」する打算、すなわち、「私は仏教を聞けば救われるであろう」という打算であろう。あるいは「教権者流」に仏教を云々して、現実の事実の人生を「念仏」という面をもって美化し、誤魔化していくことである。そんなものはただの「人生の逃避」であって、決して仏道などではない。曽我が「死を決して真生命を求むる」と述べるように、娑婆の苦悩を解決しようとしたり誤魔化したり美化したりのがれようとしたりする根底にある、娑婆への執着自体を超えなければならないのである。真の先賢の教えは、地獄一定の背後にある「行け」との声であって、人生を逃避するためや、宿業生活の苦悩からのがれるための念仏でも師教でもないのである。

三 「光胎を出でゝ」――恩寵を離れよ――

真の善知識の意義を尋ねて、「聖者の後を逐ふ」人生の逃避ではなく、一人の「必堕地獄」「唯有一道」を往くべきことを二河譬に尋ね当てた曽我は、「光胎を出でゝ」（大正三年四月）という論稿において、ますます如来の恩寵を捨てて現実に立ち返るべきことを思索している。

常に大悲の遍照の光胎に、安らけくあらんと欲するは、我等の恐るべき妄念である。何故に赤裸々たる原始の自己に還らないのであるか。而して如来の原始的の大願心に触れないのであるか。われ等はただ恩寵裡に感謝の名目の下に、姑息の生活をすることは出来ない。われにして真に恩寵の真意義に到想したならば、われは直ちに恩寵の光胎を去らねばならぬ筈である。

若し恩の光泉に、平然として浴して居る人があるならば、これは現実の人生を終りたる人である。かかる人は未来永劫人生と懸絶して、再びこの生死の薗林に還ることのない人である。往相還相の二種を味ひ給ひた親鸞聖人は決してかゝる人ではなかつた。かれは永く華胎の裡に空しく満足する人でなかつた。かれは一躍如来正覚の蓮華より化生して、常に現実の人生海に如来の原始的本願を実験せんと企てられた。(29)

我々は如来の恩寵に預かれば、それは現実の業を担い得る恩寵なのであるから、その「恩寵の光胎」を離れて直ちに現実に還り、現実の業を尽くさなければならない。さらには、そこにおいてまた「実際の試金石」に逢い、至深至細に亘る「自我分裂」の苦悩に苛まれていくべきものであろう。しかしそうならずに、恩寵をもって「感謝の名目の下に」現実の苦悩を誤魔化し見ないようにすることを、曽我は、「姑息の生活」であり、「現実の人生を終りたる」人生の逃避者であって、「空しく満足」しているに過ぎないと喝破する。我々はともすれば、帰命の一念がはっきりすれば、もう娑婆を担い得て何が来てもやっていけるようになるのだと思い描くのであるが、帰命の一念とはあくまで一念の頷きであって、粛々と刻まれていく今現在の生活には役立つものではないのである。それゆえ、新たに一念に立ち返り続けなければならないのであって、曽我は、「必堕地獄」「唯有一道」に立った親鸞のみは「常に現実の人生海に如来の原始的本願を実験せんと企てられた」とするのである。

曽我はさらに次のように述べる。

『大無量寿経』に説きたる法蔵菩薩は尽十方無碍光如来の原始の御姿である。八万四千の光明相好の荘厳を取り除きたる如来の赤裸々の魂である。法蔵菩薩の誓願とは即ち如来の魂の語である。われ〳〵は皮相の光明相好の讃仰をやめて、直にその原始の御魂に接し、魂の御言を聞かねばならぬ。利剣の如き森厳なる法蔵菩薩の御語を聞かねばならぬ。外相は尽十方無碍光如来、内心は永劫の戦士として現在に生死海中に活動し給ふ菩薩である。菩薩は如来の根本の正体である。光明の如来は菩薩の仮りの姿である。われ〳〵は如来のかりの姿に固執してはならぬ。このかりの光明相好に固執することをば偶像崇拝の迷信と名くる。(30)

ここに、「光胎」などは「皮相の光明相好」であり、それは「かりの姿」であって、それに固執することは「偶像崇拝の迷信」に過ぎないとまで述べられる。帰命の一念において、如来の恩寵や法楽は確かにあるが、我々はそのような「かりの姿」に固執したり、ましてやそれが浄土真宗であるなどと騙されるようなことがあってはならないのである。すなわち、ありがたいという喜びの心境や、解放されたという恩寵などは、救済の根本正体ではないのである。仏道は、そのような「光胎」ではなく、「永劫の戦士として現在に生死海中に活動し給ふ菩薩」の精神にあるのである。

法蔵菩薩について、曽我は次のように述べる。

菩薩の御声は誠にかれの胸を破り、而してわれの胸を破る悽愴の叫である。此声は曠劫の妄我を破り殺す所の真の我の声である。誠に本願は我を招喚する如来の声であり、同時に如来を呼ぶ我の声である。それは単なる如来の声でもなく、単なる我の声でもなく、二者を合したる声でもなく、如来と我とが未だ分れず、対立せざる最も原始の声である。此を機法一体の本願と云ふ。機法一体とは機法対立の一体でなく、機法未分の原始の一体である。(31)

ここには、如来の根本の正体である法蔵菩薩の声とは、我々の内側の奥底からの「悽愴の叫」であり、それは流転する我々の曠劫已来の自我妄執すらも破ってくる声だと述べられる。我々は、自分で自分の自我妄執を知る由もなく、迷っているということさえ、自分で「迷っている」と決められるものではない。自分で決めてしまえば、それは妄念妄想に妄念妄想を重ねているだけだからである。そのような永遠に妄念妄想に囚われて流転する我々の妄念を破ってくるのは、娑婆の苦労であり、またそこにおいて絶対に救われないと内から湧いてくる正直な悽愴の叫びなのである。それこそが、我々を如来の恩寵に居座らせず、人生から逃避させずに、常に妄念妄想を破って現実界の今の宿業の事実に我々を引き戻すものであろう。そのように宿業からのがれることを許さない内からの悽愴の叫びこそが、妄念を破って本願力に帰らんとする真の我の声であり、また恩寵に沈む私を宿業にまで引き下ろして、宿業を荷負していかんとする法蔵菩薩の声なのである。「原始の自己」とされるような、絶対に救われない食雪鬼なる自己に帰る自覚のみが許されているのである。

四　「闇へ闇へ」――他力の大道――

以上のような田舎寺での仏道実践に基づいた研究生活を経て、曽我の信は、「闇へ闇へ」（大正五年四月）と題される論稿にまで研磨されていく。

過去は光の世界であり、未来は闇の世界である。しかして徒に闇を厭ひ光を欣ふて居る私は過去の世界に執蔵せらるゝものである。霊界の旅人は過去の光明界の化城を出でゝ、未来の闇黒の真土に進まねばならぬ。私は善導大師が二河譬に於て、旅人が群賊悪獣に逐はれて白道に向ふて進むと述べられたるを見て、私が自己の先覚者とし、光明として居る所の過去の世界を群賊悪獣の世界とせられたことを深く味はねばならぬのである。(32)

「過去の光明界の化城」とは、曽我にとっては「如来は我なり」との一連の感得であり、あるいはそのような本願の大道に立った先覚のことであろう。そして「未来の闇黒の真土」とは、一人の宿業因縁による現実の人生である。我々は、ともすれば現実の宿業の人生を超え、生死を超えるということを、如来の恩寵にあずかって光へ光へと向かうものと思い、それが宗教であるかのように思い描く。しかしすでに確かめてきたように、そのように思い描かれるのは、実際は念仏という面によって自身の宿業を塗りつぶすものであり、人生を逃避して、師教の教えにすがるものである。そのようなものは、すでに善導が群賊悪獣だとしているのである。だからそうではなく、仏道とは、常に過去の恩寵などという妄念妄想を破り捨てて、「悽愴の叫」と述べられるような現実の宿業因縁による人生へと立ち返るもの、すなわち闇へ闇へと向かうものなのである。あるいは、現実の宿業因縁こそが、我々の妄執を破って常にその現在の一念に立ち返らせるものであるとも言えよう。

曽我は、二河譬における信念確立の光景を追求して、次のように述べる。

全体旅人が意を決して「已に此道あり渡るべし」と今更に新しく真実の一道を発見したる時、此時群賊悪獣は全く居ないではないか。決意突進の一刹那に群賊悪獣は決して居ないのである。此一時は能く注意すべきことである。独り群賊悪獣が居ないのみならず、水火二河も前にないのである。決して二河もないのである。啻に群賊悪獣と水火二河とないのみならず、固定的なる旅人と云ふものも居ないのである。爾り此一刹那には旅人は居ないのである。誠に旅人が居ないから群賊悪獣も水火二河もないのである。群賊悪獣と水火二河とは畢竟旅人の二つの黒影である。旅人と云ふ個体ある限りは此二箇の黒影は必ず前後に囲繞する。誠に新に白道を発見したる一刹那には「二河譬」の光景は茲に一大転化して居るを見よ。旅人も賊獣も二河もない茫々たる大宇宙に存するものは唯一白道があるばかりである。(33)

ここに曽我は、「必堕地獄」「唯有一道」における「已に此道あり渡るべし」の決意の一刹那には、群賊悪獣もなく、水火二河もなく、また旅人もいないことを二河譬から読み取り、そこから「群賊悪獣と水火二河とは畢竟旅人の二つの黒影」であると尋ね当てている。恩寵に沈み、光に向かおうとすることを指す群賊悪獣も、妄念に覆われて煩悩熾盛であることを指す水火二河も、「旅人」なる我々とは別にあって我々を迷わせるものなのではなく、切り捨てることのできない我々の一部なのである。それなのに我々は、曽我が「旅人と云ふ個体ある限りは此二箇の黒影は必ず前後に囲繞する」と述べるように、私という「旅人」と別個のものとしてこれを慮り、そこからのがれようとするから、かえって群賊悪獣に囚われ、水火二河に惑わされているのである。

曽我は、そのような「固定的なる旅人」が居なければ、群賊悪獣も水火二河も旅人も「一大転化」して「唯一白道があるばかりである」と述べる。またそのような論調から、「唯一白道」の発見は、賊獣・二河をも、「旅人」なる自己をも超えた「茫々たる大宇宙」という大法林に触れることでもあるのだと読み取ることができる。

曽我は、次のように続ける。

是白道の上に旅人の全人格が表現せられて在る。決意の一念、信の一念には旅人は居ない。旅人の念中に旅人は居ない。旅人の念中には唯白道あるばかり。此が一心帰命である。此が真実の願往生の心である。(34)

真実の願往生心とは、決して群賊悪獣や水火二河の娑婆において、そこを離れて浄土に生まれることを願うものではないのである。そのような願往生心は、「旅人の念中に旅人は居」るというような、自己をも賊獣・二河をも概念化した観念でしかない。真実の願往生心とは、むしろ光の世界である過去に執蔵せらるることを離れて闇である未来へと進む「決意の一念」、すなわち宿業に落在する「一心帰命」であり、そこに観念ではない実際の全人格が露わになるのである。

それについて、曽我は、続けて次のように述べる。

真実の願往生心は水火二河中にある如くして実は水火二河を超越して此を包み、全我を包容統一して本願の一道に向はしむる。則ち東岸にたゝずむ時に二河中に願往生心の白道、此願往生心の白道は如来願力の表現であるけれども、我等自ら此を局限して単に二河中間の一道に過ぎずとする。而して此自己の願往生心をながめて居る。自分を貪瞋の煩悩と願往生心の信仰と、霊肉二元に区分して見て居る間は到底自力の見地である。畢竟固定せる自己と云ふものが居る間は我は一歩も進むことは出来ぬ。(35)

このように、願往生心であり、本願の大道である白道を、群賊悪獣や二河の煩悩を避けて通る一つの細い道のように眺めている内は「自力の見地」であり、そのようなところでいくら宿業の現実に立ち返るのだと思ってみたところで言い聞かせにしかならない。それでは群賊悪獣と水火二河は消さんとして消えないのである。我々は群賊悪獣や水火二河からのがれるために、それを滅しなければならないと考えるのであるが、そのように思い描かれる白道は、実際の伴わない自力の妄念妄想の見地である。

そうではなく曽我は、水火二河の煩悩と願往生心の白道とは本当は区分されないものであり、そのような真実の願往生心とは、「水火二河中にある如くして実は水火二河を超越して此を包み、全我を包容統一」するものであると述べている。すなわち我々は一人の「必堕地獄」に立つことが先決なのであり、それは決して先覚に依頼する群賊悪獣を排除するのでも、振り回される妄念妄想の二河を消滅させるのでもなく、自身の中にある群賊悪獣を群賊悪獣と知り、妄念妄想を妄念妄想と知ることで、群賊悪獣をも水火二河をもそのまま包んで、それに囚われなくなることである。それを曽我は、「全人格の表現」と述べるのである。そこに「固定せる自己」というものがなくなって、煩悩に迷ってもよし、迷わなくてもよしとの無碍道が開かれる。ただ今の事実があるだけだということに頷ける「全人格の表現」への落在が、「超越」とされ、「唯一白道があるばかり」とされるような真実の願往生心なのである。

曽我は、

即ち白道の願心も真の願心ではなく、過去の自力の善根に過ぎぬのである。真実の願往生心は如来本願の大道を専念して自己の願往生心を忘るゝ所に在る。(36)

と述べる。我々は、聞いた仏教によって、恩寵を離れて現実の一人の宿業に帰らなければならないとか、煩悩に惑わされない唯一道に立たなければならないなどと、すぐに自己改善的な仏道を思い描くのであるが、それは所詮過去に聞いた善根によって作り上げた自力の局限に過ぎない。そうではなく、曽我が「真実の願往生心は如来本願の大道を専念して自己の願往生心を忘るゝ所に在る」と述べるように、そんな概念化された「教権者流」の仏教などは「自力の見地」にすぎなかったと驚いて大放擲する一念にこそ、宿業に帰る真の唯一道を発見するのである。それは言うなれば、迷ってもよし、覚ってもよし、の宿業そのままの世界である。これこそが、「闇へ闇へ」と述べられる、現在の闇に立っていく仏道なのである。

曽我は、次のように結ぶ。

我等は固定せる仏身光明の母胎を出で丶、いさましくも如来本願の白道を進んで如来の浄土を拡張せねばならぬ。か丶る人をこそ遍照の光明は摂取して捨てないのである。徒に光明の観念界に酔ふ人は真実の自我なければ光明は此を摂取せず、光明の観念界を背景としていさましくも現実生死海に念仏の利剣を振ふて進む人こそ、光は背より摂取し給ふ。（中略）「二河譬」は畢竟光明の観念世界から醒めて、生死現実の闇黒の世界に念仏の燈火を掲げることを示すものである。光から闇へ、闇へ闇へ、此が他力の大道である。(37)

自力で局限して自分で考えている群賊悪獣や二河の煩悩、あるいは白道などは、過去の光明の観念界にすぎない。仏道の最大の敵は「固定せる仏身光明の母胎」、すなわち「自力の見地」によって仏教をわかってしまうこと、わかろうとすることである。そのような過去の「光明の観念世界」などは直ちに捨てて、常に「生死現実の闇黒の世界」に帰り、固定されることのないただの業人となっていくところに、他力の大道があるのである。

結

本稿では、獲信以降の曽我の論稿に、信念を確立して以降の悪戦苦闘の仏道の歩みが如何なるものであるかを尋ねてきた。「食雪鬼の自覚」や「地上の救主」に窺うことができたような、いわゆる摂取不捨の救済とは、仏道の到達点というよりも、むしろ仏道の歩みを開く契機とでも言うべきものであり、そのような「如来の願行の少分を実験」することを通してこそ、いよいよ至深至細に亘る自力執心における悪戦苦闘の聴聞道が始まるのである。

「田舎寺の研究生活」からは、「試金石」と述べられるような、「六塵の夢」を破って我々を仏道に立たしめる自我妄執の苦悩を尋ねた。「出山の釈尊を念じて」では善知識の意義を尋ねたが、我々は弥陀の招喚を預定して聖賢の教えの奴隷となるのではなく、常にただ一人の地獄一定の自覚に立つことが先決であることが確かめられた。「光胎を出で、」からは、恩寵などは如来の「かりの姿」であり、内なる「悽愴の叫」こそが現実の宿業に躍動する如来の根本正体であることが述べられていた。そして「闇へ闇へ」では、「自己の願往生心を忘る、」と述べられるように、自ら局限するということを放擲し、仏教すらも放擲して現在の宿業因縁の事実に帰り、ただの業人に帰ってしまうという、闇へ闇へと進むのが、他力の大道であることが確かめられた。

曽我はこれらのような越後での研究生活を終えた直後に、「祖聖を憶ひつ、」（大正五年十二月）という論稿を発表しているが、そこには次のように述べられている。

往相の人は現実を後にして専念理想界を逐ふ人で、還相の人は理想界から現実界に還来する人、どこまでも理想を現実の裡に求めて行く真の現実の人である。今日私と交渉し、私が為めに活き居られる親鸞は決して往相の人ではなく、実に還相回向の人としての親鸞である。還相回向は外面的には往相回向の影で、往相こそ実物の如く思はるれども、まことは往相をして真に往相たらしむる真の生命は還相に在る。還相は往相の内的生命であり、往相は還相の生命発露の外相に外ならぬ。未だ浄土往生せぬものは虚妄の人間、単なる娑婆の人生は夢幻の人生で、浄土から還来してこそ真の人間で、還来穢国の生活こそ真の生活である。(38)

ここに曽我は、往相は「現実を後にして専念理想界を逐ふ」ことであり、還相は「どこまでも理想を現実の裡に求めて行く」ことであるとした上で、「往相をして真に往相たらしむる真の生命は還相に在る」と述べて、還相こそより根本であることを述べる。そしてその往相還相の関係を「還相は往相の内的生命であり、往相は還相の生命発露の外相に外ならぬ」とした上で、還相である「理想を現実の裡に求めて行く」ことにこそ「真の生活」があると述べるのである。ここに、これまで曽我の論稿に尋ねたような、郷里越後での一貫された求道実践が帰着しているように思われる。仏道とは決して理想の光へ向かうものではなく、現実の「闇へ闇へ」と立ち返っていくものなのである。すなわち、娑婆の「夢幻の人生」から浄土に生まれんとするという「現実を後にして専念理想界を逐ふ」往相の仏道とは、実は常に「理想界から現実界に還来」し、「どこまでも理想を現実の裡に求めて行く真の現実の人」として結実していくのであり、仏道とは常に過去の光の世界を捨てて、闇へ闇へと向かう現在に目覚めていくものなのであった。それは「原始の自己」や「原始的の大願心」などと何度も述べられていたように、赤裸々な業人に帰っていくものである。ここに一切を放擲して泣き笑うことのできる他力の大道が開かれている。

〔註〕
(1)「地上の救主」『曽我量深選集』第二巻、彌生書房、四〇八頁。
(2)「食雪鬼、米搗男、新兵」『精神界』第十二年第三号、精神界發行所。
(3) 同前。
(4)「地上の救主」『曽我量深選集』第二巻、四一三～四一四頁。
(5)『大経』『真宗聖典』東本願寺出版部、一四頁。
(6) 同前、一三頁。
(7)「地上の救主」『曽我量深選集』第二巻、四一四頁。
(8)「田舎寺の研究生活」『曽我量深選集』第三巻、五六～五七頁。

(9)『教行信証』「化身土巻」『真宗聖典』、三五六頁。
(10)「田舎寺の研究生活」『曽我量深選集』第三巻、五七頁。
(11)『教行信証』「化身土巻」『真宗聖典』、三四六頁。
(12)「田舎寺の研究生活」『曽我量深選集』第三巻、五七頁。
(13)同前。
(14)同前、五九頁。
(15)同前、五八頁。
(16)同前、五九頁。
(17)同前。
(18)同前。
(19)同前、六〇頁。
(20)「出山の釈尊を念じて」『曽我量深選集』第三巻、五～六頁。
(21)同前、七頁。
(22)同前。
(23)同前、七～八頁。
(24)同前、八頁。
(25)同前、一〇頁。
(26)同前、一一頁。
(27)清沢満之は、『臘扇記』の十月二十四日の記述において、

自己トハ他ナシ　絶対無限ノ妙用に乗托シテ任運ニ法爾ニ此境遇ニ落在セルモノ即チ是ナリ（『臘扇記』『清沢満之全集』第八巻、岩波書店、三六三頁）。

という、絶対他力の大道に踊り出て、

只夫レ絶対無限ニ乗托ス　故ニ死生ノ事亦憂フルニ足ラス　死生尚且ツ憂フルニ足ラス　如何ニ況ンヤ此ヨリ而下ナル事件ニ於テオヤ　追放可ナリ　獄牢甘ンズベシ　誹謗擯斥許多ノ凌辱豈ニ意ニ介スベキモノアランヤ

否之ヲ憂フルト雖トモ之ヲ意ニ介スト雖トモ吾人ハ之ヲ如何トモスル能ハサルナリ　我人ハ寧ロ只管絶対無限ノ吾人ニ賦与セルモノヲ楽マンカナ（同前）

と述べる。この清沢満之における信念確立の表明にも「否之ヲ憂フルト雖トモ之ヲ意ニ介スト雖トモ吾人ハ之ヲ如何トモスル能ハサルナリ」と述べられているように、信を得ることは「意ニ介ス」という群賊悪獣の喚言が止むことではない。そうではなく、「意ニ介ス」という自己のままに、それをも「吾人ニ賦与セルモノ」として、「楽マンカナ」としていけるのである。すなわち「意ニ介ス」ことに囚われない無碍の大道が開かれることなのである。ここにも曽我が、「信の前景は深々として春の海の如くである」と述べる信後の光景が窺える。

(28)「出山の釈尊を念じて」『曽我量深選集』第三巻、一一～一二頁。
(29)「光胎を出で、」『曽我量深選集』第三巻、一一～一二頁。
(30)同前、一二頁。
(31)同前、一三頁。
(32)「闇へ闇へ」『曽我量深選集』第三巻、八八頁。
(33)同前、八九頁。
(34)同前。
(35)同前、八九～九〇頁。
(36)同前、九〇頁。
(37)同前、九二頁。
(38)「祖聖を憶ひつ、」『曽我量深選集』第三巻、一〇〇頁。

「曽我教学」

水島見一

一　はじめに…値遇の意味

親鸞は、法蔵菩薩建立の本願が説かれている『大無量寿経』を真実教とする。親鸞は自己の信の一念を、「念仏もうさんとおもいたつこころのおこるとき(1)」と述懐するが、それは自己の宿業の身における法蔵菩薩の実験であった。

親鸞は生涯にわたって宿業の我が身における本願の自覚的実験に身を投じ、その内実を「三一問答」や「三願転入」として開顕した。親鸞の本願の自覚は、法然との面授に由縁する。法然との値遇において「本願に帰す(2)」との感得を得た親鸞は、「師教の恩厚(3)」に感謝する。「よきひとのおおせをかぶりて、信ずるほかに別の子細なきなり(4)」と述懐することのできる師との面授は、法蔵菩薩を我が身に実験するためには絶対的に不可欠な出来事であった。

曽我量深にとっての「よきひと」とは、清沢満之である。信の一念を確立するためには、親鸞には法然が、曽我には清沢が、というように、面授の「よきひと」が必要なのである。しかしそれに対して、清沢や法然、さらには釈尊は、面授の「よきひと」を有していないのではないのか、という疑問が起こってくる。このような疑問に対し

て、曽我は、「釈尊善導源空の如きは恐くは霊界史上の大天才」[5]と言い切り、それに対して自己は、

悲むべし我は極愚の凡夫であつた[6]

と述べるのである。そして、

不幸にして七百年前の聖者の教説は、専ら物質界に迷執しつゝある我等の俚耳に入らぬのであつた。[7]

と、面授のない親鸞との歴史的距離感のあることを「不幸」と言い、さらに、

過去の偉人に対する時は、特に顕著なる殆ど奇遇的なる功業、その目立ちたる性情技芸教説等に驚嘆して、最も重要なる信念の秘密の鍵を握ることは殆ど不可能の難事である。[8]

と述べて、師との面授が「信念の秘密の鍵を握る」と断言する。凡夫は聖者の偉人天才であることに驚嘆するも、しかしそれでは凡夫は救われない。その実態を、親鸞は「定散の自心に迷いて金剛の真信に昏し」[9]と述懐した。ところで、曽我の言う「信念の秘密の鍵」とは何であろうか。思うに、それは「宿業共感」にあるのではなかろうか。自己の苦悩の因である宿業に共感してくださるのは、私の面前で自己の宿業を生きてみせてくださっている面授の師である。「宿業共感」せしめる人格こそ「信念の秘密の鍵」でなければならないのである。

したがって、曽我は、

念仏往生の問題は難思の大問題である。故に高尚なる人格と離れて思惟することが出来ぬ。法然聖人の人格を信頼して、その人格の源泉たる信界の事実初めて証認せらる、事となる。而して信界の事実証認せられて更にその人格を見る時、彼は宛然として大勢至菩薩の化現となりたのである。宗祖親鸞猶親教の善知識を重んじ給ふ、況んや凡愚底下の我々は特に深く我先師の鴻恩を感謝せざるを得ぬことであります。[10]

として、「難思」、すなわちどこまでも仏智疑惑に沈み、絶対的に往生不可なる第二十願の問題は、「高尚なる人格」

によってのみ超克されることを訴える。ここで言う「信界の事実」とは宿業共感であろう。ここに難思議往生の鍵がある。宿業の凡夫親鸞は、同じく宿業の凡夫法然と宿業共感することで救済される。それが、「凡愚底下の我々は特に深く我先師の鴻恩を感謝せざるを得ぬことであります」との感興であった。曽我は、遺憾なく清沢を讃仰する。

若し清沢先生がなかりせば、今や他力真宗全く教育ある人士の一顧をすら得ないやうになりたかも知れぬと思ふ。絶対他力の大道に付て我々が今確固なる信念を有するは一に先生の鴻恩である。我等が此物質万能の世の中、積極主義に狂奔する世の中に、兎に角精神主義消極主義の天地に満足せんと求むることは、偏に先師の御教訓である。世の人が信念問題と学理問題とを混同し、宗教と倫理道徳とを混乱して煩悶して居るに際し、我々は超然として絶対信念の領域に満足し、世人が社会の改良を絶叫しつゝあるに当りて、我等は専ら自己救済の光栄を感謝し讃仰の生活を営みつゝあるは、何たる幸福ぞや。一に皆我先生を通して下されたる大悲如来の賜物と信じます。(11)

「清沢先生がなかりせば」、親鸞の思想を「学理問題」として理解できても、「信念問題」として受領することは容易ではない。「信念問題」において我々が「絶対信念の領域」に身を置き「幸福」を実感し得るのは、偏に清沢満之の「鴻恩」である。清沢との面授を経ての「信念問題」において、今親鸞は蘇る。曽我は次のように述べている。

平凡なる親鸞聖人も亦初め到底此天才的自覚を解するを得なかつたが、『選択集』を読んで、ふと三心章に至り、「当知生死之家以疑為所止涅槃之城以信為能入」の文に至りて、初めて生死涅槃迷悟の区別は疑と信との問題である、則ち念仏正定業が本願に順ずるは全く学問の理窟ではなくして全く宗教の問題である、即ち信の事実である、斯く信ずるのであつて知るのではない、則ち是れ絶対不可思議の事実である、是を信ずるとは有限の我心が絶対界と一致するのでない乎、絶対界は則ち涅槃城でない乎、此に至りて平凡なる我聖人は一躍して大天才の師法然聖人と同一の地位に達せられたのである。(12)

凡人は凡人なるが故に、「学理問題」を放棄して「信念問題」に立たなければならない。「信念問題」は、この身この生において「信ずる」という事実であり、涅槃城への道に立つことである。曽我の清沢との値遇の意味は、ここにあった。

曽我量深は、さらに「信ずる」という事実について、凡人に立って述懐する。

想へば私は慚愧に堪へぬ。私は独り御生前に於て疑謗したのみならず、今も亦疑謗を断じ得ぬのであある。私は先月廿二日に浩々洞に行き先生の御筆なる「不生則不死」の文字を以て浅薄なる話として忽ち誇りたことであつた。けれども深く想へば、古来の聖賢の自覚亦此に過ぎぬではない乎。道は邇きに在る。我は一に生を愛執し、何時までも生き得る様に思ひ、死を厭ふものである。此れ一に生を我とし死を我の終りとするものである。かくて生にくゝらるゝものは同時に死に苦しめらるゝものである。先生則ち死を以て亦生と同じく我の一面とし、かくて初めて死生の外に霊存することを信じ給ひた。されば先生の深玄なる信念は何ぞ知らん此平凡なる「不生則不死」なる文字の裡にあらんとは。かくて我は徹頭徹尾疑の子である。悲しむべき極である。けれども深く考ふれば、信ずるものは信に依りて先生を忘れず、疑ふ者は疑に依りて先生を忘れぬことが出来る。疑もつまり先生を憶念する一大善巧に外ならぬのである。想へば疑は無意識の信であり、信は無意識の疑である。われが先生を疑ふは已にその中心に潜在せる信念あるを証するのである。感謝極りなきことでありまます。(13)

曽我は清沢との値遇において、自己の徹頭徹尾「疑の子」であることを知らしめられたと告白する。師は信ずる対象ではない。そうではなく、師は自己の内に潜む「無意識の疑」を教えてやまない。我の中に潜む「無意識の疑」の自覚は、我々の信念確立の関門である。「疑の子」を教示するのは面授の師であり、「疑の子」という第二十願の自己の自覚は、信念確立にとってエポックである。

まことに、曽我量深が清沢満之と面授することで自らを「疑の子」、つまり第二十願に苦悩する自己と見定めた事実は、我々の信念確立のためには、何ものにも代えがたいものであった。我が信念とは、「涅槃之城以信為能入」との実験である。曽我にとって清沢との出遇いは、ひとえに親鸞への直道の開顕であり、法蔵菩薩との共感の事実である。この事実を「疑ふ者は疑に依りて先生を忘れぬことが出来る」と言い放つのである。曽我の九十七年の生涯は、清沢満之との値遇を経ての「疑の子」の自覚と、法蔵菩薩との共感に収斂されよう。それを、私は「曽我教学」と称したいと思うのである。

二 「曽我教学」

「曽我教学」との言葉を最初に用いた安田理深は次のように述べている。

曽我先生を通してわれわれはどういうことを教えられたか、端的にいってそれは感の教学というものでないかと私は思う。知るという知の教学に対して感の教学、そこに理知的には表象的にしか解らなかったものが、始めて明証的に覚証的にはっきりしてくる。これ迄遠く自己の外に対象的に探し求めていたものが、近く自己内面の事実として見出されてくる。それもやはり知られるには違いないが、理知的に把握して知るのではなく感

知する、感というのは近く内面の事実としてなるほどこれであったか、と知られることである。(14)

「感の教学」とは「自己内面の事実」として「明証的」「覚証的」に了解することであり、先の曽我の言葉で言えば「学理問題」を超えた「信念問題」である。それを安田は、自己内面における「なるほどこれであったか」との感知であるとしている。したがって安田は、

（曽我）先生を通して始めて親鸞の言葉の、生気溌剌たる意味が明瞭になったということが曽我先生の感の教学、(15)

と位置付ける。安田によれば、親鸞の言葉が我が身において、生気がみなぎり溌剌とはたらくのが「感の教学」である。それは自己の主観的事実として、法蔵菩薩が自己信念の主体となることの解明であり、したがって「本願に帰す」の教学である。それ故「感の教学」は、我々が宗教的信念を確立するための教学であり、理知を超えて宿業共感を本質とするものである。『歎異抄』「述懐章」で言えば、「そくばくの業」を有する「親鸞一人」を「たすけんとおぼしめしたちける本願」への、「かたじけな」いとの了解である。(16)法蔵菩薩の宿業の身における実験であり、本願との共感である。その心境を蓮如は、「阿弥陀如来御身労(17)」と言い、清沢は「絶対無限ノ妙用ニ乗托シテ(18)」と唱えるのである。それは安田がいみじくも、

宿業に苦悩する人間として、本能的に、飽くことなく、執拗に思索された先生であった。ものがちがうのは本能や宿業の教理についての教学であるのでなくして、宿業の苦悩にあえぎながら、本能となって思惟された、そこに法蔵魂が生きている、この生きた思惟の現存が圧するが如き権威をもって迫るのであると思います。先生は徹底的に理知を批判されたのでありますが、これも先生にとって自己批判であった。先生の思惟の態度は理知との苦闘であった。先生にとって自己の問題以外に何もなかったのである、一切は自己の問題であったと

思うのであります。[19]

と述べる通りである。「曽我教学」は信念確立の鍵なのである。

さて安田は、「曽我教学」の教学的構造を、次のように明らかにする。

曽我教学という何か自分の特殊な教理を主張するという意味での教学ではなく、却って自分を超えた法の本来的な秩序を判明にするという意味の教学である。あくまでも親鸞教学、われわれの存在も存在の意味の自覚も、すべて本願の廻向成就として、本願のロゴスたるみ名にたまわるという、その仏法をそのまま何ものも附け加えることなく裸で触れられたのが先生であったと思う。親鸞教学は実は親鸞をも超えている。親鸞は裸でそれに触れた。先生もその親鸞を通してこの本来的に超越的な存在に触れられたのである。（中略）本願という自己を内に超えたものを自分の外に対象化して概念的に捉えるのではなく、逆に本願によって本願の内に自分というものを見出してくる。そしてそれを生命としてそれに生きるという仕方でそれを知るためには、人間は一切の理知の分別から裸にならねばならぬ。裸になって知るのが感覚である。[20]

「曽我教学」とは「自分を超えた法の本来的な秩序を判明にする」教学であり、「本願の廻向成就として、本願のロゴスたるみ名にたまわる」ことを自身に明らかにすること、としている。それは理知的分別から解放された生命張る教学であり、法蔵菩薩の衆生への「欲生我国」の呼びかけに応答した、釈尊の「願生彼国」という教言との感応である。したがって、安田は、

願生というところに、感の教学体系を成立せしめる原理がある[21]

と述べ、また、

願生とか欲生とかは純粋感覚の教学の原理を表現しているものであって、純粋知性の教学にはこれをみること

が出来ないのである。(22)

と陳述する。ここに「曽我教学」の神髄がある。しかして安田は、

釈尊に帰れとか、親鸞に帰れというのはやはり途中である。もっともっと根源へ遡らなければならぬ。根源に帰る、過去に帰るのでなく自己の根源に帰らなければならぬ。自己の原始性を恢復しなければならぬ。わが親鸞教学に如来の本願といい因位の願という、それこそ自己の根源、Ursprung というものだと思う。(23)

と述べるように、「曽我教学」とは自己の根源に帰る教学であり、欲生心に帰る教学である。すなわち、自己の原始性の恢復の教学であり、それは理性によって限定するのではなく、逆に自己の「存在の向うより自己限定してくるもの」(24)である。すなわち自己の信念確立の根源の尋求こそが「曽我教学」の根本命題なのであり、それを安田は「今日の教学の根本課題である」(25)と述べるのである。

欲生と願生の感応道交によって自己の根源に帰る。具体的には曽我の生涯を一貫する法蔵菩薩の思索である。そして、それを起源に、「親鸞の仏教史観」、「感応道交」、「宿業本能」、「分水嶺の本願」、「象徴世界観」などに代表される「曽我教学」が誕生した。

三　「曽我教学」の根幹…法蔵菩薩

安田は、次のように「曽我教学」を分類する。

先生の教学にもし前期、後期というようなことがいい得るとするならば、前期は自覚自証の教学ということが出来るかも知れません。『救済と自証』という書の題目がよくこれを語っていると思います。これに対して後

期に於ては、感覚感情ということが特徴かと思うのですが、どんなものでしょう。勿論後期になって自覚の教学がなくなったのではない。自覚の教学ということは一貫しているのである。法蔵菩薩とか阿頼耶識とかいうことが繰り返し述べられていますが、つまり神話的な法蔵菩薩を自覚的に見てくるということかと思います。欲生ということが非神話化を通して解明され、阿弥陀仏の救済というものを、欲生の自覚によって証明するという思想的事業であったかと考えられます。これは晩年まで一貫しているのでありますが、後期になると宿業とか本能とかという問題が情熱的に取り上げられています。これがつまり感覚ということになるのではないかと思うのです。理知を否定して本能の感覚的能力というものを、明らかにして下されてあります。これによって自覚というものが、知的自覚というよりも感覚的自覚として明らかにされてきたということが出来ましょう。(26)

安田に従えば、「曽我教学」は、大きく前期と後期に分けられる。「前期」は、六十歳還暦記念講演の「親鸞の仏教史観」に至るまでの、清沢との値遇に基づく緻密な法蔵菩薩の自覚自証の思索の展開を指すと考えられる。代表的論考としては、「地上の救主」や「如来表現の範疇としての三心観」等があげられよう。

一方「後期」では、「親鸞の仏教史観」以降の「感覚感情」の思索が熟成・展開されている。代表的な論考としては、「親鸞の仏教史観」の他に、金子大榮の還暦記念における「感応道交」、そして曽我の代表的論考と言うべき「歎異抄聴記」、さらには戦後の『真人』に寄せられた論考等が挙げられる。安田の言うように、「理知を否定して本能の感覚的能力」が如何なく発揮されたのが後期である。

文中で安田が、曽我の仏道の晩年にまで一貫するものを、「神話的な法蔵菩薩を自覚的に見てくる」ところにあり、すなわち欲生心の自覚的明証であるとしている。それは、曽我の清沢との値遇による、法蔵菩薩の主体的了解であろう。

曽我は、清沢の歴史的意義を明かした「清沢満之先生」に、次のように述べている。

一切報いてしまつたという了解のもとに、講録は出来ていると、講録を読むたびに思うのであります。そういうことで、西方極楽浄土や、阿弥陀如来を考えて、果して本当に了解が出来るかどうか。それでは阿弥陀如来や浄土と、現実に生きて苦しんでいる我々とは、因縁が切れてしまうではないか。どうして仏が解らなくなつたのかというと、つまりは、仏と我々が縁もゆかりもなくなつたからなのである。報身も報土も過去化してしまつたからである。(27)

曽我によれば、清沢出現の歴史的意義は、生命力ある親鸞教学の回復にあった。江戸宗学では、如来や浄土はすでに報われてしまったものとしているため、「現実に生きて苦しんでいる我々」から乖離している、と曽我は指摘する。宗教的生命は、如来や浄土を我が身に実験するところに潑剌とする。それは清沢満之が、我が身が現に「救済されつゝある」(28)と述懐する、法蔵菩薩の実験である。法蔵菩薩は現実を生きる我々の信仰主体となって我々と共に歩むものであり、したがって、すでに完成し「過去化」した如来や浄土は、学理であり理想であっても、苦悩の我々と縁もゆかりもなくなるのである。「曽我教学」は、法蔵菩薩を我々の宿業の身において実験する教学である。

このような「曽我教学」について、金子は、曽我の還暦記念講演会での挨拶で、次のように述べている。

若し先生がお出でにならなかつたならば、吾々は本当に仏教と云ふものを理解することが出来たかどうか、本当に浄土真宗と云ふものを自分の身に著けることが出来たかどうかと云ふことを思つてみますと云ふと、若し今日生れ合せなかつたならば、恐らく私共は此長い間の仏教の本当の伝統の精神を唯因襲のまゝで受け取つて居るか、或はどうしても受け取ることが出来なくて迷うて居るか、どちらかに終つたであらうと思ふのであり

ます。(29)

法蔵菩薩を因襲的真宗から解放する、それを目の当たりに見せてくれたのが曽我であったとしている。

また安田は、曽我の三回忌を迎えて、次のように述べている。

先生に就いて驚嘆を感ずることは、それにふれればふれるほど驚嘆の念を禁じ得ないことは、そこに、先生の個人というものと、同時にその個人を突破したものがあること、個人と密に結合して個人を超えたものが表現されていることとである

先生の言葉は従如来生である、人間から起っているのではない、如来から起っている　具体的にいえば本願から生起している、先生の存在が本願成就であるということである、これは先生が偉いからではない、むしろその逆である、先生は衆生となって如来を証明された方である。(30)

曽我は本願成就の人であり、法蔵菩薩を我が身に具現化した人だと述べている。

そして松原祐善は、

曽我先生は専門に『成唯識論』の法相の学をされておられますが、その唯識論でいう阿頼耶識という自覚のところに法蔵菩薩というものをいただくのだといわれます。阿頼耶識は法蔵菩薩だといただく、これを非神話化というのですが、神話を非神話化して自分の自覚の上にいただくところに、神話を打ち消すのではなく、法蔵菩薩の物語を打ち消すのではなくて、法蔵菩薩のほんとうの精神というものをいただく。つまりそれは、法蔵菩薩の物語が私の生活に生きて、我々の信心の根本の主体となるのです。「信に死して願に生きよ」と曽我先生がおっしゃる、その願というのは法蔵菩薩のことです。(31)

と述べて、曽我の生涯の仏道課題が法蔵菩薩に生きることであったことを明かしている。

このように、金子、安田、松原という曽我を尊敬し師事した三氏が、それぞれ表現は違えども、いずれも曽我に生きた法蔵菩薩を仰いでいるのである。

四 「曽我教学」の淵源…清沢満之の「法蔵菩薩」観

近代の真宗教学を鑑みる時、清沢の果たした役割は大きかった。親鸞の仏道を近代人の足下に復活せしめたからである。

親鸞は『大無量寿経』を「如来の本願を説きて、経の宗致とす」[32]と仰いでいる。何故なら、法蔵菩薩の「無上殊勝の願」[33]が我々を救済する原理であるからである。それを清沢満之は「我信念」に、次のように述べている。

私の信念は、大略此の如きものである、第一の点より云へば、如来は、私に対する無限の慈悲である、第二の点より云へば、如来は、私に対する無限の智慧である、第三の点より云へば、如来は、私に対する無限の能力である、斯くして、私の信念は、無限の慈悲と無限の智慧と無限の能力との実在を信ずるのである、無限の慈悲なるが故に、信念確定の其時より、如来は、私をして直に平穏と安楽とを得せしめたまう、私の信ずる如来は、来世を待たず、現世に於て既に大なる幸福を私に与へたまう、[34]

衆生救済の原理が、如来の我に対する「無限の慈悲」、「無限の智慧」、「無限の能力」であることを明らかにしている。曽我に一貫する法蔵菩薩に対する思索は、このような清沢に導かれてのものであった。

清沢は『大無量寿経』の本格的な読誦を目前にして死去した。そのため、法蔵菩薩の体系的な思索は、清沢には見受けられない。だが一八八八（明治二十一）年、帝国大学での研究者の道を放擲して京都府尋常中学校校長に就任した清沢は、二年後の明治三十三年に「真宗の僧風は次第に衰頽せり」[35]として校長を辞しミニマムポッシブルの制欲生活に入り、「信願要義」を記す。そこにおいて清沢満之は、次のように「法蔵比丘」を推求する。

釈尊の応身仏たる事も信認し得べく、阿弥陀仏の現在安養も、誰か敢へて疑はんや、只法蔵比丘の発願摂化少しく未だ氷釈せざる処ある歟。然れども釈尊の仏陀たる事を確信すれば豈に金口の実説を疑ふべけんや。[36]

「実際ノ発作」[37]における「法蔵比丘の発願摂化」に「氷釈せざる処ある」と述べている。清沢は、真宗再興のための実験生活において、つまり自己の宗教的信念の確立のために、法蔵菩薩を尋ねていたのである。

さらに結核療養のために垂水に赴いた際に綴った、真宗教義の概要をまとめた『在床懺悔録』には、次のように法蔵菩薩が思索されている。先ず「（一）「仏陀ト因果」」を見てみよう。

仏陀（特ニ阿弥陀仏）ハ其本体固ヨリ絶対ナリト雖トモ其衆生ニ対スル場合或ハ現ニ衆生界（相対界）ニ化現セル場合ニ於テハ亦相対界ノ理法ニ順従セサルヲ得ス　久遠実成ノ阿弥陀仏モ衆生済度ノ為ニハ相対因果法ニ依ラサル能ハス　故ニ殊ニ法蔵比丘トナリ无上不思議ノ因源果海ヲ垂レ玉フ　阿弥陀仏ノミナラス他ノ一切諸仏モ亦同シク因位願行ノ成就ニヨリテ各度生シ玉フナリ[38]

当時三十三歳であった清沢は、相対界に苦悩する衆生を救済するために、阿弥陀仏が「法蔵比丘」となるべきことを説いている。「法蔵比丘」を、衆生に「无上不思議ノ因源果海ヲ垂レ玉フ」当体と見ているのである。病身の清沢にとって如来と衆生との関係性の思索、つまり曽我量深のいう「如来我となりて我を救ひ給ふ」[39]との命題の究明は、生死を超える道として何としても明らかにしなければならない死活問題であった。

そして、そのような清沢の実践を目の当たりにした曽我は、当時の真宗事情について次のように述べている。

法蔵菩薩ということにつきましては、明治時代なんかには、そういうことには触れないのが安全だというようなことになっていた。ただ阿弥陀如来さまと言い、仏さまのお慈悲と言うだけであって、本願というような言葉でも、明治時代には大体年の若い方々は使わなかったんですよ。それから、お念仏なんていう言葉は、もちろんこれは鬼門である。そういうようにまあ、考えられておった。宗学の専門の学問の時だけに法蔵菩薩という言葉が使われるけれども、たとえば清沢満之先生とか門弟の方々などは、一般に、法蔵菩薩ということについては大体考えもしないし、まあ、そういうことは言わないことだと、そういうことになっておった。そういう時に、私だけが、法蔵菩薩ということを言っておった。(40)

欧化政策を急ぐ明治時代にあって、『大無量寿経』に説かれる法蔵菩薩は未だ神話の域を出ず、「触れないのが安全だ」と言われる状況にあった。幼い頃から「正信偈」や『大無量寿経』に親しんできた曽我は、そのような時代思潮の中で法蔵菩薩を神話の域から解放し、自己を救済する主体として受領すべきことを願っていた。曽我は次のように当時を回想する。

清沢先生の御門弟の人々はですね。ただこう、仏様のお慈悲お慈悲と言うておりました。お慈悲をいただく、みんなそう言うております。その中で、私は、(中略)阿弥陀如来様のほんとうの思召しということを知るというのは、法蔵菩薩を知ることである。こういうように自分は思っておったわけであります。(41)

法蔵菩薩を神話の域から解き放つとは、阿弥陀如来を臨終来迎の憧憬の対象から解放し、自己救済の主体として明らかにすることであった。我々は阿弥陀仏によって施与される「お慈悲」では救済されないのである。そうではなく、「抜諸生死　勤苦之本」(42)と宣言する法蔵菩薩によって救済されなければならず、その事実を、清沢は『臘扇記』に、

自己トハ他ナシ　絶対無限ノ妙用ニ乗托シテ任運ニ法爾ニ此境遇ニ落在セルモノ即チ是ナリ(43)

と表明するのである。ここに法蔵菩薩が清沢満之に「無限の慈悲」、「無限の智慧」、「無限の能力」として具現化した相があるのである。そして、曽我はそのような清沢の信念確立を目の当たりにして、法蔵菩薩を自己の信仰主体として尋求し得たと思われる。晩年（一九六五〈昭和四十〉年）に曽我は、清沢から得た命題を、次のように述べている。

如来ましますがゆえにわれわれはそれを信じなければならんのか。また、信ずることができるのであるか。また、われわれ衆生の要望、われわれ衆生の願い、もしくは、われわれ衆生の信心あるがゆえに如来はあらわれてくだされたのであるか。どちらの方がもとであるか。すなわち、どちらの方が先であるか。(44)

自己の救主として法蔵菩薩を推求する曽我にとって、若い頃に清沢によって提示された「如来」と「信心」のどちらが先かとの命題は、曽我自身の求道の方向性を決定づけるものであった。この頌寿記念の講演題目が「我如来を信ずるが故に如来在ます也」であったが、それは、曽我が清沢によって、恩寵的信を体とする伝習的救済観を打破し、近代人として、主体的に「我が信ずる」との自覚的仏道を、生涯にわたって歩んだことを意味するものであった。

真宗大学が東京に移転したのが一九〇一（明治三十四）年であり、同年に曽我も東京へ移っている。以来十余年の思索を重ねることで、曽我は清沢から投げかけられた命題を思索し、終に一九一三（大正二）年の「地上の救主」において、「如来は我なり」(45)、「如来我となりて我を救ひ給ふ」、そして「如来我となるとは法蔵菩薩降誕のことなり」(46)との感得を得たのである。ここに法蔵菩薩は曽我量深の救済主となったのである。法蔵菩薩は地上の救主として、十方衆生に蘇ったのである。

五　前期「曽我教学」

1　法蔵菩薩の自覚化

一九〇三（明治三十六）年の清沢の死は、残された門弟一人ひとりに真の独立者たることを問うたが、曽我もまさにその一人であった。

一九〇九（明治四十二）年、清沢満之の七回忌法要が厳修された。当時浩々洞一派の暁烏敏や多田鼎は恩寵主義に埋没しており、一方で曽我はひとり、次のような懺悔の中にあった。

　先生御在世の時他の門弟の人々が、師と起居を共にし、師の精神主義を讃仰しつゝあつた時、われは、嗚呼われは果して何処に何事をなしつゝある乎。嗚呼われは想へば八年の昔、巣鴨の天地に在りて、筆なる剣を以て先生並に現在の同人を害せんと企てつゝあつたのであります。嗚呼われは釈尊に対する提婆達多也、親鸞聖人に対する山伏弁円であつたのであります(47)。

文中の「筆なる剣」とは、一九〇二（明治三十五）年頃の精神主義批判を指すが、それは恩寵主義的な没主体の信仰、あるいは体験主義的信仰に対するものであった。晩年、次のように回顧する。

　清沢先生は、〝信念〟というものと〝如来〟というものは一つのものであって、二つ別々にあるものではない(48)。

法蔵菩薩を我が信仰の主体であるとの清沢満之の掲げた自覚的仏道は、従来の他力信仰のあり方を打破するものであった。その意味において、清沢は真宗の近代化をはたしたが、曽我はそれを継承したのである。

清沢の七回忌から二年後の一九一一（明治四十四）年四月、宗門では親鸞聖人六百五十回御遠忌が厳修された。そしてそれに押されて、全国的に信仰熱が高揚した。その一方で曽我は、そのような信仰熱の高揚に背を向けるかのように、同年十月に、真宗大学の京都への移転開校を期に越後に帰郷した。以来曽我は、五年間の沈潜生活を送ることになった。しかし、その五年間の沈潜生活は、曽我の信念確立のみならず、真宗教学にとっても、きわめて重要であったように思われる。親鸞の微細な思索は、具体的に言えば第二十願の自己、つまりどこまでも「疑の子」である自己にはたらく法蔵菩薩の思索であったが、そのような親鸞の仏道が曽我によって近代社会に蘇ったのである。その頃の心境を次のように述べている。

清沢先生、月見覚了師関根仁応兄等の尽誠によりて十年前に東京に移転せられたる真宗大学は、本山の都合にて突然廃校になりたること、残念に存候。教職員は総て辞し、生徒等は京都に新設せられたる大谷大学に移り候。突然の廃校にも拘らず、南条先生や月見師等の骨折りにて、うるはしき結果を見ることとうれしく存候。大谷大学に望む所は、中心より詐る所なき、自覚的信心を獲得する道場となりて、決して〳〵伝習的、職業的布教使の養生所とならざらんことに有之候。(49)

曽我は、清沢の「自信教人信の誠を尽すべき人物を養成する」(50)との学場、つまり「自覚的信心を獲得する道場」を、衷心より願っていたのである。

越後時代の曽我の課題は、『大無量寿経』に説かれる「法蔵菩薩」の自覚自証にあった。そして、そのエポックが、一九一三（大正二）年七月に発表された「地上の救主」であった。曽我はそれまでの経緯を、一九二四（大正十三）年六月に出版された『地上の救主』（曽我量深論集　第二巻）の劈頭に収められている「序」において、次のように述べている。

顧みれば本巻（『地上の救主』）に収むる所は明治の末葉から大正の初期にわたり、特に明治の末年はわが祖師親鸞の六百五十回の遠忌に正当し、かつわが母校真宗大学は此年を以て京都に移され、先師清沢の遺業なる浩々洞の瓦解の遠因をなした。さればその前半は真宗大学の教壇に立つの余暇に、同人と議論談笑しつつ、その折々の感想を録し、その後半は郷里北越の草庵にあつて四方の師友を憶念し、そのやるせなき感懐を洩したのである。その内容について云へば私は初め『観経』を一貫せる「仏心大悲」の教説を讃仰し、それが上に開顕せられたる第十九の願、臨終来迎の本願を憧憬して止まなかつた。しかしながら私はこの『観経』の隠彰の実義なる弥陀大悲の本願を徹底して、遂に因位法蔵菩薩の自証に進まずに居られなかつた。巻中の「地上の救主」の一篇は正しくこの自証を讃仰したものである。

もとよりその自証は微光であつて、到底独我論なる自性唯心の境を出で得なかつたに違ひない。しかしながら世は滔々として、神話宗教として法蔵菩薩を冷笑せし間にあつて、独りそれの上に地上の救主の意義を見出したこと、而して爾来わが真宗教界に於て漸く法蔵の名を聞くに到つたことはこよなき喜びである。是れ則ちこの一篇の題を拡めて一巻の総題とせし所以である。(51)

清沢との値遇を得て、「讃仰」から「自証」へ、また「神話宗教」から「地上の救主」へ、つまり法蔵菩薩を我が身に自覚自証するという求道的営為は、これまで「愚夫愚婦」として見下げられていた真宗を近代人のもとに解放するものであり、同時に、近代知性をもって科学的対象的に仏教の近代化を急ぐ近代仏教学に対する宗教的生命の喪失を警鐘するものであった。近代人の実存的苦悩に直に訴えかけるところに、親鸞の仏道の神髄があったのであるが、そのような親鸞の仏道を近代社会において蘇らせたのが、清沢から曽我へと伝統される法蔵菩薩自覚の仏道であったのである。

2　仏道の根本的課題

曽我は、越後帰郷の頃の心境を、金子宛の書簡に、次のように綴っている。一九一二（明治四十五）年一月十六日付である。

自己を顧みれば　一も大兄を激励するの資格はない　過る一箇年自分は何をした乎　自分は昨年四月以来一文を草したこともない　誠に哀れ果なき体たらくではない乎　特に田舎の人となつて以来自分は全く死人である（中略）郷里の人となつて以来孤独の感愈深い　時に堪へられぬと思ふこともある　悶々の情を懐いて独り死の門に向ふのである乎[52]

このような絶望的な心を抱えて、曽我は『精神界』（一九一二〈明治四十五〉年二月号）に「暴風駛雨八九　比叡大学の卒業者と退学者」を掲載した。一年ぶりの執筆であった。そして、「暴風駛雨九二　比叡及び吉水に於ける祖聖の問題」において、次のように述べている。ここに越後沈潜時代の曽我の苦悩が頷けよう。仏道は、微細な自力執心（第二十願）の思索から始まるのである。

細微なる自力疑心、則ち自我の妄執は至深至細である。此至深の自力執心は我等の現実生活の根本主義であつて、所謂根本無明と云ふべきものである。一切罪悪の至深の基礎は此である。祖聖は吉水に来り、初めて、心の自力の事実に到着せられたのである。今にして自力疑心の甚深に驚かせられたのである。[53]

求道の本質は「至深至細」な自力疑心の思索にある。親鸞の根本問題は、自己の中に巣食う細微で至深な「自力疑心」、「自力執心」の究明、すなわち仏智疑惑の解明にあったが、それは「自我に執するが故にかゝる苦しき生に着して死を念ぜず、一に現生に執着して永生の浄土を願はぬ[54]」との「根本無明」の思索であった。「根本無明」、つまり「疑の子」たる第二十願の自己とは、求道上において明らかになる「最後の自力無効[55]」の自己であろう。そのような「根本無明」を親鸞に尋ね入った曽我は、次のように述べている。

此至深至細の自力無効の自覚は則ち直に一転して他力本願に向はしむるのである。「弥陀の五劫思惟の願をよく〳〵案ずれば」とは此処である。此至深至細の自力無効に達して、始て「親鸞一人が為なりけり」としみじみと味ひ給ひたるではない乎[56]。

曽我は、親鸞の「至深至細の自力無効の自覚」において、初めて他力本願、つまり法蔵菩薩と向き合い、弥陀の五劫思惟を「一人」の信として受領できるとしている。そしてそれが、次のような、如来本願の領受の告白へと転じていく。

我等は唯捨て難き自力を如来本願の御前に投げ出すばかりである。此浅間敷き胸中をそのまゝに如来の願船に乗托するのである。此に至りて明となつた。自力執心は捨んとして捨つる能はず。此に絶対的自力無効に達した時、自力は捨てずして自然に捨たつたのである。則ち自力を捨つるとは迚も捨てられぬと自覚するが捨たつたのである[57]。

「絶対的自力無効」、ここにおいて曽我は、「捨て難き自力」を「如来本願の御前に投げ出す」ことが許されたと陳述する。それは自力を「捨てられぬと自覚するが捨たつた」という「願力自然」の自覚である。

このように再び筆を執った曽我は、「至深至細」の自力心の思索をもって、如来本願を明らかにする。すなわち、一点の曇りもない透徹した如来本願に乗托した自己を、翌月の『精神界』（一九一二〈明治四十五〉年三月号）に「食雪鬼、米搗男、新兵」として発表する。

自分は昨年十月四日にいよ〳〵郷里北越の一野僧となり終りた。我郷土は雪の名所である。自分は時々全く往来杜絶せる原野の中央に、唯一人蒙々たる大吹雪と戦ひつゝ進む所の自己を発見する時、悲絶の感に打たるゝ。自分を顧みれば全身多く雪に包まれ、雪を吸ひ、雪を吹く所の一箇の怪物である。此時我は宗教家たるを忘れ、学生たることを忘れ、国家社会を忘るゝ。而して遂に人間たることも忘るゝ。自分は此時唯一箇の野獣に過ぎぬ。此時は如来も忘れる、祖師も、師友も忘れる。嗚呼自分は従来口には愚痴と云ひ、悪人と云ふと雖ども、心には慥に堂々たる宗教者、一箇深玄の思想家を以て、密に自負しつゝをるものである。口には一肉塊と卑謙しつゝ、心には如来に依りて活きつゝあると自任しつゝあるものである。然るに今大吹雪の中に発見せられたる自己は唯一箇驚くべき物力に過ぎぬ。自分は年三十八歳、始めて、自ら白雪を呼吸する食雪鬼なるに驚いた。嗚呼此食雪鬼、此れ七百年の昔、藤原の貴公子聖光院門跡、吉水の上足たりし我祖の深き実験であつた。浅間敷哉也食雪鬼、我等は久遠の食雪鬼である。崇き哉也食雪鬼の自覚、此自覚は浄土真宗を生んだ、此自覚に入らしめん為に如来の本願修行がある。自分は今にして如来の願行の少分を実験させて貰うた。我は今や現実なる自覚無作の大法林に在るではない乎。[58]

「食雪鬼」とは、三十八歳の曽我量深の自己自覚の真実相であろう。つまり「至深至細」なる自我妄執を振りかざす生来孤独な自己の「食雪鬼」との自覚において、曽我は「十方衆生」と呼びかける法蔵菩薩を実験するのである。どこまでも浅間しい、取り繕うことも許されない「食雪鬼」である自己との自覚とは、法蔵菩薩の実験そのものであったのである。すなわち我々は、「崇き哉也食雪鬼の自覚、此自覚は浄土真宗を生んだ」[59]との言葉に、甚深の注意を払うべきではなかろうか。

3 「地上の救主」…救済の「場所」

ここで再び、曽我の金子への書簡を見てみよう。一九一二（明治四十五）年三月七日付である。

自分は漸く久遠の田舎者なるを知るを得た　誠に人生は業報である　而して業報の根原である　何人も此人生の大海に来りては執着を免る、ことが出来ぬ　而も自己の執着力の強きに睲むる時現実の悲哀茲に起る　而して解脱を求む　而して解脱の無効を観ず　此時に起る悶が大悲の勅命に候也(60)

一八七五（明治八）年三月二十日、新潟県西蒲原郡味方村に生まれた曽我は、一八九五（明治二十八）年に真宗大学寮本科に入学、清沢が主導する教団改革運動に賛同して「宣言書」に署名する等、清沢の謦咳に触れた。一八九八（明治三十一）年からは論文を逐次発表、「頑迷なる信仰論」等を著すことで清沢の精神主義を批判した。しかし、清沢が没する一九〇三（明治三十六）年三月、清沢の没する三ヵ月前に浩々洞に入洞、以来清沢満之に傾倒した。さらに翌年からは、『精神界』に「日蓮論」を連載する等、次第に頭角を現し、九月には真宗大学教授に就任、その後「唯識」を講義した。「唯識」の講義は、曽我の求道にとって、重要な位置を占めるものであった。

そして、一九一一（明治四十四）年十月、真宗大学の京都移転を機に大学を辞して郷里越後に帰り、第二十願のどん底に苦悩したことは、すでに述べたとおりである。まことに、曽我の越後での五年間は、仏智疑惑の自己との悪戦苦闘であった。そしてそれは、親鸞と同様の求道実践でもあった。

故郷はよく、温かな母の懐に譬えられる。そのように、越後に沈潜した曽我は、越後の壮大な母なる大地に懐かれ、自らの業縁を尽くすべく群萌の一人として、日々親鸞と向き合い思索を深めていた。曽我は、承元の法難により越後に配流された親鸞とその越後の大地に、深い親愛を捧げた。親鸞は越後の大地において、初めて、背負い切れないほどの宿業を抱えて生きる群萌に出遇ったのである。そして宿業に苦悩する群萌を「具縛の凡愚、屠沽の下類[61]」と称しているが、そのような群萌と対峙することで、自らが吉水で学んだ、法然の「ただ念仏[62]」の教えが、ただ空虚な響きしか持ち得ないという現実に遭遇した。もっと言えば、これまで当然と思っていた信獲得という営みそのものが、何の意味も持たず、いわゆる仏教の破綻とも言うべき痛切な現実に遭遇したのではなかろうか。したがって、親鸞は自らを、「傷嗟すべし、深く悲歎すべし[63]」と告白し、また「本願の嘉号をもって己が善根とする[64]」との虚偽なる自己に驚き、そして「報土に入ることなきなり[65]」としか言いようのない絶望に沈んだのであり、曽我はそのような親鸞と等身大の自己を、「食雪鬼、米搗男、新兵」と告白した。すなわち曽我量深は、親鸞と同様に越後の大地で、「野獣」であり「物力」にすぎない、また悪にも徹し切れない虚偽なる自分自身に苦悶したのである。

曽我の絶望は深刻であった。「二十年来脳の病に苦められ、心意常に散乱妄動し[66]」、また「浮世の下らぬ問題に迷悶し[67]」て、「千歳の闇室[68]」に蟄居せざるを得ない業報に苦悩する曽我にとって、幼いころから親しんでいた、「抜諸生死　勤苦之本」と誓い「四十八願」を建立した法蔵菩薩は、直に自己にはたらきかけてくるものでなければならなかった。すなわち、曽我にとって絶望に沈む自己とは、法蔵菩薩を実験すべき宿業の身だったのである。それは、『大無量寿経』に説かれる本願成就を現に感得する自己である。つまりそのような自己とは、法蔵菩薩によって救済されるべき、間違いのない「場所」であったのである。

その救済の「場所」を清沢に尋ねれば、

我には何にも分らない、となつた処で、一切の事を挙げて、悉く之を如来に信頼する[69]

あるいは、

身動き一寸することを得ぬ私。此私をして、虚心平気に、此世界に生死することを得せしむる能力の根本本体が、即ち私の信ずる如来である。[70]

そして、

終に「不可能」の嘆に帰するより外なきことである。私は此の「不可能」に衝き当りて、非常なる苦みを致しました。（中略）然るに、私は宗教によりて、此苦みを脱し、今に自殺の必要を感じませぬ。[71]

との「我信念」の中に明らかにされる自己である。「我には何にも分らない」」、あるいは「身動き一寸することを得ぬ私」、また「終に「不可能」の嘆に帰するより外なき」という自己に、救済の「場所」の具体相を見ることができるのである。さらに、それを親鸞に確認すれば、

弥陀の誓願不思議にたすけられまいらせて、往生をばとぐるなりと信じて念仏もうさんとおもいたつこころのおこるとき、すなわち摂取不捨の利益にあずけしめたまうなり。弥陀の本願には老少善悪のひとをえらばれず。ただ信心を要とすとしるべし。そのゆえは、罪悪深重煩悩熾盛の衆生をたすけんがための願にてまします。[72]

との述懐であろう。「罪悪深重煩悩熾盛」が、救済の「場所」なのである。そして、そのような厳しい救済の「場所」には、曖昧な仏道は許されていないのである。仏道とは、どこまでも絶対無救済の自己における法蔵菩薩の「主観上の実験[73]」、つまり心底の大事実としての法蔵菩薩の実験でなければならないのである。

曽我の仏道の根底には、唯識が底流しているが、そのことについて「我等が久遠の宗教」において、次のように述懐する。香樹院徳龍の『唯識三十頌』を修める意義を論ずる箇所である。

徳龍師の言の如く我等が他宗の学問や哲学を修むるは徒に此等の智識を運用して宗学を荘厳にせんが為でな

く、此に依りて深く自己の現実を観顕し、自力無効を反照せんが為である。宗学の意義此に在る。而も自己の無能と云ふことは甚だ明なる事実らしくあつて、而も真に自己の無能を自覚すると云ふことは実に至難の事業である。此れ他力信仰の至易なるが如くして実に至難なる所以である。(74)

宗学が自力無効の反照するところに意義を有すること、またそれが極めて至難な事業であることを言い、そして、

『唯識三十頌』はその不可思議力に依存しつゝ、此に極力反抗する所の現実の自我妄執の告白懺悔である。罪業の云何に深く我執我見の云何に強き乎を最も明瞭に示す者は三千年の仏教史上の産物として『唯識三十頌』に及ぶものはない。(75)

と、『唯識三十頌』が「自我妄執の告白懺悔」の書であり、「我執我見の云何に強き乎」を明瞭にすると述べている。「真に自己の無能を自覚する」こと、つまり衆生は、絶対無救済の自己の自覚において願生道に立つことができるのである。曽我量深は、ここにおいて次のような見解を示す。

自力の執心を捨つるの能力が我々になく、自力修行の無効を知りつゝ、依然として自力妄執を捨つるの自由なき所に初めて徹底的自力無効観が成立する。真に捨てられざる自力に触れ、初めて捨てぬその儘に如来に行くのである。(76)

絶対無救済の自己、すなわち「真に捨てられざる自力に触れ」るという求道的営為の極限において、如来回向の真実信心を証知できる。つまり、自力の限界を自覚する衆生に本願は成就するのであり、それはまさに、蓮如の説く「機法一体の道理」(77)である。絶対無救済の機と、その絶対無救済の機を救済の「場所」として、絶対に救わんとする法との一体の道理によって、絶対無救済の機は無救済の自覚において、そのままに救済されるのである。

したがって、我々にとっての急務は、絶対無救済の自己の自覚である。すなわち、絶対無救済の自己とは、救済の「場所」としての自己である。絶対無救済の自己は、法蔵菩薩が降誕するところの自己である。その事実を、曽我は「如来は我なり」と宣言したのであり、その感得の述懐が「地上の救主」であった。その冒頭を見てみよう。

私は昨年七月上旬、高田の金子君の所に於て、「如来は我なり」の一句を感得し、次で八月下旬、加賀の暁烏君の所に於て「如来我となりて我を救ひ給ふ」の一句を回向していただいた。遂に十月頃「如来我となるとは法蔵菩薩降誕のことなり」と云ふことに気付かせてもらひました。(78)

曽我は法蔵菩薩を、絶対無救済の自己を救済する主体として、「如来は我なり」と表明した。これによって、これまで神話の領域にあった法蔵菩薩を、「憧憬」、「理想」の世界から宿業の大地へと降誕せしめたのである。すなわち、情緒的な「讃仰」の対象であった法蔵菩薩が、自己の救済主へと自覚化されたのであり、そのような絶対無救済の自己の救済主が法蔵菩薩である。その法蔵菩薩を自己の信仰主体として自覚化する清沢満之、曽我量深の営みが、親鸞思想を近代人の思想的領域にまで高めたのである。法蔵菩薩を「地上の救主」として近代人の冷笑の域から解放し、近代社会に蘇らせたのである。曽我は、「如来は我なり」、「如来我となりて我を救ひ給ふ」、「如来我となるとは法蔵菩薩降誕のことなり」と宣言した。曽我が清沢の仏道を「如来が人間精神の究竟の実験(79)」と闡明した背景はここにある。

4 救済の「場所」と法蔵菩薩

〔如来智慧海の実験〕

ここでは「地上の救主」に沿って、法蔵菩薩の衆生救済の実相を尋ねてみたい。

久遠の尽十方無碍光如来は我々の憧憬の対象、即ち我々の理想たるに止まり、単なる此を以て我々の救世主とすることが出来ぬ。か丶る信仰は自力聖道の自性唯心の悟りに沈むものである。救済は現実の問題である。現実の人生の主体なる自我の大問題である。我々は自我の空影なる理想に依りて救はる丶ことは出来ない(80)。

救済とは、清沢が「この念によりて救済されつ丶あり(81)」と表明するような、自己の「現実の問題」であり、絶望する「自我の大問題」である。曽我は、そのような救済の具体相を船にたとえて、

現前刻下の要求は空中の光明ではなくして、現実人生海上の弘誓の船である。久遠実成の法身如来は現実の自我の救済主ではない。現実界の救主は亦必ず現実世界に出現し給ふ人間仏であらねばならぬ(82)。

と述べている。法蔵菩薩が「空中の光明」の法身のままでは、苦悩の自己にとってあまりにも理想的で、縁なきものでないか。したがって法蔵菩薩は、無碍光如来の権威を懐いて、「入生死園示応化(83)」の如く、どこまでも苦悩の我が心中に応答する「人間仏」でなければならない。ここに曽我は、

法蔵菩薩は決して一の史上の人として出現し給ひたのではない。彼は直接に我々人間の心想中に誕生し給ひたのである。十方衆生の御呼声は高き浄光の世界より来たのではなく、又一定の人格より、客観的に叫ばれたのではない。彼の御声は各人の苦悩の闇黒の胸裡より起つた。法蔵菩薩の本願を生死大海の船筏と云ふは、御呼声が我が胸底我が脚下より起りしことを示すものである(84)。

と、法蔵菩薩が衆生の「闇黒の胸裡」に応化することを明らかにしている。実に法蔵菩薩は、苦悩の衆生の「心想中に誕生」するものである。救済とは、法蔵菩薩の明証的事実であり、同時に現実の闇黒の我の自覚的事実である。その明証的事実と自覚的事実との関係性を、曽我量深の言葉に確かめれば、「機の深信は是れ如来の智慧海の実験である(85)」ということになろう。まことに救済とは、苦悩の自己の闇黒がそのままで、「如来の智慧海の実験」

であるとの自覚である。それは、仏智による自己の闇黒の証知であり、したがって、闇黒を闇黒と知ることは、法蔵菩薩の我が主観における明証的実験である。つまり、闇黒なる我における深広無涯底の法蔵菩薩の実験が救済であり、実際的に言えば、我に無救済という闇黒を知らしめる機の深信こそ、法蔵菩薩の実験に他ならないのである。

すなわち、曽我にとって法蔵菩薩とは、「現実に自己を救ひ給ふ」[86]う、自己の胸裡に現行する「除疑獲証真理」[87]であり、闇黒の自己を救済するはたらきである。また、無救済の自己を足元から照破するはたらきである。それを譬えれば、闇黒の自己が、法蔵菩薩の曳航する「生死大海の船筏」によって、「現実の大海の船上に在」[88]らしめられる発見である。ここに曽我量深が、真宗をして闇黒の「我が脚下」より起こる「地の宗教」[89]であり、また、生死の大海にある「船の宗教」[90]と訴える所以がある。まことに法蔵菩薩の明証的事実の実験が救済であり、単なる「感情」「感謝」「熱涙」ではないのである。どこまでも自覚なのである。

［信獲得］

今少し曽我の、法蔵菩薩降誕の明証的実験の声を聞こう。

如来の本願力とは何ぞや。現実に自己を救ひ給ふ能力である。徒に美しき画餅ではいかぬ。大悲観音の力は畢竟画餅である。何等の現実の基礎を有せぬ。美しき比喩の外何物もない。法蔵菩薩の本願は全く此と異なりて居る。彼は一面には人間仏としてそのまゝ久遠実成の阿弥陀如来にして、又同時に他の一面にはそのまゝ救を求むる所の自我の真主観であらせらる。私は此理りをば「如来は則ち我也」と表白し、又「如来我となる」と感じたのである。[91]

救済とは、現に絶望に沈む自己に現行する法蔵菩薩の実験である。すなわち法蔵菩薩とは、「救を求むる所の自我の真主観」となって、自己の苦悩を実験する主体である。このような法蔵菩薩の我への現行を、曽我は「如来は則ち我也」と告白し、さらに「法蔵菩薩とは何ぞや(92)」との問いを重ねて、端的に、

如来を念ずる所の帰命の信念の主体がそれである(93)。

と、帰命が我々における法蔵菩薩の実験であることを明らかにする。さらに、

信心こそは我々の純主観の真生命である。是ばかりは客観の如来の方に成就することは出来ない(94)。

と、救済の主体である法蔵菩薩と、絶対無救済の苦悩の自己との「分限」を明確にすることで、救済という事実が法蔵菩薩の自己への降誕としての「信心」の確立であるとしている。「信心」は、絶対無救済の自己の自覚と救済せんとする法蔵菩薩の実験との一体である。その意味で救済を求める我々の課題は、「信心」の確立、すなわち「純主観の真生命」の発見でなければならず、ここに、曽我は、「純主観の真生命」の内実を、

祖聖独り此願を自己の胸底に実験し、直に法蔵菩薩の本願を自己の主観に発見し、此を断じて「至心信楽の本願」と名け給ひたのである(95)。

と述べている。法蔵菩薩の「至心信楽の願」の我が主観における実験が「信心」であり、親鸞はその構造を、『教行信証』「信巻」における「三一問答」を展開することで明確にする。すなわち、親鸞は「信楽釈」において、「大悲心」である法蔵菩薩の心は「報土の正定の因」であり、それが「至心信楽」として我が主観に回施されることを明らかにするのである(96)。主観はそれを「聞思」(実験)するのである。ここに本願成就として示される「聞其名号信心歓喜」の意義がある。我が主観をもって法蔵菩薩のはたらきを聞思するのであり、それは聞信一念の実験である。そして、そのようにして救済される我が主観の内実とは、

無明海に流転し、諸有輪に沈迷し、衆苦輪に繋縛せられて、清浄の信楽なし。法爾として真実の信楽なし。ここをもって無上功徳、値遇しがたく、最勝の浄信、獲得しがたし。一切凡小、一切時の中に、貪愛の心常によく善心を汚し、瞋憎の心常によく法財を焼く。急作急修して頭燃を灸うがごとくすれども、すべて「雑毒・雑修の善」と名づく。また「虚仮・諂偽の行」と名づく。「真実の業」と名づけざるなり。この虚仮・雑毒の善をもって、無量光明土に生まれんと欲する、これ必ず不可なり。(97)

と言わざるを得ない、実に悲歎すべき無救済の自己であったのである。親鸞は唯一、ここにおいて「如来の大悲心」を仰いでいるのである。

[救済の場所]

このような救済の実際を、長谷正當に確認しておきたい。

長谷は、西田幾多郎の「対象論理の立場に於ては、宗教的事実を論ずることはできない(98)」、あるいは「場所的論理によつてのみ、宗教的世界と云ふものが考へられる(99)」という視点に立って、曽我の法蔵菩薩の実験を次のように論じている。

本願とは人間の本心であるが、人間が自己自身によっては見いだすことができず、如来によらなければ発見され、確認されることのなかった人間の本心である。(100)

本願は人間の本性を、つまり闇の自己を、救済の「場所」としており、したがって、闇の自己は如来によって発見されると論じ、さらに如来の本願については、

至心信楽の真心とは、人間精神の最内奥に出現し、そこに映った本願であり、その根源において如来に連なっ

ている。人間は信楽において如来の心に触れるのである。[101]

と、我々は「至心信楽」をもって法蔵菩薩に触れることができるとしている。そして長谷は、次の曽我の言葉を引いている。

法蔵比丘が客観的実在としての意義を問ふを止めよ。過去の法蔵比丘や、客観の法蔵比丘は我々の信念の対象としては、宛も未来の浄土往生や西方浄土の如来の如く余りに疎遠であらせらるゝ。我々は現在の法蔵比丘、自我心中の法蔵比丘、自己と不離一体なる法蔵比丘を観ぜよ。至心信楽の御喚声を深く自己の胸裡に求めよ。至心信楽の御喚声は天より来る声でもなく、西方浄土より来る声でもない。此声は大覚者の声でなく、人間以上の声でない。罪悪と苦悩とより全く超離せる人の声でない。此声は地より涌出せる声である。人間の胸底より誕生せる声である。罪業の泥中より生ぜる求救の声である。自己の久遠の名利を自覚し、久遠劫の反抗心を自覚し、遠劫の愛欲を自覚せるもの、心より生ぜる叫びである。此切なる我が信楽は、知らずや法蔵比丘誕生の主観的証拠である。此法蔵比丘の信楽を実験するもの、やがて若不生者不取正覚の大願をも了知するを得ん。[102]

長谷は、曽我の救済を、「罪業の泥中より生ぜる求救の声」が闇の自己の信楽となるという法蔵菩薩の実験に見出している。闇の自己をもって救済の「場所」とし、そこに法蔵菩薩は信楽を施与する。自己はその信楽を、「信心」として実験する。そのような救済の道理を長谷は明示するのである。まさに救済とは、「速やかに寂静無為の楽に入ることは、必ず信心をもって能入とす」[103]という道理である。法蔵菩薩は闇の我々を救済するために、我々に真実信心を施与する本体であったのである。ここにおいて曽我の、

如来直に行者帰命の信念の真主となり給ふ[104]

という、自らの救済の事実の告白を了解することができる。

［自己救済の真主観］

さらに曽我は、次のように我々の救主である法蔵菩薩の実験を明かしている。

久遠の父なる如来は遠劫より現在に罪悪生死の人生海に迷悶しつゝ、ある私を救はん為めに御身を現実の娑婆海に投じ、直に私の真実究竟の主観となりて、私をして久遠以来無明長夜の夢を破り下された。彼は表面に私を汝と呼ぶと共に、隠彰には私をば直に我と観じ下されたのである。汝の問題は直に我が問題である、則ち汝をして罪業に拘へられしめたは我が責任である、則ち汝の罪業は直に我が罪業である。かくて彼は直に十方衆生の主観の秘密に接触せられた。汝は単なる汝に非ずして乃ち我なりと、茲に至心信楽の心を感発し給ひた(105)。

そして、我の救済の内実、つまり「汝の罪業は直に我が罪業である」との「至心信楽」の一念について、次のように述べている。

法蔵菩薩の至心信楽を感発し給へる一念は永劫を包容せる絶対の一念である。又私共の感発せしめらるゝ信の初一念と云ふも永劫を含蓄せる絶対の一念である。（中略）されば祖聖は天親論主の『浄土論偈』の「我一心」を以て広大無碍の一心と讃ぜられた(106)。

法蔵菩薩は「至心信楽」の一念において、苦悩の我にはたらく「真主観」となる。すなわち、苦悩海において我を救済する主体となって、我の苦悩を担うのである。つまり、法蔵菩薩は、我が胸底に「永劫を含蓄せる絶対の一念」を成就し、天親はそれを「我一心」として受け止めたのである。

実に、曽我は「至心信楽」において、法蔵菩薩を「如来は我なり」と受領し、「如来直に行者帰命の信念の真主となり給ふ」と述べて、法蔵菩薩を自己の「真主観」として実験し証知したのである。信楽を我の「純(真)主観の真生命」[107]であると決することは、「如来は我なり」との実験、証知の故である。つまり、如来絶対の一念の信が我が一念の信となる。曽我は、因願成就の一念において天親菩薩の「我一心」の告白となることを明らかにする。まことに法蔵菩薩は、我が信仰主体であった。

法蔵菩薩は、決して「客観の所信位」[108]に置かれるべきではないのである。我の観念を突き破り、我の苦悩を「場所」として、我に直に具体的にはたらくものである。その意味から、法蔵菩薩は、我に具体的な求道の「実験」を求めてやまない。それは、親鸞が「直」なる語、たとえば「最勝の直道」[109]や「本願一実の直道」[110]なる言葉をもって、多く仏道を表現していることから頷けよう。「直」とは、衆生と如来の「直」結、あるいは、衆生の如来「直」参、「直」入を意味する語句である。まさに、法蔵菩薩の我に施与する仏道とは、「愚鈍往き易き捷径」[111]である。したがって、曽我は、このような法蔵菩薩の実験をとおして、法蔵菩薩が「現前の信の一念の自覚を離れ」[112]てはないものと断じ、次のように述べている。

菩薩は先づ我々の久遠現実の凡心を実験して、茲に直に至心信楽の仏心を産出し、此一心帰命の主心の中より若不生者の久遠の如来心を創作し給ひた。[113]

法蔵菩薩は、「久遠現実の凡心」に自らの立脚地を見出し、その現実の凡心において「信の一念」を成就する主体となる。法蔵菩薩はどこまでも、「常没の凡愚・流転の群生、無上妙果の成じがたきにあらず、真実の信楽実に獲ること難し」[114]という「場所」を離れない。我々は、法蔵菩薩を「至心信楽の心」として、つまり我々を救済する主体として受領するところに、自己実存の本来性を実感できる。これこそ「信心歓喜」の主体である。[115]

六　後期「曽我教学」

1　「親鸞の仏教史観」

一九三〇（昭和五）年、大谷大学を「異安心」問題で追われた曽我、金子を囲んで、「聖教を講究し、特に生活を簡素にして僧伽の道に契はん」[116]ことを目的とする興法学園が開かれた。発起人は安田理深、松原祐善、北原繁麿、山崎俊英の若き四人で、翌年三月には機関誌『興法』が出版された。しかし、学生主体での運営だったため、たちまち金繰りに行き詰まり、一九三二（昭和七）年十二月に解散式が行われた。だが、「僧伽」としての存在意義は継続しており、一九三五（昭和十）年五月十日から十二日にかけて開催された曽我量深還暦記念講演会は「興法学園同人」が主催であった。その講演題目が「親鸞の仏教史観」であったのである。

「親鸞の仏教史観」は、次のように口火が切られている。

自分の宿業並に仏祖の御冥祐に依りまして、今年、夢のうちに還暦の年を迎へることに至りました。[117]

「自分の宿業」との言葉に、曽我のこれまでの求道の歩みが込められているように思われる。たとえば、真宗大学時代からの精神主義批判やその撤回、また清沢への傾倒や、それに相俟っての不共業の苦悩、さらには伝統教学を支持する保守勢力からの「異安心」との攻撃の中、ひたすら信念の確立を求めてきた歴程を窺い知ることができる。真宗大学の廃校、浩々洞の幕引き、大谷大学からの追放とその後の排斥等、そのような中を曽我は一歩たりとも自己の宿業を踏み外したことはなかった。そのことは、次の言葉から頷ける。

凡そ信順のない所に疑謗は起らず、疑謗の声のない所に生命ある信順はない。勿論疑謗する人には同時に信順は出来ない、現に信順した時に疑謗は已に止む。それにも拘らず真剣なる信順者のある所には必ず懸命の疑謗者があり、熾なる疑謗者に対して疑蓋無雑の信順と云ふものが成立し、又此超然たる信順者に対して疑謗と云ふものが彌々盛に興つて来る。まあ言つて見れば吾等の真実浄土の歴史と云ふものは、所謂信順と疑謗との常恒不断の戦の歴史であつた。真実浄土の歴史は唯の信順の連続ではなしに、信順と疑謗とが不断に相争ふ所に、浄土荘厳の聖業の無尽の展開がある。(118)

まさに曽我の激烈とも言うべき求道は、「信順の連続ではなしに、信順と疑謗とが不断に相争ふ」ものであったのであり、その意味で、「浄土荘厳の聖業の無尽の展開」と言うべきものであったのである。親鸞が受けた越後流罪や晩年の善鸞事件等を偲ぶとき、曽我の、信順と疑謗とが渾然一体となった宿業因縁中の思索は、当然のことであった。そのような中で「親鸞の仏教史観」は誕生したのである。「そくばくの業をもちける」曽我が、弥陀本願によって救済されつつある自証内容が「親鸞の仏教史観」であったのである。次のように述べている。

私は近来熟々『教行信証』を拝読して居りますうちに、此浄土真宗とは何ぞやと云ふ問題に当面しました。然るにふと感得したことは、浄土真宗と云ふのはこれは親鸞の体験せられた新しき仏教史観であつたのである。親鸞が正しい仏教史に就ての見方、詰り仏教史の伝統、仏道展開の歴史の正しい相、正しい仏道の精神、それを明かにした。だから浄土真宗と云ふのは詰り親鸞の感受せられたる仏教史観の名乗である。(119)

親鸞が正しい仏教史観を明らかにしたのであり、その仏教史観をもって『教行信証』が成立していると言い、具体的には、

親鸞は所謂九歳の春の時に天台の慈鎮和尚の門を叩かれました時から、始終悩みに悩んで居られまする自己の

真実の生死出離の問題が、法然上人を通して、如来の本願念仏の教と云ふものに依つてそこに明かになつた。さうして更に法然上人を通して、其人格を通し流伝する仏道、即ち法然上人の教の伝統、其背景根源と云ふものに静かに遠く深く遡つて行かれました。斯く二千余年の昔に遡つて行かれまして、(中略)遂に親鸞をしてはつきりと其古来を一貫する歴史観、即ち仏教史の根幹精要を内観するの心眼を開かしめた。其史観こそ即ち浄土真宗といふものであつたのであります(120)。

と、法然を通して親鸞にまで流伝する本願念仏の教えの伝統や背景、そして根源を遡り内観する心眼を親鸞は開いたとしている。本願念仏の伝統への歴史眼が親鸞の仏教史観であり、したがって「親鸞の仏教史観」とは親鸞が救済された歴史観であると言うのである。すなわち、親鸞が求め得た仏道の歴史的自証が「親鸞の仏教史観」であり、それは我々の自覚自証の歴史であるとして、さらに、

吾々仏教を知らんとすれば釈迦の背景を見よ。此釈尊をして本当に仏陀たらしめ、釈尊が単なる人間釈迦ではなうて、人間釈迦をして本当の仏陀釈尊たらしめ、此釈尊の前に無数の生霊をして南無仏と敬礼せしめずに置かなかつた其根拠は何処にある。此大切なる問題はそこにあるのでなからうか(121)。

と述べている。親鸞は法然との値遇において、釈尊を仏陀たらしめた歴史的背景を自覚した。それは釈尊以前における無数の人々の南無の歴史の自覚であり、それは同時に、我々の南無する歴史的背景への眼を開くことである。その意味で「親鸞の仏教史観」とは、我々の南無する「実践の事業(122)」であり、「釈尊が何を如何に能く自ら証得したか、何を如何に教説せられたかと云ふ此実際問題(123)」である。ここに南無する我々の正当性・普遍性が間違いないものとなる。次のように述べている。

親鸞に依りますと云ふと、二千年の仏教史の根幹は何であるか、二千年の仏教史の根幹は即ち『大無量寿経』

伝統の歴史である。それは即ち念仏流伝の歴史である。即ちそれは如来の本願展開の歴史である。(124)南無する我々の正当なる所以は、『大無量寿経』伝統の歴史にあるとしている。「念仏もうさんとおもいたつこころ」は『大無量寿経』伝統の歴史の果実であり、「第十七諸仏称名の願」に基づくものである。(125)我々に発起する信の一念は、七高僧を経て釈尊を遡り、やがて法蔵菩薩建立の本願に淵源する歴史の具体であり、ここに信の個人性は乗り越えられる。真宗において行信不離の説かれる所以である。したがって、

親鸞は、行巻の上に名号展開の歴史的事行、其歴史的事行と云ふものに於て、直に自分の信念の歴程、自分の御己証の安心の歴程と云ふものを示したのが即ち信巻と云ふものであると思ふのであります。(126)

として、「行巻」に示される「名号展開の歴史的事行」として法蔵菩薩の求道の歴史があり、その法蔵菩薩の歴史の自覚自証の開顕が「信巻」であることを主張する。その意味で我々に発起する信念は、法蔵菩薩の「仮令身止諸苦毒中　我行精進　忍終不悔」(127)の実践である。曽我は次のように開陳する。

惟ふに念仏を正信すると云ふことは念仏伝統の歴史より生れて、念仏の世界に於て、念仏の歴史を超えて、却つて念仏の歴史を作り、念仏の歴史の不滅の法燈を証明する事業であります。(128)

「念仏の歴史の不滅の法燈」とは法蔵菩薩の「歴史的事行」であり、ここをもって我々の信念が潑剌とする。すなわち、曽我が、

誠に南無帰命の如来招喚の勅命に、連綿たる念仏伝統の歴史を超えしめられ、それは法爾自然に否定せられて、私共は正に法蔵菩薩発願の初一念に立たしめられ、茲に新たなる真実の念仏の歴史は正に創められる。(129)

と言うように、我々は如来招喚の勅命により南無するのであり、その一念において、「法蔵菩薩発願の初一念に立たしめられ」、ここに新たな本願の歴史が創造されるのである。我々の信の一念はどこまでも個人的であるが、そ

の個人性は法蔵の願心によって拭われる。我々の信の一念は、〝今、現在〟の我一人にまで伝統される法蔵菩薩の自証であり、その自証において、本願の歴史が我が身に成就し、我が世を切り開く主体となるのである。

2 「感応道交」

一九四一(昭和十六)年五月、金子大榮の還暦記念講演会が開かれた。曽我はそこでの講演「感応道交」の冒頭で、「真宗とはこれ純粋真実の仏教史観なり」[130]と一九三五(昭和十)年の自身の「親鸞の仏教史観」の感得を回顧する中で、あらためて数十年前から「宿業」が疑問であったことを開陳する。宿業については、これまでは教義や教理として教えられてきたが、しかし宿業は「事実でなければならない」[131]と曽我は訴える。

思うに曽我は、「親鸞の仏教史観」において、我々の信の一念の背景としての法蔵菩薩の歴史的事行の自証を明らかにした。しかし、その歴史的事行を自証にするには、我が身の宿業への覚醒が不可欠であるとしている。我が身の宿業に目覚めた者だけが、親鸞の開顕したように、法蔵菩薩の歴史的事行によって救済されるのであり、したがって親鸞の明らかにした仏教史観は、宿業の身において具現化される。宿業の身である自己の自覚は、本願の歴史によって純化され、個人性を超克できる。

そのような宿業の身の自覚について、曽我は次のように述べている。

自分は昭和十一年の十一月、或る所に於て何か話をして居ります間に、突然として自分に一の感じが生れて来た。「宿業とは本能なり」、かういふ叫び声を聞いたのである。[132]

宿業の自覚について曽我は、「宿業とは本能なり」との感得を明らかにしている。その本能については、我々人間の行為を決定するものは決して知性的なる理性でなくして感性的本能である。本能のみが我々の行為を決定するのである。それを仏教の言葉を介して言へば、我々の現在の行為といふものを決定するものは宿業である、すなはち本能である、(133)

と、我々の行為は、理知を超えて、宿業本能によって決定されるとしている。そして、その宿業本能のはたらきについて、

具体的本能は感応道交するといふことである。(134)

と言い、その「感応道交」について次のように述べている。

親鸞聖人の浄土真宗といふものは南無阿弥陀仏といふ念持にある。南無阿弥陀仏といふのは何であるか。南無阿弥陀仏といふのは大自然の国土自身の言葉である。国土自身が言葉になつて居る。その言葉になつたところに本願力の主体としての仏を感ずる。則ちその国土の中から更に国土の主たる仏を見出す。つまり言葉が仏を生み出す。そこに初めて歴史といふものが始まる。歴史といふものは言葉である。初に眼に見える国土といふものはなかつたけれども、言葉によつて本来の国土といふものが我々に荘厳せられる。(135)

「感応道交」とは、「南無阿弥陀仏」において国土を感じ、さらにその国土において仏を見出すものとしている。「南無阿弥陀仏」とは、「国土」や「国土の主たる仏」を見出さしめる言葉であり、その言葉によって、国土が我々に本願の歴史的事実として荘厳されていることを自覚する。しかして、

荘厳とは何ぞや、荘厳とは象徴である。このことは、私はすでに大正時代から見出して来たのであります。（中略）形のないものが一の形を取つて行く。物が形を取るといふことは、やはり言葉といふものによつて象るのであります。言葉のない所に形はない。だから言葉を通して見えない世界が見える。言葉によつて具体化されて、見えない世界が見える。(136)

として、「荘厳」とは「南無阿弥陀仏」であり、「南無阿弥陀仏」によって「見えない世界」が国土として見えることであり、それは国土を本願の象徴として感ずることであるとしている。

　感ずるといふことは見えない世界を感ずる。見えない世界が初めて見えて来た、それを感覚すると言ふ。これ即ち万劫の初事である。未だ曽て見たことのない世界が今見えた。その見えない世界を契機と言ふ。それを契機として、そこに、応じて現れて来るものが即ち仏である。応は仏であり、仏が応ずるのである。[137]

「感応道交」とは、「見たことのない世界が今見えた」との感覚である。その感覚をとおして仏が応じて国土が現れてくるのである。「南無阿弥陀仏」によって国土に仏を感じる。国土は仏の象徴である。国土において、本願の歴史が「万劫の初事」としての我が信念となる。曽我は、さらに次のように述べている。

　我々が仏を念じ得るといふことは、もと仏の本願の念力の中に仏を感ぜしめられる。さういふ意味に於て、初めて念仏といふものの歴史的意義をそこに見出す。歴史といふ力が個人を超えて内から個人を動かす。それを機と言ふ。[138]

曽我は、「感応道交」とは「念仏といふものの歴史的意義をそこに見出す」ところの「機感」[139]であると主張する。「機」とは、「そこに見出す」との「そこ」であり、すなわち「宿業本能」の「機」である。「宿業本能」によって「個人を超えて内から個人を動かす」歴史と「感応道交」する。「機感」とは、「自分を包む所の歴史に自分が動かされる」[140]との、本願の伝統との感応であり、具体的には、仏が我に向かって「欲生我国」と招喚することへの応答である。すなわち、「宿業本能」における「感応道交」とは、宿業の身における仏からの招喚との感応である。我が身において我が身を内から動かす本願の歴史と「感応道交」する。ここに、本願の歴史によって動かされている自己がある。〝今、現在〟との純粋な一刹那に、信の一念が自己に発起する。次のように述べている。

信の一念というのはそれ（仏の招喚）を明らかにするのである。親鸞の一生涯の苦労は、その初を知るということにあつた。その初は我が身、個人である。これはよく諸君に明らかにしておきたい。全人などというのは、皆心が拵へたものである。初は個人を機とする。機は個人である。さうして時の単位は一刹那である。後はみな理性の弁証したものである。その弁証を止めよ、たゞ本当の刹那のものを攫まへよ。後は理知の分別妄想である。本当の純正の個人に接せよ。その個人は個人主義の個人ではない。個人主義と個人は違ふ。個人主義でない個人、自我主義を離れた個人に接せよ。我が身の現在刹那に接せよ。我が身の一番初に端的に接せよ。生れてしまうてからの我が身でない、将に生れんとするところの我を見よ。個人主義を超えた個人、一切の弁証を超えた本当の本能の個人を見よ、そこに歴史がある。そこまではつきりして、そこに担ふものは何ぞや、それは即ち本能宿業である。そこに初めて宿業というものをば一刹那の端的の個人が担ふ。この宿業の世界に於て、本当に感応道交の世界というものがある。すなはち感あるところに応がある。[141]

信心獲得の初一念は、理知の弁証を超えた「機」の「一刹那」において確立されるものである。その信の一念以外は、一切が「分別妄想」である。ここに「宿業本能」の純粋さがある。したがって、宿業とは「純正の個人」である。その「純正の個人」は、如来との「感応道交」によって〝今、現在〟に信心として誕生する。浩々洞解散時に曽我は、そのように感応する自己を「原始人」[142]と呼んでいたが、そのような「感応道交」において、曽我の〝今、現在〟の行為が決定される。法蔵の願心である「欲生我国」が曽我の純粋宿業において「感応道交」し、曽我を本願の歴史の先頭に立たせ、浩々洞解散を決断せしめたのである。「信に死し願に生きる」とは、そのことである。

自我の尊厳だとか、個人の自覚だとかいふことを徒らに叫んだところで、また自由だとか平等だとか叫んでゐる。戦後復興期に、曽我は次のように述べている。

たところで仕方がない。おの〳〵各自が、深い宿業に目をさまして大地の底まで深く深く掘り下げねばならぬと思ふのであります。本当に宿業によつて、自分は本当に罪深きものであるといふ自覚は、大地の底まで掘り下げて行く道であると思ふ。(143)

法蔵菩薩は我々に機の深信を促すのである。機の深信によって、我々は純粋に、願生道に立ちあがることができる。ここに我々の生活の決断があるのであり、それは法蔵菩薩の具現化の歩みである。

3 「歎異抄聴記」

一九四一（昭和十六）年十一月、曽我は金子と共に大谷大学教授への復帰が許された。曽我六十六歳であった。そして、翌年の安居で『歎異抄』の講義を行ったのである。

曽我の歩みを振り返れば、一九三五（昭和十）年には「親鸞の仏教史観」を発表、翌年には「宿業は本能なり」、一九四〇（昭和十五）年には「具体的本能は感応道交するといふことである」と感得する。そして、そういう歩みを踏まえて、一九四二（昭和十七）年、「歎異抄聴記」の講義となったのである。かくして「歎異抄聴記」には、法蔵菩薩の思索はもとより、親鸞の仏教史観や感応道交、そして宿業の問題など、「曽我教学」の精髄が凝集されているのである。そのようなことを踏まえて、「歎異抄聴記」の考察に入りたい。

親鸞が『歎異抄』第一章で「弥陀の本願には老少善悪の人をえらばれず」と語り、また清沢が「我信念」において「何が善だやら悪だやら、何が真理だやら非真理だやら、何が幸福だやら不幸だやら、一つも分るものでない(144)」と言い切ったように、娑婆を生きる我々は善悪の問題に縛られている。そのような善悪の問題を、曽我は明確に、「宿業の問題」と言い切っている。

仏法に於きましてはこの善悪、我々が人生に於て最もはつきりしたものは善悪の二つであるといふが、仏法よりいへばこれは分らぬもの、人間の理智では知ることの出来ぬものである。凡て善悪は宿業として生れながらにして我々に与へられたものである。(145)

「宿業は本能なり」とは、曽我の六十一歳の時の感得であったが、そのことについて、我々の本能は感応道交するといふことである。本能は互に相ひ受用する。個人々々は理智に於ては格別で、強者が弱者を征服するのは理智によるからである。我々は理智を深く掘り下げて本能を見出して来れば、天地万物は一体である。天地万物は感応道交するものであることを知ることが出来る。(146)

と、宿業本能において天地万物との感応道交のあることを論じている。すなわち、宿業において我々は天地万物を本願の象徴として感応するのである。したがって曽我は、

仏は衆生の宿業を通して我等を見出して下さる。(147)

と開陳する。仏の「欲生我国」は、ひとえに我が宿業において実験できるのであり、それによって一切衆生と感応することができるのである。曽我が、

仏と衆生との関係は理智の関係ではなく、宿業の関係本能の関係である。(148)

と断言する所以である。今少し曽我の述懐を聞こう。

如来の本当に深い底知れぬ諸行無常、純粋感情、大慈悲心、諸行無常感の中に我々はおとなしく自己の宿業といふことを知らして頂く、感得する。善を誇らず悪を恐れず、従つて悪人を見ればそこに自分の姿を感じ、善人を見れば又そこに自己の何か一種の妄想の姿を見出して来る。(149)

このように曽我は、宿業本能における感応道交の世界を明確に語っている。感応道交によって、他者の中に自己

を見出し、我々は誰とでも手を繋ぐことができるのである。

今少し、曽我の宿業の自覚による求道実践の内実を見ておこう。曽我は、「機の深信は宿業の自覚についての深信である」[150]として、次のように述べている。

私は機の深信に就いて、三十年以上も前の話であるが、私は機の深信といふのは法蔵菩薩のつまり一つの自覚である。その時分は敢て深い体験をもつてゐた訳ではなく、半分は自分の一つの論理で推して、機の深信は法蔵菩薩の自覚とこのやうに自分は考へてゐたのである。機の深信のところに法蔵菩薩の眼を開く。[151]

「三十年以上も前」とは、およそ大正初頭であろうから、すなわち「地上の救主」に代表される一連の第二十願に関する思索の時期であろう。その頃から曽我は、機の深信が法蔵菩薩の自覚であるとの知見を有していた。そのような機の深信において法蔵菩薩を自覚するとの知見について、曽我は、

仏法では依報正報といひ、国土を以て依報といふ。有情を正報といひ山河大地を以て依報といふ。依報・正報は一つである。我々一人々々が正報と共に依報を感ずる。仏法では国土を産むといはず国土を感ずるといふ。我々は自分が生れるときに自己と共に山河大地全体を感ずる。業の世界では各人々々関係してゐて自分だけ孤立するといふことはない。凡ゆる有情、有情のみならず世界全体が互に感応してゐる。宿業の世界は感応道交の世界である。宿業といふと仏法の教へで、何のことか知らぬが教へである。どんなものか我々に分らぬといひ、宿業といふと昔話をしてゐるやうに聞いてゐるが、宿業は感応道交の世界。宿業といふと真暗なやうに思つてゐるが、さうでなく、宿業に眼を開けば十方世界は互に胸を開き、山河大地もみな胸を開いて同じ仲間である。[152]

と、機の深信、つまり宿業の自覚によって、「正報」「依報」の世界観が開かれることを明かしている。宿業の自覚

は、一切衆生、あるいはすべての山川草木との共感の世界を我々に具現化する。それは「感応道交」、「宿業共感」の世界である。「感応道交」によって、一切衆生や山川草木を我が心境とする世界が与えられる。我々の自我は、周囲を自らの善悪や損得で推し量るが、それは「宿業共感」の事実に眼が開かれないからである。そのような閉鎖的な自我を抱えて人類の幸せを唱え、人間の尊厳を訴えても、それは所詮自我の延長以外の何ものでもない。したがって曽我は、

人間は学問をすればするほど分らなくなる。学問は分らなくするためにするものかも知れぬ。「八万の法蔵をしるといふとも後世をしらざる人を愚者とす」。後世をしるは感の世界、八万の法蔵は知の世界。一文不知の尼入道にして始めて我々は本当の感覚の世界、純粋感覚の世界、それが始めて我々にはつきりとして来る。(153)

と述べるのである。人間にとって科学がどこまでも自我で汚染されているように、自我に立脚する学問は有限であり閉鎖的である。文中の「後世をしる」とは、自己の宿業を知ることであろう。自己の宿業を知る眼によって、我々は初めて頑なな自我からの解放が可能となる。ここに「宿業共感」による〝公性〟が開かれてくる。それについて曽我は、

法蔵菩薩はどんな方か。(中略)法蔵菩薩は本当に責任を重んじ、一切衆生の責任を自分一人に荷ふ感覚の深い方である。一切衆生の足で蹴られ踏みにじられても腹を立てぬ方が法蔵菩薩である。(中略)浄土真宗は法蔵精神を感得するものが浄土真宗である。浄土真宗に生をうけてゐるものはみな法蔵魂を感得せねばならぬ。(154)

と、〝公性〟が法蔵菩薩による責任の主体において開かれることを述べている。すなわち、

機の深信に依て我執をとれば目に見えるところ悉く法蔵菩薩である。それは人間のみが法蔵菩薩ではない。山河大地悉く法蔵菩薩の身体である。そこにみんな無上殊勝の願を建立し、一切衆生の罪と悩みそれを一身に荷

つて厳然として黙々として立つて居られる。眼を開けば万目悉く法蔵菩薩であり、世界全体が法蔵精神の象徴である。これが仏教の世界観である。これは学説や理論ではない。皆様は静かに礼拝するところに法蔵菩薩を感ずるであらう。讃嘆するところに法蔵菩薩を感ずるであらう。(155)

と言うように、機の深信によって法蔵菩薩を自己に感得し、さらに自己を取り巻く一切に法蔵菩薩を感得するのであり、したがって、〝公性〟は「宿業共感」をとおして法蔵菩薩を「讃嘆」する主体によって証明されるのである。我が宿業において、自己を取り巻く一切から「欲生我国」の声を聞くことができるのである。ここに、一切と共感できる世界が開かれ、真に社会に生きる主体が確立される。

七 法蔵菩薩論

以上述べたように、「歎異抄聴記」では、法蔵菩薩と機の深信の関係性を明かされていたが、それはさらに、一九四八(昭和二十三)年の安居での「大無量寿経聴記」における法蔵菩薩の了解を経て、一九六二(昭和三十七)年十月の米寿記念講演の「法蔵菩薩」へと展開されていくのである。ここで少しくそれらを概観すれば、まず「歎異抄聴記」の「機の深信のところに法蔵菩薩の眼を開く」との言葉に着目したい。すなわち、機の深信による法蔵菩薩の自覚は、「地上の救主」に代表される若き曽我の思索の集成であり、そのことが「大無量寿経聴記」においては、

かくの如くして四十八願がわれ〳〵に感得されゝば、即ちこれはわれらの四十八願であります。しかも四十八願を起されたのは法蔵菩薩である、その四十八願がどこで成就するかといへば、われ〳〵衆生のところに成就

> する。四十八願を仏様が起された、さうしてその仏の本願が衆生をして信心を生ぜしめる、衆生の信心を起さしめるところに、そこに仏の本願が成満したといふことができるであらうと思ひます。かういふところに一つの本願の歴史がある、行信の歴史がある、さういふ意義をもつてをるといふやうに了解ができるのであります。だからしてわれ〱は、如来のいはゆる仏智見を信の一念のところに、信心の智慧をいたゞくことができるのである、仏様の仏智の全体をわれ〱は自己否定の形を以ていたゞいてゆくことができるのであります。これは法相唯識などで云ひますと、例へば阿頼耶識は、末那識の自己否定のところに阿頼耶識がある。我執の末那識が自己否定する、この末那識が自己否定するところに阿頼耶識が感得できる。仏様もさういふやうなことであつて、われら衆生が自己を否定する、この自己を否定するといふことが、仏様の顕現する道でありませう。仏の顕現する唯一の道がそこにある。つまり云つてみれば、法蔵菩薩といふのは、これは阿頼耶識といふやうなものでせう[156]。

と、法蔵菩薩の本願の歴史が衆生の信の一念において、衆生の身に成就することを明らかにしている。法蔵菩薩の自覚は自己否定である。自己否定とは機の深信であり、したがって、我々は機の深信によって法蔵菩薩を我が身に感得する。すなわち第二十願の自己、つまり末那識を機の深信によって自覚することで、阿頼耶識において法蔵菩薩を了解し得るのである。ここに、「法蔵菩薩は阿頼耶識なり」との曽我量深の知見の根拠がある。

さらに米寿記念講演の「法蔵菩薩」では、

> 法蔵菩薩ということにつきましては、明治時代なんかには、そういうことには触れないのが安全だというようなことになっていた。ただ阿弥陀如来さまと言い、仏さまのお慈悲と言うだけであって、本願というような言葉でも、明治時代には大体年の若い方々は使わなかったんですよ。それから、お念仏なんていう言葉は、もち

ろんこれは鬼門である。そういうようにまあ、考えられておった。宗学の専門の学問の時だけに法蔵菩薩という言葉が使われるけれども、たとえば清沢満之先生とか門弟の方々などは、一般に、法蔵菩薩ということについては大体考えもしないし、まあ、そういうことは言わないことだと、そういうことになっておった。そういう時に、私だけが、法蔵菩薩ということを言っておった。これは、どうしてそういうことを言うたかといいますと、私は前から『成唯識論』を愛読しておったわけでございます。[157]

と、「地上の救主」に至る求道の歴程を振り返っている。前期曽我の「地上の救主」に見られるような法蔵菩薩の探究は、曽我の『大無量寿経』と『成唯識論』との求道的な了解に基づくものであり、そのことは、曽我自身、「如来表現の範疇としての三心観」の中で、

自分は愚直であるものだからして、其の法蔵菩薩といふもの、正態を、どうしても自分の意識に求めて行かないといふと満足出来ない。段々求め求めて私は遂に『唯識論』の中にある所の阿頼耶識といふものに於て法蔵菩薩を求め得たと同時に、又『唯識論』の阿頼耶識といふものは何であるか、かういふ工合に考へて、私は『大無量寿経』の法蔵菩薩に於て之を求めた。だからして『唯識論』ばかり読んで居つては阿頼耶識が何であるか解らぬ。又『大無量寿経』ばかり読んで居つても法蔵菩薩が何であるか解らない。『大無量寿経』に説いてある所の法蔵菩薩を『唯識論』の阿頼耶識の中に求め得ることによつて、私は『唯識論』の阿頼耶識といふものが即ち法蔵菩薩であるといふことを明らかにしたのである。之は循環証明法でありますが、又已むを得ざる循環論証であらうと思ふ。[158]

と述べているように、法蔵菩薩を自己に実験しようとすれば、自ずと『唯識論』の阿頼耶識にそれを求めざるを得ず、同時に阿頼耶識を『無量寿経』の法蔵菩薩に尋ねずにはおれないという「循環証明法」によって、自己の求道

を明らかにできたとしている。「機の深信のところに法蔵菩薩の眼を開く」と述懐する背景には唯識教学があったのである。

そして、そのような曽我の求道心を受けた安田は、曽我の『成唯識論』によって『無量寿経』の本願の教説を照らすという思索が、神話的な法蔵菩薩を「自己の存在に直接なる真理として自覚的に見るということ」(159)を意味し、法蔵菩薩の実存的了解をもたらしたとしている。そしてここに、曽我の自己の信仰主体として法蔵菩薩が我が宿業の身に誕生するという「非神話化」のアプローチ、つまり自己の実存的課題に即応すべく『大無量寿経』を了解するという学問方法が確立されたことを明かしている。

このような曽我の法蔵菩薩の了解は、唯識教学を背景とすることで、伝統的な真宗理解に大きな波紋を投げかけた。曽我によって、真宗は救済教から自覚教へと深化した。ここに曽我出現の歴史的意味が明確になった。安田は次のように述べている。

念仏の仏教を、単なる救済の途でなくして自覚の途として見なおしてくる、それが親鸞の教学である、という主張には革命的な意義があるといわねばならぬであろう。(160)

念仏を自覚の思想として展開することで、現代人に真宗了解の道を開く。ここに「革命的な意義」があった。「地上の救主」での「如来は我なり」という、法蔵菩薩が我が信仰主体として誕生することは、近現代の仏教思想史上に特筆すべき出来事であったのである。

ところで、この曽我の「阿頼耶識は法蔵菩薩である」(161)という感得に対して、平川彰が「如来蔵としての法蔵菩薩」(162)において、「阿頼耶識（蔵識）」と「法蔵」が言語的に一致しないこと、また教理史的に『無量寿経』が如来蔵思想の流れを汲むものであって唯識の流れでないことなどを挙げて、法蔵菩薩が阿頼耶識であるとの見解を学問的に批判したが、それに対して、田辺元は次のように応えている。

> 曽我先生の解説に依つて教へらるる最も重要なる点は、時代の順序からも信仰の教化的影響からも、浄土真宗の名が示す如く、親鸞の真宗教説は、単に法然の浄土教の一分派に過ぎないかの如き誤解が一般の常識となつて居るのを、徹底的に打破せられたことである。法然に始まる浄土教の伝統が一般に往生中心であるのに対し、親鸞の真宗は一に信仰中心である。彼が称名を説くに対し此が信心のみを説いて称名を説かなかつたゆゑんである。従つて前者に於ける如く死後霊魂が十万億土の彼方に飛んで浄土に往生するといふやうなことは、後者にとつては全く問題とはならない。ただ信の自証に基づき即得必定の現生正定を確立するのみである。これは現代のクリスト教神学に於て問題となつて居る宗教の非神話化の主張に合し、宗教信仰の自覚的解釈といふ新しき宗教哲学的方法を実際に示すものといつてよいと思ふ[163]。

当時、時代的課題に答えるために『聖書』の「非神話化」が叫ばれていた。キリスト教では、『聖書』の中から神話の部分を取り除くことで、教義の合理化を試みていたのである。それに対して、ブルトマンは、神話をそのままにして神話の実存的解釈[164]、つまり客観的に神を論ずるのではなく、「私にとっての神」という解釈を通して非神話化を乗りこえようとしたのであった。田辺はそれを「宗教信仰の自覚的解釈」と称しているのである。

そして松原は、そのような「宗教信仰の自覚的解釈」が、曽我による法蔵菩薩の内観であるとして、次のように述べている。

> 「如来我となりて我を救いたもう、如来我となるとは法蔵菩薩降誕のことなり」という師の若き日の感得は、地上の現実の救主としての法蔵菩薩との出逢いであった。このことは今日の真宗学として是非とも果たさねばならない、非神話化の事業に他ならない。それによって『大無量寿経』は、いきいきと現代人を救済する経典

となるのである。(165)

このような曽我の「非神話化」の営みは、『大無量寿経』に宗教的生命を回復するものであった。すなわち、法蔵菩薩が現代に生きる我々の信仰主体として復活したのである。近代における法蔵菩薩の「自覚的解釈」は、清沢の「信願要義」や『在床懺悔録』等の思索に起源する。それを継承した曽我は、法蔵菩薩を自己の宿業において思索し、それが「地上の救主」における「如来は我なり」との告白となって収斂するのである。そのような清沢から曽我への、自己の宿業における法蔵菩薩の自覚的解釈は、親鸞の『教行信証』に説かれる「三一問答」や「三願転入」と軌を一にするものであり、端的に言えば『歎異抄』「述懐章」の、

弥陀の五劫思惟の願をよくよく案ずれば、ひとえに親鸞一人がためなりけり。されば、そくばくの業をもちける身にてありけるを、たすけんとおぼしめしたちける本願のかたじけなさよ。(166)

に通底するものである。

曽我は瓦解する浩々洞を目前にして「地上の救主」において「如来は我なり」と獅子吼した。そしてそれが、浩々洞に変わる新たな僧伽を生み出す原動力となったのである。本章をまとめるにあたって、その一文を紹介しておこう。曽我が東洋大学教授として東上し、金子大榮より浩々洞の運営を受け継いだが儘ならず、終に浩々洞を閉じざるを得なかったのであるが、その時の決意を『精神界』(一九一六〈大正五〉年十月)に「告白」として発表している。

清沢師が門下の人々を率ゐて浩々洞を創立せられてから、最早や十五を満ちやうとします。私は今静にわが洞の変化多い歴史を溯つて、創立当時を想ふに、創立者等の簡潔の主張と素朴の生活とを通して、切実にして淳一なる原始人の本願を聞くのでありました。ただ先師の偉大なる人格の光と、精練せられたる宗教とは、そ

の滅後次第に固定して、宛然成立的宗教の形を具せんとするに至りたることは、臨終の際まで霊的奮闘を不断に続けられた先師の御本意でないことは勿論、またその高風を敬慕する私共同人の本真の志願ではないのであります。

私共は各自に情実纏綿せる現在の自己を肯定し、これに満足すべきではありません。何卒常に無色透明の一如の源頭にかへり、この一如から新しく出現したいと願ひます。依て何時の間にか成立的教団となりかけて来た浩々名を還元し、新なる求道的団体、即ち純粋の精神的団体に改造し度いと思ひます。嘗て其の名の深い洞の歎美者であつた私共は、一転して同一の名の強い呪咀者となりました。而して種種苦しんだ極、一層是際奇麗に其の解散を思ふこともありました。けれども一度わが心に銘した浩々洞魂は永久に死せざるべく、随て云何して名に対する愛執を解脱することが出来ませう。私共は各自の本願に立ち還り、この際われ等の団体をその当初の大精神に復帰し、此大心海から現実の人生に出興したい願であります。（中略）親鸞聖人は「心を弘誓の仏地に樹て、情を難思の法海に流す」と云はれましたが、信心の根を深く弘誓の仏地の底にまで樹つる人にして、始めて法悦の情を無碍の難思の法海の中に流すことが出来るのであります。

内外の業因にひかれて、帝都に投げ出された私は、今更に自分の内心の空虚と混濁とに悲痛せざるを得ないのであります。苟も心霊の道を求むる私は今や専一に善財童子の如く真の善知識を求めねばなりませぬ。[167]

曽我は、「浩々洞魂」の再生を、このように高らかに宣言している。曽我にとって、清沢の創立した浩々洞の頽落は、真宗大学の京都移転にも増して痛切な出来事であった。しかし、創立十五周年を迎えた浩々洞は、すでに「成立的宗教」と化し「成立的教団」に堕していたのである。清沢満之によって叫ばれた「切実にして淳一なる原始人の本願」を喪失してしまった浩々洞を、純真な「精神的団体」として再生させるためには、何としても「無色透明の一如の源頭」の精神に回帰し、「原始人の本願」を再生させなければならないのである。すなわち「原始人」とは法蔵菩薩の魂に帰ることであろう。法蔵菩薩の魂を懐いて現実を荷負し、立ち上がるのである。

〝行き詰まり感〟を払拭できない現代人にとって、曽我のこのような法蔵菩薩の自覚的解釈は、現代人を自己実存の根底から解放せしめるものではなかろうか。今こそ「法蔵魂」を我が宿業において確立すべきなのである。

八　分限の自覚…まとめにかえて

晩年曽我は、清沢を回顧する。その代表的なものが「分水嶺の本願」である。それは、一九五二（昭和二十七）年六月の清沢満之五十回忌法要を勤め、それを機に北海道を巡回した折に「本願における分水嶺」を感得した、その一連の講演録である。

そこでは次のように述べられている。

大体人間はどんなものか。ほんとうの人間はどんなものか。それについて、『大無量寿経』について親鸞は「下巻」の第十一願成就文を注目した。「下巻」は必至滅度の願成就から始まる。古来、学者はこのことを注目しない。その経文を頂くと「其れ衆生有りて彼の国に生るる者は皆悉く正定之聚に住す。所以は何ん。彼の仏国の中には諸の邪聚及び不定聚無ければなり」とある。

十一願成就文は仏の世界と人間の世界の分水嶺である。浄土と娑婆を分つところの境界、十一願あって一方は浄土、一方は娑婆が出て来る、丁度三角形の頂点のようなものである。右は浄土、左は娑婆というようなもの。十一願がなくなると二つの世界はなくなる。これは北海道の根室の国境で始めて廻向にあずかって知った

ことである。(168)

これは『大無量寿経』下巻の冒頭にある、

それ衆生ありてかの国に生ずれば、みなことごとく正定の聚に住す。所以は何ん。かの仏国の中には、もろもろの邪聚および不定聚なければなり。(169)

との第十一願成就文についての了解であり、曽我は次のように解釈する。

第十一願は大体浄土と娑婆の二つの世界の分水嶺である。その元は一如法性である。その一如法性が南無阿弥陀仏になって、そこから人間の世界と仏の世界とが三角形の二辺のように分れて出ると親鸞は御覧になった。親鸞のその了解もいろいろ御苦労なさってのことであろう。二つの世界の元は一つ。(170)

第十一願が浄土と娑婆の二つの世界の分水嶺であり、その「元」は「一如法性」であるとしている。そして清沢は、そのような浄土と娑婆の二つの世界を体解したと述べている。曽我は、次のように、清沢の信念の世界を開陳する。多少長いが、煩を厭わず引用したい。

人間は咄嗟の間にその人間の心が人間の口、人間の眼にあらわれる。そこで真実の正しい人間は、現生に動ぜぬ正定聚不退の位でなければならぬ。仏の南無阿弥陀仏を頂いた人、この人がほんとうの人間。正定聚とは与えられた分限をはっきり知るのが正定聚である。分を知る。仏に助けられた人は分を知る。これは清沢先生が長い間苦労された後に感得されたことである。他力の救済とは如来の南無阿弥陀仏の廻向にあずかることである。これが浄土真宗の教であるというのが親鸞や蓮如の教である。

清沢先生は仏教の学問は十分でないから、廻向という言葉は用いられぬが、他力の救済によって分を知らして頂いているのでそこには迷いがない。不満がない。感激がある。例えば自分が病気になったとて、又自分が死んだとて、自分に与えられた分、それを自分は喜んで受ける。これを正定聚という。正定聚は自分の分限を知ることで、たまたま清沢先生の他力信心と一致するのは甚だ喜ばしい。親鸞は法然の弟子になって越後に流罪になった。しかし「これ猶師教の恩致なり」と感激している。これ現生正定聚である。現生正定聚とは何時死んでも御浄土参りは間違いない人だというが、それだけでは観念である。死と生とは裏表である。どの様な環境が与えられても絶望しない。そこに満足して惑わぬ。人間はとかく迷って占いなどに走る。あれは人間が不定聚たる証拠である。何時どんな誘惑にかかるか、全く怖しいところにおる訳である。我々は正しい法を頂いて、正定聚に住せねばならぬ。南無阿弥陀仏を頂くと、この世の凡ゆる誘惑に迷わぬようになる。(171)

ここに曽我量深の仏道を形成せしめた清沢の信念が、如何なく示されているように思われる。すなわち、「与えられた分限をはっきり知るのが正定聚であ」り、それはどの様な現実が与えられてもそれが自分に与えられた分限として喜んで引き受け、絶望しない、との智見である。

曽我は「分水嶺の本願」中の「清沢満之とエピクテタス」において、清沢の信念確立に不可欠なものとして、エピクテタスとの値遇を挙げ、次のように述べている。

清沢先生は宗門改革の運動、即ち白河党の運動をなされた後、友人沢柳政太郎氏を訪ねられてから、始めて信仰の問題に新しい道が開けた。それまでは仏教の経典、特に浄土三部経、『阿含経』『教行信証』『歎異抄』と色々読まれたけれど、なかなか確固たる安心を得ることが出来なかった。たまたま沢柳政太郎氏を尋ねた時、『エピクテタスの教訓』という書を同氏宅で見つけそれを借りて読まれた。そして始めて分限ということを了解された。勿論先生は自分等が相対有限であるとは夙に考えておられた訳であったが、それは一般論であって、正しく御自身の問題になるとなかなかはっきりしなかつたのであろう。それが『エピクテタスの教訓』を読まれて、始めて自己の分限を自覚することが―実際において自覚することが―真実の救済であると了解できたのである。これで長い間分らぬ儘に読んでいた仏教の経典が、氷解されることになったのである。それによって長い間仏教の教える生死の問題について、解脱の道が見つかったのである。先生はその時の感激を「絶対他力の大道」として残されている。この文章は正に聖典である(172)。

清沢はエピクテタスから、分限の自覚を与えられたとしている。分限とは、絶対無限の如来に対して、自己は有限であるとの自覚である。この有限なる自己の分限の自覚において、換言すれば宿業の身である自己の自覚において、はじめて一般論ではなく我々自身の実際問題、すなわち「生死の問題」を自己の分限として引き受ける「解脱の道」が見つかったとしている。分限の自覚とは宿業の自覚である。自己の宿業を自覚するには、仏に照破されなければならない。ここに清沢は一生を捧げたのである。曽我の言葉を聞こう。

如来は我等に自己の分限を教えて下さる。我等は如来を信ずることによって、自己の分限を知らしめて頂くと、先生は短い生涯を信念の確立のために一切を捧げられた訳である。先生の絶対他力の信念は、我々第三者から見ると、全くそれは戦いとられたのであると頂いている。しかし、先生御自身から見ると、あの劇しい戦いも、あの生死の問題の解決も、あの倫理の厳しい対決も、全人生をあげての究明も、決して先生御自身では、戦いとったとは了解しておられなかったに違いない。無限大悲の廻向したもうところで、全く自分の力ではない。いささか戦ったとしても、その戦力はこれも亦如来他力の賦与したもうところであると、内外併せて一切を無限他力の賦与したもうところと、自分の力のいささかもないという、間違いない最後の安住を得られた訳である。誠に尊い先生の身を以ての深い思索と体験を徹しての教は、忘れることのできぬものである。先生の御恩は私はこれを忌憚なく申せば、祖聖親鸞に匹敵するものと感激しているものである(173)。

近代人としての洗礼をうけた清沢は、安易な他力信仰には、容易に入ることはできなかった。何としてもこの身において、観念ではなく実際問題の解決のために、如来を明らかにしなければならない。ここに清沢の悪戦苦闘の求道があった。そして次のように告白する。

嗚呼他力救済の念は、能く我をして迷倒苦悶の娑婆を脱して、悟達安楽の浄土に入らしむるが如し、我は実に此念により現に救済されつゝ、あるを感ず、若し世に他力救済の教なかせば、我は終に迷乱と悶絶とを免かれさるべし、(174)

実際問題を担うべく現実に立ち上がった清沢の、身は娑婆におきながらの、「浄土に入らしむるが如し」との救済されつつある自己の現前性を銘記すべきである。曽我の言う「如来は我等に自己の分限を教えて下さる」との具体相である。

我々は何故、求道に悪戦苦闘するのか。自己の分限に目覚めんがためである。自己の分限の自覚は、どこまでも自己の責任として果たさなければならない。大死一番の求道は自己の責任である。ここに「戦いとられた」と言わざるを得ない清沢の求道実践があった。曽我はそれをそのまま実践した。

我が宿業の自覚は、我が生活実験に立たなければ不可能である。分限の自覚において、はじめて「如来他力の賦与」の実感が許される。曽我はそのことを厳密に思索した。清沢との値遇における「疑の子」としての第二十願の自己の自覚に端を発して、「如来は我なり」と感得し、さらにそれは、宿業の身における如来との宿業共感へと深化して、「我が世に処するの道(175)」を開くのである。すなわち「信に死し」は分限の自覚である。「願に生きる」は道が開けることである。そして現実を担い立ち上がるのである。ここに「曽我教学」が収斂される。

我々は、清沢から曽我へと伝承される、分限の自覚への悪戦苦闘の仏道実践と、そこにおける如来との宿業共感によって開かれる、「信に死し願に生きる」との世界をこそ、今まさに求めねばならないのである。

〔註〕

(1) 『歎異抄』『真宗聖典』東本願寺出版、六二六頁。
(2) 『教行信証』「化身土巻」『真宗聖典』三九九頁。
(3) 同前、四〇〇頁。
(4) 『歎異抄』『真宗聖典』六二七頁。
(5) 「我に影向したまへる先師」『曽我量深選集』第二巻、彌生書房、一五八頁。
(6) 同前、一五九頁。
(7) 同前。
(8) 同前。
(9) 『教行信証』「行巻」『真宗聖典』二一〇頁。
(10) 「我に影向したまへる先師」『曽我量深選集』第二巻、一六一頁。
(11) 同前、一六四頁。
(12) 同前、一六五〜一六六頁。
(13) 「自己を弁護せざる人」『曽我量深選集』第二巻、二二八〜二二九頁。
(14) 「感の教学―ものがちがう―」『安田理深選集』補巻、文栄堂、一二一頁。
(15) 同前、一二二頁。( )は筆者。
(16) 『歎異抄』『真宗聖典』六四〇頁参照。
(17) 『御文』『真宗聖典』八三六頁。
(18) 『臘扇記』『清沢満之全集』第八巻、岩波書店、三六三頁。
(19) 「感の教学―ものがちがう―」『安田理深選集』補巻、一五〇頁。
(20) 同前、一二三頁。

(21) 同前、一二五頁。
(22) 同前、一二六頁。
(23) 同前、一二九頁。
(24) 同前。
(25) 同前、一三〇頁。
(26) 同前、一四九頁。
(27) 「清澤滿之先生〔第一講〕」『教化研究』第十六号(一九五六〈昭和三十一〉年十二月)教化研究所、六二頁。
(28) 「他力の救済」『清沢満之全集』第六巻、岩波書店、三二九頁。
(29) 「後記」『曽我量深選集』第五巻、四七六～四七七頁。
(30) 「随想ノート8」『安田理深選集』別巻三、七〇～七一頁。
(31) 「曽我量深先生に導かれて」『他力信心の確立』法藏館、二三六～二三七頁。
(32) 『教行信証』「教巻」『真宗聖典』一五二頁。
(33) 『大経』『真宗聖典』一四頁。
(34) 「我は此の如く如来を信ず(我信念)」『清沢満之全集』第六巻、岩波書店、三三二～三三三頁。
(35) 「追憶・資料　修道生活」『清沢満之全集』第三巻、法藏館、六八七頁。
(36) 「信願要義」『清沢満之全集』第七巻、岩波書店、一五七頁。
(37) 『在床懺悔録』『清沢満之全集』第二巻、岩波書店、一七頁。
(38) 同前、三頁。
(39) 「地上の救主―法蔵菩薩出現の意義―」『曽我量深選集』第二巻、四〇八頁。
(40) 「法蔵菩薩」『曽我量深選集』第十二巻、一〇六頁。
(41) 『法蔵菩薩と阿弥陀仏』中道社、七頁。
(42) 『大経』『真宗聖典』一三頁。
(43) 『臘扇記』『清沢満之全集』第八巻、岩波書店、三六三頁。
(44) 「我如来を信ずるが故に如来在ます也」『曽我量深選集』第十二巻、一四四頁。

(45)「地上の救主―法蔵菩薩出現の意義―」『曽我量深選集』第二巻、四〇八頁。
(46)同前。
(47)「自己を弁護せざる人」『曽我量深選集』第二巻、二二五頁。
(48)「如来は無限の能力なり―清沢先生の信念―」『中道』（一九一一〈昭和四十四〉年六月）、中道社、一七頁。
(49)「東京だより」『精神界』第十一巻第十号（一九一一〈明治四十四〉年十月）、精神界發行所、五六頁。
(50)「真宗大学開校の辞」『清沢満之全集』第七巻、岩波書店、三六四頁。
(51)「後記」『曽我量深選集』第二巻、四六〇～四六一頁。（　）は筆者。
(52)『両眼人―曽我量深　金子大榮　書簡』春秋社、一六頁。
(53)「比叡及び吉水に於ける祖聖の問題」『暴風駛雨』『曽我量深選集』第四巻、三三一～三三二頁。
(54)同前、三三三頁。
(55)同前。
(56)同前。
(57)同前、三三三～三三四頁。
(58)「食雪鬼、米搗男、新兵」『精神界』第十二巻第三号（一九一二〈明治四十五〉年三月）、一四頁。
(59)傍点は筆者。
(60)『両眼人―曽我量深　金子大榮　書簡』一九頁。
(61)『唯信鈔文意』『真宗聖典』五五二頁。
(62)『歎異抄』『真宗聖典』六二七頁。
(63)『教行信証』「化身土巻」『真宗聖典』三五六頁。
(64)同前。
(65)同前。
(66)「地上の救主―法蔵菩薩出現の意義―」『曽我量深選集』第二巻、四〇八頁。
(67)同前。
(68)同前。

(69)「我信念」『清沢満之全集』第六巻、岩波書店、一六二頁。
(70)同前。
(71)同前、一六四頁。
(72)『歎異抄』『真宗聖典』六二六頁。
(73)「信行両座」『曽我量深選集』第二巻、三四五頁。
(74)「我等が久遠の宗教」『曽我量深選集』第二巻、三六五〜三六六頁。
(75)同前、三六八頁。
(76)同前、三六九頁。
(77)『蓮如上人御一代聞書』真宗聖典、九〇一頁。
(78)「地上の救主—法蔵菩薩出現の意義—」『曽我量深選集』第二巻、四〇八頁。
(79)「法蔵比丘の降誕は如来の人間化也」『暴風駛雨』『曽我量深選集』第四巻、三四一頁。
(80)「地上の救主—法蔵菩薩出現の意義—」『曽我量深選集』第二巻、四一〇頁。
(81)「他力の救済」『清沢満之全集』第六巻、岩波書店、一五九頁。
(82)「地上の救主—法蔵菩薩出現の意義—」『曽我量深選集』第二巻、四一〇〜四一一頁。
(83)『教行信証』「行巻」『真宗聖典』二〇六頁。
(84)「地上の救主—法蔵菩薩出現の意義—」『曽我量深選集』第二巻、四一〇〜四一一頁。四一二頁。
(85)「自己を知らざるものは真に如来を知るものに非ず」『暴風駛雨』『曽我量深選集』第四巻、三三〇頁。
(86)「地上の救主—法蔵菩薩出現の意義—」『曽我量深選集』第二巻、四一三頁。
(87)『教行信証』「総序」『真宗聖典』一四九頁。
(88)「地上の救主—法蔵菩薩出現の意義—」『曽我量深選集』第二巻、四一三頁。
(89)同前、四一二頁。
(90)同前。
(91)同前、四一三頁。
(92)同前、四一四頁。

(93) 同前。
(94) 同前、四一五頁。
(95) 同前。
(96) 『教行信証』「信巻」『真宗聖典』二二八頁参照。
(97) 同前、二二七～二二八頁。
(98) 「場所的論理と宗教的世界観」『西田幾多郎全集』第十一巻、岩波書店、三七四頁。
(99) 同前、四一五～四一六頁。
(100) 「場所的論理と浄土教」『西田哲学会年報』第四号（二〇〇七〈平成十九〉年七月三十一日）、西田哲学会、一二頁。
(101) 同前、一二～一三頁。
(102) 「法蔵比丘の降誕は如来の人間化也」『暴風駛雨』『曽我量深選集』第四巻、三四四頁。
(103) 『教行信証』「行巻」『真宗聖典』二〇七頁。
(104) 「地上の救主―法蔵菩薩出現の意義―」『曽我量深選集』第二巻、四一五頁。
(105) 同前、四一七～四一八頁。
(106) 同前、四一八頁。
(107) （　）は筆者。
(108) 「地上の救主―法蔵菩薩出現の意義―」『曽我量深選集』第二巻、四一五頁。
(109) 『教行信証』「総序」『真宗聖典』一四九頁。
(110) 『教行信証』「信巻」『真宗聖典』二三四頁。
(111) 『教行信証』「総序」『真宗聖典』一四九頁。
(112) 「地上の救主―法蔵菩薩出現の意義―」『曽我量深選集』第二巻、四一九頁。
(113) 同前、四一九～四二〇頁。
(114) 『教行信証』「信巻」『真宗聖典』二一一頁。
(115) 本論五の3、4の論考は、拙著『近・現代真宗教学史研究序説―真宗大谷派における改革運動の軌跡―』（法藏館）の第二章第二節を加筆訂正して引用したものである。
(116)「興法学園趣意書」
(117)「親鸞の仏教史観」『曽我量深選集』第五巻、三八九頁。
(118)同前、三九四頁。
(119)同前、三九二頁。
(120)同前、三九三頁。
(121)同前、四〇三頁。
(122)同前、三九七頁。
(123)同前、三九八頁。
(124)同前、四五一頁。
(125)同前、四五九頁参照。
(126)同前、四七〇頁。
(127)『大経』『真宗聖典』一三頁。
(128)「親鸞の仏教史観」『曽我量深選集』第五巻、四七〇頁。
(129)同前。
(130)「感応道交」『曽我量深選集』第十一巻、七八頁。
(131)同前。
(132)同前。
(133)同前、八〇頁。
(134)同前。
(135)同前、八七～八八頁。
(136)同前、八八頁。
(137)同前、八八～八九頁。
(138)同前、八九頁。

(139) 同前。
(140) 同前。
(141) 同前、九二〜九三頁。
(142) 「告白」『曽我量深選集』第四巻、三九三頁。
(143) 「感応の道理」『曽我量深選集』第十一巻、一四三〜一四四頁。
(144) 「我信念」『清沢満之全集』第六巻、岩波書店、一六二頁。
(145) 『歎異抄聴記』『曽我量深選集』第六巻、九三頁。
(146) 同前、九四頁。
(147) 同前。
(148) 同前。
(149) 同前、九五頁。
(150) 同前、一五五頁参照。
(151) 同前、一五五〜一五六頁。
(152) 同前、一五七頁。
(153) 同前、一五七〜一五八頁。
(154) 同前、一六一頁。
(155) 同前、一六二頁。
(156) 『大無量寿経聴記』『曽我量深選集』第七巻、二七八〜二七九頁。
(157) 「法蔵菩薩」『曽我量深選集』第十二巻、一〇六〜一〇七頁。
(158) 「如来表現の範疇としての三心観」『曽我量深選集』第五巻、一五八頁。
(159) 「自覚の教学」『安田理深選集』第一巻、五二五頁。
(160) 同前、五二一〜五二三頁。
(161) 「如来表現の範疇としての三心観」『曽我量深選集』第五巻、一六八頁。
(162) 『恵谷先生古稀記念　浄土教の思想と文化』仏教大学、一二八七〜一三〇五頁所収。

(163)「『神を開く』の頌」『曽我量深選集』第五巻、月報、七頁。

(164) 聖書を史的批判的に研究した神学者ブルトマンは、戦後まもなく『新約聖書神学』（一九四八～一九五三）を著し、聖書の「非神話化」を掲げている。それはやがてキリスト教を超えて哲学・仏教にも大きな影響を与えたのである。藤吉慈海によって言えば、次のようになる。

　ブルトマンのいう非神話化とは、神話を聖書の中から取り除くことではない。それは神話を解釈する上での一つの試みである。それはよく誤解されたように、新約聖書中の神話を取り除くことによって、そこに宣べられている教を合理化し、現代人にキリスト教を受容しやすいようにする試みではない。それは神話をいわば実存の方向にひきよせて解釈しようとすることである（「欧米における浄土教的契機」『浄土教思想研究』其中堂、三五〇頁）。

　このように、ブルトマンの「非神話化」が個の実存的解釈による近代化を意味するものであれば、「自己とは何ぞや」を根本命題とする清沢の「近代教学」こそ、まさにそれに該当すると言わなければならない。そのような近代教学の非神話化の営みは、清沢の「精神主義」を継承した曽我によって具現化されたと言えよう。松原によれば、曽我は、「如来我となりて我を救い給う」、そして「如来我となるとは法蔵菩薩降誕のことなり」という宗教的信念の覚醒によって、今まで神話的にしか受け取られなかった『大経』の法蔵菩薩を「非神話化」されたと述べている（「法蔵菩薩論」『松原祐善講義集』第二巻、文栄堂、一九五頁取意）。すなわち、曽我は強靱な思索を通して、「絶対無限」（法蔵菩薩）と「私」（我）とが一体であるとの関係性において了解したのであり、換言すれば、曽我は、「法蔵菩薩」を「非神話化」することで、「近代教学」を自己実存において展開したのである。ブルトマンの「非神話化」がそうであったように、曽我の「非神話化」も思想的に極めて重要な意義を有するものであった。

(165)「法蔵菩薩論」『松原祐善講義集』第二巻、一九五頁。

(166)『歎異抄』『真宗聖典』六四〇頁。

(167)「告白」『曽我量深選集』第四巻、三九三～三九四頁。

(168)「分水嶺の本願」『曽我量深選集』第十一巻、二七九～二八〇頁。

(169)『大経』『真宗聖典』四四頁。

(170)「分水嶺の本願」『曽我量深選集』第十一巻、二八〇頁。

(171) 同前、二八三頁。
(172) 同前、二五一～二五二頁。
(173) 同前、二五二頁。
(174) 「他力の救済」『清沢満之全集』第六巻、岩波書店、三二九頁。
(175) 同前。

あとがき

私が大谷大学大学院に入学した二〇一一年、水島見一先生の下で、生きた親鸞思想を学ぶことを志して、任期制助教や大学院生が集まって曽我量深先生の論稿を輪読し、レジュメを作成・発表する会が発足しました。この会が進むにつれて、会の中から「学の内外を問わずに曽我先生を研究しておられる先生方から、曽我先生についての教えを蒙りたい」という声が出るとともに、水島先生の「若手の研究者の業績を世に公開する」というご厚意によって、本書『曽我教学――法蔵菩薩と宿業――』出版の計画が持ち上がりました。そして、輪読会発足から五年目の二〇一六年、本書は水島先生が十三年間にわたって従事された大谷大学のご退職に際して、その記念として上梓されます。

本書が出版される意義については水島先生の「はじめに」に詳しく述べられており、これ以上のものはなく、私がくり返して申し上げるまでもないので、今は省略させていただきますが、曽我先生が亡くなられてから半世紀ほどが経った今、曽我先生についての本格的な研究書の出版に携わることで、現代における世間での価値観しか持ち合わせていない私が、曽我先生の生きた信念に触れ得ることは幸甚に存じます。

本書の「はじめに」で水島先生は、曽我先生についての論集を出版するにあたって、面授の松原祐善先生への恩徳を語られます。水島先生にとって曽我先生に聞くということは松原先生なしにはありえないのです。私は現在、水島先生のご自宅での毎月の輪読会や法話の随行を通じて、水島先生の生活に触れ、息遣いを感じさせていただいています。そこにおいて、水島先生が偏に松原先生に聴聞されるお姿を常に目の前にしているのです。誤解を恐れずに言うならば、水島先生が松原先生の「体温」を通して曽我先生と出遇われるように、私がお会いしていない松原先生、曽我先生、清沢満之先生、さらには親鸞の生きた仏道を感じることができるには、水島先生が松原先生に聴聞される「体温」に触れ得ることでしかないことが思われます。

思えば、私事ではありますが、私が水島先生と初めてお会いしたのはちょうど七年前の三月、先生のゼミに入った時でした。精神的な不安定から小中高と不登校であった私は、当時何に対しても意欲や目標がなく、大学の講義にもほとんど出席していませんでした。このような中にあって、一年が経った時、水島先生のところに卒業論文のご相談に伺うと、「曽我量深先生の仏道観を、真人社を題材に書いてはどうか」というアドバイスをいただきました。またその際、先生は「書いてよかったと思えるような論文を書けたらいいね」ともおっしゃいました。淡白で卑屈な性格の私にとって、曽我先生の自在な仏道観はもちろんのこと、水島先生が言われる「書いてよかったと思える」ということの真意は、到底わかるものではありませんでした。特に、曽我先生の仏道の要である「宿業」という問題は、曽我先生の論稿を読んでも水島先生の法話をお聴きしても、一向にわかりませんでした。しかし、今になってみると、私一人の宿業は寸分違わず間違いのなかったものであり、それに気がついてみると、他の一切の宿業も間違いなかったのであって、そのインスピレーションこそ宿業共感の世界を発見した事実であったことが思われてくるのです。「書いてよかった」とは、この間違いなかった世界の発見のことであり、水島先生は偏にそのこと一つだけを私にすすめてくださっていたのでした。私は、水島先生が松原先生に聴聞されるお姿にこの間違いのない世界を感じると同時に、それを忘れて理知的で冷たい自我の世界に腰を下ろす自分を感じます。水島先生は今もなおそのような私を徹底的に見抜かれるのであり、先生の存在そのものが私を懇ろにご叱責くださるのです。

その水島先生のご退職に携わる機縁を賜り、またそれに際して先生が身をもって大事にされている曽我先生の論文集の編集に従事することができた光栄は、何ものにも代えがたいことが思われます。

本論集に収録される論文については、真宗学はもちろんのこと、宗教学、仏教学、哲学、教育学といった幅広い分野において「曽我量深研究」をされている先生方からの視座をいただきたく、六名の先生に執筆をご依頼申し上げました。いずれも「曽我量深研究」のエキスパートであり、曽我先生の仏道を学ぶ上で多くのご指南をいただくべき先生方であります。特に、既に大学を退職されている長谷正當先生には、ご自坊での寺務と京都でのお仕事で激務の渦中にもかかわらず、無理を言って論文をご執筆いただきました。また、同じく既に大学を退職されている鍵主良敬先生には、何度もご自宅にまでお伺いさせていただき、論文を執筆していただくとともに、不勉強な私をご指導いただきました。両先生をはじめ、論文をいただいた諸先生方には大変なご多忙の中にもかかわらず本書の趣旨に賛同していただきました。ここに、改めてお名前を挙げさせていただき、謹んでお礼に代えさせていただきたく存じます。

長谷正當先生（京都大学名誉教授）

鍵主良敬先生（大谷大学名誉教授）

延塚知道先生（大谷大学文学部特別任用教授）

村山保史先生（大谷大学文学部教授）
冨岡量秀先生（大谷大学短期大学部准教授）
伊東恵深先生（同朋大学文学部講師）

続いて、若手研究者である諸先輩方には輪読会の出欠を問わず本書の趣旨にご賛同いただき、ご自身の「曽我量深研究」の成果を寄稿していただきました。いずれも、私が曽我先生を学ぶ上でいつもご指導いただいている先輩方であります。お名前を挙げさせていただき、改めてお礼に代えさせていただきたく存じます。

藤原　智氏（親鸞仏教センター研究員）
佐々木秀英氏（元大谷大学任期制助教）
亀崎真量氏（元大谷大学大学院文学研究科博士後期課程真宗学専攻）
上島秀堂氏（元大谷大学大学院文学研究科博士後期課程真宗学専攻）
安西　廉氏（元大谷大学大学院文学研究科博士後期課程真宗学専攻）
橋本彰吾氏（元大谷大学大学院文学研究科博士後期課程真宗学専攻）

また、本書が上梓されるにあたり、多くの方々のご苦労とご助力をいただきました。特に、佐々木秀英氏、安西廉氏、橋本彰吾氏には論文の寄稿のみならず、計画段階から校正、具体的な出版内容の整理に至るまで、全面的に大変なご尽力をいただきました。また、水島ゼミ博士後期課程の石原樹氏、井上泰之氏には全面的な校正にご尽力をいただきました。さらに、同じく水島ゼミ修士課程の清水晃秀氏には資料の収集・整理など、煩瑣な作業にご協力いただきました。皆様のお力あっての出版であることを感じます。心よりお礼申し上げます。

そして、水島先生には本書のすべての面においてご相談させていただき、最後までご指導を賜りました。水島先生が「何としても松原祐善先生から蒙った恩義に応えたかった」とおっしゃる本書刊行の一端に関わらせていただいたことは、身に余る思いです。言葉では言い尽くせませんが、ただただ厚謝するばかりです。水島先生なくして今の私はありえないことを改めて思います。

最後に、厳しい出版情勢のなか、出版にご賛同いただいた方丈堂出版の光本稔社長、そして出版に際してご相談させていただき、その都度ご指導ご鞭撻をいただいた上別府茂編集長に、厚くお礼申し上げます。

二〇一六年三月

『曽我教学―法蔵菩薩と宿業―』刊行委員　村上良顕

■水島見一先生略年譜

一九五〇年八月　富山県に生まれる。
（ご母堂である真見様は高光大船師の四女であり、先生は高光師のご令孫にあたる）
一九六九年四月　大谷大学文学部仏教学科入学。
一九七三年三月　大谷大学文学部仏教学科卒業。
一九七三年四月　大谷大学大学院文学研究科修士課程仏教学専攻入学。
一九七五年三月　大谷大学大学院文学研究科修士課程仏教学専攻修了。
一九七五年四月　大谷大学大学院文学研究科博士後期課程仏教学専攻入学。
一九七七年四月　私立洛南高等学校常勤講師。
一九七八年三月　大谷大学大学院文学研究科博士後期課程仏教学専攻満期退学。
一九七八年四月　私立洛南高等学校専任教諭。
一九八四年四月　私立大谷中学・高等学校常勤講師。
一九八四年九月　私立大谷中学・高等学校専任教諭。
一九八五年四月　私立大谷中学・高等学校宗教部長。
一九九八年四月　私立大谷中学・高等学校副校長。（二〇〇三年三月まで）
一九九八年四月　真宗大谷学園評議員。（二〇〇三年三月まで）

一九九九年四月　大谷大学非常勤講師。（二〇〇三年三月まで）
二〇〇三年四月　大谷大学文学部講師。
二〇〇五年四月　大谷大学文学部助教授。（二〇〇七年四月職制変更により、大谷大学文学部准教授）
二〇〇六年四月　大谷大学入学センター長。（二〇〇八年三月まで）
二〇〇六年五月　真宗大谷学園評議員。（二〇〇八年三月まで）
二〇〇八年四月　大谷大学文学部教授。
二〇〇九年四月　指定研究・真宗同朋会運動研究班チーフ。（二〇一二年三月まで）
二〇一一年三月　博士（文学）取得。
（論文名『近・現代真宗教学史研究序説――真宗大谷派における改革運動の軌跡――』）
二〇一二年四月　真宗大谷学園評議員兼大谷大学学監・副学長。（二〇一六年三月まで）
二〇一二年五月　真宗大谷学園理事。
二〇一六年三月　退職。

■水島見一先生著作目録（抄録）

〈単著〉

『近代真宗史論――高光大船の生涯と思想――』二〇〇四年、法藏館。

『大谷派なる宗教的精神――真宗同朋会運動の源流――』二〇〇七年、東本願寺出版。

『旭川別院同朋研修会講義録』全四巻、二〇〇九～二〇一〇年、真宗大谷派　旭川別院。

『近・現代真宗教学史研究序説――真宗大谷派における改革運動の軌跡――』二〇一〇年、法藏館。

『信は生活にあり――高光大船の生涯』二〇一〇年、法藏館。

『宗祖親鸞聖人の御生涯に学ぶ～求道・群萌・救済～』二〇一一年、京都教区若狭地区教化委員会。

『苦労はいいもんや――聞法の生活――』二〇一四年、文栄堂。

『帰命の生活』二〇一五年、文栄堂。

『如来に芝居させられていた人生――生死を超える道――』二〇一六年、文栄堂。

『朧扇』二〇一六年出版予定、文栄堂。


〈共著〉

『生徒指導の方法と実際』二〇〇七年、八千代出版。

『親鸞像の再構築』（親鸞聖人七百五十回御遠忌記念論集〔下巻〕）二〇一一年、筑摩書房。

『親鸞』二〇一一年、河出書房新社。

『大地の念仏者　加賀の三羽烏　講演録』二〇一一年、金沢教区宗祖親鸞聖人七百五十回御遠忌お待ち受け委員会。

『同朋会運動の原像――体験告白と解説――』二〇一四年、法藏館。

『他力の救済〔決定版〕』二〇一五年、方丈堂出版。

『今日の因縁』二〇一六年出版予定、方丈堂出版。

〈共編〉

『高光大船の世界』全四巻、一九八八年、法藏館。

『松原祐善講義集』全四巻、一九九〇～一九九二年、文栄堂。

『高光大船の世界　道ここに在り』二〇〇〇年、東本願寺出版。

〈論文〉

「母に聞く」『願海』第十六巻第十二号、一九八九年、願海舎。

「高光大船先生のおことばに聞く1　責任生活」『願海』第十八巻第一号、一九九一年、願海舎。

「高光大船先生のおことばに聞く2　自由生活」『願海』第十八巻第二号、一九九一年、願海舎。

「高光大船先生のおことばに聞く3　聞法」『願海』第十八巻第三号、一九九一年、願海舎。

「高光大船先生のおことばに聞く4　生活実感」『願海』第十八巻第四号、一九九一年、願海舎。

「高光大船先生のおことばに聞く5　聞思の生活」『願海』第十八巻第五号、一九九一年、願海舎。

「高光大船先生のおことばに聞く6　ありのまま」『願海』第十八巻第六号、一九九一年、願海舎。

「高光大船先生のおことばに聞く7　名無耳人」『願海』第十八巻第七号、一九九一年、願海舎。

「高光大船先生のおことばに聞く8　断末魔」『願海』第十八巻第八号、一九九一年、願海舎。

「高光大船先生のおことばに聞く9　直指人心」『願海』第十八巻第九号、一九九一年、願海舎。

水島見一先生著作目録（抄録）

「高光大船先生のおことばに聞く10　従果向因」『願海』第十八巻第十一号、一九九一年、願海舎。

「高光大船先生のおことばに聞く11　師を仰いで法に生きる」『願海』第十八巻第十二号、一九九一年、願海舎。

「『教行信証の核心』について」『大谷中・高等学校研究紀要』第三一号、一九九四年、大谷中・高等学校。

「高光大船の考察」『大谷中・高等学校研究紀要』第三二号、一九九五年、大谷中・高等学校。

「大谷の教育について」『大谷中・高等学校研究紀要』第三三号、一九九六年、大谷中・高等学校。

「よき世の人となるために」『大谷中・高等学校研究紀要』第三四号、二〇〇一年、大谷中・高等学校。

「大谷の教育に関する一考察」『大谷中・高等学校研究紀要』第三五号、二〇〇二年、大谷中・高等学校。

「近代親鸞教学の基本的視座」『親鸞教学』第八二・八三号、二〇〇四年、大谷大学真宗学会。

「敗戦後の真宗大谷派教団」『真宗研究』第四十九輯、二〇〇五年、真宗連合学会。

「敗戦と真宗」『親鸞教学』第八五号、二〇〇五年、大谷大学真宗学会。

「清沢満之の「僧伽」観」（上）『大谷学報』第八十三巻第三・四合併号、二〇〇五年、大谷学会。

「清沢満之の「僧伽」観」（下）『大谷学報』第八十四巻第一号、二〇〇五年、大谷学会。

「昭和初期の仏者たち――興法学園――」（上）『親鸞教学』第八八号、二〇〇七年、大谷大学真宗学会。

「昭和初期の仏者たち――興法学園――」（下）『親鸞教学』第八九号、二〇〇七年、大谷大学真宗学会。

「宗教教育の本質」『研究紀要』創刊号、二〇〇七年、大谷大学教職支援センター。

「金子大榮『宗教的覚醒』について――真宗と社会――」『親鸞教学』第九三号、二〇〇九年、大谷大学真宗学会。

「真宗と教育――清沢満之の「独尊子」について――」『大谷学報』第八十九巻第一号、二〇〇九年、大谷学会。

「精神主義の受容と展開――同朋会運動の精神――」『大谷大学真宗総合研究所紀要』第二七号、二〇一〇年、大谷大学真宗総合研究所。

「真人社の課題――『真人』十三号について」『真宗教学研究』第三二号、二〇一一年、真宗教学学会。

「曽我量深の自覚道――「法蔵菩薩」論――」（上）『親鸞教学』第九八号、二〇一二年、大谷大学真宗学会。

「曽我量深の自覚道――「法蔵菩薩」論――」（下）『親鸞教学』第九九号、二〇一二年、大谷大学真宗学会。

「浄土真宗における社会実践展開の再構築――保育・教育・福祉への視座――」『大谷大学真宗総合研究所紀要』第二九号、二〇一二年、大谷大学真宗総合研究所、共著。

「「聞思の学」としての「教学史」」『近代仏教』第二〇号、二〇一三年、日本近代仏教史研究会。

「清沢満之の真宗的意義」『現代と親鸞』第二七号、二〇一三年、親鸞仏教センター。

「大谷大学の学的精神――清沢満之・村上専精――」『親鸞教学』第一〇三号、二〇一四年、大谷大学真宗学会。

〈講義・講演録・その他〉

「浄土の「真」宗について」『南御堂』第五三〇号、二〇〇六年、真宗大谷派難波別院。

「清沢満之の教育観」『会報』（二〇〇六年度版）、二〇〇八年、真宗大谷派学校連合会。

「私の「真宗学」」『研究所報』第六〇号、二〇一二年、大谷大学真宗総合研究所。

「教育可能の限界」『会報』（二〇一〇年度版）、二〇一二年、真宗大谷派学校連合会。

「清沢満之の信念確立――自信教人信の誠を尽くす――」『会報』（二〇一一年度版）、二〇一四年、真宗大谷派学校連合会。

「他力の救済」『南御堂』第六四一号、二〇一五年、真宗大谷派難波別院。

〈書評〉

「藤田正勝・安冨信哉編『清沢満之――その人と思想――』」『日本仏教教育学研究』第十五号、二〇〇七年、日本仏教教育学会。

「神仁著『仏教教育の実践』（仏教教育選集5）」『日本仏教教育学研究』第二十号、二〇一二年、日本仏教教育学会。

■執筆者・刊行委員紹介（敬称略、論文掲載順）

長谷正當（はせ しょうとう）

一九三七年富山県生まれ。宗教学・宗教哲学。京都大学名誉教授。

主な著書に『欲望の哲学──浄土教世界の思索──』（法藏館、二〇〇三年）、『心に映る無限──空のイマージュ化──』（法藏館、二〇〇五年）、『浄土とは何か──親鸞の思索と土における超越──』（法藏館、二〇一〇年）、『本願とは何か──親鸞の捉えた仏教──』（法藏館、二〇一五年）等。

延塚知道（のぶつか ともみち）

一九四八年福岡県生まれ。真宗学。大谷大学文学部特別任用教授。

主な著書に『「他力」を生きる　清沢満之の求道と福沢諭吉の実学精神』（筑摩書房、二〇〇一年）、『浄土論註』の思想究明──親鸞の視点から──』（文栄堂、二〇〇八年）、『教行信証──その構造と核心──』（法藏館、二〇一三年）、『無量寿経に聞く　下巻』（教育新潮社、二〇一六年）等。

村山保史（むらやま やすし）

一九六五年滋賀県生まれ。西洋哲学・日本哲学。大谷大学文学部教授。

主な著書に『カントにおける認識主観の研究──超越的主観の生成と構造──』（晃洋書房、二〇〇三年）、『自我の探求』現代カント研究　はじめての哲学　8（共著、晃洋書房、二〇〇一年）、『揺れ動く死と生──宗教と合理性のはざまで――』（共著、晃洋書房、二〇〇九年）、オスカー・ブルニフィエ『はじめての哲学　哲学してみる』（監修・共訳、世界文化社、二〇一二年）等。

伊東恵深（いとう　えしん）
一九七七年京都府生まれ。真宗学。同朋大学文学部講師。
主な著書に『曽我量深講義録　上・下』（共編、春秋社、二〇一一年）、『華厳思想と浄土教』（共著、文理閣、二〇一四年）。主な論文に「「宗教」と「人間」――清沢満之『宗教哲学骸骨』を中心として――」（『同朋仏教』第五〇号、同朋大学仏教学会、二〇一四年）等。

亀崎真量（かめざき　しんりょう）
一九八五年秋田県生まれ。真宗学。元大谷大学大学院文学研究科博士後期課程真宗学専攻。真宗大谷派廣誓寺住職。
主な論文に「本願の欲生心成就」（『大谷大学大学院研究紀要』第二十八号、大谷大学大学院、二〇一一年）、「如来二種の回向――『浄土論註』の回向論と親鸞の視座――」（『親鸞教学』第一〇一号、大谷大学真宗学会、二〇一三年）、「『浄土論註』の思想形態――親鸞における受容を視点として――」（『印度学仏教学研究』第六十二巻第二号、日本印度学仏教学会、二〇一四年）等。

上島秀堂（うえじま　ひでたか）
一九八四年北海道生まれ。真宗学。元大谷大学大学院文学研究科博士後期課程真宗学専攻。真宗大谷派円楽寺候補衆徒。
主な論文に「仏智疑惑の超克――三願転入の思索を通して――」（『印度学仏教学研究』第六十三巻第一号、日本印度学仏教学会、二〇一四年）、「師教との出遇い――雑行を棄てて本願に帰す――」（『真宗研究』第五十九輯、真宗連合学会、二〇一五年）等。

鍵主良敬（かぎぬし　りょうけい）
一九三三年北海道生まれ。仏教学・華厳教学研究。大谷大学名誉教授。
主な著書に『華厳教学序説――真如と真理の研究――』（文栄堂、一九六八年）、『要説大乗起信論』（東本願寺出版、一九八三年）、『華厳経管見』（東本願寺出版、一九九二年）、『無上涅槃の妙果――『顕浄土真実証文類』要訣――』（東本願寺出版、二〇〇六年）等。

冨岡量秀（とみおか　りょうしゅう）
一九六七年東京都生まれ。真宗学・真宗保育、幼児教育学。大谷大学短期大学部准教授。
主な著書に『真宗保育をデザインする』（『真宗保育ブックレットシリーズ』一三、公益社団法人　大谷保育協会、二〇一五年）。主な論文に「現代における仏教教育学の意義――金子大栄の仏教教育学からの視座――」（『日本仏教教育学研究』第十七号、日本仏教教育学会、二〇〇九年）、「豊かな人間性を目指して――宗教的情操の獲得――」（『真実心』第三十六集、真宗文化研究所、二〇一五年）等。

藤原　智（ふじわら　さとる）

一九八三年大阪府生まれ。真宗学。親鸞仏教センター研究員。

主な論文に「金剛心の源泉――親鸞の摂取不捨観――」（『親鸞教学』第九九号、大谷大学真宗学会、二〇一二年）、「化身土巻」所引『日蔵経』試論――光味仙人に注目して」（『真宗教学研究』第三六号、真宗教学学会、二〇一五年）、「『教行信証』所引「化身土巻」の『弁正論』引用について」（『現代と親鸞』第三一号、親鸞仏教センター、二〇一五年）等。

佐々木秀英（ささき　しゅうえい）

一九八三年新潟県生まれ。真宗学。元大谷大学任期制助教。真宗大谷派光円寺候補衆徒。

主な論文に「誓願一仏乗――本願力によって実現する無上仏道――」（『親鸞教学』第一〇〇号、大谷大学真宗学会、二〇一二年）、「大行が開く大般涅槃道――本願成就に立って因願を探るという方法論を通して――」（『真宗研究』第五十六輯、真宗連合学会、二〇一二年）、「願生浄土――信に死し願に生きん――」（博士論文、二〇一四年）等。

安西　廉（あんざい　れん）

一九八七年愛媛県生まれ。真宗学。元大谷大学大学院文学研究科博士後期課程真宗学専攻。真宗大谷派専念寺候補衆徒。

主な論文に「仏道成就の具体相――曽我量深における出遇いの意義――」（『印度学仏教学研究』第六十二巻第一号、日本印度学仏教学会、二〇一三年）、「曽我量深における求道の探求――「精神主義」批判を通して――」（『真宗研究』第五十八輯、真宗連合学会、二〇一四年）、「近代における凡夫の自覚――清沢満之、曽我量深の求道を通して――」（博士論文、二〇一五年）等。

橋本彰吾（はしもと　しょうご）
一九八七年兵庫県生まれ。真宗学。元大谷大学大学院文学研究科博士後期課程真宗学専攻。真宗大谷派円受寺候補衆徒。
主な論文に「欲生心の展開――帰本願と三願転入――」（『真宗研究』第五十八輯、真宗連合学会、二〇一四年）、「果遂の誓い、良に由あるかな」（『親鸞教学』第一〇四号、大谷大学真宗学会、二〇一五年）、「難思議往生――信から願へ――」（博士論文、二〇一五年）等。

村上良顕（むらかみ　よしあき）
一九八七年福岡県生まれ。真宗学。大谷大学大学院文学研究科博士後期課程真宗学専攻。
主な論文に「値遇における面授口訣の意義――曽我量深における清沢満之との値遇を端緒として――」（『真宗研究』第五十九輯、真宗連合学会、二〇一五年）等。

曽我教学——法蔵《ほうぞう》菩薩《ぼさつ》と宿業《しゅくごう》——
水島見一教授退職記念論文集

二〇一六年三月一一日　初版第一刷発行

編　者　水島見一
発行者　光本　稔
発行所　株式会社　方丈堂出版
京都市伏見区日野不動講町三八—二五
郵便番号　六〇一—一四二二
電話　〇七五—五七二—七五〇八
発売所　株式会社　オクターブ
京都市左京区一乗寺松原町三一—二
郵便番号　六〇六—八一五六
電話　〇七五—七〇八—七一六八
装　幀　小林　元
印刷・製本　亜細亜印刷株式会社

Printed in Japan

ISBN978-4-89231-138-3